Johannes Hürter und Jürgen Zarusky (Hrsg.)
Besatzung, Kollaboration, Holocaust

Schriftenreihe der Vierteljahrshefte für Zeitgeschichte
Band 97

Im Auftrag des
Instituts für Zeitgeschichte München – Berlin
herausgegeben von
Helmut Altrichter   Horst Möller
Hans-Peter Schwarz   Andreas Wirsching

Redaktion:
Johannes Hürter und Jürgen Zarusky

Besatzung, Kollaboration, Holocaust

Neue Studien zur Verfolgung und Ermordung
der europäischen Juden

Herausgegeben von
Johannes Hürter und Jürgen Zarusky

Mit einer Reportage von Wassili Grossman

R. Oldenbourg Verlag München 2008

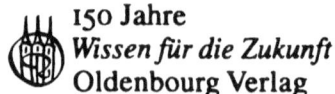
150 Jahre
Wissen für die Zukunft
Oldenbourg Verlag

Bibliografische Information der Deutschen Nationalbibliothek

Die Deutsche Nationalbibliothek verzeichnet diese Publikation in der Deutschen
Nationalbibliografie; detaillierte bibliografische Daten sind im Internet
über <http://dnb.d-nb.de> abrufbar.

© 2008 Oldenbourg Wissenschaftsverlag GmbH, München
Rosenheimer Straße 145, D-81671 München
Internet: oldenbourg.de

Das Werk einschließlich aller Abbildungen ist urheberrechtlich
geschützt. Jede Verwertung außerhalb der Grenzen des Urheberrechts-
gesetzes ist ohne Zustimmung des Verlages unzulässig und strafbar.
Dies gilt insbesondere für Vervielfältigungen, Übersetzungen, Mikro-
verfilmungen und die Einspeicherung und Bearbeitung in elektroni-
schen Systemen.

Umschlagentwurf: Thomas Rein, München und Daniel Johnson, Hamburg
Umschlagabbildung: „Für Juden verboten" – Straßenschild mit einer Anordnung des holländischern
Polizeidirektors J. Feitsma, 1942; Bildarchiv Preußischer Kulturbesitz

Gedruckt auf säurefreiem, alterungsbeständigem Papier (chlorfrei gebleicht).

Satz: Typodata GmbH, München
Druck: Grafik + Druck GmbH, München
Bindung: Thomas Buchbinderei GmbH, Augsburg

ISBN 978-3-486-58728-9

Inhalt

Johannes Hürter/Jürgen Zarusky
Einleitung .... **VII**

Pavel Polian
Hätte der Holocaust beinahe nicht stattgefunden? Überlegungen zu
einem Schriftwechsel im Wert von zwei Millionen Menschenleben...... **1**

Christoph Kreutzmüller
Die Erfassung der Juden im Reichskommissariat der besetzten
niederländischen Gebiete...................................... **21**

Insa Meinen
Die Deportation der Juden aus Belgien und
das Devisenschutzkommando **45**

Stephan Lehnstaedt
Alltägliche Gewalt. Die deutschen Besatzer in Warschau und die
Ermordung der jüdischen Bevölkerung **81**

Joachim Tauber
Die litauische Verwaltung und die Juden in Vilnius, 1941–1943 .... **103**

Franz Sz. Horváth
Volkstumspolitik, soziale Kompensation und wirtschaftliche
Wiedergutmachung. Der Holocaust in Nordsiebenbürgen............ **115**

Shlomo Aronson
Die Schlacht um den Balkan und der Holocaust in Ungarn: Krieg,
Rettungsbemühungen und das Überleben des Budapester Ghettos **151**

Patrick Desbois/Edouard Husson
Neue Ergebnisse zur Geschichte des Holocaust in der Ukraine.
Das „Oral History"-Projekt von Yahad-In Unum und seine wissen-
schaftliche Bewertung **177**

Wassili Grossman
Ukraine ohne Juden. Aus dem Russischen übertragen und eingeleitet
von Jürgen Zarusky **189**

Abkürzungen. **201**
Autoren dieses Bandes. **205**
Personenregister **207**

Einleitung

Die Holocaustforschung hat sich, sofern sie sich auf die Täter konzentrierte, bis vor einigen Jahren vorrangig mit der Entscheidungsbildung innerhalb der NS-Führung und dem Personal des deutschen SS- und Polizeiapparats beschäftigt. Dagegen blieb der Anteil, den die Deutschen außerhalb von Himmlers Dienststellen sowie die einheimischen Menschen und Behörden im deutsch besetzten oder dominierten Teil Europas an der Verfolgung und Ermordung der Juden hatten, zumeist unterbelichtet. Dasselbe galt bis vor kurzem auch für die Perzeption des Völkermords durch die Besatzer, Besetzten und Verbündeten. Dieses Versäumnis entsprang zunächst dem Bedürfnis der unmittelbaren Nachkriegszeit, NS-Täter und Kollaborateure nicht in der eigenen Gesellschaft, Ethnie, sozialen Schicht oder Berufsgruppe zu suchen und zu finden. Dann führte seit den 1980er Jahren der große Nachholbedarf in der Erforschung der Shoah dazu, dass mit gutem Grund zuerst das grausame Kerngeschehen des Holocaust wissenschaftlich aufgearbeitet wurde.

Das hat sich in jüngster Zeit grundlegend geändert. Nun wird stärker als zuvor nach der Mittäterschaft von Wehrmachtsangehörigen, Eisenbahnern, Finanzbeamten, Verwaltungsangestellten und zahlreichen anderen „ganz normalen" Deutschen, nach der Mitwirkung nichtdeutscher Aktivisten, Helfer und Zaungäste, nach Bedeutung und Wahrnehmung des großen Entrechtens und Mordens im Besatzungsalltag gefragt. Dass es nicht nur „die" Nationalsozialisten waren, die den Holocaust zu einem singulären Menschheitsverbrechen machten, ist keine grundsätzlich neue Erkenntnis, wird aber immer besser und breiter durch Einzeluntersuchungen belegt. Der Massenmord an den Juden erhält dadurch auf der Täterseite ein konturierteres deutsches und zugleich ein europäisches Gesicht, ohne dass dadurch die ausschlaggebende Initiative des NS-Staates und die entscheidende Verantwortung der deutschen Täter relativiert werden.

Die Entstehung und der Inhalt des vorliegenden Bandes sind bezeichnend für die Verlagerung des Forschungsinteresses. Innerhalb weniger Monate gingen bei der Redaktion der *Vierteljahrshefte für Zeitgeschichte* gleich mehrere qualitativ überzeugende, aus den Quellen gearbeitete Manuskripte zum Holocaust ein, die sich nicht mit den unmittelbaren Tätern der SS und Polizei, sondern mit niederländischen Statistikern, deutschen Zollfahndern, litauischen Verwaltungsbeamten, ungarischen Antisemiten und der Bedeutung des Judenmords im Alltag von Okkupanten und Okkupierten befassten. Diese symptomatische Verdichtung von neuen Fragestellungen, die durch die Ausweitung der Perspektive in der Täterforschung miteinander verbunden waren, legte es nahe, die einzelnen Beiträge nicht in verschiedenen Heften der Zeitschrift, sondern gemeinsam in einem Sammelband zu publizieren. Der Grundstock eingereichter Aufsätze wurde um den einen oder anderen von den Herausgebern angeregten Beitrag ergänzt, ohne dass Vollständigkeit angestrebt wurde – die ohnehin noch nicht erreicht werden kann. Dennoch gibt der Band anhand ganz unterschiedlicher nationaler und thematischer Beispiele wesentliche Einblicke in eine grundlegende Tendenz der neueren Holocaustforschung. Im Zusammenhang gelesen, ist er ein eindrucksvoller Beleg für das Bemühen vor allem der jüngeren Historikergeneration, den Holocaust als deutsches Staatsverbrechen in seiner europäischen Dimension zu erforschen.

Bevor das Geschehen in einzelnen Ländern und Regionen untersucht wird, beleuchtet der erste Beitrag die Voraussetzungen der Entscheidung, alle Juden umzubringen. Vor dem Übergang zum systematischen Massenmord durchlief die nationalsozialistische Judenverfolgung ein Stadium, in dem diverse Deportationsprojekte ventiliert wurden: ein Judenreservat in Nisko bei Lublin stand ebenso zur Debatte wie die Verschiffung der europäischen Juden nach Madagaskar. *Pavel Polian* zeigt anhand einer im Westen weitgehend unbekannten Quelle sowjetischer Provenienz, dass die Leiter des Berliner und des Wiener „Umsiedlungsbüros", Adolf Eichmann und Franz-Josef Huber, Anfang 1940 die Möglichkeit einer Abschiebung von Juden in die Sowjetunion sondierten – eine Initiative, die auf sowjetischer Seite auf keinerlei Widerhall stieß. Polian untersucht die Motive und Interessen der Urheber ebenso wie die der Adressaten dieses Vorstoßes und verortet sie im deutsch-sowjetischen Beziehungsgefüge des Frühjahrs 1940. Einen Ausweg für die Juden unter nationalsozialistischer Herrschaft bot dieses Gefüge nicht.

Nach diesem Beitrag zur Vorgeschichte der „Endlösung" wendet sich der Band zunächst dem besetzten Westeuropa zu. *Christoph Kreutzmüller* lenkt das Interesse auf die bürokratische Arbeitsteilung zwischen deutschen Besatzern und einheimischen Kollaborateuren bei der Diskriminierung, Verfolgung und Ermordung der Juden in den Niederlanden. Die niederländische Reichsinspektion der Bevölkerungsregister und die lokalen Einwohnermeldeämter erfassten den jüdischen Bevölkerungsteil einschließlich der „Mischlinge" dermaßen vollständig und präzise, dass die deutschen Verfolgungsbehörden auf der Grundlage dieser Daten leichten Zugriff auf ihre Opfer hatten. Das ungewöhnlich große Engagement einheimischer Bevölkerungsstatistiker, die offensichtlich eine Affinität zur wissenschaftlich verbrämten „Bevölkerungsbuchhaltung" des NS-Regimes besaßen, war mitverantwortlich für die erschreckend hohe Zahl deportierter und schließlich ermordeter Juden aus den Niederlanden.

Dagegen misst *Insa Meinen* der Mitwirkung der einheimischen Administration an der Durchführung der „Endlösung" in Belgien nur eine beschränkte Bedeutung bei, gerade auch im Vergleich zu Vichy-Frankreich. Umso intensiver entfaltete sich die Verfolgungstätigkeit der deutschen Behörden, unter denen das dem Militärbefehlshaber unterstellte Devisenschutzkommando (DSK) bisher zu den wenig bekannten Repressionsorganen gehörte. Seine Aufgabe war die Zollfahndung nach Devisen, Gold und anderen materiellen Werten. Die Devisenpolizei beteiligte sich maßgeblich an der Ausplünderung der Juden und entwickelte darüber hinaus einen Verfolgungseifer, der zur Festnahme und Deportation zahlreicher, auch mittelloser Juden führte und der politischen Polizei in die Hände spielte. Anders als in Frankreich und in den Niederlanden überwogen in Belgien die Einzelfestnahmen gegenüber großen antijüdischen Festnahmeaktionen. Dieses Vorgehen war auf die Mithilfe vieler Dienststellen angewiesen. Die Zollbeamten des DSK zählten dabei zu den besonders willigen und tatkräftigen Handlangern des Judenmords in Belgien.

Mit dem Beitrag von *Stephan Lehnstaedt* verlagert sich das Schwergewicht des Bandes von West- auf Osteuropa. In keiner anderen europäischen Großstadt lebten so viele Juden wie in Warschau – und mit etwa 370 000 Toten hatte keine zweite jüdische Stadtbevölkerung so viele Opfer zu beklagen. Auch im bisher wenig untersuchten Alltag der Besatzer war die Gewalt gegen Juden stets präsent. Das Ghetto bildete einen Anziehungspunkt für neugierige, nicht selten auch profitgierige Deutsche, ganz gleich, ob sie in Warschau stationiert waren oder nur durchreisten. Bei diesem „Ghettotourismus" und bei zahlreichen anderen Gelegenheiten wurden Unterdrückung, Ausraubung, Hunger, Zwangsarbeit, Deportation und Hinrichtung von Juden als Alltagsphänomenen wahrgenommen. Die meisten Besatzer gewöhnten sich schnell daran, direkte und strukturelle Gewalt als etwas Normales und Legitimes anzusehen, zumal sie von den staatlichen Institutionen ausging, straffrei blieb und offenbar die eigene privilegierte Position stabilisierte. In einem graduellen Anpassungsprozess an die alltägliche Gewalt wurde letztlich sogar die vollständige Vernichtung des jüdischen Lebens in Warschau akzeptiert.

In Litauen wurde der Großteil der jüdischen Bevölkerung von der deutschen Besatzungsmacht unter starker Beteiligung einheimischer Helfershelfer ermordet. Am Beispiel der litauischen Verwaltung von Vilnius, das nach dem Hitler-Stalin-Pakt von Polen wieder an (das bald darauf sowjetisierte) Litauen übergegangen war, zeigt *Joachim Tauber* die vielfältigen Erscheinungsformen der Kollaboration, hebt aber auch die Grenzen der litauischen Selbständigkeit hervor, die sich in der Verwaltungshierarchie manifestierten: Der deutsche Judenreferent im Gebietskommissariat von Wilna, Franz Murer, erteilte dem Judenreferenten der litauischen Stadtverwaltung, Petras Buragas, Weisungen, während Buragas die Vermittlung zwischen dem Judenrat des Ghettos und der deutschen Besatzungsverwaltung oblag.

Im Fokus von *Franz Sz. Horváths* Untersuchung des Holocaust in Nordsiebenbürgen steht das multifaktorielle Geflecht von ideologischen, nationalen und sozialen Problemkomplexen in der Region, die 1919 mit dem Vertrag von Trianon an Rumänien gefallen war und dann mit dem Zweiten Wiener Schiedsspruch vom August 1940 wieder dem ungarischen Staat angegliedert wurde. Der in Ungarn – aber auch in Rumänien – generell virulente und wachsende Antisemitismus verband sich mit Kompensationswünschen der ungarischen Bevölkerung für vermeintlich oder tatsächlich erlittene Benachteiligungen zur Zeit der rumänischen Herrschaft und mit weitreichenden „volkspolitischen" Umsiedlungsprojekten. Diese Faktoren förderten die Kollaboration ungarischer Behörden und erheblicher Teile der ungarischen Bevölkerung Nordsiebenbürgens beim Holocaust, wobei die Aneignung jüdischen Eigentums einen besonderen Anreiz bildete.

Shlomo Aronson ordnet den Verlauf des Holocaust in Ungarn in die Geschichte der militärischen Auseinandersetzungen in Südosteuropa im letzten Kriegsjahr ein. Dabei hebt er die oft unterschätzte Härte der Kämpfe und die Dramatik der Ereignisse von der deutschen Besetzung Ungarns im März 1944 bis zur Eroberung Budapests durch die Rote Armee im Februar 1945 hervor. Während die Transporte ungarischer Juden nach Auschwitz liefen, verhandelten Aktivisten des zionistischen Rettungskomitees um Rezső Kasztner mit der Gestapo über jüdische Menschenleben – mit sehr begrenzten Erfolgen. Die ungewöhnliche Tatsache, dass das Budapester Ghetto auf Befehl des deutschen Stadtkommandanten und Waffen-SS-Generals Karl Pfeffer-Wildenbruch vor den Mordkommandos der ungarischen Pfeilkreuzler geschützt wurde, begründet Aronson mit militärischen Überlegungen und widerspricht damit Thesen, die dieses Verhalten auf die Einflussnahme Raoul Wallenbergs oder auf ein Manöver im Rahmen der Verhandlungen Kasztners zurückführen. Als Beleg für diese Sichtweise dient unter anderem ein bemerkenswerter Briefwechsel zwischen dem Schweizer Konsul Carl Lutz, der für seine Bemühungen um die Rettung der Budapester Juden von Yad Vashem als „Gerechter der Völker" geehrt wurde, und Pfeffer-Wildenbruch aus den 1950er Jahren.

In den letzten beiden Beiträgen stehen die Berichte von Zeitzeugen und Zeitgenossen des Holocaust in der Ukraine im Mittelpunkt. Pater *Patrick Desbois* und *Edouard Husson* stellen ein französisches „Oral History"-Projekt vor, in dem inzwischen annähernd tausend nichtjüdische Ukrainer in ihren Heimatorten über die Ermordung der Juden interviewt worden sind. Diese letzten Augenzeugen haben die Erschießungen entweder als passive Zuschauer oder als von den Deutschen rekrutierte Helfer miterlebt. Sie repräsentieren damit den Teil der einheimischen Bevölkerung, der sich in einer schwer zu fassenden Grauzone zwischen den Tätern und Opfern bewegte. Am Beispiel der ostgalizischen Kleinstadt Busk wird gezeigt, welchen nicht zu unterschätzenden Wert die Interviews für die Rekonstruktion der Ereignisse, für die Alltagsgeschichte des Holocaust und natürlich besonders für die Lokalisierung von Massengräbern haben können, sofern sie kritisch mit allen anderen schriftlichen und nichtschriftlichen Überlieferungen verglichen werden.

Den Abschluss des Bandes bildet das Zeugnis des russisch-jüdischen Schriftstellers *Wassili Grossman*, Verfasser des seinerzeit in der Sowjetunion unterdrückten und heute weltberühmten Romans „Leben und Schicksal". Im Herbst 1943 war Grossman als Kriegsreporter dabei, als die Rote Armee in die östliche Ukraine vorrückte. Obwohl schon vieles über die nationalsozialistische Judenverfolgung bekannt geworden war, wurde erst jetzt deutlich, mit welchem Absolutheitsanspruch und wie systematisch die deutsche Besatzungsmacht ihr Mordprogramm verfolgt hatte. Grossman stieß auf eine „Ukraine ohne Juden" – so der Titel seiner Reportage, die sich nicht auf eine eindrucksvolle und anschauliche Berichterstattung beschränkt. Der Autor arbeitet in ihr vielmehr zugleich die historische Singularität des Holocaust heraus und setzt sich mit dem Problem einer angemessenen moralischen Haltung gegenüber dem unfassbaren „größte[n] Verbrechen, das die Geschichte kennt" auseinander. Grossmans noch im Herbst 1943 niedergeschriebener Text ist damit nicht nur ein frühes Zeugnis der Konfrontation mit diesem Verbrechen, sondern zugleich eine tief schürfende Analyse. Da aber die sowjetische Erinnerungspolitik, wie in der Einleitung gezeigt wird, zur gleichen Zeit schon dazu übergegangen war, den Judenmord mit der Pauschalformel von der Verfolgung „friedlicher sowjetischer Bürger" zu nivellieren, durfte Grossmans essayistische Reportage nur an relativ entlegener Stelle und in jiddischer Sprache erscheinen. So konnte er keine breitere Wirkung entfalten. Von seiner Eindringlichkeit hat dieser hier erstmals in deutscher Sprache präsentierte Text nach Meinung der Herausgeber indes bis heute nichts verloren.

Wir danken den Autoren für die gute Kooperation, Gabriele Jaroschka für die engagierte Betreuung von Verlagsseite und unserer Redaktionsassistentin Angelika Reizle für die gewohnt großartige Unterstützung bei der Drucklegung.

München, im Juli 2008

Johannes Hürter   Jürgen Zarusky

Pavel Polian
Hätte der Holocaust beinahe nicht stattgefunden?

Überlegungen zu einem Schriftwechsel im Wert von zwei Millionen Menschenleben[1]

Vor mir liegt ein erstaunliches Dokument, das im Russischen Staatsarchiv für Sozial-Politische Geschichte, dem ehemaligen Parteiarchiv der KPdSU aufbewahrt wird[2]. Es ist ein Brief des Leiters der Umsiedlungsverwaltung beim Rat der Volkskommissare (RVK) der UdSSR, E. I. Čekmenev, an den Vorsitzenden des Rats der Volkskommissare, V. M. Molotov, vom 9. Februar 1940. Hier sein voller Text:

„UdSSR　　　　　　　　　　　　　　　　　　Vch. 3440
Umsiedlungsverwaltung beim RVK der Union der SSR
9. Februar 1940
№ 01471 s
Moskau, Roter Platz 3
Telegrafisch – Moskau Umsiedlung[sverwaltung]
Telefon K 0 95-03

An den Vorsitzenden des Rats der Volkskommissare
Gen. Molotov V. M.

Die Umsiedlungsverwaltung beim RVK der UdSSR hat zwei Briefe des Berliner und Wiener Umsiedlungsbüros über die Frage der Organisation der Umsiedlung der jüdischen Bevölkerung aus Deutschland in die UdSSR erhalten, konkret nach Birobidžan und in die Westukraine.
Gemäß der Übereinkunft der Regierung der UdSSR mit Deutschland über die Evakuierung der Bevölkerung auf das Territorium der UdSSR, werden nur Ukrainer, Weißrussen, Ruthenen[3] und Russen evakuiert. Wir sind der Meinung, dass der Vorschlag der genannten Umsiedlungsbüros nicht angenommen werden kann.

Ich bitte um Weisungen.

Anlage: 6 Blatt

Leiter der Umsiedlungsverwaltung beim RVK der UdSSR　　　　　　Čekmenev"

Als Erster hat dieses Dokument der russische Historiker Gennadij Kostyrčenko entdeckt und in seinem Buch „Tajnaja politika Stalina. Vlast' i antisemitizm" [Die geheime Politik Stalins. Die Macht und der Antisemitismus] zitiert[4]. Im Kontext seiner Forschungen spielte es nur

---

[1] Ich danke S. Čarnyj für die Initiation in die Recherchen in russischen und deutschen Archiven zu diesem Thema, ebenso P. Black, A. Doronin, G. Kostyrčenko, A. Lustiger, N. Pobol' und noch einmal S. Čarnyj – für Hilfe und Ratschläge bei der Arbeit an diesem Aufsatz.
[2] Rossijskij gosudarstvennyj archiv social'no-političeskoj istorii (RAGSPI), f. 82 (V. M. Molotov), op. 2, d. 489, l. 1. Original, oben: Randbemerkung, wahrscheinlich des Adressaten: „Arch.", d. h. „Ins Archiv".
[3] Ruthenen, auch Russinen – Bezeichnung der Ukrainer der westukrainischen Siedlungsgebiete Galiziens, der Bukowina und der Karpatho-Ukraine, die ihre größte Verbreitung zur Zeit ihrer Zugehörigkeit zur K.u.K-Monarchie hatten. Die besonderen historischen Bedingungen der Entwicklung dieser Gruppen (lange Beherrschung durch nicht-ukrainische Mächte, Trennung durch Staatsgrenzen, assimilatorische Politik der Regierungen usw.) brachte einige Besonderheiten der von ihnen gepflegten ukrainischen Sprache und Bräuche hervor.
[4] G. V. Kostyrčenko, Tajnaja politika Stalina. Vlast' i antisemitizm, Moskau 2001, S. 188f.

eine zweitrangige Rolle, und es blieb von der Holocaust-Forschung nahezu unbemerkt[5]. Dabei müssten einen bereits die Namen der Absender der Briefe, wenn sie im Brief Čekmenevs erwähnt worden wären, erschaudern lassen. Wenn die Briefe der „Berliner und Wiener Umsiedlungsbüros über die Frage der Organisation der Umsiedlung der jüdischen Bevölkerung" von deren Leitern unterschrieben worden und bei Čekmenev vielleicht eine Woche, bevor er seinen Brief an Molotov schrieb, eingetroffen sind, so können die Absender niemand anderer als Adolf Eichmann für das Berliner Büro und Franz Josef Huber für das Wiener Büro gewesen sein. Letzterer hatte Franz Walter Stahlecker, den späteren Oberhenker der Juden des Baltikums[6], auf dem Posten des Inspekteurs der Sicherheitspolizei und des SD in Wien abgelöst, als solcher auch die Leitung des Auswanderungsbüros, dazu aber auch die der Wiener Gestapo-Leitstelle übernommen[7]. Der tatsächliche Leiter nach Eichmanns Abreise nach Berlin wurde jedoch sein ehemaliger Stellvertreter, SS-Sturmbannführer Alois Brunner, der im Januar 1941 auch offiziell auf diese Position berufen wurde[8]. Aber über ihnen allen schwebte der dunkle Schatten des Chefs des RSHA und stellvertretenden Reichsprotektors in Böhmen und Mähren Reinhard Heydrich.

Der Namen ihres Moskauer Korrespondenzpartners, Evgenij Michajlovič Čekmenev, sagt hingegen sogar erfahrenen russischen Historikern wenig. Er wurde 1905 geboren und starb am 21. April 1963[9]. Seit 1927 Parteimitglied, hatte er die Moskauer Landwirtschaftsakademie und das Institut der Roten Professoren absolviert und nahm seit 1938 verantwortliche Nomenklatur-Positionen ein. Von Juni 1939 bis April 1941 regulierte Čekmenev den Umsiedlungsverkehr: Er war Chef und Vorsitzender des Kollegiums des Umsiedlungskomitees (später der Umsiedlungsverwaltung) beim RVK der UdSSR[10]. Im April 1941 wurde er stellvertretender Volkskommissar für Landwirtschaft der UdSSR[11], und ab 1948 war Čekmenev der Chef der Hauptverwaltung für feldschützenden Waldbau und, allem Anschein nach, stellvertretender Minister für die Sowchosen der UdSSR[12]. Später war er stellvertretender Präsident der Planbehörde Gosplan der UdSSR, und seit 1961 stellvertretender Vorsitzender des Beschaffungskomitees.

---

[5] Den wichtigsten Widerhall fand es in der Monographie von Il'ja Al'tman, Žertvy nenavisti. Cholokost v SSSR. 1941-1945 gg., Moskau 2002, S. 378. Des Weiteren kann man verweisen auf Vilen Ljulečnik, Krym, Dal'nyj Vostok i dalee…Izrail'", in: Evrejskij obozrevatel' Ijun' 2003, http://www.jewukr.org/observer/eo2003/page_show_ru.php?id=223. Ljulečnik verweist irrtümlich auf f. 151 und nicht f. 82 im RGASPI. Man kann darüber hinaus auf einen Aufsatz von E.S. Rozenblat verweisen, der einen Verweis auf das zitierte Dokument als Indikator dafür enthält, dass die Juden nicht zu den Nationalitäten zählten, die vom sowjetisch-deutschen Bevölkerungstransfer erfasst wurden: E.S. Rozenblat, „Čuždyj element": evrejskie bežency v Zapadnoj Belorussii, in: Istorija i Kul'tura rossijskogo i vostočno-evropejskogo evrejstva: novye istočniki i novye podchody. Materialy meždunarodnoj naučnoj konferencii. Moskva, 8–10 dekabrja 2003 g., Moskau 2003, S. 335. Im Westen war das behandelte Dokument bis zu unserer Zeitungspublikation im Juni 2005 nichtsdestoweniger unbekannt.
[6] SS-Brigadeführer Stahlecker war der erste Kommandeur der Einsatzgruppe A, die im Hinterland der Heeresgruppe Nord tätig war (er fiel am 23. März 1942 von Partisanenhand).
[7] Zu Huber siehe Thomas Mang, „Gestapo-Leitstelle Wien – Mein Name ist Huber". Wer trug die lokale Verantwortung für den Mord an den Juden Wiens?, Münster u. a. 2003.
[8] Gabriele Anderl/Dirk Rupnow, Die Zentralstelle für jüdische Auswanderung als Beraubungsinstitution, Wien u. a. 2004, S. 121.
[9] Vgl. den Nachruf in der Pravda vom 25. April 1965.
[10] Befehle des RVK № 991 vom 4.6.1939 und № 2129 vom 29.12.1939.
[11] Befehl № 776 vom 2.4.1941 des RVK der UdSSR.
[12] In dieser Eigenschaft nahm er an der bekannten Sitzung der sowjetischen Landwirtschaftsakademie vom 31. Juli bis 7. August 1948 teil, auf der der biologische Scharlatan Lysenko Triumphe feierte.

Die Umsiedlungsverwaltung, bei der die Anfragen aus Berlin und Wien eingingen, war tatsächlich die korrekteste Adresse für Eichmann und seine Kollegen. Es handelte sich um die Organisation, die in der UdSSR für Vorbereitung und Organisation geplanter staatlicher Umsiedlungen zuständig war, die im Wesentlichen auf freiwilliger Grundlage erfolgten. Darin unterschied sie sich von der Hauptverwaltung der Lager des NKVD (GULag), die für zwangsweise Umsiedlungen bzw. Deportationen Verurteilter und Gefangener, und von der Abteilung für Sondersiedler des NKVD, die für die Deportation administrativ Repressierter verantwortlich war. Wenn die deutschen Kollegen allerdings an das NKVD, an Berija, geschrieben hätten, hätten sie damit ihr Ziel auch nicht verfehlt.

Leider ist es bisher weder in deutschen noch in russischen Archiven gelungen, die „sechs Blatt" der „Anlage" (und dabei handelt es sich höchstwahrscheinlich um die Originale der Briefe aus Deutschland zusammen mit ihren Übersetzungen) noch andere zugehörige Materialien aufzufinden.

Jedoch hat Čekmenev den wesentlichen Inhalt der fehlenden deutschen Briefe ebenso knapp wie deutlich übermittelt: Hitler schlägt Stalin vor, alle Juden zu übernehmen, die sich zu diesem Zeitpunkt unter dem deutschen Stiefel befinden. Aber sein Schreiben enthält nicht nur eine Frage, sondern auch ebenso eine lakonische Antwort auf dieselbe: Wir danken für den schmeichelhaften Vorschlag, aber Ihre Juden übernehmen – wir bitten um Entschuldigung –, das können wir nicht!

Um aber sowohl die Frage als auch die Antwort besser zu verstehen, soll versucht werden, die Briefe aus Berlin und Wien unter drei Gesichtspunkten zu betrachten: Aus der Perspektive des Absenders, aus der Perspektive des Adressaten und aus der Perspektive ihrer wechselseitigen Beziehungen zu dem Zeitpunkt, an dem die Briefe erdacht und abgesandt wurden.

Aus der Perspektive des Absenders

Die im Brief Čekmenevs ungenannten Autoren der Briefe aus Wien und Berlin waren gemäß ihrer dienstlichen Zuständigkeit niemand anderes als Alois Brunner (oder Franz Josef Huber) und Adolf Eichmann. Daraus ergibt sich zugleich, dass der Hauptinitiator der ganzen Sache aller Wahrscheinlichkeit nach Eichmann war.

Seit dem 1. Oktober 1934 arbeitete er in der Hauptverwaltung des SD als Referent im Referat II 112 („Referat Juden"). In diesem jüdischen (besser gesagt: antijüdischen) Referat befasste er sich mit Fragen der jüdischen Auswanderung aus Deutschland, er bemühte sich, Hebräisch und Jiddisch zu lernen, und lernte zionistische Führer kennen. 1938, kurz nach dem Anschluss Österreichs im März, wurde er in das entsprechende antijüdische Referat II 112 in Wien versetzt; in die Verwaltung des Leiters des SD in der SD-Regionalverwaltung „Donau", deren Chef der Inspektor der Sicherheitspolizei und des SD SS-Standartenführer Dr. Stahlecker war.

Die jüdische Auswanderung aus Wien traf zu dieser Zeit auf unvorhersehbare bürokratische Schwierigkeiten: Die Juden, an deren Auswanderung der Staat interessiert war, mussten wochenlang Schlange stehen. Ein Grund dafür war die bevorzugte Ausstellung der Dokumente für wohlhabende und zahlungskräftige Juden, die dafür deutsche Anwälte mit guten Verbindungen heranzogen und ihnen gute Honorare bezahlten, was natürlich den Ärmeren nicht möglich war. Die Ausstellung der nötigen Dokumente kostete ungefähr

1000 Reichsmark und dauerte zwei bis drei Monate[13]! Eichmann sorgte, soweit möglich, für „Gerechtigkeit" in der Warteschlange jener, die sich anstellten, um aus der Heimat hinausgeschmissen zu werden.

Mit Verfügung des Reichskommissars für die Wiedervereinigung Österreichs mit dem Reich, Gauleiter Bürckel, vom 22. August 1938, wurde in Wien die „Zentralstelle für jüdische Auswanderung" geschaffen, eine spezielle Einrichtung im Rahmen des Reichsministeriums des Inneren, die die Auswanderung der österreichischen Juden (in erster Linie der nicht wohlhabenden) im Sinne der Beschleunigung und Verkürzung regeln sollte und bevollmächtigt war, ihnen Ausreisegenehmigungen auszustellen. Zu den Kompetenzen der Zentralstelle, die eine höchst symbolische Residenz gefunden hatte – das ehemalige Rothschild-Palais in der Prinz-Eugen-Straße 22[14], gehörte die Schaffung aller notwendigen Bedingungen für die Auswanderungen, inclusive der Gespräche mit den Aufnahmeländern, die Bereitstellung der nötigen Valuta-Beträge für die Emigranten, die Zusammenarbeit mit touristischen und Transportunternehmen, die zur Lösung der technischen Probleme der Auswanderung herangezogen wurden, die Überwachung der jüdischen Organisationen hinsichtlich ihrer Haltung zur Politik der Auswanderung der Juden, die Herausgabe entsprechender Instruktionen und die ständige Leitung dieses Prozesses. Zum Leiter der Zentralstelle wurde Stahlecker ernannt[15], und zu seinem Stellvertreter SS-Untersturmführer Adolf Eichmann, der faktische Initiator und Organisator der Zentralstelle.

Zunächst bezogen sich die Vollmachten der Zentralstelle nur auf die beiden Gaue Wien und Niederdonau, doch Ende 1938 wurde ihre Zuständigkeit auf die ganze „Ostmark" (Österreich) ausgedehnt. Mit der Vereinfachung des Valutatransfers und der Heranziehung der Jüdischen Gemeinde Wiens für die Ausstellung der nötigen Dokumente konnte die Bearbeitungsfrist von Anträgen auf acht Tage verkürzt werden. Von dem charakteristischen *know how* Eichmanns zeugt die Selbstfinanzierung der Zentralstelle: Sie wurde nicht auf Kosten des Staatsbudgets erhalten, sondern durch eine spezielle Ausreisegebühr, die man von den ausreisenden Juden erhob[16]. In den ersten zweieinhalb Monaten ihrer Tätigkeit gelang es der Zentralstelle, 25000 Juden aus Österreich hinauszubefördern[17], und insgesamt wurden in den anderthalb Jahren der Existenz der Zentralstelle 150000 österreichische Juden mit ihrer freundlichen Hilfe dazu gezwungen, die Heimat zu verlassen. Analoge Einrichtungen wurden auch in Prag und Ostrau geschaffen.

Anfang November 1938, einige Tage vor der „Kristallnacht", schickte Eichmann an SS-Sturmbannführer Ehrlinger in Berlin einen Tätigkeitsbericht der Zentralstelle, in dem er insbesondere auf die von ihm schon Anfang des Jahres vorgebrachte Initiative, eine analoge Einrichtung im Reichsmaßstab zu errichten, verwies. Die Ereignisse vom 9. November gaben der antijüdischen Politik viele neue Impulse, so dass die Entscheidung Heydrichs, am Samstag den 12. November eine Versammlung im Reichssicherheitshauptamt zu organisieren, die der Erarbeitung einer Strategie des Reichs in der jüdischen Frage gewidmet war, alles andere als erstaunlich wirkt. Auf dieser Zusammenkunft hob Göring im Namen von

---

[13] Bundesarchiv Berlin (BAB), R 58, Nr. 486, Bl. 1–4.
[14] Ganz zu Anfang seiner Tätigkeit residierte das Zentrum in Räumen, die von der Wiener Jüdischen Gemeinde und dem Zionistischen Bund Österreichs abgetreten worden waren.
[15] BAB, R 58, Nr. 486, Bl. 1–4.
[16] Diese Gebühr ermöglichte es auch, die Auswanderung von ärmeren Juden zu finanzieren.
[17] BAB, R 58, Nr. 486, Bl. 20–31.

Hitler die Perspektiven des „Madagaskarplanes" hervor[18], und Eichmann trug über seine Wiener Erfahrungen vor, sowie über die Zweckmäßigkeit der Eröffnung einer entsprechenden Zentralstelle auch in Berlin[19].

Zu dieser Zeit stellte man sich die „Endlösung der Judenfrage" noch in den Kategorien der Auswanderung und nicht in jenen der Liquidierung vor. In seiner eigentümlichen „Auswanderungswut" verstieg sich Eichmann sogar dazu, Mitte Februar 1939 unter Verweis auf das Absinken der Auswanderungsdynamik um den Faktor zwei die Freilassung aller österreichischen Juden aus Dachau und Buchenwald vorzuschlagen, die dort nach der „Kristallnacht" inhaftiert worden waren, und sie irgendwohin ins Ausland zu senden. Dieser Vorschlag stieß indes nicht auf Verständnis in den höheren Rängen der SS: Gestapo-Chef Heinrich Müller lehnte ihn ziemlich kategorisch ab[20].

Ungeachtet des Widerstandes, auf den die jüdische Auswanderung in den Aufnahmeländern stieß, waren die Quoten der Emigration Anfang 1939 doch ziemlich hoch. Erreicht wurde das teilweise infolge von Reisen der Leiter der Wiener Jüdischen Gemeinde ins Ausland und der Organisation „Palästina" (über die damals die Hälfte der legalen Einreisen aus Österreich nach Palästina abgewickelt wurde), die die Zahl der sogenannten „Chinesischen Transporte" und die Maßnahmen der beruflichen Bildung der Emigranten steigerten. Die „Chinesischen Transporte" dienten, allem Anschein nach, nur teilweise der Übersiedlung nach Schanghai, in erster Linie aber der illegalen Einwanderung nach Palästina[21].

Es verging noch einige Zeit, bis Heydrich die von Eichmann propagierte Institution tatsächlich in Berlin gründete. Dies geschah, nachdem Hitler am 30. Januar 1939 im Reichstag die demokratischen Länder verhöhnt hatte, die Tränen über das Schicksal der unglücklichen Juden vergießen und ihnen gleichzeitig die Einreisepapiere verweigern würden. Acht Tage später äußerte Alfred Rosenberg ähnliche Provokationen und schockierte sein Publikum – das diplomatische Korps und ausländische Journalisten – mit der an England, Frankreich und die Niederlande gerichteten Forderung, ein jüdisches Reservat für 15 Millionen Menschen irgendwo in Madagaskar, Guinea oder Alaska einzurichten[22].

Die neue Organisation erhielt die Bezeichnung „Reichszentrale für jüdische Auswanderung". Eichmann, der am 1. Oktober 1939 zu deren Leiter ernannt worden war, verließ Wien und kam nach Berlin. Hier begann er, neben den laufenden Scherereien mit der Auswanderung, sich mit der planmäßigen, zwangsweisen Übersiedelung der Juden in das eben erst – am 12. Oktober – gebildete „Generalgouvernement für die besetzten polnischen Gebiete" zu befassen, sowie mit der Umsiedlung innerhalb desselben, und dort, wo man es für nötig hielt, auch aus diesem. Seit Dezember 1939 leitete Eichmann auch das Referat IV

---

[18] Stanislav Zámečník: Der Fall Nisko im Rahmen der Entstehungsgeschichte der „Endlösung der Judenfrage", in: Ludmila Nesládková (Hrsg.), Nisko 1939-1994. Der Fall Nisko in der Geschichte der Endlösung der Judenfrage, Faculta Philosophica Universitatis Ostraviensis, Ostrava 1995, S. 92-99, hier S. 94.
[19] Siehe die Benachrichtigung im Telegramm Ehrlingers an Stahlecker, 11.11.1938, BAB, R 58, Nr. 486, Bl. 29. [Bemerkung gekürzt]
[20] Vgl. sein Telegramm an Eichmann vom 17.2.1939, BAB, R 58, Nr. 486, Bl. 50. Gleichzeitig schlug Müller zur Erleichterung der Auswanderung vor, die aufgelöste Jüdische Gemeinde in Wien wieder zu eröffnen.
[21] Vgl. den Bericht vom 16.5.1939 (Eichmann war offenbar nicht der Autor), BAB, R 58, Nr. 486, Bl. 52-56.
[22] Zámečník, Nisko, S. 93f.

D 4 (Referat Auswanderung und Räumung) des Reichssicherheitshauptamtes, was seine Rolle als Schlüsselfigur nicht nur bei der Konzeption, sondern auch der Realisierung des Programms und der Projekte der „Endlösung der Judenfrage" weiter stärkte.

Ihre Krönung wurde schließlich die Organisation der Transitlager in den westeuropäischen Ländern und das weite Netz der Ghettos an Eisenbahnknotenpunkten in den besetzten Gebieten im Osten, in denen Millionen von Juden konzentriert und in der Folge in Konzentrations- und Vernichtungslager deportiert wurden. In der Praxis musste er sich noch vieles überlegen, sich aneignen und vervollkommnen. Zu den Kenntnissen in Judaistik und Hebräistik sollten noch Erkenntnisse der Chemie und Physiologie des Menschen hinzukommen, die dabei halfen, die richtige Antwort auf Fragen wie diese zu finden: Welches der von der Industrie auf den Markt geworfenen Giftgase war das effektivste und rentabelste bei der Liquidierung solch großer Portionen an Menschenmaterial? Einem fundamentalen Irrtum sind jene erlegen, die Eichmann für einen reinen Verwaltungsangestellten, eine Büroratte mit Ärmelschonern halten: seine Dienstreisen in Ghettos und Konzentrationslager zeugen vom Gegenteil.

Die erste Aktion Eichmanns in Berlin war die sogenannte Nisko-Aktion. Nach der Besetzung Polens im September 1939 befanden sich fast viermal so viele Juden in deutschen Händen, wie bis zur Machtübernahme der Nationalsozialisten in Deutschland gelebt hatten, ungefähr zwei Millionen Menschen. Ungefähr eine halbe Million von ihnen lebte in den Gebieten, die dem Reich unmittelbar als neue Reichsgaue Danzig-Westpreußen und Wartheland, das Posen und den östlichen Teil Oberschlesiens umfasste, einverleibt wurden. Die Deportation der jüdischen Bevölkerung aus ihnen erschien als selbstverständliche und erstrangige Aufgabe. Doch es kam die Frage auf: Wohin? Wo befindet sich jener stille, entlegene und nicht zur „Germanisierung" vorgesehene Ort? Wo soll der russische Ansiedlungsgürtel für Juden in seiner deutschen Ausführung wiedergeboren werden?

Im Verlauf des September suchte man eine Antwort auf diese Frage innerhalb des künftigen Generalgouvernements: Der Gedanke eines „jüdischen Staates" in der Nähe von Krakau oder eines „Reichsghettos" in Lublin oder in der Nähe von Lublin wurde erwogen. Schon Mitte September 1939 kursierten entsprechende Gerüchte unter der jüdischen Bevölkerung des ehemaligen Polen und sickerten sogar bis in die Presse durch[23]. Ende September äußerte Hitler mehrmals seinen Wunsch, alle Juden, darunter auch die deutschen, irgendwohin nach Polen zwischen der Weichsel und dem Bug umzusiedeln[24].

So war es wenig erstaunlich, dass Eichmann und Stahlecker entsprechend der Weisung des Chefs der Gestapo, Heinrich Müller, vom 6. Oktober 1939 über die Deportation der Juden aus Wien, Kattowitz und Ostrau am 12. Oktober eine dreitägige Inspektionsreise in die Zone unternahmen, die damals noch zeitweilig von der Roten Armee kontrolliert wurde, und ein Gebiet von 20 000 Quadratkilometer zwischen Weichsel, Bug und San mit der Hauptstadt Lublin auswählten[25]. In dieses Reservat sollten ihrer Meinung nach die Juden aus ganz Europa verbracht werden, vor allem die aus Deutschland, Österreich, Tschechien

---

[23] In der Belgrader Zeitung „Vremja" vom 18.9.1939 wurde über Pläne zur Errichtung eines jüdischen Territoriums in Polen berichtet; vgl. Jonny Moser, Nisko: The First Experiment in Deportation, in: The Nazi Holocaust. Historical Articles on the Destruction of European Jews, Band 3: The "Final Solution": the Implementation of Mass Murder, Volume 2, hrsg. von Michael R. Marrus, London 1989, S. 730–759, hier S. 732.
[24] Alfred Rosenberg, Das politische Tagebuch 1934–1935 und 1939–1940, hrsg. von Hans-Günther Seraphim, München 1964, S. 98f.
[25] Moser, Nisko, S. 739.

und Polen²⁶. Somit war es als wichtigster Bestandteil eines strategischen Planes zum ethnostrukturellen Umbau Osteuropas in Form seiner Germanisierung gedacht. Am 7. Oktober 1939 ernannte Hitler Himmler zum Reichskommissar für die Festigung des deutschen Volkstums. In dieser Eigenschaft sollte er sich auch um die Fragen der Deportation der Polen aus den Gebieten kümmern, die für die vollständige Arisierung vorgesehen waren, also z. B. aus Danzig und dem Warthegau. Hinsichtlich der Polen plante man die teilweise Umsiedlung in Gebiete, die von Juden freigemacht worden waren, so dass die Beziehung aller dieser Bemühungen zu dem, was unweit davon von Eichmann unternommen wurde, nicht enger hätte sein können.

Die unmittelbaren Deportationen der Juden begannen ohne jegliche Verzögerung: Am 9. Oktober 1939 erfolgte der Befehl zur Deportation aus Mährisch Ostrau und Kattowitz, und am 10. Oktober aus Wien²⁷. Die Juden wurden gezwungen, Erklärungen über ihre angeblich freiwillige Übersiedlung in ein „Umschulungslager" zu unterzeichnen²⁸. Ihre Abreisebahnhöfe waren Wien, Mährisch Ostrau und Kattowitz, ferner auch Prag und Sosnowitz, die Ziele waren Nisko am San und das Zwischenlager im Dorf Zarzecze am anderen Ufer des Flusses. Beide Lager befanden sich sehr nah an der sowjetischen Grenze, und einigen Juden gelang es sogar, in die UdSSR zu flüchten.

Der erste Transportzug mit 875 Juden wurde am 17. Oktober zusammengestellt und von Ostrau am 18. abgeschickt; unterwegs nahm er am 20. Oktober einen Teil der Juden aus Kattowitz auf und kam am selben Tag in Nisko an. Insgesamt kamen zwischen dem 17./18. und 29. Oktober in Nisko sechs Transporte mit insgesamt 4000 bis 5000 Menschen an²⁹. Die Betroffenen durften bis zu 50 Kilogramm Gepäck mitnehmen, das in den Gepäcknetzen der Waggons über den besetzten Plätzen unterzubringen war. Tischgedeck und Musikinstrumente konnten als Gepäck aufgegeben werden. Es war erlaubt, mit sich zu führen: zwei warme Anzüge, einen Wintermantel, einen Regenmantel, zwei Paar Stiefel, zwei Garnituren Unterwäsche, Tücher, Socken, Arbeitsanzug, einen Spiritus- oder Petroleumkocher, Tischgeschirr, ein Messer, eine Schere, eine Taschenlampe mit Ersatzbatterie, einen Kerzenständer, Zündhölzer, Nadel und Faden, Talk, einen Rucksack, eine Thermoskanne und Essen sowie nicht mehr als zweihundert Reichsmark. Die Befreiung von der Umsiedlung war entweder aus Krankheitsgründen – mit offiziellem Attest – oder bei Vorhandensein von Dokumenten möglich, die die bevorstehende Emigration in ein anderes Land belegten³⁰.

---

[26] Dabei zeugt die Zahl von 162000 Juden, die Odilo Globocnik in seinem Brief an den Gouverneur des Lubliner Gebiets, Zörner, erwähnt, davon, dass das Reservat zu diesem Zeitpunkt wohl allenfalls für die deutschen Juden vorgesehen war, deren Zahl dieser Ziffer nahekam; vgl. Philip Friedman, The Lublin Reservation and the Madagaskar Plan. Two aspects of Nazi Jewish Policy During the Second World War, in: The Nazi Holocaust, S. 703–729, hier S. 710.
[27] Moser, Nisko, S. 736f.
[28] Nach Friedman wurden die Wiener Juden gezwungen, ein „Memorandum über die Umsiedlung in polnische Provinzen" mit dem Ziel kolonisatorischer Tätigkeit zu unterzeichnen; vgl. Friedman, Lublin Reservation, S. 710.
[29] Moser, Nisko, S. 746. In der Literatur trifft man ungenaue oder falsche Angaben über die Zahl der ins Reservat Nisko Deportierten an (die Rede ist von Zehn- oder sogar Hunderttausenden) oder über den Zeitpunkt der Deportation (bis Ende November) oder über die Gruppen der Deportierten (zu denen angeblich auch deutsche Juden aus Stettin und jüdische Kriegsgefangene der polnischen Armee gehört haben sollen). Vgl. detaillierti Friedman, Lublin Reservation, S. 710f.
[30] Es ist interessant, dass die Pläne der Nationalsozialisten bei einem Teil der russischen Emigration „Unterstützung" fanden, insbesondere beim Nationalen Arbeitsbund (NTS); vgl. D. Zaborovskij, Opyt razrešenija evrejskogo voprosa, in: Za rodinu, 1939, № 95, 15 dekabrja. Nachdruck in: Sintaksis, Paris 1991, № 31, S. 179–182.

Dem Reservat „Nisko am San" schien eine große Zukunft bevorzustehen! Indessen wurden die Deportationen schon am 27. Oktober eingestellt, hauptsächlich wegen des Protests des soeben zum Generalgouverneur ernannten Hans Frank, der seine gesamte Domäne „judenfrei" sehen wollte. Dabei wurde aber das Lager Nisko selbst erst im Juni 1940 geschlossen und alle seine Bewohner in die Städte zurücküberstellt, aus denen sie hergesandt worden waren[31].

Sollte also die Verwaltungsmacht, überdies in Gestalt der SS, gegen eine Territorialmacht verloren haben? Kaum, was auch immer Frank gesagt haben mag.

Eher waren die Konfliktparteien hier zwei Zweige innerhalb der Verwaltung, oder, genauer, zwei sich ergänzende, aber nichtsdestoweniger miteinander konkurrierende „Projekte" des Dritten Reichs, die jüdische Aus- und die deutsche Einwanderung.

Die Interessen der jüdischen Auswanderung stießen unmittelbar mit denen der deutschen Einwanderung zusammen: Die ersten Schiffe aus Riga und Reval kamen in Danzig praktisch genau in den Tagen an, wie auch die ersten Wiener Juden in Nisko, in der ersten Hälfte der zweiten Dekade des Oktobers 1939. Insgesamt war geplant ungefähr 200 000 Volksdeutsche aus dem Baltikum und Wolhynien in den Warthegau zu übersiedeln, aber dem Warthegau selbst stand dabei bevor, beschleunigt von Juden und Polen freigemacht zu werden. Zunächst war die Rede von der Notwendigkeit bis Ende 1940 achtzig- bis neunzigtausend Juden und Polen umzusiedeln, aber später sprach man bereits allein über 160 000 Polen[32]. Aber für alles zugleich reichten die Kräfte nicht, und so wurde die Priorität auf die Aufgabe der Einwanderung gelegt[33], die von einem weiteren Faktor unterstützt wurde: Schon im Oktober dislozierte die Sowjetunion Truppen in den baltischen Ländern, und Deutschland wusste so gut wie niemand sonst, was darauf folgen würde: die Annexion.

Ein zusätzlicher ernsthafter Faktor wurde auch die neue fixe Idee für die Schaffung eines Judenreservats, der „Madagaskarplan". Diese exotische Insel war schon Anfang des Jahrhunderts als mögliches Ziel einer jüdischen Ansiedlung aufgetaucht, und zwar in äußerst zionistischen jüdischen Kreisen. Das erste Land, das die Frage der Auswanderung der jüdischen Bevölkerung dorthin erhoben hatte, war aber nicht Deutschland gewesen, sondern Polen, das im Jahr 1937 sogar eine spezielle polnisch-jüdische Kommission auf die Insel entsandt hatte. Die Juden selbst verhielten sich dieser Idee gegenüber sarkastisch, die Franzosen äußerst zurückhaltend, und die Madegassen protestierten empört dagegen[34]. Aber die Idee als solche verschwand nicht, und 1938/39, insbesondere nach dem Scheitern der Konferenz von Evian, wurde sie von den Nationalsozialisten auf den Schild gehoben. Der „Madagaskarplan" erschien ihnen als das am wenigsten schmerzliche Mittel für die Entjudung Europas, wobei als mögliche „Alternative" zum französischen Madagaskar auch noch über Britisch Guinea und das ehemals deutsche Südwest-Afrika

---

[31] Friedman nennt ganz andere Zeitpunkte (von Februar bis April 1940), Instanzen (Hermann Göring) und auch Motive für das Ende des Nisko-Experiments (Friedman, Lublin Reservation, S. 713f.), die jedoch nicht mit den allgemein anerkannten Fakten übereinstimmen.
[32] Christopher R. Browning, Nazi Resettlement Policy and the Search for a Solution to the Jewish Question, 1939–1941, in: The Nazi Holocaust, S. 760–782, hier S. 770f. Im Verlauf des Jahres 1940 wurden insgesamt 261 517 Personen umgesiedelt; ebenda, S. 778.
[33] Diese Ansicht vertritt Christopher R. Browning, Nazi Resettlement Policy, S. 766–768.
[34] Friedman, Lublin Reservation, S. 717–719; generell: Magnus Brechtken, „Madagaskar für die Juden". Antisemitische Idee und politische Praxis 1885–1945, München 1997.

debattiert wurde[35]. Im Dezember 1939 erläuterte Außenminister Joachim von Ribbentrop dem Papst einen Friedensplan, der unter anderem die Auswanderung der deutschen Juden vorsah: Als Einwanderungsländer wurden Palästina, Äthiopien und eben Madagaskar vorgesehen[36]. Die Notierung Madagaskars stieg besonders hoch nach der Niederlage, die Deutschland Frankreich beigefügt hatte: Der Sieger forderte das Mandat für die Verwaltung Madagaskars[37]. Anfang Juni 1940 stellte der Leiter der Judenabteilung des Auswärtigen Amtes, Dr. Franz Radermacher, einen Plan vor, demzufolge 25 000 Franzosen die tropische Insel verlassen, Deutschland dort eine Marine- und eine Luftwaffenbasis errichten und in den nicht okkupierten Teil Madagaskars vier bis fünf Millionen Juden verbracht werden sollten, die sich dort mit landwirtschaftlichen Arbeiten unter Aufsicht eines von Himmler ernannten Polizeigouverneurs beschäftigen sollten[38]. Dabei war „Madagaskar" ein geradezu menschenfresserisches Projekt: Diese „paradiesische Insel" erinnerte in klimatischer Hinsicht wenig an ein Paradies für europäische Juden, die sich dort tatsächlich kaum hätten akklimatisieren können. Endgültig aufgegeben wurde der Plan erst im Herbst 1940[39], als Hitler die Entscheidung zum Angriff auf die UdSSR traf.

Die Briefe Eichmanns und Stahleckers dokumentieren auf diese Weise ein bis dato unbekanntes Projekt der „Lösung der Judenfrage" durch Auswanderung, Evakuierung oder Deportation der deutsch-österreichischen, tschechischen und polnischen Juden in die UdSSR. Wenn die Geburt der Idee auf Dezember 1939/Januar 1940 datiert ist, und die Absendung der Briefe (allem Anschein nach mit diplomatischer Post) auf Ende Januar 1940, so liegt das russische Projekt Eichmanns (nennen wir es ganz vorläufig „Birobidžan-Projekt") direkt zwischen zwei Epizentren der beiden anderen großen Deportationsprojekte, des „Nisko-Experiments" und des „Madagaskarplanes". Es besteht Grund zur Annahme, dass es, wie im Falle von Nisko, eine, wenn nicht improvisierte, so doch in jedem Falle reine Verwaltungsinitiative des RSHA war. Wenn dem nicht so gewesen wäre, hätte Generalgouverneur Hans Frank informiert sein müssen, aber er wusste, nach allem zu urteilen, nichts über diese glänzende Perspektive. In jedem Falle hat er in seinem umfangreichen Bericht über die im Generalgouvernement bevorstehenden Massenumsiedlungen sie nicht direkt erwähnt[40].

---

[35] Die Rolle des Vermittlers übernahm der Verteidigungsminister Südafrikas Oswald Pirow, ein großer Verehrer von Person und Politik Hitlers, insbesondere in der jüdischen Frage; vgl. Friedman, Lublin Reservation, S. 706 und S. 719–721. Von deutscher Seite wurde das Projekt nicht von der SS oder dem RSHA ausgearbeitet, sondern vom Außenministerium; vgl. Zámečník, Nisko, S. 96.
[36] Friedman, Lublin Reservation, S. 721.
[37] Insbesondere vor dem Hintergrund des Vertrauens auf diesen Plan muss auch die Deportation der jüdischen Bevölkerung Badens und der Pfalz, nicht nach irgendwo, sondern eben nach Südfrankreich gesehen werden.
[38] Friedman, Lublin Reservation, S. 723–726. Am 18. Juni 1940 weihte Hitler Mussolini in diesen Plan ein; vgl. Browning, Nazi Resettlement Policy, S. 774.
[39] Dabei wurde der „Madagaskarplan" zu propagandistischen Zwecken auf oberster Ebene noch bis 1943 erwähnt. Die Insel selbst wurde im Mai 1942 von Großbritannien besetzt.
[40] In einer Rede vor den Abteilungsleitern seiner Behörde in Krakau am 19. Januar 1940 sprach er von der Umsiedlung in das oder von dem Transit durch das Generalgouvernement verschiedener Kategorien von Volksdeutschen, aber hauptsächlich über zwei Deportationen innerhalb des Generalgouvernements, des Abschlusses der Umsiedlung von 80 000 Polen (Repräsentanten der polnischen Elite und der Intelligenz sowie deutsch-feindlich gesonnener Personen) und von Juden aus dem Reich (Danzig und Westpreußen) mit dem Ziel, Lebensraum für die dort ankommenden Deutschen aus dem Baltikum freizumachen (diese Kampagne begann bereits im Oktober 1939) und über den Beginn der Deportation von weiteren 600 000 Juden und Polen aus dem Reich (Warthegau) in die Kreise Krakau

Bei jedem der drei Projekte wurden die Urheber von verschiedenen Erwartungen und Hoffnungen getrieben: Beim „Birobidžan-Projekt" war es wahrscheinlich die Hoffnung auf die „jüdisch-bolschewistische" Internationale, und vermutlich auch die Rechnung mit der unausweichlichen Enttäuschung der sowjetischen Seite über die Resultate der Werbung für die Übersiedlung in die UdSSR unter den ukrainischen und weißrussischen Flüchtlingen im Generalgouvernement[41].

Das folgende „kurzfristige Projekt" der Judendeportation wurde höchstwahrscheinlich auf einer Versammlung bei Adolf Eichmann in Berlin am 17. Dezember 1940 formuliert[42]. Um Platz für Volksdeutsche freizumachen, die aus Bessarabien, der Bukowina, der Dobrudscha und aus Litauen zur Aussiedlung ins Generalgouvernement erwartet wurden, deportierte man nicht weniger als 831 000 Polen und Juden plus zusätzlich mindestens 200 000 Menschen mit Rücksicht auf den Bau militärischer Schießplätze. Faktisch begannen die Deportationen Ende Januar, erfassten 25 000 Menschen, darunter 9000 Juden, und wurden am 15. März 1941 eingestellt: Die Vorbereitung zum Angriff auf die UdSSR und schlichte militärische Prioritäten ließen auch diese Pläne zu unvollendeten werden[43].

Die militärischen Erfolge gegen die UdSSR und die Okkupation eines Großteils ihres europäischen Territoriums sollten den Strategen des Antisemitismus völlig neue und noch verlockendere Perspektiven für die „Endlösung der Judenfrage" eröffnen. Es würde genügen die europäischen Juden in den hohen Norden oder nach Sibirien zu deportieren, wo sie höchstwahrscheinlich von selbst verschwinden würden.

Aber das Scheitern des Blitzkrieges verwehrte diese Vorhaben des Führers, die so auch keine endgültige Entwicklung erfuhren[44]. Jedoch darf man nicht vergessen, dass Ende 1941 eine ganze Reihe von Transporten deutscher Juden aus Berlin, Köln und Hamburg nach Riga und Minsk gelangte, wo sie unverzüglich oder mit einer gewissen Verzögerung ermordet wurden.

Aus der Perspektive des Adressaten

Gemäß der Stalin'schen Definition verdient nur ein Volk die Bezeichnung „Nation", das über ein eigenes nationales Territorium und eigene Staatlichkeit verfügt. Von diesem Standpunkt aus fielen die Juden, die (in den Augen Stalins) gewiss eine Nation bildeten, zugleich keinesfalls unter seine Definition: Ein Ausweg aus der theoretischen Sackgasse konnte nur mittels der Schaffung einer jüdischen Staatlichkeit – am besten innerhalb der Grenzen der UdSSR – geschaffen werden. Das erlaubte es, gleichzeitig zwei wichtige Probleme zu lösen, ein innenpolitisches und ein außenpolitisches: erstens, das Siedlungsareal der armen Juden in der UdSSR zu entlasten, den an ihr aus zaristischen Zeiten hängengeblie-

---

und Radom im Rahmen einer Kampagne, die er „Perspektivplan" nannte: Ihr Beginn wurde aus technischen Gründen und mit dem Appell, die Zeit für eine sorgfältigere Ausarbeitung zu nutzen, vom 15. Januar auf den 1. März 1940 verschoben; vgl. Hans Frank, Das Diensttagebuch des deutschen Generalgouverneurs in Polen 1939–1945, hrsg. von Werner Präg und Wolfgang Jacobmeyer, Stuttgart 1975, S. 95.
[41] Ihre Zahl betrug nach deutschen Schätzungen Mitte Januar 1940 insgesamt 14 000 Menschen; vgl. Frank, Diensttagebuch, S. 95.
[42] Browning, Nazi Resettlement Policy, S. 777.
[43] Ebenda, S. 778.
[44] Záměčník, Nisko, S. 97–99.

benen und offenkundig agrarisch überbevölkerten Ansiedlungsbezirk[45], und zweitens, das zionistische Projekt der jüdischen Immigration aufzugreifen und mit ihm auch das entsprechende Kapital. Das Potential der inneren Migration wurde auf Hunderttausende von Menschen geschätzt, das der Immigration aus dem Ausland auf einige Zehntausend.

Von daher rührte der Überfluss verschiedener in der UdSSR schon in den 1920er Jahren diskutierter landwirtschaftlicher Siedlungsprojekte für Juden. Die ersten beiden Projekte hatte die Jüdische Sektion der RKP(b) unter Abram Bragin vorgeschlagen, nämlich die Schaffung einer Jüdischen Republik entweder in Belorussland oder im Norden der Krim, dem Steppengürtel der Ukraine und an der Schwarzmeerküste (bis hin zur Grenze Abchasiens). Später fuhr man dieses Projekt auf die Schaffung einer Jüdischen Republik allein auf der nördlichen Krim mit der dortigen Ansiedlung von 280 000 Juden zurück. Mit dem Problem der Schaffung einer nationalen Staatlichkeit der Juden befasste sich speziell das Staatskomitee beim Präsidium des Nationalitätenrats des Zentralexekutivkomitees der UdSSR (KomZET), dem P. G. Smidovič vorstand, und das Gesellschaftliche Komitee für die landwirtschaftliche Siedlung der jüdischen Werktätigen (OZET) unter Ju. Larin, d. i. M. Z. Lur'e. Im Westen erschien in Form des „Agro-Joint" ein reicher Sponsor, der im Oktober 1922 versprach, gemeinsam mit anderen Wohltätern für diese Vorhaben 1 240 000 Dollar bereitzustellen. An der Spitze standen Trotzki, Kamenev, Bucharin, Čičerin, Kalinin und der Präsident des ukrainischen Zentralexekutivkomitees, G. Petrovskij, der Idee wohlwollend gegenüber. Unter ihren Gegnern waren der Volkskommissar für Landwirtschaft der RSFSR, A. Smirnov, der Volkskommissar für Justiz der Ukraine, N. Skrypnik, und der ZK-Sekretär der ukrainischen KP Ė. Kviring. Man nimmt an, dass die Position Stalins eine des neutralen Wohlwollens war.

Ungeachtet der Opposition beschloss das KomZET, freie Plätze im Gebiet der bereits bestehenden jüdischen Kolonien im Süden der Ukraine und der nördlichen Krim zu besiedeln. Am 11. Februar 1926 wurde eine Kommission unter dem Vorsitz von Michail Kalinin gebildet, auf deren Vorlage hin das Politbüro beschloss, „den Kurs auf die Möglichkeit der Organisation einer autonomen jüdischen Einheit bei positiven Resultaten der Umsiedlung beizubehalten". Auf der Sitzung des OZET im November desselben Jahres begrüßte Kalinin die Idee einer Autonomie „im Rahmen der großen Aufgabe der Erhaltung der jüdischen Nationalität", für deren Verwirklichung es seinen Worten zufolge notwendig war, „einen bedeutsamen Teil der jüdischen Bevölkerung in eine sesshafte bäuerliche, landwirtschaftliche, kompakte Bevölkerung zu verwandeln, die mindestens nach Hunderttausenden zählt"[46]. Diese Erklärung wurde in Analogie zur bekannten „Balfour-Erklärung" „Kalinin-Erklärung" getauft.

In den Jahren 1922 bis 1936 wurden auf der nördlichen Krim und in der Ukraine fünf nationale jüdische Rayons, 213 jüdische Kolchosen mit 11 000 Wirtschaften und mehr als 40 jüdische landwirtschaftliche Siedlungen geschaffen. Die Zahl der Juden auf der Krim wuchs stetig und stieg bis 1939 auf 65 000 Menschen an (das waren acht Prozent der städtischen und drei Prozent der ländlichen Bevölkerung der Krim). Die Privilegien der Juden bei der Ansiedlung, ihre Unterstützung aus dem Ausland mit landwirtschaftlichen Maschinen, Saatgut und Rassevieh riefen Neid und einen massiven Antisemitismus bei ihren

---

[45] Die diskriminierenden zaristischen Gesetze verbaten den Juden nicht nur, sich in Städten jenseits der Grenzen des Ansiedlungsbezirks niederzulassen, sondern auch sich mit landwirtschaftlicher Tätigkeit zu befassen.
[46] Vgl. M. I. Kalinin/P. G. Smidovič, O zemel'nom ustrojstve trudjaščichsja evreev v SSSR, Moskau 1927.

slawischen Nachbarn hervor, die in nicht geringerem Maße unter der Landarmut litten. Letzten Endes begegnete man der Idee einer jüdischen Staatlichkeit auf der Tauris mit Bajonetten und sie kam nicht durch[47]. In den Jahren des Krieges verschwand die jüdische Bevölkerung der Krim vom Antlitz der Erde: Die Deutschen vernichteten hier nicht weniger als 67000 Juden und Krimtschaken, während die Karäer unberührt blieben. In den Jahren 1944 bis 1946 wurde auf Initiative des Jüdischen Antifaschistischen Komitees die „Krim-Variante" einer jüdischen Staatlichkeit erneut geprüft – mit demselben Erfolg[48]. Molotov unterstützte die Idee, doch diesmal erwies sich Stalin als ihr entschiedener Gegner.

Als erfolgreicher (oder wenigstens nicht vollständig gescheitert) erwies sich das fernöstliche Projekt, die Umsiedlung jüdischer Bauern auf 4,5 Millionen Hektar fruchtbaren und unbesiedelten Bodens im Gebiet der Flüsse Bira und Bidžan am linken Ufer des Amur, das dem KomZET bereits im Jahr 1927 zugeordnet wurde. 60000 Personen waren für die Umsiedlung dorthin bis zum Ende des ersten Fünfjahrplanes vorgesehen, weitere 150000 im Rahmen des zweiten. Bis 1938 sollte die Gesamtzahl der jüdischen Bevölkerung in dem Gebiet 300000 Menschen erreichen. Aber in den ersten beiden Jahren, beginnend mit 1928, wurden gerade einmal zweitausend Juden dorthin umgesiedelt. Es half weder die zwangsweise Demobilisierung der jüdischen Rotarmisten noch Werbekampagnen im Ausland, ja nicht einmal die in diesem Gebiet ausgerufene nationale Autonomie der Juden. Von 1928 bis 1933 übersiedelten ungefähr 20000 sowjetische Juden und 1500 Juden aus Litauen, doch gleichzeitig schafften es 11500, d. h. ungefähr drei Fünftel, der Übersiedler, das „Rote Zion" am Amur zu verlassen[49]. Anstatt 60000 Juden in Birobidžan zum Ende des ersten Fünfjahrplanes zählte man dort insgesamt 8000. Und obwohl dort 1927 das bis heute existierende Autonome Jüdische Gebiet konstituiert wurde, konnten Birobidžan und der Bolschewismus in der globalen Konkurrenz mit dem Zionismus und seiner Idee, die Juden in Palästina zu sammeln, nicht bestehen.

Nichtsdestoweniger führte der Vorstandsvorsitzende des Agro-Joint, James N. Rosenberg, Gespräche mit Michail Kalinin über die Unterbringung der europäischen Juden in Birobidžan und versprach ihm die volle finanzielle Unterstützung des Projekts. Die Regierung der UdSSR veröffentlichte Pläne der Ansiedlung von viertausend Familien sowjetischer Juden und tausend Familien ausländischer Juden. Ihre Übersiedlung war indes mit äußerst strengen Bedingungen verknüpft. „Alle Übersiedler aus dem Ausland nehmen vor der Einreise in die UdSSR die sowjetische Staatsbürgerschaft an und verpflichten sich, nicht weniger als drei Jahre innerhalb der Grenzen des Jüdischen Autonomen Gebietes zu arbeiten. Die Auswahl der Übersiedler durch das OZET wird im Wesentlichen auf dem Gebiet durchgeführt, das vor dem Ersten Weltkrieg zum Bestand des russischen Imperiums gehört hatte. Die in die UdSSR Übersiedelnden müssen 200 Dollar bei sich haben." Tatsächlich aber war alles noch strenger; die Einreisequoten sanken beständig. So wurde in den Jahren 1936 und 1937 erklärt, dass Birobidžan nicht mehr als 150000 bis 200000 Familien von Wissenschaftlern, Ingenieuren und Ärzten aus Polen, Litauen und Rumänien aufnehmen könne.[50]

---

[47] T.V. Carevskaja, Krymskaja al'ternativa Birobidžanu i Palestine, in: Otečestvennaja istorija, 1999, № 2, S. 121–125.
[48] Ebenda.
[49] Chimen Abramsky, The Biro-Bidzhan Project, in: L. Kochan (Ed.), The Jews in Russia since 1917, Oxford 1978, S. 74.
[50] Das Politbüro fasste den entsprechenden Beschluss am 28. April 1935. Noch strenger war die Instruktion „Über die Regeln für das Einreiseverfahren für werktätige Juden aus dem Ausland in die

In dieser Zeit entzündete sich in der UdSSR eine totale Spionomanie, und der Große Terror der Jahre 1937/38 wurde ins Werk gesetzt, unter dessen ersten und wichtigsten Zielen und Opfern die in der UdSSR befindlichen Ausländer waren[51]. Die Verfolgungen erfassten viele jüdische Einwanderer und auch Mitarbeiter vieler innersowjetischer und internationaler Organisationen, die sich praktisch mit der Übersiedlung von Juden in die UdSSR befassten.

1938 wurde die Tätigkeit des Agro-Joint in der UdSSR untersagt, und die Übersiedlung ausländischer Juden nach Birobidžan wurde praktisch unmöglich. Nicht das geringste Interesse zeigte die UdSSR für die internationale Konferenz über das globale Schicksal jüdischer Flüchtlinge, die auf Initiative der USA einberufen wurde und vom 5. bis 16. Juli 1938 im französischen Kurort Evian stattfand[52]. Dabei nahm die UdSSR in eben jenen Jahren, dabei auf jede Weise die Erfüllung ihrer internationalistischen Pflicht unterstreichend, Tausende spanischer Bürgerkriegsflüchtlinge auf. Die internationalistischen Gefühle hinsichtlich der Gegner und Opfer des nationalsozialistischen Terrors in Deutschland beschränkten sich hingegen auf einige Kommunisten und ihre Familien sowie einige Prominente vom Schlage des Schachweltmeisters Emanuel Lasker. Nichtsdestoweniger sollte sich die UdSSR praktisch als das einzige Land erweisen, das in bedeutsamem Umfang jüdische Flüchtlinge aus dem von Deutschland im September 1939 besetzten Westpolen aufnahm.

Aus der gemeinsamen Perspektive des Absenders und des Adressaten

Nach der erfolgreichen kriegerischen Teilung Polens setzten sich die Erfolge der deutsch-sowjetischen Zusammenarbeit auch in anderen Bereichen fort, insbesondere beim Bevölkerungsaustausch. Noch im Oktober 1939 nach dem „Befreiungsfeldzug" der Roten Armee nach Ostpolen wurde eine Gemeinsame deutsch-sowjetische Evakuierungskommission gebildet. Ihre sowjetischen und deutschen Ko-Vorsitzenden waren der im Frühjahr 1939 als Außenminister der UdSSR abgelöste M. M. Litvinov und Kurt von Remphohener[53]. Die Unterschriften beider stehen unter der „Übereinkunft zwischen der Regierung der UdSSR und der Regierung Deutschlands über die Evakuierung der ukrainischen und weißrussischen Bevölkerung aus den Gebieten des ehemaligen Polen, die in die staatliche Interessensphäre Deutschlands eingegangen sind, und der deutschen Bevölkerung aus den Gebieten des ehemaligen Polen, die in die staatliche Interessensphäre der Union der SSR eingegangen sind", die in Moskau am 16. November 1939 unterzeichnet wurde[54]. Die

---

UdSSR zur dauerhaften Wohnortnahme im Jüdischen Autonomen Gebiet" vom 9. September 1935. Sie sah die sowjetische Staatsbürgerschaft nur für „werktätige" Ausländer, also Arbeiter, Angestellte, Handwerker und Landwirte, vor, die sich keiner Lohnarbeit bedienten und zu schwerer physischer Arbeit fähig waren, und das nur nach Überprüfung durch die Organe des NKVD; vgl. Al'tman, Žertvy, S. 375.
[51] Pavel Polian, Soviet Repression of Foreigners: The Great Terror, the GULAG, Deportations, in: Annali. Anno Trentasttesimo, 2001, Mailand 2003, S. 61-104.
[52] Diese Konferenz endete mit einem nahezu vollständigen Misserfolg: Nur ein Land, die Dominikanische Republik, zeigte Bereitschaft Juden aufzunehmen, und Großbritannien schlug ihnen die Übersiedlung in seine ostafrikanische Kolonie Uganda vor. Darüber hinaus wurde das internationale Komitee für Flüchtlingsangelegenheiten konstituiert, das in der Folge Gespräche sowohl mit Deutschland als auch mit den Aufnahmeländern führte.
[53] Nach anderen Angaben war der Ko-Vorsitzende der deutschen Seite von Twardowski; vgl. Al'tman, Žertvy, S. 376f., was allerdings der im Folgenden behandelten Übereinkunft widerspricht.
[54] Siehe das gedruckte Exemplar des Vertrags, BAB, R 59, Nr. 295, Bl. 1-11.

Hauptbevollmächtigten bei der Realisierung des Vertrags waren von sowjetischer Seite Major (später Oberst) Ja. N. Sinicyn und SS-Obersturmbannführer (später SS-Standartenführer) H. Hofmaier, deren beider Hauptquartiere sich in Luck auf der sowjetischen Seite befanden. Eine ganze Reihe von Vertretern beider Seiten war auch in anderen Städten tätig, so z. B. deutsche Repräsentanten in Lemberg, Stry und Stanislau oder sowjetische in Cholm und Jaroslav[55]. Diese Repatriierung hatte strikt ethnischen Charakter: Weder Slawen noch Juden, selbst wenn sie Mitglieder „arischer" Familien waren, wurden von ihr erfasst, und den „Ariern" empfahl man nachdrücklich, die „nicht vollwertigen" und „unerwünschten" Gattinnen und Gatten vom Tisch zu entfernen[56].

Der erste Transport mit 1 050 Übersiedlern ging am 20. Dezember 1939 aus Vladimir-Volynsk ab. Zu Beginn des neuen Jahres 1940 erreichte die Zahl der Umgesiedelten 26 000 Menschen, und als die gesamte Evakuierung am 4. Februar abgeschlossen war, hatte sie über 130 000 Personen erfasst[57]. Nach anderen Angaben wurden bis zum 8. Februar 128 000 Personen deutscher Abstammung in den Westen evakuiert, darunter 15 000 Polen, die sich nach Meinung der Kommission auf ihr „Deutschtum" berufen konnten[58].

Die Mitglieder der deutschen Kommission verbargen ihren Stolz auf das in kürzester Frist (insgesamt sechs Wochen!) erzielte Resultat, die nahezu vollständige Freimachung Ostpolens von deutscher Bevölkerung, nicht. Nur ein äußerst unbedeutender Teil der deutschen Bevölkerung, der weder auf die Versprechen der deutschen noch die Drohungen der sowjetischen Behörden hörte, verweigerte sich der Umsiedlung. Das waren im Wesentlichen Baptisten und Katholiken, die in Deutschland religiöse Verfolgungen befürchteten[59].

Die Zahl jener, die in umgekehrter Richtung evakuiert werden wollten, betrug ungefähr 40 000 Menschen, unter ihnen nicht wenige Juden, aber die sowjetische Seite war nur zur Aufnahme von 20 000 bereit[60]. Später, Ende Dezember, erklärte sie ihr Einverständnis, weitere 14 000 aufzunehmen, vorwiegend Juden, wobei sie in die deutsche Zone gleichzeitig 60 000 Menschen schickte, die nicht zur Sowjetisierung bereit waren, darunter auch Juden[61]. Das ausdrückliche Fehlen jeglichen Interesses seitens der UdSSR gegenüber dem Schicksal der polnischen Juden zeigte sich schon seit der ersten Sitzung der Gemeinsamen Kommission[62]. Der Mitarbeiter des deutschen Hauptstabes des deutschen Umsiedlungskommandos in Luck, Brückner, beschrieb in seinem Tagebuch folgenden Vorfall, von dem er gehört hatte: Anfang Dezember 1939 kam bei einem Grenzübergang an einer Brücke über den Bug im Dorf Sokol eine Gruppe von Juden aus dem Generalgouvernement an. Die sowjetischen Grenzwächter ließen sie nicht durch und eröffneten, als sie die Absperrung durchbrachen, das Feuer auf sie. Als die Juden auf die deutsche Seite umkehrten, empfingen sie auch von dort Schüsse. Einige sprangen in den Bug und schwammen ans sowjetische Ufer,

---

[55] Ihre Leiter waren im Einzelnen S. N. Troickij und V. S. Žegarov; O. V. Višlev, Nakanune 22 ijunja 1941 goda. Dokumental'nye očerki, Moskau 2001, S. 188. Gestützt auf offenbar schwer lesbare deutsche Quellen, führt Višlev an anderer Stelle fehlerhafte Namensschreibungen an: Sinčin anstelle von Sincyn und Egnarov anstelle von Žegarov. Überdies benennt er fehlerhaft als Vorsitzenden des sowjetischen Teils der Kommission V. S. Žegarov und der deutschen Otto Wächter; ebenda, S. 188–192.
[56] V. I. Pasat, Trudnie stranici istorii Moldovy: 1940–1950-e gg., Moskau 1994, S. 21 und S. 99–121.
[57] BAB, R 59, Nr. 309, Bl. 41 und 65.
[58] Mitteilung von S. Debski, Krakau.
[59] BAB, R 59, Nr. 305, Bl. 28f.
[60] Mitteilung von S. Debski, Krakau.
[61] Al'tman, Žertvy, S. 378.
[62] Ebenda, S. 516.

wobei ein Mensch ertrank. Erst nach zwei Stunden, nach Rücksprache mit den höchsten Vorgesetzten, ließ man diese Gruppe in die UdSSR. Einer der sowjetischen Offiziere kommentierte diese Szene folgendermaßen: „Soll das also heißen, die Deutschen nach Deutschland, nach Russland die Russen und die Juden – in den Bug?"[63]

Nach dem Angriff Deutschlands auf Polen am 1. September 1939 gaben viele polnische Bürger, vor allem Juden, ihre angestammte Heimat auf und flüchteten in den „rettenden" Osten, auf die Seite der UdSSR. Sie alle befanden sich am 17. September 1939 nicht in einem Nachbarstaat, sondern in den Händen eines anderen, des östlichen Aggressors. Unter diesen etwas veränderten Umständen traf ein Teil von ihnen seine Wahl nicht zugunsten der UdSSR und beantragte die Überführung nach Deutschland, umso mehr als beide Aggressoren am 16. November 1939 eine Übereinkunft über die wechselseitige Evakuierung einiger Bevölkerungsgruppen geschlossen hatten. Obwohl die Übereinkunft nach dem Prinzip „östliche Deutsche gegen westliche Ukrainer und Weißrussen" funktionierte, wurden Anträge von allen Personen entgegengenommen, die bis zum 1. September auf der anderen Seite der Demarkationslinie gelebt hatten.

Mit dem Abschluss der Evakuierung der Deutschen endete der Prozess des Bevölkerungsaustausches auf dem Gebiet des ehemaligen Polens allem Anschein nach nicht: Ungeklärt waren noch die reinen Optionsfragen, die Fragen des Austausches polnischer Bürger entsprechend ihres Wohnorts vor dem Krieg. Es wurden ungefähr 164 000 Anträge auf Genehmigung zur Rückkehr in die westlichen Gebiete Polens gestellt, im Wesentlichen von Polen. Als Frist für den Abschluss der Evakuierung war der 15. Mai 1940 gesetzt worden, aber später wurde sie um zwei bis drei Wochen verlängert[64]. Das ganze erste Halbjahr 1940 arbeiteten in Brest, Vladimir Volynskij und Przemysl (ab 13. Mai in Lemberg) drei deutsche Passierschein-Kommissionen[65]. Während dieser ganzen Zeit befanden sich deutsche Offiziere aus der Kommission, wenn auch nicht beständig und nur in kleinen Gruppen, im annektierten ostpolnischen Gebiet.

Schon in den ersten Tagen des September 1939, als die Wehrmacht das westliche Polen besetzte, begann sich in den östlichen Wojewodschaften eine beträchtliche Menge jüdischer Flüchtlinge zu sammeln, etwa 150 000 bis 200 000 der zwei Millionen Juden, die damals im westlichen Polen lebten. Nach der Annexion Ostpolens durch die Rote Armee und seiner „Wiedervereinigung" mit der Sowjetukraine und mit Sowjetweißrussland befanden sie sich alle in der UdSSR, wobei der Zustrom der Flüchtlinge sich über den 17. September hinaus fortsetzte[66]. Auf dem von der UdSSR annektierten Territorium lebten 1 292 000 ehemalige polnische Juden[67].

Die Mehrzahl der jüdischen Flüchtlinge gab Stalin und dem Leben in der UdSSR den Vorzug vor Hitler, nur um nicht bei den Deutschen bleiben zu müssen. E. S. Rozenblat schreibt, dass sie damit eine „Flucht aus der Realität in den Mythos" begingen[68], insbesondere den Mythos von der gerechten sowjetischen Ordnung. Unserer Meinung nach fiel all das nicht

---

[63] BAB, R 59, Nr. 309, Bl. 40.
[64] Višlev, Nakanune, S. 188. Für die umgesiedelten Deutschen wurde eine Infrastruktur geschaffen, insbesondere Desinfektionsanlagen (in Przemysl, Cholm und Biała-Podlaska), wie sie später in ähnlicher Weise auch bei der Deportation der Ostarbeiter benutzt wurde.
[65] A. Gur'janov, Vvedenie, in: Indeks repressirovannych. Vyp. XIV. Pol'skie pereselency v Archangel'skoj oblasti. Čast' 1./Sost. Ė. Rybarska, A. Gur'janov, A. Račinskij i T. Lozinskaja, Moskau 2003.
[66] So flüchteten etwa Dutzende von Juden sogar aus dem Judenreservat Nisko!
[67] Kostyrčenko, Tajnaja politika, S. 186 und S. 190.
[68] Rozenblat, „Čuždyj ėlement", S. 335.

für eine Sekunde aus dem Rahmen der „Realität": Aus einer schlechten Realität flüchteten die Menschen in eine andere, in der Hoffnung, dass sie doch besser und ungefährlicher sei als jene, die sie in Panik hinter sich gelassen hatten. Die Haltung der Sowjetmacht ihnen gegenüber durchlief nach Rozenblats Einschätzung mehrere Phasen, von „wohlwollend-loyal" im Herbst 1939 über „abwartend-korrekt" in der ersten Hälfte des Jahres 1940 bis zu „fordernd und streng" beginnend mit dem Sommer 1940[69], als ein bedeutender Teil der jüdischen Flüchtlinge in den Osten der UdSSR deportiert wurde.

Anfang Oktober 1939 ging es erstrangig darum, sie zu registrieren, aber schon damals war klar, dass sie so viele waren (allein in Białystok zwischen 10000 und 25000 Menschen), dass ihre Verteilung und Umsiedlung in andere Orte unausweichlich war[70]. Diese Frage wurde auf der Sitzung des Politbüros der Kommunistischen Partei Weißrusslands am 14. Oktober 1939 behandelt, wo man beschloss, eine spezielle Regierungskommission für die Verteilung und die Arbeitsbeschaffung für die Flüchtlinge in der weißrussischen Sowjetrepublik zu schaffen. Mit dem Beschluss des Rats der Volkskommissare der BSSR № 773 vom 25. Oktober 1939 wurde diese Kommission unter I. Gorin tatsächlich ins Leben gerufen. Die Gesamtzahl der in Betracht kommenden Flüchtlinge allein in Weißrussland betrug nach ihren Angaben im Dezember 1939 ca. 120000. Die Kommission empfahl acht Städte, nämlich die Flüchtlingsaufnahmezentren Białystok, Brest-Litovsk, Grodno, Baranoviči, Pinsk, Lida, Molodečno, Slonim, zu entlasten und die „Überzähligen" in östliche Gebiete der Republik umzusiedeln und ihnen dort physische Arbeit, etwa bei der Torfgewinnung, anzubieten. Ungefähr 23000 Menschen wurden bereits zum Ende Oktober 1939 umgesiedelt; von ihnen kehrten ungefähr 20 Prozent, die keine Arbeit in ihrem Beruf gefunden hatten, bis Februar 1940 wieder in die westlichen Gebiete zurück (wo die Arbeitssuche allerdings noch schwieriger war)[71].

Am 10. November 1939 wurde mit Beschluss № 1855/486 des Rats der Volkskommissare der UdSSR eine sowjetische Kommission für die Registrierung und den Arbeitseinsatz der Flüchtlinge unter dem Vorsitz von L. P. Berija gebildet, die auch mit den Fragen der „Rückevakuierung" (d. h. der Ansiedlung in Deutschland) unerwünschter oder arbeitsunfähiger Flüchtlinge befasst wurde. Ungefähr 25000 Personen hatten sich geweigert, die sowjetische Staatsbürgerschaft anzunehmen, und forderten kategorisch die Ausreise nach Palästina oder in westeuropäische Länder: Sie wurden, zum Unwillen der Deutschen, unverzüglich „rückevakuiert", ja zum Teil verhaftet. Der andere Teil der Flüchtlinge nahm ohne Widerstreben die sowjetische Staatsbürgerschaft an und ließ sich sogar für Arbeit im Inneren der Sowjetunion anwerben, aber die Mehrheit versuchte doch ansässig zu werden und sich auf der neuen sowjetischen und ehemaligen polnischen Erde niederzulassen.

Die Politik der sowjetischen Behörden gegenüber den jüdischen Flüchtlingen trug, wie E. S. Rozenblat zu Recht festgestellt hat, in vielem einen „improvisierten Charakter". So galt etwa Anfang 1940 in Białystok ein Verbot, Flüchtlingen über die Arbeitsabteilungen Arbeitsplätze zukommen zu lassen, was laut einem Beschluss des Büros des Oblast-Komitees der Kommunistischen Partei vom 4. Februar 1940 Anreiz der Flüchtlinge zu Spekulationsgeschäften war und verurteilt wurde[72].

---

[69] Ebenda, S. 334.
[70] Vgl. die Aussagen des ZK-Sekretärs der KP Weißrusslands, P. K. Ponomarenko, auf der Versammlung der Vorsitzenden der vorläufigen Verwaltung West-Weißrusslands vom 4.10.1939, Rozenblat, „Čužyj ėlement", S. 336.
[71] Rozenblat, „Čužyj ėlement", S. 338f.
[72] Ebenda, S. 348.

Dabei waren aber auch die Versuche der Sowjetmacht, über die Flüchtlinge genau so zu verfügen wie über die übrige sowjetische Bevölkerung, sie umzuerziehen und ihnen Arbeiten aufzunötigen, an die sie – Schneider, Handwerker, Händler – überhaupt nicht gewöhnt waren, nicht von Erfolg gekrönt. Ein Teil von ihnen weigerte sich, die sowjetische Staatsbürgerschaft anzunehmen. Die Haltung diesen Flüchtlingen gegenüber war argwöhnisch, sie wurden als sozial fremde und destabilisierende Elemente betrachtet. Jene Flüchtlinge, die in der sowjetischen Zone ein Dach über dem Kopf finden konnten, die bereitwillig die sowjetische Staatsbürgerschaft annahmen, konnten sich – jedenfalls bis zum 22. Juni 1941 – in relativer Sicherheit fühlen. Die übrigen jedoch erwartete die Deportation in den Norden des europäischen Russland und nach Sibirien, wenn auch in den westlichen Teil; allerdings mussten sie darauf relativ lange warten.

Mit der „Säuberung" des neuerworbenen polnischen Territoriums qua Deportation begannen die Sowjets letztlich erst Mitte Februar 1940, d. h. buchstäblich unmittelbar nachdem aus den großen Städten die deutschen Umsiedlungskommissionen abgereist waren. Bereits am 10. Februar wurde die erste und größte solche Operation durchgeführt, die Deportation von ungefähr 140 000 „Belagerer-Sondersiedlern". „Belagerer" nannte man ehemalige Wehrdienstleistende der polnischen Armee, die sich im polnisch-sowjetischen Krieg von 1920 ausgezeichnet hatten und dafür in den 20er und 30er Jahren vom dankbaren Vaterland Grundstücke in den östlichen Gebieten erhalten hatten, die vorwiegend von Ukrainern und Russen besiedelt waren. Am 9. und 13. April folgte die Deportation von insgesamt 60 000 sogenannten Administrativ Verbannten. Zu ihnen gehörten u. a. die Familien der erschossenen polnischen Offiziere[73], Polizeiangehörigen und Gendarmen, Staatsbediensteten, Gutsbesitzer, Fabrikanten und Mitglieder aufständischer Organisationen. Unter ihnen waren auch Lehrer, Kleinhändler und sogar wohlhabendere Bauern, sattsam bekannt unter der Bezeichnung „Kulaken". Es ist interessant, dass schon früher, am 9. April 1940, die Ehre der Deportation – und das getrennt von den übrigen – den Prostituierten erwiesen wurde. Die Mehrzahl dieser Deportierten waren Polen, ein kleiner Teil auch Ukrainer und Weißrussen.

Die dritte Welle der Deportation ehemaliger polnischer Bürger betraf fast ausschließlich (85–90 Prozent) Juden. Das Kontingent wurde „Flüchtlinge-Sondersiedler" genannt und bestand aus Menschen, die vor der angreifenden Wehrmacht in den Osten geflüchtet waren; sie wurden als „internierte Emigranten" betrachtet. Obwohl ihre Deportation schon im März geplant war, konnte sie nicht früher als Mitte Juni 1940 durchgeführt werden, als die letzte deutsche Kommission aus der UdSSR ausreiste, die Anträge einzelner Bürger auf Übersiedlung in das von Deutschland kontrollierte Territorium annahm[74]. Faktisch kam sie erst am 29. Juni 1940 zur Durchführung. Ungefähr 77 000 Personen wurden in Sondersiedlungen in den Gebieten von Archangelsk, Kirov und Sverdlovsk verschickt, wo sie in erster Linie als Holzfäller eingesetzt wurden. Dabei waren die meisten Flüchtlinge vor dem Krieg kleine Handwerker oder Händler, Ärzte usw. gewesen. „Dem Bestreben der Schneider, Schuster, Uhrmacher, Friseure u. a. in ihrem Beruf eingesetzt zu werden, kann in den Grenzen ihrer Ansiedlung nicht entsprochen werden. Daher müssen Leute mit diesen Berufen (ihr überzähliger Teil) an den Wald gewöhnt werden."[75]

---

[73] Im April-Mai 1940 wurden in Smolensk, Kalinin, Char'kov und an anderen Orten 15 131 polnische Offiziere und 7305 Unteroffiziere erschossen; siehe N.S. Lebedeva (Hrsg.), Katyn'. Mart 1940 g. – sentjabr' 2000 g.: Rasstrel. Sudby živych. Ėcho Katyni. Dokumenty, Moskau 2001.
[74] A. Ė. Gur'janov, Pol'skie specpereselency v SSSR v 1940–1941 gg., in: Ders. (Hrsg.), Repressii protiv poljakov i pol'skich graždan, Moskau 1997, S. 120.
[75] Aus einem Brief von M. V. Konradov an L. P. Berija, zweite Hälfte August 1940; GARF f. r-9479, op. 1, d. 61, ll. 27–33.

Die Wirtschaftlichkeit der „Gewöhnung von Schneidern an den Wald" kann man von vornherein bezweifeln. Aber man darf nicht übersehen, dass für die Mehrzahl dieser Menschen die zunächst als bitter empfundene Ablehnung der Deutschen, sie zurückzunehmen, und die abstoßende Realität der sowjetischen Deportationen letztlich lebensrettend waren[76].

Wie auch immer, Anfang 1940 befand sich eine enorme Zahl von Juden im deutschen Machtbereich, 350 000 bis 400 000 im Reich selbst (einschließlich der österreichischen und tschechischen Juden) plus mehr als 1,8 Millionen Menschen im Generalgouvernement im ehemals polnischen Gebiet. Insbesondere von ihnen ist im Wesentlichen in dem Brief an Genossen Čekmenev die Rede. Sie loszuwerden, war der psychopathische Wunschtraum und das politische Ziel Hitlers.

Aber war dieses Geschenk Stalin willkommen? Ein Geschenk von 2,2 Millionen Juden, über zwei Millionen Menschen mit kleinbürgerlichem oder bourgeoisem Bewusstsein? Schon mit den 150 000 polnischen jüdischen Flüchtlingen hatte sich der Staat dermaßen gründlich abgemüht, als er sie zum Torfabbau oder gar in die Deportationsgebiete geschickt hatte! Und wer konnte wissen, ob sich hinter der Maske des Kleinkrämers oder Schneiders nicht ein deutscher Spion verbarg?

Nein, das Herz des internationalistischen Tyrannen, das voll von Klassenliebe zum Proletariat und von an Antisemitismus grenzendem Misstrauen gegen die „eigenen" Juden war, hätte ein solches Geschenk einfach nicht ausgehalten! Wenn man ihnen erlauben würde, sich frei im ganzen Lande niederzulassen, wie viel Kraft, Energie und Ausgaben würde die tschekistisch-operative Betreuung für sie erfordern? Und müsste man sie nicht alle in den Gulag oder die Sondersiedlungen schicken, wie das hinsichtlich einiger tausend jüdischer Häftlinge aus Polen beschlossen und durchgeführt wurde? Und wenn man sie in der Westukraine ansiedeln würde, wie das die Deutschen vorschlugen, so lebten dort ja ohnehin bereits 1,4 Millionen „erbeutete" polnische Juden! Wo sollte man sie hinstecken, wenn man die wahrscheinliche strategische Bedeutung dieser Region in naher Zukunft in Betracht zog? Und wollte man sie ins Reservat „Birobidžan-am-Amur" senden, wie das die naiven Deutschen ebenfalls vorschlugen, so war dieses doch nur für einige hunderttausend Menschen berechnet und seine Infrastruktur war nicht auf die Einwurzelung einer solchen Masse ausgelegt. Ja, das Jüdische Autonome Gebiet brauchte dringend einen Zustrom jüdischer Bevölkerung und richtete sogar an den Kreml die Bitte, ihm zu helfen, auf sein Territorium innerhalb von zwei bis drei Jahren 30 000 bis 40 000 Juden aus der Westukraine und dem westlichen Weißrussland umzusiedeln, aber mehr als 15 000 Menschen im Jahr konnte es einfach nicht „verdauen"[77].

Und so war die Ablehnung des überaus schmeichelhaften deutschen Vorschlags durch die UdSSR vorprogrammiert. Die von Čekmenev angeführten, völlig formalen Überlegungen waren im Grunde lächerlich und geradezu ein wenig arglistig (von Ruthenen war im Text der Übereinkunft nirgends die Rede). Die bestehende Übereinkunft erlegte keinerlei Fesseln auf, bei beiderseitigem Wunsch wäre es leicht möglich gewesen, einen neuen

---

[76] Mit Ausnahme der jüdischen polnischen gemeinen Soldaten, die in den westlichen, deutsch-besetzten Gebieten lebten und von der Roten Armee gefangengenommen wurden: zusammen mit anderen Kriegsgefangenen wurden sie gemäß der Übereinkunft zwischen der UdSSR und Deutschland vom 30. Oktober 1939 gegen polnische Kriegsgefangene ausgetauscht, die aus den östlichen Gebieten Polens stammten; dabei wurden individuelle Appelle an sowjetische Behörden mit der Bitte, nicht an Deutschland ausgeliefert zu werden, von der sowjetischen Seite ignoriert.

[77] Al'tman, Žertvy, S. 378 f.

Vertrag zu schließen. Die wahren Motive der Absage lagen eher woanders, nämlich in der pathologischen Spionomanie des Stalin'schen Regimes[78], in der misstrauischen Haltung gegenüber den bourgeoisen jüdischen Massen aus den kapitalistischen Ländern und auch im kolossalen Maßstab der von Berlin vorgeschlagenen Einwanderung.

Es ist nicht bekannt, ob Molotov und Stalin sich volle Rechenschaft darüber gegeben haben, welche Folgen ihre Weigerung für die europäischen Juden haben würde. Stalin, der schon in einem Monat den Massenmord an den polnischen Offizieren anordnen sollte, und Molotov, der zu dieser Zeit nicht nur Vorsitzender des Rats der Volkskommissare, sondern auch Volkskommissar für Auswärtige Angelegenheiten war, konnten sich leicht ausrechnen, was mit ihnen in ihren Ghettos und Konzentrationslagern geschehen würde, wenn die routinemäßigen Deportationen das Problem schon nicht lösten.

Ein anderer sowjetischer Diplomat wenigstens, F. F. Raskol'nikov, ehemaliger Botschafter in Bulgarien, der die Rückkehr verweigerte und in die Emigration ging, verstand die Folgen einer solchen Weigerung ausgezeichnet. Schon im September 1939 wandte er sich an Stalin mit einem wahrhaft prophetischen offenen Brief: „Die jüdischen Arbeiter, Angehörigen der Intelligenz und Handwerker, die vor der faschistischen Barbarei flüchten, haben sie gleichmütig dem Untergang preisgegeben, indem sie vor ihnen die Türen unseres Landes zugeschlagen haben, das in seinen weiten Räumen viele tausend Emigranten beherbergen kann."[79] Am einfachsten wäre es, auf das entdeckte Dokument mit einem Ausruf wie dem folgenden zu reagieren: „Ach, es erweist sich, dass man die Juden Deutschlands, Österreichs und Polens retten könnte! Hitler hat sie Stalin angeboten, und dieser Lump war nicht einverstanden, rettete sie nicht, gab sie dem Untergang preis!"

Aber das wäre eine sehr große Vereinfachung und Verklärung der Situation. Die UdSSR verfolgte ihre eigenen Interessen, deren Realisierung die massenhafte Einreise von Juden nur stören konnte. Und Stalin wäre nicht Stalin gewesen, wenn er sich von moralisch geprägten Wahrscheinlichkeitserwägungen hätte leiten lassen oder einfach an Hitlers Angel angebissen und ihn von seinem „Kopfweh" befreit hätte.

Nach Empfang der Absage oder, was wahrscheinlicher ist, nachdem er keinerlei Antwort aus Moskau erhalten hatte, ist Eichmann wohl kaum missmutig geworden. Er, der es gewohnt war, seinen Feind zu studieren und zu kennen, war darauf vorbereitet.

Aber die Serie der Misserfolge einer territorialen Lösung der Judenfrage – Nisko, Birobidžan, Madagaskar – gab ihm zweifellos einen Anstoß, andere Wege der „Lösung" dieser Frage zu suchen und zu überlegen, exterritoriale Wege, und zwar radikalere und absolut aussichtsreiche. Die Hinrichtung anstelle der Ausweisung, Gaskammern anstelle der Ghettos, Schluchten und Gruben anstelle von Lagern, Massengräber anstelle von Madagaskar oder Sibirien. Ja, die Frage blieb damals noch unbeantwortet. Aber nicht für lange, nur für etwa anderthalb Jahre. Ihre letzte und andere Lösung, der Völkermord, ging, wie bekannt, unter der schrecklichen Bezeichnung Shoah in die Geschichte ein.

Aus dem Russischen übertragen von Jürgen Zarusky

---

[78] Im Herbst 1940 erhielten die westlichen Grenzposten sogar ein Rundschreiben, demzufolge jeder erwachsene jüdische Flüchtling im Verdacht stand, ein deutscher Spion zu sein; Al'tman, Žertvy, S. 380.
[79] Zit. nach Kostyrčenko, Tajnaja politika, S. 189.

Christoph Kreutzmüller
Die Erfassung der Juden im Reichskommissariat der besetzten niederländischen Gebiete

Einleitung

In einem der wohl bekanntesten Dokumente des nationalsozialistischen Judenmords, dem Protokoll der Wannsee-Konferenz, befindet sich eine Aufstellung aller europäischen Staaten mit Angabe der in den jeweiligen Gebieten (noch) lebenden Juden. Mit dem Anspruch großer Genauigkeit wird dort für die Niederlande eine Zahl von 160 800 angegeben[1]. In den Standardwerken über den Judenmord hingegen wird regelmäßig von einer Zahl von 140 000 ausgegangen[2]. Spiegelt sich hier nun einer jener „unglauliche[n] Fehler", mit denen Hannah Arendt die Aufstellung der Wannsee-Konferenz „gespickt" sah[3]? Wie korreliert die Zahl mit dem Ergebnis der Erfassung der Juden in den Niederlanden, die – so der langjährige Direktor des Nederlands Instituut voor Oorlogsdocumentatie (NIOD), Louis de Jong – vom Leiter der ausführenden niederländischen Dienststelle mit „größtmöglicher Akkuratesse" geplant und umgesetzt wurde[4]? Waren die niederländischen Instanzen tatsächlich zentral beteiligt, oder spielten sie, wie Wolfgang Seibel und Jörg Raab vor einiger Zeit behauptet haben, eine eher nachgeordnete Rolle[5]?

In diesem Beitrag soll es um zwei sich teilweise überlappende historische Fragen gehen. Es soll erstens dargestellt werden, wie und von wem die Erfassung der Juden in den Niederlanden organisiert und welche Ergebnisse dabei erzielt wurden. Zweitens soll untersucht werden, ob und wie diese Ergebnisse dann im Reichssicherheitshauptamt (RSHA) zur Vorbereitung der Wannsee-Konferenz verwendet worden sind. Darüber hinaus soll die Erfassung der Juden in den Niederlanden als Fallbeispiel genutzt werden, de Jongs monumentales Geschichtswerk, das in den Niederlanden in letzter Zeit heftig kritisiert worden ist, exemplarisch zu hinterfragen. Bevor diesen Fragen im Folgenden nachgegangen werden kann, gilt es in der gebotenen Kürze die Rahmenbedingungen darzustellen: Wie waren die beteiligten niederländischen Behörden vor der Besetzung organisiert, und wie kooperierten sie mit den Instanzen des Reichskommissariats der besetzten niederländischen Gebiete?

---

[1] Undatiertes Protokoll der Wannsee-Konferenz, in: Akten zur Deutschen Auswärtigen Politik 1918–1945, Serie E: 1941–1945, Bd. I, Göttingen 1969, Dok. 150, S. 267–275.
[2] Eberhard Jäckel/Peter Longerich/Julius H. Schoeps (Hrsg. der deutschen Ausgabe), Israel Gutman (Hauptherausgeber), Enzyklopädie des Holocaust. Die Verfolgung und Ermordung der europäischen Juden, 4 Bde., München 1998, S. 999; Raul Hilberg, Die Vernichtung der europäischen Juden, 3 Bde., Frankfurt a. M. 1999 (zuerst: Chicago 1961), S. 598.
[3] Hannah Arendt, Eichmann in Jerusalem. Ein Bericht von der Banalität des Bösen, München 1964, S. 149.
[4] Louis de Jong, Het Koninkrijk der Nederlanden de Tweede Wereldoorlog, 14 Bde. (Wetenschappelijke Editie), Den Haag 1969–1991, hier Bd. V. 1, S. 531.
[5] Wolfgang Seibel/Jörg Raab, Verfolgungsnetzwerke. Zur Messung von Arbeitsteilung und Machtdifferenzierung in den Verfolgungsapparaten des Holocaust, in: Kölner Zeitschrift für Soziologie und Sozialpsychologie 55 (2003), Heft 2, S. 197–230, hier S. 199.

Rahmenbedingungen

a) Die Bevölkerungsregister der Niederlande

Nach dem Ersten Weltkrieg erlebte der niederländische Staatsapparat eine tiefgreifende Modernisierung[6]. Dabei wurde auch die Zentralverwaltung der Einwohnermeldeämter neu strukturiert und im Statistischen Zentralamt (Centraal Bureau voor Statistiek) 1928 die Reichsinspektion der Bevölkerungsregister (Rijksinspektie van de Bevolkingsregister) eingerichtet. Diese Reichsinspektion wurde im Jahr 1932 zum eigenständigen Referat erhoben und dem Innenministerium (Ministerium voor Binnenlandse Zaken) unmittelbar unterstellt[7]. Sie übernahm auch die Organisation der alle zehn Jahre stattfindenden Volkszählungen. Vor der Besetzung waren zuletzt 1930 7 937 376 Einwohner gezählt worden; von ihnen hatten 111 917 Personen angegeben, der jüdischen Religionsgemeinschaft anzugehören[8].

Anfang der dreißiger Jahre begann die Reichsinspektion im Rahmen eines Großversuchs mit der Führung der Bevölkerungsregister auf der Basis des sogenannten Hollerith-Systems[9]. Hierbei wurden Informationen auf genormte Lochkarten übertragen. Entsprechende Sortiermaschinen, die von der Hollerith-Maschinen Gesellschaft – einer Tochter der IBM – hergestellt wurden, erlaubten einen schnellen Zugriff auf jene Karten, die an bestimmten Stellen gelocht waren, und somit auf Personen, die einem bestimmten Charakteristikum oder Profil entsprachen[10]. Erfasst wurde unter anderem auch die Religionszugehörigkeit[11]. Das System bewährte sich und wurde ab 1936 landesweit eingeführt. Sein Organisator, Jakobus Lambertus Lentz, wurde für seine Verdienste zum Ritter des Ordens von Oranje-Nassau ernannt[12]. Den Erfolg nahmen Lentz und sein Vorgesetzter, der Leiter der Reichsinspektion H. W. Methorst, zum Anlass, einen Artikel in einer deutschen Fachzeitschrift zu veröffentlichen. Ausführlich beschrieben sie darin die Vorteile ihres Systems und konstatierten, die Erfassung habe einen solchen Stand erreicht, dass nunmehr neben den leibhaftigen Personen „eine Sammlung von Papiermenschen, Personenregister genannt" stehe[13]. Zuspruch blieb auch hier nicht aus: Das niederländische System wurde im Jahr 1937 auf einer Fachtagung in Paris von der deutschen Delegation wegen seiner Perfektion und Verwendbarkeit für Eugenik besonders gelobt[14]. Worauf die deutsche Delegation da-

---

[6] Peter G. van Ijsselmuiden, Binnenlandse Zaken en het onstaan van de moderne overheidsbureaucratie in Nederland 1813–1940, Groningen 1988, S. 205–207.
[7] G. H. J. Seegers/M. C. Wens, Persoonlijk gegeven. Grepen uit de geschiedenis van bevolkingsregistratie in Nederland, Amersfoort 1993, S. 85; De Jong, Koninkrijk, Bd. V, 1, S. 445–448.
[8] E. Boekman, Demografie van de Joden in Nederland, Amsterdam 1936, S. 17.
[9] H. W. Methorst/J. L. Lentz, Die Volksregistrierung und das neue in den Niederlanden eingeführte einheitliche System, in: Allgemeines Statistisches Archiv (ASA) 26 (1936/37), Heft 1, S. 61–84, hier S. 77–82. Vgl. auch Edwin Black, IBM und der Holocaust. Die Verstrickung des Weltkonzerns in die Verbrechen der Nazis, München/Berlin 2001, S. 386.
[10] Black, IBM, S. 30–32; Götz Aly/Karl-Heinz Roth, Die restlose Erfassung. Volkszählen, Identifizieren, Aussondern im Nationalsozialismus, Frankfurt a. M. 2000 (zuerst: Berlin 1984), S. 21–26.
[11] Joseph Buck, Die Religion in den Volkszählungen des In- und Auslandes, in: ASA 27 (1937/38), Heft 1, S. 23–29, hier S. 26f.
[12] De Jong, Koninkrijk, Bd. V, 1, S. 446f.
[13] Methorst/Lentz, Volksregistrierung, S. 79. Vgl. auch Black, IBM, S. 402; Aly/Roth, Erfassung, S. 77f.
[14] Vgl. Anmerkung von Jan Rogier zu den Ausführungen von de Jong, in: De Jong, Koninkrijk, Bd. XIV, 1, S. 435. Die deutsche Delegation wurde notabene von Ernst Rüdin geleitet. Vgl. Friedrich Zahn, Der internationale Kongreß für Bevölkerungswissenschaft in Paris 1937, in: ASA 27 (1937/38), Heft 2, S. 199.

bei abzielte, machte ihr stellvertretender Leiter Friedrich Zahn bald darauf deutlich. In einem Aufsatz in der von ihm herausgegebenen Fachzeitschrift, in der auch Lentz und Methorst veröffentlicht hatten, sprach er ganz offen davon, dass die Statistik einen Beitrag zur „Ausmerze erbbiologisch unerwünschter Volksteile" leisten könne[15].

Ein Jahr später wurde Lentz, der seine Karriere 1913 als Schreiber im Einwohnermeldeamt von Den Haag begonnen hatte, zum Leiter der Reichsinspektion der Bevölkerungsregister ernannt und gleich vor eine große Herausforderung gestellt. Im Zusammenhang mit für den Kriegsfall geplanten Rationierungen wurde diskutiert, eine Ausweispflicht und Identifikationspapiere einzuführen. Anfang 1940 entschied sich jedoch die Regierung gegen eine solche Pflicht, weil dies der liberalen Tradition widersprochen hätte[16]. Lentz, der offenbar schon mit Detailplanungen begonnen hatte, empfand dies als persönlichen Affront[17]. Vor dem Hintergrund des drohenden Krieges war zugleich von verschiedenen Seiten gefordert worden, alle Hinweise auf die Religionszugehörigkeit der Bürger aus den öffentlichen Registern zu entfernen. Doch auch hierzu hatte sich die Regierung nicht entschließen können[18].

Alles in allem stand den deutschen Besatzungsinstanzen im Mai 1940 ein professionell organisiertes Erfassungssystem zur Verfügung, welches aktuelle Informationen auch über Juden bot. Allerdings beruhten die Erhebungen sämtlich auf dem Charakteristikum der Religionszugehörigkeit und nicht auf einer rassistischen Kategorisierung.

b) Reaktionen auf das Reichskommissariat

Mit der Etablierung des Reichskommissariats für die besetzten niederländischen Gebiete wurde über die bestehende niederländische Verwaltung eine „Aufsichtsverwaltung"[19] gestellt[20]. Der Erfolg des Besatzungssystems hing maßgeblich von der Kooperation der niederländischen Behörden ab[21]. Doch nicht nur das Besatzungssystem, auch die persönliche

---

Rüdin, der Leiter der Deutschen Forschungsanstalt für Psychiatrie/Kaiser-Wilhelm-Institut, war einer der Vordenker der sogenannten Rassenhygiene. Vgl. Hans-Walter Schmuhl, Grenzüberschreitungen. Das Kaiser-Wilhelm-Institut für Anthropologie, menschliche Erblehre und Eugenik 1927-1945, Göttingen 2005, S. 118f. und S. 135f.; Matthias M. Weber, Ernst Rüdin. Eine kritische Biographie, Berlin 1993.
[15] Friedrich Zahn, Fortbildung der deutschen Bevölkerungsstatistik durch erbbiologische Bestandsaufnahme, in: ASA 27 (1937/38), Heft 2, S. 180–195, Zitat: S. 181. Vgl. auch Black, IBM, S. 60–62; Aly/Roth, Erfassung, S. 35f.
[16] J. T. Veldkamp, Het Amsterdamse Bevolkingsregister in oorlogstijd, Assen 1954, S. 7. Vgl. auch De Jong, Koninkrijk, Bd. V. 1, S. 447f.
[17] Seegers/Wens, Gegeven, S. 85; De Jong, Koninkrijk, Bd. V. 1, S. 448.
[18] Anmerkung von Jan Rogier zu den Ausführungen von de Jong, in: De Jong, Koninkrijk, Bd. XIV. 1, S. 436.
[19] Dieser Begriff wurde so von Werner Best gebraucht, um eine Besatzungsverwaltung zu charakterisieren, in der die bestehenden Behörden „wohlfeil" unter die Kontrolle des „Führungsvolkes" gestellt werden. Vgl. Werner Best, „Grundfragen der deutschen Großraumverwaltung", in: Festgabe für Heinrich Himmler, Darmstadt 1941, S. 33–60, hier S. 40 und S. 56.
[20] Gerhard Hirschfeld, Fremdherrschaft und Kollaboration. Die Niederlande unter deutscher Besatzung 1940-1945, München 1984, S. 18; Peter Romijn, Burgemeesters in Oorlogstijd. Besturen onder Duitse bezetting, Amsterdam 2006, S. 130–133.
[21] Aussage Seyß-Inquarts vor dem Internationalen Militärgerichtshof in Nürnberg, in: IMT, Bd. 16, S. 33; Arthur Seyß-Inquart, Erster Bericht über den Zustand und die Entwicklung in den besetzten Niederlanden, Juli 1940, in: IMT, Bd. 26, Doc. PS 997, S. 413–429. Vgl. auch Hirschfeld, Fremdherrschaft, S. 87; Werner Warmbrunn, The Dutch under German Occupation, 1940-1945, Stanford/London 1963, S. 34f.

Stellung des Reichskommissars Dr. Arthur Seyß-Inquart war nur zu behaupten, wenn es ihm gelang, die niederländische Verwaltung an sich zu binden. Seyß-Inquarts Ausgangsposition war indes fragil: Er verfügte über keine Hausmacht, und dem Beauftragten für den Vierjahresplan Hermann Göring waren von Hitler weitreichende Interventionsbefugnisse auf dem Gebiet der Wirtschaftssteuerung eingeräumt worden[22]. Auch der Höhere SS- und Polizeiführer (HSSPF), Hanns Albin Rauter, entzog sich wenigstens teilweise der Kontrolle durch den Reichskommissar, zumal die Niederlande als „Oberabschnitt Nordwest" auf der Verwaltungsebene der SS dem Deutschen Reich angegliedert wurden[23].

Mit großer Erleichterung muss Seyß-Inquart demzufolge aufgenommen haben, dass die verbeamteten niederländischen Staatssekretäre (Secretarissen Generaal), die nach der Flucht des Kabinetts die Ministerien verwalteten, ihm bei seinem Amtsantritt versicherten, sie würden auch weiterhin loyal ihre Ressorts leiten[24]. Zu offensichtlich war, dass die Ernennung eines Reichskommissars „schlicht völkerrechtswidrig" war[25]. Die Beamten – wie im Übrigen auch weite Teile der Bevölkerung – akzeptierten den Reichskommissar aber zunächst, weil dieser in ein Machtvakuum gestoßen war. Einige Beamte hofften zudem, unter dem Reichskommissar effektiver als unter parlamentarischer Kontrolle arbeiten zu können[26]. Dies galt auch für den seit 1931 amtierenden Staatssekretär des Innenministeriums, Karel J. Frederiks, der keineswegs unumstritten war und sich umso mehr geschmeichelt fühlte, nun am verwaisten Schreibtisch seines Chefs Platz nehmen zu dürfen. Frederiks, einer von drei – von ursprünglich zehn – Staatssekretären, die bis in die Endphase der Besatzung im Amt blieben, sah seine Hauptaufgabe darin, Ruhe und Ordnung aufrechtzuerhalten und darüber hinaus eine Nazifizierung des Verwaltungsapparates zu verhindern. Um dies zu erreichen, war er andernorts zu relativ weitreichenden Zugeständnissen bereit[27].

Das Entgegenkommen der niederländischen Beamten wich erst im Frühjahr 1943 – als sich die deutsche Niederlage immer deutlicher abzeichnete – einer eher konfrontativen Haltung. Bis dahin war die Besatzungsverwaltung aus deutscher Sicht jedoch – so Johannes Houwink ten Cate – eine „Erfolgsgeschichte"[28]. Die Einführung der Ausweispflicht fiel in

---

[22] Christoph Kreutzmüller, Händler und Handlungsgehilfen. Der Finanzplatz Amsterdam und die deutschen Großbanken (1918–1945), Stuttgart 2005, S. 103–112.
[23] N. K. C. A. In't Veld (Hrsg.), Inleiding, in: Ders. (Hrsg.), SS en Nederland: Dokumenten uit SS-Archieven, 1933–1945, 2 Bde., Den Haag 1976, hier Bd. 1, S. 71–77; Ruth Bettina Birn, Die höheren SS- und Polizeiführer: Himmlers Vertreter im Reich und in den besetzten Gebieten, Düsseldorf 1986, S. 207.
[24] Konrad Kwiet, Reichskommissariat Niederlande. Versuch und Scheitern nationalsozialistischer Neuordnung, Stuttgart 1968, S. 69–72; Benjamin A. Sijes, De Februari-staking. 25–26 februari 1941, Amsterdam 1978 (zuerst: Den Haag 1954), S. 3.
[25] Andreas Toppe, Besatzungspolitik ohne Völkerrecht?, in: VfZ 50 (2002), S. 99–110, Zitat: S. 103.
[26] Chris van der Heijden, Grijs verleden. Nederland en de Tweede Wereldoorlog, Amsterdam/Antwerpen 2002, S. 132–138; C. Hilbrink, „In het belang van het Nederlandse volk ...". Over de medewerking van de ambtelijke wereld aan de Duitse bezettingspolitiek 1940–1945, s'Gravenhage 1995, S. 45f.; Hirschfeld, Fremdherrschaft, S. 49f.
[27] Romijn, Burgemeesters, S. 44–48 und S. 114f.; ders., Kein Raum für Ambivalenzen. Der Chef der niederländischen Inneren Verwaltung K. J. Frederiks, in: Gerhard Hirschfeld/Tobias Jersak (Hrsg.), Karrieren im Nationalsozialismus. Funktionseliten zwischen Mitwirkung und Distanz, Frankfurt a. M./New York 2004, S. 147–173, hier S. 147f. und S. 153–162. Vgl. auch Hirschfeld, Fremdherrschaft, S. 31; De Jong, Koninkrijk, Bd. IV. 1, S. 154f.
[28] Johannes Houwink ten Cate, Der Befehlshaber der Sipo und des SD in den besetzten niederländischen Gebieten und die Deportation der Juden 1942–1943, in: Wolfgang Benz/Johannes Houwink ten Cate/Gerhard Otto (Hrsg.), Die Bürokratie der Okkupation. Strukturen der Herrschaft und Verwaltung im besetzten Europa, Berlin 1998, S. 197–222, hier S. 197.

diese Periode der nachgerade harmonischen Zusammenarbeit zwischen Besatzungsinstanzen und niederländischen Behörden: Im Juni 1940 trug der HSSPF den Staatssekretären das Anliegen vor, nach deutschem Vorbild in den Niederlanden Kennkarten, d. h. also Personalausweise, einzuführen. Obwohl die Regierung erst wenige Monate zuvor die Einführung einer solchen Kennkarte aus grundsätzlichen Erwägungen abgelehnt hatte, kamen die Staatssekretäre nun überein, dem deutschen Wunsch zu entsprechen[29]. Und Lentz, der von Frederiks mit der Durchführung beauftragt wurde, konnte endlich das tun, was ihm zuvor verwehrt worden war: Auf der Grundlage seiner Vorkriegspläne arbeitete er innerhalb weniger Wochen ein ausgeklügeltes Kennkartensystem aus, das er bereits Mitte August Fachleuten des RSHA vorstellte. Diese zeigten sich – wie Lentz *nach* dem Krieg in naivem Stolz erinnerte – beeindruckt und mussten konstatieren, dass das niederländische System dem deutschen überlegen war[30]. Im RSHA wurde Lentz allerdings darauf hingewiesen, dass er vergessen habe, Dubletten der Kennkarten einzuplanen, die in den Einwohnermeldeämtern aufbewahrt werden sollten. Lentz griff diese Anregung auf. Die erforderlichen Vorbereitungen waren so umfangreich, dass mit der Ausgabe der Kennkarten erst im Frühjahr 1941 begonnen werden konnte. In den großen Städten wurde sie teilweise erst Ende des Jahres abgeschlossen[31]. Doch der Aufwand sollte sich „lohnen", denn nun verfügten nicht nur die niederländischen Behörden über ein technisch ausgereiftes Kontrollinstrument, sondern auch die Besatzungsinstanzen über ein nachgerade ideales Mittel zur Aufspürung gesuchter Personen, da dem Befehlshaber der Sicherheitspolizei (BdS) Kopien der Kennkartendubletten zur Verfügung gestellt wurden[32]. Zum Vergleich: Im Protektorat Böhmen und Mähren, das bekanntlich mehr als ein Jahr vor dem Reichskommissariat etabliert worden war und diesem hinsichtlich seiner Besatzungsstruktur und seiner wirtschaftlichen Anbindung an das Reich viel näher stand als beispielsweise Belgien oder Frankreich[33], wurde ein Ausweiszwang erst unter Heydrichs Ägide im November 1941 eingeführt[34].

Noch während in den Niederlanden die Vorarbeiten zur Ausgabe der Kennkarte liefen, hatten sich die politischen Rahmenbedingungen dramatisch verändert. Am 21. und 22. Februar 1941 streikten Arbeiter und Angestellte in Amsterdam sowie der umliegenden Provinz Noord-Holland. Dieser sogenannte Februar-Streik wurde brutal niedergeschlagen.

---

[29] Vgl. Karel J. Frederiks, Op de Bres 1940–1944. Overzicht van de werkzaamheden aan het Departement van Binnenlandse Zaken geduerende de Oorlogsjaren, Den Haag 1945, S. 59. Frederiks behauptet allerdings, dass der Plan, eine Kennkarte einzuführen, schon vor der Besetzung breite Zustimmung gefunden habe und dass mithin die Einführung der Kennkarte im Jahr 1941 nicht von ihm zu verantworten sei; vgl. ebenda. Vgl. auch Peter Romijn, Frederiks' Op de bres. Een ambtelijke apologie, in: Jaarboek van het Nederlands Instituut voor Oorlogsdocumentatie 10 (1999), S. 140–164, hier S. 147–151.
[30] Jacobus L. Lentz, Ambtelike Herinneringen. Hektographierter Bericht, S. 9, in: Nederlands Instituut voor Oorlogsdocumentatie (NIOD), Doc. I, 1045, Map A, o. Bl. Vgl. auch Black, IBM; S. 403f.; De Jong, Koninkrijk, Bd. V. 1, S. 448–455. Zur deutschen Kennkarte: Aly/Roth, Erfassung, S. 64–66. (Die Bestände des NIOD sind in den letzten Jahren neu verzeichnet worden. Im Sinne einer einfachen Nachvollziehbarkeit meiner Angaben habe ich mich bemüht, auch bei jenen Dokumenten, die ich vor der Neuinventarisierung eingesehen habe, die neuen Signaturen nachzutragen.)
[31] Jaques Presser, Ashes in the Wind. The Destruction of the Dutch Jews, New York 1969 (zuerst: Amsterdam 1965), S. 39f.
[32] Seegers/Wens, Gegeven, S. 86.
[33] Christoph Kreutzmüller/Jaroslav Kučera, Die Commerzbank in den böhmischen Ländern und den Niederlanden, in: Ludolf Herbst/Thomas Weihe (Hrsg.), Die Commerzbank und die Juden 1933–1945, München 2004, S. 173–222, hier S. 176–183.
[34] Aly/Roth, Erfassung, S. 67.

In der Folge begann der Reichskommissar, die niederländische Verwaltung nach dem „Führerprinzip" zu organisieren; besonders hochrangige Beamte wurden aus ihren Ämtern entlassen und durch Mitglieder der Nationaal Socialistisch Beweging (NSB) ersetzt[35].

Der Februar-Streik war eine Reaktion auf die schlechte Versorgungslage, die drohende Zwangsrekrutierung von Werftarbeitern zur Arbeit im Reich *und* die sich radikalisierende Verfolgung der Juden[36]. Besonders in Amsterdam, wo fast 80 Prozent aller Juden in den Niederlanden lebten, hatte es zahlreiche gewaltsame antijüdische Ausschreitungen gegeben, die Mitte Februar in der Deportation von mehr als 400 jüdischen Männern gipfelten[37]. In diesem Zusammenhang war auch das alte jüdische Viertel rund um den Waterlooplein in Amsterdam kurzzeitig als Ghetto abgeriegelt worden. Dabei hatte sich das örtliche Einwohnermeldeamt an den Vorarbeiten beteiligt. Auf Anordnung des Beauftragten des Reichskommissars für die Stadt Amsterdam, Hans Böhmcker, hatten die Beamten nämlich eine Karte angefertigt, in der verzeichnet war, wie viele Juden in den einzelnen Straßen Amsterdams lebten. Dies geschah auf der Grundlage der bei den Einwohnermeldeämtern gesammelten Daten zur Religionszugehörigkeit[38]. Die für West-Europa einmaligen Pläne zur Errichtung eines Ghettos waren wahrscheinlich auf Seyß-Inquarts Erfahrungen im Generalgouvernement gegründet[39], wurden jedoch bald zurückgenommen. Noch im Februar 1941 wurde die völlige Isolierung des Viertels rund um den Waterlooplein aufgehoben. Die entsprechenden Schilder und Stacheldrahtbarrieren an der Grenze zum „Ghetto" wurden allerdings nicht vollständig abgebaut. Dadurch entstand in Amsterdam etwas, was Joseph Michman mit einigem Recht als „optisches Ghetto" beschrieben hat[40]. Der ungewöhnliche Rückzieher des Reichskommissars war zwei Umständen geschuldet: Erstens hatte sich schnell herausgestellt, dass die Umsetzung der Ghettopläne sehr aufwendig und die politischen Folgekosten sehr hoch waren. Zweitens war die Ghettoisierung vor dem Hintergrund der systematischen Erfassung der Juden gar nicht mehr nötig.

---

[35] Peter Romijn, Die Nazifizierung der lokalen Verwaltung in den besetzten Niederlanden als Instrument bürokratischer Kontrolle, in: Benz/Houwink ten Cate/Otto (Hrsg.), Bürokratie, S. 93–119, hier S. 97ff.; Guus Meershoek, Der Widerstand in Amsterdam während der deutschen Besatzung, in: Repression und Kriegsverbrechen. Die Bekämpfung von Widerstands- und Partisanenbewegungen gegen die deutsche Besatzung in West- und Südeuropa, in: Beiträge zur Nationalsozialistischen Gesundheits- und Sozialpolitik 14 (1997), S. 17; Hirschfeld, Fremdherrschaft, S. 22–31 und S. 49f.; Kwiet, Reichskommissariat, S. 82–92.
[36] Einen Überblick über die unterschiedlichen Interpretationen des Februar-Streiks gibt: Annet Mooij, De Strijd om de Februaristaking, Amsterdam 2006.
[37] W. Utlee/R. Luijkx, De NSB als een massa agressief tuig? Artikelen over joden in het Nationale Dagblad, 17.5.1940 tot 5.9.1944, in: H. Flap/M. Croes (Hrsg.), Wat toeval lek te zijn maar niet was. De organisatie van de jodenvervolging in Nederland, Amsterdam 2001, S. 117–144, hier S. 139f.; Friso Roest/Jos Scheren, Oorlog in de stad. Amsterdam 1939–1941, Amsterdam 1998, S. 214–245; Sijes, Februari-staking, S. 74–89.
[38] Bob Moore, Slachtoffers en overlevenden. De nazi-vervolging van de joden in Nederland, Amsterdam 1998 (zuerst: London 1997), S. 86f.; Seegers/Wens, Gegeven, S. 91f.; Sijes, Februari-staking, S. 92 (Anm. 1).
[39] Seyß-Inquart hatte Oktober 1939 und Mai 1940 als Stellvertreter des Generalgouverneurs für die besetzten polnischen Gebiete amtiert. In seine Amtszeit war auch der Beginn der Etablierung der Ghettos gefallen. Vgl. Hilberg, Vernichtung, S. 225–229.
[40] Joseph Michman, The Controversial Stand of the Joodse Raad in the Netherlands, in: Yad Vashem Studies 10 (1974), S. 9–68, hier S. 15.

Die Erfassung der Juden

a) Vorarbeiten

Die Vorbereitungen für die Erfassung der Juden in den Niederlanden begannen im Sommer 1940. Sehr unklare Vorstellungen bestanden anfangs, wie hoch die Zahl der betroffenen Menschen sein würde. Im „Stürmer" war beispielsweise im Juni 1940 gemutmaßt worden, dass allein in Amsterdam rund 300 000 Juden lebten[41]. Und das von Robert Ley Ende 1940 herausgegebene „Nationalsozialistische Jahrbuch" führte gar an, dass 11,20 Prozent der Bevölkerung in den Niederlanden jüdisch seien – d. h. also insgesamt mehr als 800 000 Menschen[42]! Diese Zahlen verrieten zwar ein hohes Maß an Unkenntnis und rassistischer Paranoia, beeinflussten aber wohl den Erwartungshorizont der an der Erfassung beteiligten Besatzungsbeamten. Und selbst einzelne niederländische Beamte gingen zunächst davon aus, dass zwischen 200 000 und 300 000 Menschen als Juden erfasst werden würden[43].

Natürlich hing die Zahl der zu erfassenden Menschen auch von den Kategorien ab, die der Erfassung zugrunde lagen. Hierüber herrschte zu Beginn der Planungen im August 1940 noch Unklarheit. Kurt Rabl, Leiter der Abteilung Rechtssetzung und Staatsrecht in der Präsidialabteilung beim Reichskommissar, der die Federführung der Ausarbeitung einer Erfassungsverordnung übernommen hatte, wollte sich noch nicht festlegen. In seinen Verordnungsentwurf nahm er deshalb die rassistische Kategorisierung des Begriffs Jude nur vorschlagsweise auf: „Als ganz oder teilweise jüdischen Blutes ist eine Person anzusehen, wenn alle oder ein Teil (drei, zwei, ein) ihrer Großelternteile jüdischen Blutes sind"[44]. Der Leiter der Hauptabteilung Inneres beim Generalkommissar für Verwaltung und Justiz, Regierungs-Vizepräsident Carl Stüler, hingegen vertrat eine klare Linie. Er glaubte, dass es unnötig sei, „bei den niederländischen Juden […] über das Maß hinauszugehen, das bei den in Deutschland ansässigen Juden zur Anwendung kommt", und empfahl eine Definition von Juden analog zum „Reichsbürgergesetz"[45]. Diese Sichtweise schien sich zunächst durchzusetzen, denn die „Verordnung zur Anmeldung von Unternehmen", die Ende Oktober 1940 erschien, basierte auf den Kategorien der Ersten Verordnung zum Reichsbürgergesetz[46]. Die Anfang November 1940 erarbeitete fünfte Fassung der geplanten

---

[41] In Amsterdam. Was ein deutscher Soldat mit Juden erlebte, in: Der Stürmer, 18. Jg. Nr. 23 (Juni 1940).
[42] Robert Ley (Hrsg.), Nationalsozialistisches Jahrbuch 15 (1941), S. 393.
[43] Jakobus L. Lentz, Memoires I, Registratie van Joden, handschriftliches Manuskript, S. 9, o. D. [1945/46], in: NIOD, Doc. I, 1045, Map B, o. Bl. Vgl. auch Joseph Michman, Planning for the Final Solution against the Background of Developments in Holland in 1941, in: Yad Vashem Studies 17 (1986), S. 145–180, hier S. 159.
[44] Zweiter Entwurf für die Verordnung zur Anmeldung Personen jüdischen Blutes, o. D. [August 1940], in: NIOD, 20, 1545, o. Bl.
[45] Brief von Stüler an Rabl, 3. 9. 1940, in: NIOD, 20, 1545, o. Bl. Da das Reichsbürgergesetz eine Definition des Begriffs Juden bekanntlich gar nicht leistete, bezog sich Stüler ganz offenbar auf die Erste Verordnung zum Reichsbürgergesetz. Vgl. Wilhelm Stuckart/Hans Globke, Reichsbürgergesetz vom 15. September 1935, Gesetz zum Schutze des deutschen Blutes und der deutschen Ehre vom 15. September 1935, Gesetz zum Schutze der Erbgesundheit des deutschen Volkes (Erbgesundheitsgesetz) vom 18. Oktober 1935 nebst allen Ausführungsvorschriften und den einschlägigen Gesetzen und Verordnungen, München/Berlin 1936.
[46] Verordnung des Reichskommissars für die besetzten niederländischen Gebiete über die Anmeldung von Unternehmen, in: VOBl. Niederlande, Nr. 189/1940, 22. 10. 1940.

Erfassungs-Vorordnung lehnte sich, wie Stüler befriedigt festhielt, „noch enger an das Reichsbürgergesetz an, als es bisher der Fall war"[47]. Freilich beharrte der Befehlshaber der Sicherheitspolizei (BdS) „nach wie vor auf dem Standpunkt, dass auch Vierteljuden erfasst werden müssen"[48]. Dem schloss sich offenbar der Reichskommissar an und entschied, dass alle Menschen mit auch nur einem jüdischen Großelternteil erfasst werden sollten. Dies hatte sich freilich bereits im November 1940 angedeutet, als Seyß-Inquart bei der anlaufenden Suspendierung der Beamten den Begriff Jude auf alle Menschen mit einem jüdischen Großelternteil ausgedehnt hatte, auch wenn sich der Reichskommissar hierbei natürlich am „Gesetz zur Wiederherstellung des Berufsbeamtentums" orientierte[49].

Neben der Definition der von der Erfassung Betroffenen war noch ein weiteres grundlegendes Problem zu klären, auf das Stüler am 3. September hingewiesen hatte: Wenn die Verordnung, wie geplant, zeitnah nach ihrer Verkündung in Kraft treten sollte, mussten die niederländischen Beamten mit in die Planungen einbezogen werden. Sonst könne es, so Stüler, geschehen, dass die „Juden auf einmal zu vielen Tausenden sich vor dem Rathaus sammeln, um ihrer Meldepflicht zu genügen, sodann wieder weggeschickt werden, weil noch nichts vorbereitet ist"[50]. Dieses „Schreckensszenario" veranlasste den Generalkommissar für Verwaltung und Justiz, Friedrich Wimmer, Frederiks über den Plan zu informieren, die Juden zu erfassen. Folgt man Louis de Jongs Darstellung, so schlug Wimmer in diesem Zusammenhang vor, die Juden mittels einer Auswertung der Angaben zur Religionszugehörigkeit auf den Personenstammkarten in den Einwohnermeldeämtern zu erfassen. Darüber habe Frederiks den Leiter der Reichsinspektion unterrichtet. Daraufhin habe Lentz bemerkt, dass die Erfassung, so wie sie von den Besatzungsinstanzen geplant sei, nicht zu einem vollständigen Erfolg führen werde, da nicht alle Personen aus jüdischen Familien sich zur jüdischen Religion bekannt hätten bzw. bekennen würden, und angeboten, die Erfassung selbst zu organisieren und durchzuführen[51].

Ob dies so zutrifft, ist fraglich[52]. Die Mitarbeiter des Reichskommissars gingen jedenfalls in den entsprechenden Verordnungsentwürfen von Anfang an von einer persönlichen Anmeldung aus. Diese wäre aber unnötig gewesen, wenn die Erfassung durch die Auswertung der vorhandenen Registereinträge hätte erreicht werden sollen. Sicher ist allerdings, dass die Reichsinspektion anbot, die Detailplanungen zu übernehmen, und dass die Instanzen des Reichskommissars dieses Angebot gern annahmen. Ebenso wichtig wie Lentz' Ausführungsvorschläge war zudem, dass dessen Dienstherr, der Staatssekretär des Innenministeriums, seinem Untergebenen in dieser Angelegenheit freie Hand ließ[53] und generell eine bemerkenswerte Haltung gegenüber der Verfolgung der Juden an den Tag legte. So äußerte Frederiks im Juli 1942, dass es sich bei der Deportation der Juden „um ein europäisches Problem handele, an dessen Durchführung nichts zu ändern

---

[47] Brief von Stüler an Landgerichtsrat Schlüter [Abteilung Rechtsetzung des Generalkommissars für Verwaltung und Justiz], 7.11.1940, in: NIOD, 20, 1545, o. Bl.
[48] Vorlage von Stüler für Wimmer, 8.11.1940, in: NIOD, 20, 1545, o. Bl.
[49] Brief von Seyß-Inquart an die Generalsekretäre, 4.11.1940, in: NIOD, 101a, 3d, o. Bl.
[50] Brief von Stüler an Rabl, 3.9.1940, in: NIOD, 20, 1545, o. Bl.
[51] De Jong, Koninkrijk, Bd. V. 1, S. 531–533.
[52] Auch die Memoiren von Lentz sind in diesem Punkt nicht ganz eindeutig. Vgl. Lentz, Memoires I, S. 1–3. Der von Louis de Jong in diesem Kontext angeführte Brief von Lentz vom 2. Oktober 1940 fehlt in der Überlieferung. Nach einer in den Bestand eingelegten Notiz vom 14. August 1973 wurde er Louis de Jong ausgehändigt, in: NIOD, 20, 1545.
[53] Romijn, Burgemeesters, S. 231.

sei"⁵⁴. Damit wurde nach Meinung des Vertreters des Auswärtigen Amts „der Abtransport der Juden auch von Seiten der niederländischen Behörden wenn nicht gedeckt, so doch ohne offiziellen Einspruch zu erheben gutgeheissen [sic!]"⁵⁵. Diese Haltung hatte schon zuvor Frederiks Verhandlungsführung gegenüber den Besatzungsinstanzen geprägt. Er äußerte zwar immer wieder grundsätzliche Bedenken, fand sich aber bereit, diese zurückzustellen, wenn es an die praktische Umsetzung der deutschen Forderungen ging. So kommentierte der Staatssekretär des Innenministeriums am 21. Oktober 1940 den dritten Entwurf der Erfassungsverordnung. Dabei wies er insbesondere darauf hin, dass eine schriftliche Anmeldung genügen müsse. Eine persönliche Anmeldung sei für die Juden „peinlich". Er schloss seinen Brief, indem er sich

> „der Hoffnung hin[gab], dass die deutschen Behörden die Verordnung noch zurücknehmen. Sollte dies jedoch nicht der Fall sein, so bin ich selbstverständlich gern bereit [...] nötigenfalls in concreto anzugeben, wie die von mir erwähnten praktischen Schwierigkeiten sich beheben ließen."⁵⁶

Der Linie seines Chefs schloss sich auch der Leiter der Abteilung für Staats- und Verwaltungsrecht des Innenministeriums an. Dieser verwies am 6. November zunächst auf „grundsätzliche [...] Bedenken, [...] die berücksichtigt werden *können*", regte aber an, die Erfassung der Juden zusammen mit der Einführung der Kennkarte durchzuführen, um „zwei Fliegen mit einer Klappe zu schlagen"⁵⁷. Eindringlich warnte er dann davor, bei der Erfassung der Juden ein Sonderregister anzulegen:

> „Warum wird nicht genehmigt, dass der Vermerk auf die von jeder Person im Bevölkerungsregister anwesende Stammkarte eingetragen wird? Man kommt dann zu einem viel praktischeren System, während die Verwaltung der Gemeinden einfach bleibt, weil sie nicht verpflichtet sind, ein Sonderregister zu führen. Hiergegen ist in den letzten Jahren energisch gekämpft worden, so dass es sehr zu bedauern wäre, wenn wieder ein Schritt zurück gemacht würde."⁵⁸

Dieser Vorschlag wurde berücksichtigt. Es war wohl auch auf den Einfluss der niederländischen Beamten zurückzuführen, dass die Formulierungen des Verordnungstexts immer neutraler und geschliffener wurden. War im dritten Entwurf noch von einem „Judenmeldeprotokoll" die Rede, so war dieses Wort in der fünften Fassung dem neutraleren Begriff „Meldung" gewichen⁵⁹. Im Kern der Sache bedeutete dies aber natürlich keine Änderung zu Gunsten der Verfolgten.

b) Die Durchführung

Die „Verordnung des Reichskommissars für die besetzten niederländischen Gebiete über die Meldepflicht von Personen, die ganz oder teilweise jüdischen Blutes sind" wurde – nach immerhin neun Entwürfen – als sechste Verordnung des laufenden Jahres am Freitag dem

---

⁵⁴ Bericht Otto Benes an das Auswärtige Amt, 31.7.1942, über die Deportationen und die Haltung der Kirchen, in: PA AA, R 100876, Bl. 12 und 12r, Zitat: Bl. 12r.
⁵⁵ Ebenda, Bl. 12r.
⁵⁶ Brief des Leiters der Abteilung Staats- und Verwaltungsrecht im niederländischen Innenministerium an Stüler, 21.10.1940, in: NIOD, 20, 1545, o. Bl. Vgl. auch Romijn, Burgemeesters, S. 230f.
⁵⁷ Brief des Leiters der Abteilung Staats- und Verwaltungsrecht im niederländischen Innenministerium an Stüler, betr. Meldepflicht für Juden, 6.11.1940, in: NIOD, 20, 1545, o. Bl. [Hervorhebung C. K.].
⁵⁸ Ebenda.
⁵⁹ Dritter Entwurf zur Verordnung über die Meldepflicht von Personen jüdischen Blutes, September 1940, und Fünfter Planungsentwurf zur Verordnung über die Meldepflicht von Personen jüdischen Blutes, Oktober 1940, beide in: NIOD, 20, 1545, o. Bl.

10. Januar 1941 veröffentlicht und trat vierzehn Tage später in Kraft[60]. Alle Menschen, die wenigstens einen jüdischen Großelternteil hatten, wurden durch diese Verordnung zur Meldung verpflichtet. Ein Großelternteil sollte „ohne weiteres" als jüdisch gelten, wenn er der jüdischen Gemeinde angehörte oder angehört hatte. Die Anmeldung hatte bei den örtlichen Einwohnermeldeämtern zu erfolgen. Angegeben werden sollten Name, Geburtsdatum, Staatsangehörigkeit, Religionsbekenntnis, Beruf oder Beschäftigung und Familienstand sowie die Anzahl der jüdischen Großeltern und die genaue Adresse. Personen, die nach dem 30. Januar 1933 in die Niederlande eingewandert waren, sollten ferner ihren letzten Wohnsitz im „Großdeutschen Reich" oder im „Generalgouvernement für die besetzten polnischen Gebiete" [sic!] angeben. Die Einwohnermeldeämter der Gemeinden wurden angehalten, die zur Meldung verpflichteten Personen auch im eigenen Melde- oder Aufenthaltsregister entsprechend zu vermerken und jedwede Veränderung innerhalb einer Woche der Reichsinspektion mitzuteilen. Wie üblich schloss die Verordnung mit einer Strafbestimmung: Personen, die sich „schuldhaft" nicht anmeldeten, wurde mit einer Haftstrafe von bis zu fünf Jahren sowie der Einziehung ihres Vermögens gedroht[61].

Trotz des zeitweise intensiven Austauschs mit den Besatzungsinstanzen wurden die niederländischen Beamten offenbar von der Verkündung der Verordnung überrascht[62]. So wurden die entsprechenden Arbeitsanweisungen erst am Montag dem 27. Januar 1941 von Frederiks im niederländischen Staatsblatt (Staatscourant) veröffentlicht[63]. Die Verordnung war also schon drei Tage in Kraft, bevor den ausführenden Beamten überhaupt mitgeteilt wurde, wie sie diese umsetzen sollten. Wiederum mit einiger Verzögerung, am 3. Februar 1941, veröffentlichte Frederiks im Staatsblatt nähere Erläuterungen. Hiernach sollte die Differenzierung zwischen „Juden" und „Mischlingen" analog zur „Ersten Verordnung zum Reichsbürgergesetz" erfolgen. Demnach sollte die Gruppe der „Mischlinge" nochmals unterteilt und Personen mit zwei jüdischen Großeltern als „B I", Personen mit einem jüdischen Großelternteil als „B II", gekennzeichnet werden[64]. Mitte Februar wurde das Kürzel „B" auf Anweisung Frederiks durch ein neutraler klingendes „G" ersetzt. Aus „Bastard" (Bastaard) war damit „Gemischten Blutes" (Gemengd Bloedig) geworden[65]. Die Einwohnermeldeämter wurden ferner angewiesen, die bei ihnen geführten Personenstammkarten mit einem bei der Reichsinspektion zu bestellenden Karteireiter zu kennzeichnen. Nach Bearbeitung sollten die Anmeldeformulare an die Reichsinspektion der

---

[60] Verordnung zur Anmeldung von Personen, die ganz oder teilweise jüdischen Blutes sind, in: VOBl., Nr. 6/41, 10. 1. 1941. Vgl. auch Michman, Planning, S. 146, Anm. 2; Presser, Ashes, S. 58–60.
[61] Verordnung zur Anmeldung von Personen, die ganz oder teilweise jüdischen Blutes sind, in: VOBl., Nr. 6/41, 10. 1. 1941. Der offizielle Titel lautete zu diesem Zeitpunkt nur noch „Generalgouvernement".
[62] Vgl. Lentz, Memoires I, S. 6f.; ders., Herinneringen, S. 9; beide in: NIOD, Doc. I, 1045, Map A, o. Bl.
[63] Besluit van den Secretaris-Generaal van het Departement van Binnenlansche Zaken ingevolge de verordening betreffende den aanmeldingsplicht van personen van geheel of gedeeltelijk joodschen bloede, Nederlandsche Staatscourant, Nr. 18, 27. 1. 1941, S. 1–3.
[64] Besluit van den Secretaris-Generaal van het Departement van Binnenlansche Zaken ingevolge de verordening betreffende den aanmeldingsplicht van personen van geheel of gedeeltelijk joodschen bloede, Nederlandsche Staatscourant, Nr. 23, 3. 2. 1941, S. 1.
[65] Besluit van den Secretaris-Generaal van het Departement van Binnenlansche Zaken ingevolge de verordening betreffende den aanmeldingsplicht van personen van geheel of gedeeltelijk joodschen bloede, Nederlandsche Staatscourant, Nr. 35, 19. 2. 1941, S. 1. Das Wort Bastard (Bastaard) hat im Niederländischen eine ähnlich negative Bedeutung wie im Deutschen.

Bevölkerungsregister gesandt werden, die von Frederiks als zentrale Aufsichtsstelle benannt worden war[66].

Bei Anmeldung gaben die Einwohnermeldeämter Bescheinigungen aus, auf denen neben Namen, Geburtstag und -ort, Beruf und Adresse des Angemeldeten auch die Anzahl der jüdischen Großeltern und die Religionszugehörigkeit vermerkt wurden[67]. In Amsterdam wurden die Anmeldebescheinigungen vom Joodsche Raad (Jüdischer Rat) ausgeteilt. Der Joodsche Raad erfasste die Personen, die sich anmeldeten, in einer gesonderten Registratur, wenn sie nach der Ersten Verordnung zum Reichsbürgergesetz als jüdisch galten[68]. In Amsterdam gab es also nicht nur die zentrale „Judenkartei" und die Kennzeichnung der Personenstammkarten in den Einwohnermeldeämtern, sondern zusätzlich eine separate Liste, die vom Joodsche Raad angelegt wurde. Auch wenn hier „nur" jene Menschen erfasst wurden, die auf der Basis der Ersten Verordnung zum Reichsbürgergesetz als Juden galten, war die Erfassung damit schon im ersten Schritt bei fast drei Vierteln der Betroffenen eine dreifache[69].

Insbesondere in den Einwohnermeldeämtern war der organisatorische Aufwand der Erfassung der Juden enorm, zumal gleichzeitig die vorbereitenden Arbeiten für die Einführung der allgemeinen Kennkarte geleistet werden mussten. Deshalb wurden von anderen Dienststellen der Gemeinden Hilfskräfte angefordert und angelernt[70]. Und während die Erfassungsarbeiten noch liefen, mussten die Beamten bereits die ersten Juden wieder „ausbuchen". Nach einer zweiten Razzia waren nämlich im Juni 1941 300 Juden in das KZ Mauthausen verschleppt worden. Dort wurden sie fast alle bald ermordet bzw. fielen den schrecklichen Bedingungen zum Opfer[71].

Ohnedies ist bemerkenswert, dass die meisten Beamten klaglos mit der Erfassung begannen, denn die endgültigen Anweisungen, wie die Verordnung 6/1941 umzusetzen sei, war erst zehn Tage nach dem Inkrafttreten der Verordnung an die ausführenden Instanzen gesendet worden. Da auch die Anmeldungsformulare erst am 31. Januar gedruckt wurden und demzufolge auch erst Anfang Februar an die Einwohnermeldeämter verteilt werden konnten, kann dies also nur bedeuten haben, dass die Beamten zumindest während der ersten Woche der Anmeldefrist Personen abgewiesen haben, die versuchten, sich frühzeitig anzumelden[72]. Darüber hinaus gab es offenbar Lieferschwierigkeiten bei den Karteireitern, so dass auch die Kennzeichnung der Karten in den Einwohnermeldeämtern nicht reibungslos verlief[73].

Im März 1941 zog der für die Bearbeitung der Zweifelsfälle zuständige Referent des Generalkommissars für Verwaltung und Justiz eine erste Zwischenbilanz. Darin würdigte er die

---

[66] Nederlandsche Staatscourant, Nr. 23, 3.2.1941, S. 1. Vgl. auch Presser, Ashes, S. 36.
[67] Bewijs van Aanmelding, 27.3.1941, in: Joods Historisch Museum Amsterdam (Hrsg.), Documenten van de Jodenvervolging in Nederland, Amsterdam 1979, S. 49.
[68] Bericht von Böhmcker über die Maßnahmen gegen die Juden, 2.10.1941, in: NIOD, 20, 1260, o. Bl.
[69] Veldkamp, Bevolkingsregister, S. 15.
[70] Ebenda, S. 9.
[71] Aktennotiz des Auswärtigen Amts, 13.10.1941, in: LG München II, vom 24.2.1967, 12 Ks 1/66, veröffentlicht in: Justiz und NS-Verbrechen. Sammlung deutscher Strafurteile wegen nationalsozialistischer Tötungsverbrechen 1945–1999, bislang 34 Bde., Amsterdam/München 1968–2005 (Bde. 1–23: nur Amsterdam), hier Bd. 25, lfd. Nr. 645, S. 449.
[72] Anmeldeformular (Aanmeldingsformulier voor een personn, die geheel of gedeeltelijk van joodschen bloede is), in: NIOD, 20, 1507, o. Bl. Abgedruckt in: Documenten van de Jodenvervolging, S. 46f.
[73] Romijn, Burgemeesters, S. 231.

Organisation der Erfassung durch Lentz als „mustergültig" und zeigte sich überzeugt, dass Probleme hauptsächlich durch die Arbeitsüberlastung der eingestellten Beamten entstanden seien[74]. Am 9. April 1941, fünf Tage nachdem die Frist auch in Amsterdam abgelaufen war, musste jedoch der Leiter der Reichsinspektion melden, dass nicht alle Gemeinden ihre Rückmeldungen fristgerecht eingeliefert hätten. Am 30. April hatten dann von den insgesamt 1050 niederländischen Gemeinden 1019 die Daten der Erfassung an die Reichsinspektion der Bevölkerungsregister geliefert. Knapp einen Monat später standen nur noch bei zwölf Gemeinden Rückmeldungen aus. Als letzte Gemeinde meldete die Stadt Amsterdam Anfang Juli 1941 Vollzug[75].

c) Das Ergebnis

Noch während die Anmeldung lief, wurde in der Reichsinspektion damit begonnen, die aus den Einwohnermeldeämtern einlaufenden Anmeldungsformulare zu sammeln, zu ordnen, auf Registrierkarten und schließlich auch auf Hollerith-Lochkarten zu übertragen. In Folge der Arbeitsbelastung mussten die Beamten Überstunden leisten, zumal sich Einzelne geweigert hatten, an der Erfassung der Juden mitzuarbeiten[76]. Dabei war die Übertragung der Meldedaten ins Hollerith-System, die ja einen erheblichen Mehraufwand mit sich brachte, nicht von den Besatzungsinstanzen angeordnet worden. Als ein Referent Stülers der Reichsinspektion vorschlug, die Daten in das mechanische Datenverarbeitungssystem zu übertragen, konnte ihm Lentz am 27. Mai 1941 fast triumphierend mitteilen, dass dies schon längst geschehen sei[77]! Die Auswertungsarbeiten wurden zwei Monate nach der Anmeldung abgeschlossen[78]. Am 5. September 1941 konnte der Generalkommissar für Verwaltung und Justiz Bilanz ziehen:

> „Die Durchführung der Verordnung Nr. 6/41 des Herrn Reichskommissars ist so gut wie abgeschlossen. Das bei der Rijksinspectie van de Bevolkingsregisters [...] eingerichtete Zentralregister aller Personen jüdischen Blutes und gemischt jüdischen Blutes in den Niederlanden zählte zum Stichtag des 27.8.41 160 820 Einzeleintragungen. Davon sind Juden 140 552 [–] Halbjuden (G I) 14 549 [–] Vierteljuden (G II) 5719. [...] Das hervorstechendste und bemerkenswerteste Ergebnis der mit der Verordnung Nr. 6/41 vorgenommenen Zählung und registermäßigen Erfassung der Juden und der jüdischen Mischlinge ist ohne Zweifel neben der zunächst unerwarteten, verhältnismäßig niedrigen Gesamtzahl die geringe Zahl der Mischlinge [...]. Mit dem Zentralregister der Juden und jüdischen Mischlinge bei der Rijksinspectie van de Bevolkingsregisters in Den Haag ist nunmehr ein Instrument und eine zentrale Auskunftsstelle für alle Zweige der Verwaltung, Polizei und Rechtsprechung geschaffen, dessen Benutzung ich in allen einschlägigen Fällen empfehlen, aber auch erbitten darf. [...] Die Registereintragungen dieser niederländischen Dienststelle beruhen durchaus nicht nur auf den Angaben der meldepflichtigen Personen, sondern verarbeiten auch alle über das Ministerialreferat Innere Verwaltung getroffenen Entscheidungen in Zweifelsfällen. [...] Der enge organisatorische Anschluß des Zentralregisters an die Bevolkingsboekhouding (Bevölkerungsbuchhaltung) in den Niederlanden sichert eine schnelle Erfassung aller eingetretenen Änderungen (z. B. Wohnungsänderungen) und verbürgt so, dass die Registereintragungen laufend ein aktuelles Bild im Einzelfall und für statistische Zwecke vermitteln."[79]

---

[74] Calmeyer, Rechenschaftsbericht über die Handhabung der Verordnung 6/41, 24.3.1941, in: NIOD, 77, 1261, Bl. 127-131, Zitat: S. 130. Vgl. auch Black, IBM, S. 406f.
[75] Presser, Ashes, S. 37.
[76] De Jong, Koninkrijk, Bd. V. 1, S. 531f.
[77] Brief von Lentz an Calmeyer, 27.5.1941, in: NIOD, Doc. I, 1045, o. Bl. Vgl. auch Black, IBM, S. 408f.
[78] Brief von Stüler an Wimmer, 1.9.1941, in: NIOD, 20, 1497, o. Bl.
[79] Brief von Wimmer an den Leiter der Präsidialabteilung im Stab des Generalkommissars, 5.9.1941, in: NIOD, 20, 279, o. Bl. Der Brief findet sich auch in: NIOD, 77, 1260, o. Bl.

In seinem Resümee betrachtete Wimmer das neugeschaffene Register damit nicht nur als Auskunftsstelle, sondern auch als Instrument und gleichsam Waffe gegen die jüdische Minderheit. Er betonte den aktiven Nutzen des „zentralen Judenregisters" sowohl für statistische Belange als auch für die rassistische Kategorisierung der Individuen und die Möglichkeit des präzisen Zugriffs auf diese Personen für Verwaltung, Justiz und Polizei. Als wichtigstes inhaltliches Ergebnis betrachtete Wimmer, dass nun sicher festgestellt worden sei, dass weit weniger „meldepflichtige Personen" als erwartet in den Niederlanden lebten.

Dabei hatten sich wahrscheinlich fast alle Betroffenen angemeldet[80]. Die Menschen hatten Angst vor den angekündigten Strafen und wussten, dass ihre Religionszugehörigkeit ohnehin in öffentlichen Registern vermerkt und von Nachbarn bemerkt worden war. Überdies war ein nicht unerheblicher Teil der Personen bereits im Zuge der Implementierung vorangegangener antijüdischer Maßnahmen über die „Ariererklärung" beim Luftschutzdienst und für die Staatsbediensteten oder im Zuge der „Anmeldung von Unternehmen" erfasst worden. Letztendlich meldeten sich die Menschen auch an, weil sie dies als gesetzestreue Staatsbürger für ihre Pflicht hielten. Schließlich wurde die Anmeldung nicht von den Besatzungsinstanzen, sondern von niederländischen Behörden durchgeführt[81].

Im Januar 1942 äußerte Generalkommissar Rauter jedoch Zweifel an der Vollständigkeit der Erfassung. Es sei aufgefallen, dass sich nicht alle Träger jüdisch klingender Namen angemeldet hätten. Deshalb schlug er vor, dass die Einwohnermeldeämter ihre Registraturen noch einmal nach „jüdischen Namen" durchkämmten[82]. Offenbar zu diesem Zweck gab der Leiter der Reichsinspektion auch ein entsprechendes „Handbuch" heraus, in welchem alle Nachnamen von Juden in den Niederlanden mit der Zahl der Häufigkeit ihres Auftretens aufgelistet waren. Die im Zuge der Erfassung gewonnen Daten bildeten hierfür die Grundlage[83].

Ferner veröffentlichte der Leiter der Reichsinspektion der Bevölkerungsregister Anfang 1942 zwei Handbücher, die „Statistik der Bevölkerung jüdischen Blutes in den Niederlanden" und die „Statistik der Immigration von Personen jüdischen Blutes in die Niederlande"[84]. In diesen wurden die durch die Erfassung erhaltenen Daten nach dem Stand vom 1. Oktober 1941 in allen erdenklichen Kombinationen ausgewertet. Auffällig ist, dass die Zahl der erfassten Menschen „jüdischen Blutes" in der „Statistik der Bevölkerung jüdischen Blutes in den Niederlanden" mit einer Zahl von 160886 etwas höher ist, als noch Anfang

---

[80] Vgl. Romijn, Burgemeesters, S. 231f. Romijn weist auch auf einige wenige Ausnahmen hin: Ders., The War 1940–1945, in: J. C. H. Blom/R. G. Fuks-Mansfeld/I. Schöffer (Hrsg.), History of the Jews in the Netherlands, Oxford/Portland 2002, S. 296–335, hier S. 305 (Anm. 36).

[81] Romijn, War, S. 305; Moore, Slachtoffers, S. 83–85; Presser, Ashes, S. 36f.; Abel J. Herzberg, Kroniek der Jodenvervolging, 1940–1945, in: J. J. Bolhuis/C. D. J. Brandt/H. M. van Randwijk/B. C. Slotemaker (Hrsg.), Onderdrukking en Verzet. Nederland in Oorlogstijd, 3 Bde., Amsterdam/Arnhem 1950, S. 50.

[82] De Jong, Koninkrijk, Bd. V. 1, S. 534.

[83] Rijksinspectie van de Bevolkingsregisters (Hrsg.), Lijst van Geslachtnamen van Personen van Joodsche Bloede, s'Gravenhage 1942. Eher anekdotenhaft vermeldet de Jong, dass die Überprüfung gestoppt worden sei, nachdem Generalkommissar Wimmer seinen eigenen Namen in der Liste gefunden hatte. Vgl. De Jong, Koninkrijk, Bd. V. 1, S. 535. Hiergegen spricht der Umstand, dass mehrere Ergänzungslisten gedruckt wurden.

[84] Rijksinspectie van de Bevolkingsregisters (Hrsg.), Statistiek der Bevolking van Joodschen bloede in Nederland, s'Gravenhage 1942; Rijksinspectie van de Bevolkingsregisters (Hrsg.), Statistiek der Immigratie van Personen van Joodschen bloede in Nederland, s'Gravenhage 1942.

September 1941 vermeldet. Insgesamt wurden zwar 500 weniger „Juden"; aber 346 mehr „Halbjuden" und 266 mehr „Vierteljuden" aufgeführt[85]. Es ist davon auszugehen, dass sich hier jene „Fälle" niederschlugen, die zuvor als zweifelhaft angesehen und nun entschieden worden waren. Die Zahlen bezeugen, dass der Referent des Generalkommissars für Verwaltung und Justiz, Hans Georg Calmeyer, der die Zweifelsfragen bearbeitete, des Öfteren in dubio pro, im Sinne der Betroffenen entschied, dass deren Abstammung nichtjüdisch sei[86].

Die Statistischen Handbücher wurden von der staatlichen Druckerei jeweils in einer Auflage von zweihundert Exemplaren gedruckt. Offenbar sandte Wimmer diese Handbücher auch an „ausgewählte" Instanzen im Reich. Die „Hohe Schule" der NSDAP jedenfalls bedankte sich artig für das ihr zugesandte Exemplar und vergaß nicht, der ihres Erachtens mustergültigen Erfassung Lob zu zollen: „Von den durch das deutsche Reich besetzten Gebieten dürfte in den Niederlanden erstmalig eine derartig gründliche, amtliche statistische Erfassung des jüdischen Bevölkerungsteiles durchgeführt sein."[87] Schließlich ließ auch der Joodsche Raad die neu gewonnenen Daten auswerten und unter dem Titel „Statistische Unterlagen der Juden in den Niederlanden" veröffentlichen[88].

Da die Erfassung von der niederländischen Verwaltung organisiert und ausgeführt wurde, trug der niederländische Staatshaushalt die anfallenden Kosten[89].

Zugriff

a) ... auf Personen

Schon bevor die Erfassung durchgeführt wurde, waren Juden aus verschiedenen Bereichen verdrängt worden, z. B. im Juli 1940 aus dem Luftschutzdienst[90] und im August 1940 aus der Zwangskörperschaft der Journalisten[91]. Ende September 1940 war zudem ein Einstellungs-

---

[85] Rijksinspectie van de Bevolkingsregisters (Hrsg.), Statistiek der Bevolking van Joodschen bloede, S. 6–18 (Aufstellung nach Wohnort), S. 24f. (Aufstellung nach Zugehörigkeit zu einer Religionsgemeinschaft).
[86] Vgl. Brief von Wimmer an Rauter, 21.11.1941, betr. Bearbeitung der Zweifelsfälle, in: NIOD, 77, 1260, Bl. 164f. Vgl. auch Aktennotiz von Gertrud Slottke, 27.5.1943, in: LG München II (Anm. 71), S. 581; Mathias Middelberg, Judenrecht, Judenpolitik und der Jurist Hans Calmeyer in den besetzten Niederlanden 1940–1945, Göttingen 2005; Geraldien van Frijtag, Hans Georg Calmeyer und die Judenverfolgung, in: Hirschfeld/Jersak (Hrsg.), Karrieren, S. 127-146 und passim; Herzberg, Kroniek, S. 137f.; De Jong, Koninkrijk, Bd. V, 1, S. 537f. Auch die Namen der Personen, deren Überprüfung noch anhängig war, wurden von Lentz in einer Broschüre veröffentlicht: Rijksinspectie van de Bevolkingsregisters (Hrsg.), Liste der Personen jüdischen Blutes, deren genealogische Abstammung auf Grund von eigenen Anträgen oder auf Grund Vorstellungen amtlicher deutscher Stellen bei der Abt. Innere Verwaltung des Generalkommissars für Verwaltung und Justiz sich noch in Prüfung befindet, Den Haag 1942. Die Broschüre sowie vier Ergänzungen finden sich in: NIOD, 20, 1507.
[87] Brief der Hohen Schule (in Vorbereitung) an Wimmer, 23.9.1942, in: NIOD, Doc. I, 1045; Lentz, Memoires I. Vgl. auch De Jong, Koninkrijk, Bd. V. 1, S. 533.
[88] A. Veffer (Hrsg.), Statistische gegevens van de Joden in Nederland, Deel 1. Statistische gegevens van de Joden in Amsterdam, waarin reeds opgenomen enkele voorlopige cijfers van de Joden in Nederland, Amsterdam 1942.
[89] Presser, Ashes, S. 38f.
[90] Hirschfeld, Fremdherrschaft, S. 92; Presser, Ashes, S. 12-14.
[91] Hirschfeld, Fremdherrschaft, S. 83f.

und Beförderungsverbot für jüdische Beamte erlassen worden[92]. Auf der Grundlage einer „Ariererklärung" genannten Erhebung wurden die jüdischen Beamten kurze Zeit später vom Dienst suspendiert[93]. Ihre Entlassung folgte im Februar 1941[94]. Etwa parallel zur Entlassung der Beamten war im Herbst 1940 in den Niederlanden die Vernichtung der jüdischen Gewerbetätigkeit eingeleitet worden[95].

Die Erfassung der Juden war eine zentrale Voraussetzung dafür, dass Juden ab dem Sommer 1941 nicht mehr „nur" aus bestimmten Bereichen, sondern aus der gesamten öffentlichen Sphäre verdrängt wurden. Hierzu bedurfte es eines weiteren Zwischenschrittes, denn noch war es mit sehr großem Aufwand verbunden, im öffentlichen Raum auch zu überprüfen, ob sich eine Person als Jude angemeldet hatte. Deshalb ordnete Rauter im Juli 1941 an, die Kennkarten der als Juden registrierten Personen mit einem schwarzen „J" zu kennzeichnen. Diese Anordnung wurde über Frederiks an die Bürgermeister der Gemeinden und von diesen an die Einwohnermeldeämter weitergegeben. Daraufhin bestellten die Gemeinde-Einwohnermeldeämter diejenigen Personen, die in ihren Registern als Juden erfasst waren und schon eine Kennkarte erhalten hatten, noch einmal ein, um die Identifikationspapiere auf zwei Seiten mit einem schwarzen Stempel zu kennzeichnen. Alle neu auszugebenden Kennkarten wurden ebenfalls gestempelt[96].

Kaum war dies geschehen, ging es Schlag auf Schlag: Im August 1941 begann der Entzug des Vermögens der Juden[97], und im September wurde Juden der Zutritt zu einer Vielzahl von öffentlichen Orten und Institutionen verboten[98], wurden eine Ausgangssperre sowie Reise- und Aufenthaltsbeschränkungen erlassen[99]. Die Maßnahmen waren so umfassend, dass sich auch Hitler während einer Besprechung mit Seyß-Inquart am 26. September 1941 mit ihnen zufrieden zeigte[100]. Während der Besprechung wurde zudem einvernehmlich festgestellt, dass in nächster Zukunft die „Abschiebung" der in den Niederlanden lebenden ausgebürgerten – d. h. ehemals deutschen – Juden beginnen sollte[101]. Allerdings wurde dieser Plan nicht realisiert, obgleich die Erfassung hierzu die nötigen Voraussetzungen geliefert hätte und der Joodsche Raad im Herbst 1941 beauftragt wurde, ein separates Register aller aus-

---

[92] Brief von Frederiks an Gedeputeerde Staaten, 8.10.1940, in: NIOD, 101a, 3d, o. Bl.
[93] Protokoll der Sitzung der Staatssekretäre, 18.11.1940, in: NIOD, 216, 7 II (Collectie Nederlandse Overheidsinstellingen). Vgl. auch Hirschfeld, Fremdherrschaft, S. 94.
[94] Abschrift eines Briefs des Generalkommissars für Verwaltung und Justiz an die Staatssekretäre, 21.2.1941, in: Documenten van de Jodenvervolging, S. 41. Vgl. auch Hirschfeld, Fremdherrschaft, S. 93 f.; Presser, Ashes, S. 31.
[95] Kreutzmüller, Händler, S. 134–149; Gerard Aalders, Geraubt. Die Enteignung jüdischen Besitzes im Zweiten Weltkrieg, Köln 2000, S. 196–203; A.J. van der Leeuw, Die „Arisierung" eines jüdischen Betriebs in den Niederlanden, in: A.H. Paape (Hrsg.), Studies over Nederland in Oorlogstijd, Bd. 1, s'Gravenhage 1972, S. 250–256.
[96] De Jong, Koninkrijk, Bd.V. 1, S. 534f. Vgl. auch Presser, Ashes, S. 39.
[97] Kreutzmüller, Händler, S. 149–155; Aalders, Geraubt, S. 221–326.
[98] Warmbrunn, Dutch, S. 65f.; Herzberg, Kroniek, S. 54–56.
[99] Hilberg, Vernichtung, S. 612; Sijes, Studies over Jodenvervolging, Assen 1974, S. 69; Veldkamp, Bevolkingsregister, S. 9.
[100] Aufzeichnungen von Otto Bene über eine Besprechung zwischen Seyß-Inquart und Hitler am 26.9.1941, in: Ludwig Nestler (Hrsg.), Die faschistische Okkupationspolitik in Belgien, Luxemburg und den Niederlanden (1940–1945), Berlin 1990, Dok. 70, S. 162–164.
[101] Ebenda.

ländischen Juden anzulegen[102]. Die Entscheidung gegen eine sofortige Deportation fiel offenbar am 8. Oktober 1941. Denn nachdem im Deutschen Reich der „Gelbe Stern" eingeführt worden war, wurde während einer turnusmäßigen „Judenkonferenz" auch in Den Haag diskutiert, ob eine äußerliche Kennzeichnungspflicht eingeführt werden könne. Dabei hatte Seyß-Inquart entschieden, dass der Zeitpunkt für eine Kennzeichnung „verfrüht" sei. Die Niederländer seien auf diesen Schritt psychologisch noch nicht vorbereitet[103]. Da die äußerliche Kennzeichnung aber als Voraussetzung der Deportation betrachtet wurde, bedeutete dies wohl auch von dieser Seite das Ende der frühzeitigen Deportationspläne, zumal es im Herbst 1941 durchaus noch Unstimmigkeiten gab, wohin die Juden aus Deutschland verschleppt werden sollten und was dann mit ihnen zu geschehen habe.

Erst nachdem dem Reichskommissar im April 1942 mitgeteilt worden war, dass im Juni des Jahres definitiv mit den Deportationen aus den Niederlanden begonnen werden sollte, ließ er die Kennzeichnungspflicht für „Personen jüdischen Blutes" einführen[104]. Der Joodsche Raad, der unterdes mehr oder weniger zu einem Vollstreckungsorgan der die Verfolgung organisierenden Besatzungsinstanzen geworden war, musste bei der äußerlichen Kennzeichnung helfen[105]. Etwas mehr als zwei Monate später – in der Nacht vom 14. auf den 15. Juli 1942 – begannen die Deportationen[106]. In ihrem Vorfeld musste eine – Expositur genannte – Abteilung des Joodsche Raad auf der Grundlage seines Registers Listen der Personen anlegen, die nicht deportiert werden sollten[107]. Ein letztes Mal wurden die Juden dann im Durchgangslager Westerbork registriert, bevor sie nach Auschwitz und Sobibor sowie nach Theresienstadt oder Bergen Belsen verschleppt wurden[108].

Bemerkenswert ist, dass über das Ziel und den Umfang der Deportationen in den Niederlanden auch im weiteren Kreis der Besatzungsinstanzen öffentlich gesprochen wurde. Am 10. und 11. Mai 1942 hatte Robert Ley anlässlich der Gründung des niederländischen Ablegers der DAF, der Nederlandsche Arbeitsfront, in *drei* ähnlich lautenden Reden in Amsterdam, Den Haag und Heerlen ganz offen – und unter Beifall – gesagt,

---

[102] Johannes Houwink ten Cate, „Het jongere deel". Demografische en sociale kenmerken van het jodendom in Nederland tijdens de vervolging, in: Jaarboek van het Rijksinstituut voor Oorlogsdokumentatie 3 (1989), S. 9–51, hier S. 25f.
[103] Aktennotiz des Reichskommissars über Besprechung mit Böhmcker, dem HSSPF und dem BdS, 8.10.1941, in: NIOD, 20, 1545, o. Bl.
[104] Rundbrief Harsters, 1.4.1942, in: NIOD, 77, 335; Bericht Harsters über die Verhandlung hinsichtlich der Einführung des gelben Sterns an Wimmer, 29.4.1942, in: NIOD, 20, 1507, o. Bl. Gedruckt in: Documenten van de Jodenvervolging in Nederland, S. 54f. Vgl. auch: LG München II (Anm. 71), S. 456f.; Meershoek, Widerstand, S. 18.
[105] Dan Michman, De Oprichting van de 'Joodsche Raad voor Amsterdam' vannuit een vergelijkend perspectief, in: Jaarboek van het Rijksinstituut voor Oorlogsdokumentatie 3 (1989), S. 75–100, hier S. 86–92; Houwink ten Cate, Deel, S. 26; Warmbrunn, Dutch, S. 182–184.
[106] Gerhard Hirschfeld, Niederlande, in: Wolfgang Benz (Hrsg.), Dimension des Völkermords, Die Zahl der jüdischen Opfer des Nationalsozialismus, München 1991, S. 137–165, hier S. 137; Herzberg, Kroniek, S. 102.
[107] Houwink ten Cate, Deel, S. 27f.; Herzberg, Kroniek, S. 105f. Vgl. auch Mirjam Bolle, Briefe vom 1.2.1943 und vom 23./24.5.1943, in: Dies., „Ich weiß, dieser Brief wird dich nie erreichen". Tagebuchbriefe aus Amsterdam, Westerbork und Bergen-Belsen, Berlin 2006, S. 40 und S. 144f.
[108] Coenrad J. Stuhldreher, Deutsche Konzentrationslager in den Niederlanden, in: Dachauer Hefte 5 (1989), S. 141–173, hier S. 162–164.

dass „die Juden vernichtet [werden], wie man Ungeziefer vernichtet"[109]. Und am 26. Juni 1942 hatte ein Vertreter der mit der Vernichtung der jüdischen Gewerbetätigkeit befassten Wirtschaftsprüfstelle auf einer Vollversammlung aller Treuhänder jüdischer Unternehmen in einem Hotel in Amsterdam preisgegeben, dass „die Juden sämtlich in den nächsten Monaten aus den Niederlanden verschwinden würden"[110].

Infolge der ersten Deportationen machte sich – wie der Vertreter des Auswärtigen Amts im Reichskommissariat festhielt – in der niederländischen Bevölkerung eine „gewisse Aufregung" bemerkbar[111]. Davon unbeeindruckt schrieben die Beamten der Einwohnermeldeämter die Deportierten jeweils fortlaufend aus dem Melderegister ab und sendeten dann die Personenstammkarten an die Reichsinspektion[112]. Zusätzliche Aufgaben erhielten die Beamten, als im September 1942 verkündet wurde, dass die Freistellung von Personen, die als jüdische Ehepartner in sogenannten Mischehen lebten, allgemein nur für Frauen gelte. Jüdische Männer mussten sich innerhalb von 14 Tagen bei den Einwohnermeldeämtern melden und beweisen, dass aus der Ehe noch lebende Kinder hervorgegangen waren, die selbst nicht als Juden galten. Die Einwohnermeldeämter leiteten die Anträge an die Reichsinspektion der Bevölkerungsregister weiter, die dann entsprechende Listen anlegte. Von den rund 19 000 Juden, die laut der Statistik der Reichsinspektion mit Nicht-Juden verheiratet waren, bekam weniger als ein Drittel einen Freistellungsvermerk[113]. Im Oktober 1942, als schon ca. 20 000 Juden aus den Niederlanden deportiert und demzufolge die gleiche Anzahl von Personenstammkarten von den Gemeindemeldeämtern an die Reichsinspektion gesandt worden waren, bedankte sich Lentz in einem Brief an Wimmer ausdrücklich für das ihm entgegengebrachte Vertrauen[114].

b) ... auf Daten

Der Zugriff auf die Daten der Erfassung spielte auch bei der Auseinandersetzung um die Richtlinienkompetenz bei der Verfolgung der Juden eine nicht zu unterschätzende Rolle. Noch während der Erfassung sandte Rauter einen beim BdS ausgearbeiteten Entwurf für eine Verordnung zur Gründung einer „Zentralstelle für jüdische Auswanderung" an den Generalkommissar für Verwaltung und Justiz. In dem Begleitschreiben verwies er am 18. April 1941 darauf, dass diese „beispielgebend für die Lösung der Judenfrage in sämtlichen europäischen Gebieten sein soll[e]"[115]. Die „Zentralstelle" sollte alle Befugnisse der

---

[109] Transkription der Reden Robert Leys in Amsterdam und Den Haag am 10.5.1942, sowie in Heerlen am 11.5.1942, in: Walter Roller/Susanne Höschel, Judenverfolgung und jüdisches Leben unter den Bedingungen der nationalsozialistischen Diktatur, Tondokumente und Rundfunksendungen, Bd. 1, Potsdam 1996, Nr. 126–128, S. 209–212, Zitat: S. 211 (Rede vom 10.5.1942 in Amsterdam). Für den freundlichen Hinweis danke ich Björn Weigel, Berlin.
[110] Aktennotiz des Wirtschaftsreferenten des BdS, betr. Entjudung der niederländischen Wirtschaft, 30.6.1942, in: NIOD, 77, 979, o. Bl. Der Wirtschaftsreferent des BdS bezeichnete dies freilich als „an sich unverantwortliche Indiskretion"; ebenda.
[111] Bericht Otto Benes an das Auswärtige Amt, 31.7.1942, über die Deportationen und die Haltung der Kirchen, in: PA AA, R 100876, Bl. 12 und 12r.
[112] Veldkamp, Bevolkingsregister, S. 9.
[113] Herzberg, Kroniek, S. 127–129.
[114] Presser, Ashes, S. 38. Hinsichtlich der Zahl der deportierten Juden: Brief von Rauter an Himmler, 24.9.1942, in: In't Veld (Hrsg.), SS en Nederland, Bd. 1, Dok. 224, S. 824–826.
[115] Brief von Rauter an Wimmer, 18.4.1941, in: NIOD, 20, 1461. Vgl. auch A.J. van der Leeuw, Reichskommissariat und Judenvermögen in den Niederlanden, in: A.H. Paape (Hrsg.), Studies over Nederland in Oorlogstijd, Bd. 1, S. 237–249, hier S. 238.

Judengesetzgebung auf sich vereinigen und die Aufgabe haben, „das gesamte Leben der in den besetzten niederländischen Gebieten wohnhaften Juden zu beaufsichtigen und ihnen die erforderlichen Anweisungen zu erteilen"[116]. Zur Vorbereitung und Betreuung der geplanten neuen „Zentralstelle" wurde Erich Rajakowitsch, der unter anderem die „Zentralstelle für jüdische Auswanderung" in Prag aufgebaut hatte, nach Amsterdam entsandt[117].

Diesen Verlust der eigenen Kompetenz bei der Verfolgung von Juden wollte der Reichskommissar aber nicht hinnehmen. Er beauftragte seinen Adlatus Rabl, einen Gegenentwurf zur Einrichtung einer „Zentralstelle" anzufertigen. Diesem Entwurf zufolge sollte die „Zentralstelle" direkt dem Reichskommissar unterstellt werden[118]. Hiermit konnte sich Seyß-Inquart zwar nicht durchsetzen, doch gelang es ihm, die Macht der „Zentralstelle" an zwei wesentlichen Punkten auszuhebeln: Zum einen blieb die Vernichtung der wirtschaftlichen Existenz der Juden in der Kompetenz des Generalkommissars für Finanz und Wirtschaft[119], zum anderen konnte Seyß-Inquart verhindern, dass die „Zentralstelle" direkt auf das Zentralregister der als Juden erfassten Personen zugreifen konnte. Der Generalkommissar für Verwaltung und Justiz behielt außerdem wenigstens formell seine Entscheidungsbefugnisse hinsichtlich der Klärung von Zweifelsfällen[120].

Im Zusammenhang mit dem Plan, die ausgebürgerten deutschen Juden aus den Niederlanden so bald wie möglich zu deportieren, versuchte der HSSPF im November 1941 erneut, einen direkten Zugriff auf das niederländische „Judenregister" zu bekommen. Dieses sah er als „Rückgrat für die Auswanderungssache" an und wollte es unter „zumindest mitbeteiligte Führung der Sicherheitspolizei" stellen[121]. Dies gelang ihm wiederum nur teilweise. Bis zum Kriegsende verblieb das Register bei der Reichsinspektion und war damit letztlich dem Generalkommissar für Verwaltung und Justiz unterstellt. Die „Zentralstelle für jüdische Auswanderung" konnte jedoch eine Abschrift anfertigen[122]. Dies alles hinderte Rauter aber nicht, gegenüber anderen SS-Dienststellen so zu tun, als ob die Erfassung der Juden unter seiner Leitung erfolgt sei. In einem Brief an den Chef des Rasse- und Siedlungshauptamts, Otto Hofmann, sprach er von der „Kartei […], die *wir* in diesem Jahr aufgestellt haben"[123]. Neben der Zentralstelle für jüdische Auswanderung erstellte auch der Zentrale Dienst für Sippenkunde eine Kopie des Registers[124]. Nachdem dies Hofmann bekannt geworden war, wandte er sich am 8. Dezember 1941 an Rauter und fragte, ob sein Amt gleichfalls eine

---

[116] Entwurf einer Verordnung über die Errichtung einer Zentralstelle für jüdische Auswanderung o. D. [Mai 1941], in: NIOD, 20, 1461, o. Bl.
[117] Van der Leeuw, Reichskommissariat, S. 238; Sijes, Studies, S. 66–88. Vgl. auch Anna Hájková, The Making of a Zentralstelle. Die Eichmann-Männer in Amsterdam, in: Theresienstädter Studien und Dokumente 2003, S. 353–381; Theodor Venus/Alexandra-Eileen Wenck, Die Entziehung des jüdischen Vermögens im Rahmen der Aktion Gildemeester. Eine empirische Studie über Organisation und Wandel von „Arisierung" und jüdischer Auswanderung in Österreich, Wien 2002, S. 405f.; Gabriele Anderl, Die „Zentralstellen für jüdische Auswanderung in Wien, Berlin und Prag. Ein Vergleich, in: Tel Aviver Jahrbuch für deutsche Geschichte 23 (1994), S. 275–299, hier S. 278.
[118] Michman, Oprichting, S. 88–90.
[119] Kreutzmüller, Händler, S. 142f.; Michman, Planning, S. 162–166.
[120] Van Frijtag, Calmeyer, 135f.
[121] Aktenvermerk des HSSPF, betr. Judenregister, 4.11.1941, in: NIOD, 77, 1261, Bl. 119.
[122] Brief von Rauter an Hofmann, 20.12.1941, in: In't Veld (Hrsg.), SS en Nederland, Bd. 1, Dok. 101, S. 618f. Vgl. auch Houwink ten Cate, Befehlshaber, S. 208.
[123] Brief von Rauter an Otto Hofmann, 20.12.1941, in: In't Veld (Hrsg.), SS en Nederland, Bd. 1, Dok. 101, S. 618f., Zitat: S. 618 [Hervorhebung C. K.].
[124] Aktennotiz von F. W. Osiander, 20.2.1942, in: In't Veld (Hrsg.), SS en Nederland, Bd. 1, Dok. 119, S. 645–648.

Abschrift der „Judenkartei" bekommen könne, um in Zukunft die niederländischen „Bräute" der SS-Männer effektiver überprüfen zu können. Dagegen hatte Rauter keine Bedenken[125]. Damit gab es Ende 1941 neben den drei Registern, in denen Juden erfasst waren (Reichsinspektion, Einwohnermeldeämter und Joodsche Raad), auch noch drei Abschriften der zentralen Kartei der Juden und „Mischlinge".

Beweggründe

Die niederländischen Beamten, die bei der allgemeinen Erfassung mitarbeiteten, mussten sich darüber im Klaren sein, dass sie mit ihrer Arbeit die Grundlage für eine umfassende Diskriminierung der Juden schufen, wenn sie auch nicht wissen konnten, dass die Verfolgung bis zur systematischen Ermordung gesteigert werden würde. Über die Gründe ihres „Attentismus"[126], wie es Gerhard Hirschfeld treffend genannt hat, sind in den letzten Jahren sehr fruchtbare Forschungsergebnisse veröffentlicht worden. Offenbar war es eine Mischung von Gedankenlosigkeit, Kleinmut und Autoritätsgläubigkeit sowie die spezifische Sozialstruktur der Niederlande, die hier zum Tragen kamen[127].

Das Engagement der Reichsinspektion der Bevölkerungsregister ging allerdings deutlich über das für die Niederlande „normale" Maß hinaus. Sie erfüllte die Vorgaben der Besatzungsinstanzen nicht nur, sondern übertraf sie teilweise. Louis de Jong führt dies auf das besondere Engagement ihres Leiters zurück[128]. Ob jedoch der erstaunliche Einsatz von Lentz als Erklärung für die Präzision der Erfassung ausreicht, ist fraglich, zumal Lentz in der Nachkriegszeit recht gezielt von seinen ehemaligen Mitarbeitern belastet worden ist[129]. Der Leiter der Reichsinspektion plante zwar die Details der Erfassung, doch tat er dies auf der Grundlage der Vorgaben der Besatzungsinstanzen mit wenigstens stillschweigender Billigung des Generalsekretärs des Innenministeriums. Überdies übernahmen die lokalen Einwohnermeldeämter die Umsetzung vor Ort.

Das Engagement von Lentz und seinen Mitarbeitern ist sicher *auch* darauf zurückzuführen, dass sie sich angesichts der in zeitgenössischen Publikationen genannten überhöhten Zahlen von Juden in den Niederlanden von Anfang an in der Defensive sahen[130]. Ausschlaggebend war aber, dass zwischen Statistikern und NS-Regime eine grundsätzliche Affinität bestand[131]. Das Regime betrieb seine rassistische Politik gleichsam als wissenschaftlich fundierte Methode, was sich unter anderem in der Begrifflichkeit für den Judenmord – im Wort „Endlösung" – widerspiegelt. Im Gegenzug verschaffte es den Bevölkerungsstatistikern ein ideales Umfeld zur Datenerfassung. Davon profitierten auch die niederländischen

---

[125] Brief von Rauter an Hofmann, 20.12.1941, in: In't Veld (Hrsg.), SS en Nederland, Bd. 1, Dok. 101, S. 618f., Zitat: S. 618.
[126] Hirschfeld, Fremdherrschaft, S. 9.
[127] Einen konzisen Überblick bieten: Peter Romijn in Burgemeesters und Ido de Haan, Routines and Traditions: The Reaction of Non-Jews in the Netherlands to War and Persecution, in: David Bankier/Israel Gutman (Hrsg.), Nazi Europe and the Final Solution, Jerusalem 2003, S. 437–454.
[128] Vgl. De Jong, Koninkrijk, Bd. V. 1, S. 534.
[129] Aussage Johannes Roelins, in Protokoll des Proces-Verbaal, 21.1.1946, in: NIOD, Doc. I, 1045, Map B, o. Bl. Roelin warf Lentz auch vor, antisemitisch zu sein, konnte dafür aber lediglich *eine* Bemerkung Lentz' anführen; vgl. ebenda. Vgl. auch De Jong, Koninkrijk, Bd. V. 1, S. 507.
[130] Lentz, Herinneringen, S. 15.
[131] Aly/Roth, Erfassung, S. 18–33.

Statistiker, die schon vor der Besetzung des Landes kaum Berührungsängste gekannt und in deutschen Fachzeitschriften publiziert hatten. Im März 1942 schrieb beispielsweise ein niederländischer Bevölkerungsstatistiker im Fachblatt „De Bevolkings-Boekhouding", dass durch die fortschreitende Entwicklung der „Bevölkerungsbuchhaltung" immer wieder unvorhergesehene Fragen entstünden und es „ihm in den Fingern kitzele", hier neue Lösungen zu finden[132]. Auch in den im Jahr 1954 veröffentlichten Memoiren eines Mitarbeiters des Einwohnermeldeamts in Amsterdam ist von Selbstkritik keine Rede. Kritisiert wird dort nur der Anschlag von Widerstandskämpfern auf das Einwohnermeldeamt im Jahr 1943[133]. In leichter Abwandlung des Axioms von Lutz Budraß und Manfred Grieger muss also auch hier von einer „Moral der Effizienz" gesprochen werden[134]. Die Erfassung von Menschen scheint zum Spielzeug selbstvergessener Technokraten geworden zu sein, die nur auf die Perfektion ihres Systems achteten, „Papiermenschen" erschaffen wollten und dabei billigend in Kauf nahmen, dass das zur Perfektion gebrachte System der Ausgrenzung und Verfolgung von Mitmenschen diente.

Datentransfer

Wie war nun das Amt IVb4 des RSHA, das für die inhaltliche Vorbereitung der Wannsee-Konferenz zuständig war, auf die am 20. Januar 1942 präsentierte Zahl gekommen? Im Verhör sprach der Leiter dieses Amts, Adolf Eichmann, zwar nur vage von „verschiedenen Quellen"[135]. Sicher ist aber, dass das Amt IVb4 die Reichsvereinigung der Juden in Deutschland bereits am 6. August 1941 beauftragt hatte, eine Aufstellung „Anzahl der Juden absolut und im Verhältnis zur Gesamtbevölkerung in den einzelnen Ländern nach Erdteilen" zu erstellen[136]. Nachdem eine erste Auflistung, die bereits am 7. August vorgelegt worden war, abgelehnt wurde, weil Quellenangaben fehlten, konnte die Reichsvereinigung am 13. August 1941 mit einer augenscheinlich zufriedenstellenden Version aufwarten[137].

Ganz offenbar diente die Liste Eichmann zur Vorbereitung einer Besprechung, die auf seine Einladung ebenfalls am 13. August 1941 stattfand. Auf dieser Sitzung trafen sich auf Referentenebene Vertreter der Partei, von Reichskanzlei, Justizministerium und Innenministerium sowie des Instituts zur Erforschung der Judenfragen. Offiziell sollte über die antijüdischen Maßnahmen gesprochen werden, die Seyß-Inquart im Reichskommissariat

---

[132] J. de Bliek, Het Bevolkingsregister en de Wetenschap, in: De Bevolkings-Boekhouding, Nr. 51 (März 1942), S. 569.
[133] Veldkamp, Bevolkingsregister, S. 28. Vgl. auch De Haan, Reaktions, S. 445.
[134] Lutz Budraß/Manfred Grieger, Die „Moral der Effizienz". Die Beschäftigung von KZ-Häftlingen am Beispiel des Volkswagenwerkes und der Henschel-Flugzeugwerke, in: Jahrbuch für Wirtschaftsgeschichte 1993/2, S. 89–136. Vgl. auch Rob Moore in: Ders., Nazi Masters and Accomodating Dutch Bureaucrats: Working towards the Führer in Occupied Netherlands 1940–1945, in: Working towards the Führer, Manchester, New York 2003, S. 186–204, hier S. 196–200.
[135] Vernehmung Adolf Eichmanns durch Hauptmann Avner Less, 5. 7. 1960; Vernehmung Adolf Eichmanns durch Richter Itzchak Raveh, 21. 7. 1961, beide in: Kurt Pätzold/Erika Schwarz, Tagesordnungspunkt Judenmord. Die Wannsee-Konferenz am 20. Januar 1942, Berlin 1992, S. 168–181, hier S. 172f., bzw. S. 196–198, hier S. 196.
[136] Brief der Reichsvereinigung an die „Zentralstelle für jüdische Auswanderung", 7. 8. 1941, in: Bundesarchiv Berlin (BAB), R 8150, 25, Bl. 1–9. Für den Hinweis danke ich Gideon Botsch, Wolf Kaiser und Peter Klein, Gedenk- und Bildungsstätte Haus der Wannsee-Konferenz, Berlin.
[137] Brief der Reichsvereinigung an die „Zentralstelle für jüdische Auswanderung", 13. 8. 1941, in: BAB, R 8150, 25, Bl. 22–26.

plante. Tatsächlich aber wurde auf der Konferenz die Gründung einer Arbeitsgemeinschaft beschlossen, deren Ziel es war, die „Mischlingsfrage" im Licht der Expansion neu zu diskutieren und dabei die Definition des Begriffs Jude über die Erste Verordnung zum Reichsbürgergesetz hinaus auszudehnen[138].

Es ist nicht unwahrscheinlich, dass das Amt IVb4 die von der Reichsvereinigung erstellte Liste dann auch zur Vorbereitung der Wannsee-Konferenz heranzog. Schon weil die Zahlen der Reichsvereinigung, wie diese selbst ausdrücklich festgehalten hatte, „sich in der Regel auf Glaubensjuden [... bezogen] und daher Mindestzahlen darstell[t]en"[139], fühlte sich Eichmann bemüßigt, die Angaben wenigstens hinsichtlich der von Deutschland besetzten und mit Deutschland verbündeten Staaten zu verifizieren – dies umso mehr, da er sich im Kreis der gut informierten Staatssekretäre keine Blöße geben wollte[140]. Nach eigener Aussage erledigte Eichmann seine Vorbereitungen im November 1941[141]. Dass in der Liste dennoch ein für alle Zeitgenossen eklatanter Flüchtigkeitsfehler zu finden ist – Serbien wird unter den nicht besetzten Ländern aufgeführt – spricht aber wohl eher dafür, dass Eichmann die Liste erst kurz vor der Konferenz, also Anfang 1942, in Eile anfertigte bzw. anfertigen ließ. Dies kann als Indiz dafür gelten, dass sich die Reichweite der geplanten Konferenz zwischen dem ursprünglich geplanten Termin, dem 9. Dezember 1941, und dem 20. Januar 1942 verändert hatte, und stützt die These, dass die Ermordung der Juden in *ganz* Europa erst Mitte Dezember 1941 beschlossen wurde.

Nach eigenen Angaben bediente Eichmann sich zur Verifizierung des statistischen Materials der Kanäle des RSHA und arbeitete so u. a. die Berichte der Einsatzgruppen und des BdS in Litauen in seine Statistik ein[142]. Gleiches galt offenbar auch für die Niederlande. Unter Verweis auf ein statistisches Jahrbuch (Hübners Weltstatistik) der Vorkriegszeit hatte die Reichsvereinigung für dieses Land eine Zahl von 135 000 Juden angegeben[143], also 25 800 weniger als im Protokoll der Wannsee-Konferenz. Im Zuge der Vorbereitung der Wannsee-Konferenz muss Eichmann demzufolge vom Ergebnis der Anfang September abgeschlossenen Erfassung der Juden in den Niederlanden erfahren haben. Die offensichtliche Kongruenz der im Protokoll genannten Zahl (160 800) mit dem im September 1941 von Wimmer präsentierten vorläufigen Gesamtergebnis der Erfassung (160 820 einschließlich der „Mischlinge") lässt keinen anderen Schluss zu. Da Eichmann sein Zahlenmaterial wahrscheinlich vier Monate nach der Bekanntgabe des Ergebnisses der Erfassung in den

---

[138] Michael Wildt, Die Generation des Unbedingten. Das Führungskorps des Reichssicherheitshauptamtes, Hamburg 2002, S. 610f. Vgl. auch Cornelia Essener, Die „Nürnberger Gesetze". Oder die Verwaltung des Rassenwahns 1933–1945, Paderborn u. a. 2002, S. 335f.
[139] Brief der Reichsvereinigung an die „Zentralstelle für jüdische Auswanderung", 7. 8. 1941, in: BAB, R 8150, 25, Bl. 3.
[140] Vernehmung Adolf Eichmanns durch Hauptmann Avner Less, 5. 7. 1960, in: Pätzold/Schwarz, Tagesordnungspunkt, S. 172f.
[141] Der im Protokoll genannte „Stichtag 31. 10. 1941" bezüglich der Sammlung statistischer Daten bezieht sich nur auf das Deutsche Reich bzw. das Protektorat. Vgl. Besprechungsprotokoll, o. D. [26. 1. 1942], in: PA AA, Inland II g, Bd. 177, Bl. 165–180, hier Bl. 169. Eichmann gab im Verhör an, die Daten „vierzehn Tage oder drei Wochen vor Beginn des ursprünglich vorgesehenen Termins im Dezember" zusammengestellt zu haben: Vernehmung Adolf Eichmanns durch Richter Itzchak Raveh, 21. 7. 1961, in: Pätzold/Schwarz, Tagesordnungspunkt, S. 196–198, hier S. 196.
[142] Vernehmung Adolf Eichmanns durch Hauptmann Avner Less, 5. 7. 1960, in: Pätzold/Schwarz, Tagesordnungspunkt, S. 172f.
[143] Aufstellung der Reichsvereinigung der „Anzahl der Juden absolut und im Verhältnis zur Gesamtbevölkerung in den einzelnen Ländern nach Erdteilen", 7. 8. 1941, in: BAB, R 8150, Bl. 25.

Niederlanden zusammenstellte, dürfte es ihm keine Schwierigkeiten bereitet haben, an diese Daten zu gelangen. Freilich hätte Eichmann dann auch bemerken müssen, dass „nur" 140 552 Juden erfasst worden waren.

Dies führt zu einer weiteren Frage: Wie war es dazu gekommen, dass Eichmann die Gesamtzahl der Erfassung aufführte und damit auch 20 268 als „Mischlinge" qualifizierte Menschen in seine Statistik einbezog? Möglich ist, dass Eichmann die Zahlen vorausschauend „aktualisierte", weil er erwartete, dass es Heydrich auf der Wannsee-Konferenz gelingen würde, den Kreis der zu Ermordenden über die Definition der Ersten Verordnung zum Reichsbürgergesetz hinaus auszuweiten[144]. Möglich ist aber auch, dass Eichmann gleichsam unwillkürlich von der gesamten Zahl der Erfassten ausging, weil dies seiner eigenen rassistischen Definition entsprach. Eines steht jedoch fest: Dass die Erfassung der „Mischlinge" in den Niederlanden überhaupt durchgeführt worden war und dass die Zahlen verquickt wurden, belegt, dass auch diese Gruppe bereits ins Fadenkreuz der rassistischen Mordpläne gekommen war. Schließlich erreichte die „Gefährdung der ,Mischlinge'", wie Beate Meyer festgestellt hat, genau zu dieser Zeit „ihren Höhepunkt"[145]. Dank des Umstandes, dass sich die nationalsozialistischen Spitzenfunktionäre weder auf der Wannsee-Konferenz noch auf den zwei Folgekonferenzen auf ein einheitliches Vorgehen gegen die „Mischlinge" einigen konnten, wurden diese allerdings auch in den Niederlanden nicht ermordet[146].

Fazit

Die Diskriminierung und Verfolgung der Juden im Reichskommissariat der besetzten niederländischen Gebiete folgte einem System. Ganz selbstverständlich mussten die Instanzen des Reichskommissariats, wenn sie die Juden verfolgen wollten, zunächst einmal feststellen, wer zu dieser Minderheit gehörte. Diese Logik hat Abel Herzberg, der selbst nach Bergen-Belsen deportiert worden war, schon vor mehr als fünfzig Jahren zugespitzt: Die Deutschen „mussten, wollten sie das jüdische Blut treffen, auch wissen, wo es war"[147]. Der Begriff des „jüdischen Blutes" klingt zwar anachronistisch, trifft aber wohl den Punkt: Die Täter hielten ihn nicht für eine Metapher, sondern für eine Tatsache. Dass in den Niederlanden auch die „Mischlinge" erfasst und im Protokoll der Wannsee-Konferenz als „Juden" aufgeführt wurden, zeugt von der potentiellen Gefährdung aller Menschen „jüdischen Blutes".

Die im Zuge der Erfassung gesammelten Daten wurden von den beteiligten niederländischen Beamten so aufgearbeitet, dass ein direkter, unumschränkter Zugriff aller Ins-

---

[144] Zu der Diskussion über die „Mischlingsfrage" während der Wannsee-Konferenz: Besprechungsprotokoll, o. D. [26. 1. 1942], in: PA AA, Inland II g, Bd. 177, Bl. 165–180, hier Bl. 175–179. Vgl. auch Mark Roseman, The Villa, the Lake, the Meeting, Wannsee and the Final Solution, London 2002, S. 79–83; Peter Klein, Die Wannsee-Konferenz, in: Norbert Kampe (Hrsg.), Villenkolonien in Wannsee. Großbürgerliche Lebenswelt und Ort der Wannsee-Konferenz (Publikationen der Gedenk- und Bildungsstätte Haus der Wannsee-Konferenz), Berlin 2000, S. 96–111, hier S. 107f.; ders., Die Wannsee-Konferenz vom 20. Januar 1942. Analyse und Dokumentation, Berlin o. J. [1995], S. 11f.; Wolf Kaiser, Die Wannsee-Konferenz, in: Heiner Lichtenstein/Otto R. Romberg (Hrsg.), Täter, Opfer, Folgen. Der Holocaust in Geschichte und Gegenwart, Bonn 1995, S. 24–37, hier S. 32f.; Pätzold/Schwarz, Tagesordnungspunkt, S. 45f. und S. 53f.
[145] Beate Meyer, „Jüdische Mischlinge". Rassenpolitik und Verfolgungserfahrung 1933–1945, Hamburg 1999, S. 97. Vgl. auch Roseman, Villa, S. 79–83.
[146] Meyer, Mischlinge, S. 96–100.
[147] Herzberg, Kroniek, S. 49.

tanzen des Reichskommissariats auf die Juden möglich wurde. So diente die Registratur als Ausgangspunkt für die Erstellung von Deportationslisten. Während der Registrierung wurden aber auch die Personenstammkarten und Kennkarten entsprechend gekennzeichnet. Damit waren die Personen, die sich anmelden mussten, nicht „nur" statistisch, sondern eben auch, und gleich auf dreifache Weise, individuell erfasst und gekennzeichnet worden. Da die Identitätspapiere sehr fälschungssicher waren, bedeutete dies, dass es fast unmöglich war, sich allein mittels gefälschter Papiere den Deportationen zu entziehen. Mithin mussten die Juden danach trachten, sich zu verstecken. Dies war aber, wenigstens im Jahr 1942, sehr schwierig, da nicht viele nichtjüdische Niederländer das Risiko eingehen wollten, mit einem Untergetauchten entdeckt zu werden.

Der Versuch des HSSPF, die zentrale Kartei der Juden und „Mischlinge" unter seine Kontrolle zu bekommen, zeigt, welchen Stellenwert die SS dem Register beimaß. Doch dieser Versuch scheiterte. Ganz offenbar versuchte Seyß-Inquart sich angesichts seiner strategischen Schwäche wenigstens in diesem wichtigen Politikfeld zu behaupten. Dies allerdings gelang ihm nur, weil ihm die niederländischen Beamten ihre Hilfe nicht versagten. Auf diese Weise – jedoch viel indirekter, als sie dachten – konnten die niederländischen Beamten also in der Tat „Schlimmeres verhindern", denn die SS blieb bei der Erfassung außen vor. Doch trieben die niederländischen Beamten gleichsam den Teufel mit dem Beelzebub aus. Die Erfassung der Juden war die administrative Grundlage für die Deportationen. Ihre Perfektion und fast hundertprozentige Vollständigkeit ist als Grundlage für das erschreckende Ausmaß der Ermordung zu betrachten. Daher leistet ihre Analyse einen Beitrag zur Klärung des „Niederländischen Paradoxons"[148].

Das von Louis de Jong gezeichnete Bild, wonach die perfide Präzision der Erfassung auf das Engagement des Leiters der Reichsinspektion zurückzuführen ist, muss allerdings ergänzt werden: Auf der Grundlage der Vorgaben der Besatzungsinstanzen und mit stillschweigender Billigung des niederländischen Innenministeriums plante Lentz zwar die Details der Erfassung, die Ausführung übernahmen aber die lokalen Einwohnermeldeämter und nicht zuletzt seine Untergebenen. Letztere bemühten sich nach dem Krieg dann, Lentz die alleinige Schuld zuzuweisen. Diese Anschuldigungen scheint Louis de Jong fast dankbar aufgenommen zu haben, weil sie in das von ihm vermittelte – identitätsstiftende – Bild passten, dass die Mehrzahl der Niederländer sich während der Besatzung einwandfrei verhalten habe und Kollaboration das Fehlverhalten Einzelner gewesen sei[149]. Diese Argumentation verkennt grundlegend, dass Ausgrenzung, Verfolgung und Ermordung der Juden als bürokratischer Prozess arbeitsteilig betrieben wurden. Dies trifft natürlich nicht nur für den Gesamtprozess, sondern auch für alle Teilprozesse zu – und gilt mithin auch für die Erfassung der Juden in den Niederlanden. Lentz ist sicherlich im Zentrum der Organisation der

---

[148] W. Ultee/H. Flap, De Nederlandse Paradox. Waarom overleefden zoveel Nederlandse joden de Tweede Wereldoorlog niet?, in: H. Ganzeboom/S. Lindenberg (Hrsg.), Verklaarende sociologie. Opstellen voor Reinhard Wippler, Amsterdam 1996, S. 185. Vgl. auch Marnix Croes, Gentiles and the Survival Chances of Jews in the Netherlands, 1940–1945. A Closer Look, in: Beate Kosmala/Feliks Tych (Hrsg.), Facing the Nazi Genocide. Non-Jews and Jews in Europe, Berlin 2004, S. 41–73, hier S. 47; Romijn, War, in: Blom/Fuks-Mansfeld/Schöffer (Hrsg.), History, S. 296–335, hier S. 304f.; Raul Hilberg, Täter, Opfer, Zuschauer. Die Vernichtung der europäischen Juden 1933–1945, Frankfurt a. M. 1992, S. 231f.
[149] Vgl. Ellen Tops, Niederlande. Lebendige Vergangenheit, in: Monika Flacke (Hrsg.), Mythen der Nationen. 1945 – Arena der Erinnerung (Begleitband zur Ausstellung des Deutschen Historischen Museums 1), Berlin 2004, S. 427–452, hier S. 428f.

Erfassung zu verorten, im politischen Entscheidungsprozess hingegen spielte er, wenn überhaupt, eine untergeordnete Rolle. Dies deckt sich durchaus mit den Erkenntnissen der Pilotstudie über Verfolgungsnetzwerke von Wolfgang Seibel und Jörg Raab, auch wenn diese allzu sehr auf Befehlswege abhebt und daher zu dem Schluss kommt, die niederländischen Instanzen seien von nachgeordneter Bedeutung gewesen.

Die Analyse der Erfassung der Juden in den Niederlanden verweist aber noch auf ein anderes Problem: Weil die Erfassung den Eindruck großer Akkuratesse vermittelt, fanden die Daten auch in die Forschung Eingang. Doch bezieht sich das Ergebnis der Erfassung auf den Stand von September 1941. Daher sind die Menschen nicht berücksichtigt, die erst im Lauf des Jahres 1942 im Zuge der rassistischen Überprüfung als Juden klassifiziert wurden. Außerdem fehlt ein Teil jener Juden, die bereits im Februar und Juni 1941 deportiert wurden – bevor sie erfasst werden konnten. Und natürlich tauchen auch die (wenigen) Menschen, die sich nicht angemeldet hatten, hierin nicht auf. Die Daten gaukeln also eine Akkuratesse vor, die es so nicht gab, aber allzu oft als gegeben betrachtet wird.

Insa Meinen
Die Deportation der Juden aus Belgien und das Devisenschutzkommando

Einleitung

Zwischen August 1942 und Juli 1944 deportierten die deutschen Besatzungsbehörden 24 906 Juden aus Belgien und Nordfrankreich über Malines (Mechelen) nach Auschwitz. Lediglich 1195 von ihnen überlebten das Kriegsende[1]. Die zentrale Frage, wie die deportierten Juden in die Gewalt der Deutschen und in das Durchgangslager Malines gerieten, ist bis heute nicht hinreichend geklärt. Wer verhaftete jüdische Frauen, Männer und Kinder? Wie versuchten Juden sich vor der Verhaftung zu schützen? In welchem Wechselverhältnis standen die Verweigerungs-, Flucht- und Überlebensstrategien der jüdischen Bevölkerung zu der Technik der Verhaftungen?

Zunächst ist ein kurzer Blick auf den deutschen Besatzungsapparat und die Herrschaftsverhältnisse im besetzten Belgien nötig[2]. Nach dem Überfall der deutschen Wehrmacht am 10. Mai 1940 wurde Belgien dem General der Infanterie Alexander von Falkenhausen unterstellt, der ab Juni 1940 als „Militärbefehlshaber in Belgien und Nordfrankreich" auch für die beiden französischen Departements Nord und Pas-de-Calais zuständig war, während die ostbelgischen Gebiete Eupen und Malmedy abgetrennt und annektiert wurden. Falkenhausen verfügte über einen Kommandostab unter Bodo von Harbou zur Ausübung der militärischen Gewalt und über einen Militärverwaltungsstab, dem die Regierung und Ausplünderung des besetzten Landes oblag. Als Chef der Militärverwaltung fungierte der ehrgeizige Eggert Reeder, Regierungspräsident in Köln und ehren-

---

[1] Mémorial de la Déportation des Juifs de Belgique, bearbeitet von Serge Klarsfeld und Maxime Steinberg, Brüssel/New York 1982. Der vorliegende Beitrag entstand im Rahmen eines Forschungsprojekts, das unter der Leitung von Wolfgang Seibel (Universität Konstanz) und unter dem Titel „Differenzierung und Individualisierung der Verfolgung. Die Transformation von Verfolgungsnetzwerken des Holocaust am Beispiel Belgiens, 1940–1944" seit Juni 2005 von der Deutschen Forschungsgemeinschaft gefördert wird.
[2] Die wichtigste Primärquelle zum deutschen Besatzungsregime in Belgien bildet der überlieferte Aktenbestand des Militärbefehlshabers in Belgien und Nordfrankreich, der im Bundesarchiv-Militärarchiv Freiburg (BA-MA, RW 36) bzw. in den Pariser Archives Nationales (AJ 40) überliefert ist. Siehe folgende Standardwerke: Jules Gérard-Libois/José Gotovitch, L'An 40. La Belgique occupée, Brüssel 1971; Werner Warmbrunn, The German Occupation of Belgium, 1940–1944, New York u. a. 1993; Etienne Verhoeyen, La Belgique occupée, Brüssel 1994. Zu einer informationsreichen deutschsprachigen Buchveröffentlichung: Ludwig Nestler (Hrsg.), Die faschistische Okkupationspolitik in Belgien, Luxemburg und in den Niederlanden (1940–1945). Dokumentenauswahl und Einleitung, Berlin 1990. Dagegen blendet die oft angeführte Darstellung von Wilfried Wagner (Belgien in der deutschen Politik während des Zweiten Weltkrieges, Boppard 1974) zentrale Inhalte der Besatzungs- und Repressionspolitik aus – dies gilt etwa für die Bekämpfung der Widerstandsbewegung, die Geiselerschießungen, die Verfolgung und Deportation der Juden und die Deportation belgischer Zwangsarbeiter ins Deutsche Reich, einleitend vermutet mutmaßt der Autor überdies, dass die Besatzungszeit in Belgien tabuisiert werde. Tatsächlich löste bereits die 1971 publizierte Arbeit von Gérard-Libois und Gotovitch (s. o.), die drei Tage nach Erscheinen vergriffen war und von der insgesamt 25 000 Exemplare gedruckt wurden, breite öffentliche und wissenschaftliche Debatten in Belgien aus.

amtlicher SS-Führer, der während seiner Tätigkeit in Belgien zum SS-Gruppenführer aufstieg[3].

Reeder wusste sich eine außerordentliche Machtfülle zu sichern. Seine am nationalsozialistischen Führerprinzip orientierte Formel von der „Einheit der Verwaltung", die er in seinen Berichten nach Berlin und in zeitgenössischen Veröffentlichungen stets aufs Neue zur Vorbedingung der Besatzungsherrschaft über Belgien erklärte, stand für die sehr weitgehend durchgesetzte Absicht, sämtliche in seinem Befehlsbereich agierenden deutschen Verwaltungs- und Wirtschaftsstellen selbst zu kontrollieren[4]. Dies bezog sich bemerkenswerterweise auch auf die Brüsseler „Dienststelle" bzw. den „Beauftragten" des Chefs der Sicherheitspolizei und des SD (Sipo-SD).

Heydrichs Stellvertreter in Brüssel unterstanden aufgrund der Vereinbarungen zwischen dem Reichssicherheitshauptamt und der Wehrmacht zunächst dem Militärbefehlshaber[5]. Auf Betreiben Reeders wurden sie nicht – wie ursprünglich geplant – dem Kommandostab, sondern dem Militärverwaltungschef selbst untergeordnet. Während das Oberkommando des Heeres (OKH) und der Militärbefehlshaber in Paris die Einflussnahme der Sipo-SD zu begrenzen suchten und ihr vorerst keine Exekutivbefugnisse zugestanden, setzte Reeder sie in Belgien als Exekutivorgan der Militärverwaltung ein und stattete sie spätestens im Februar 1941 mit eigenen Festnahmekompetenzen aus. Ein zugleich eingeführtes Haftprüfungsverfahren begründete eine Kontrolle der sicherheitspolizeilichen Verhaftungen durch die Militärverwaltung, von deren Zustimmung jede Inhaftierung abhängig gemacht wurde, die länger als vier Wochen währte. Mithin konnte die Gestapo in Belgien – und dies dürfte für den nationalsozialistischen Terrorapparat einmalig gewesen sein – auf eine von der Militärverwaltung autorisierte Form der „Schutzhaft" zurückgreifen, die als „Sicherheitshaft" bezeichnet wurde und zu deren Durchführung der Militärverwaltungschef explizit „ein Konzentrationslager" bestimmte[6]. Das in Belgien errichtete Lager Breendonk, zwischen Brüssel und Antwerpen gelegen, war eine der grauenvollsten Haft- und Folterstätten des nationalsozialistischen Regimes und unterstand ab Mai 1942 direkt Militärverwaltungschef Eggert Reeder[7].

---

[3] Eggert Reeder, geb. am 22.7.1894 im Kreis Eiderstedt (Schleswig-Holstein), Verwaltungsbeamter, evangelisch, ab 1.5.1933 NSDAP-Mitglied, ab 15.5.1933 Regierungspräsident, zunächst in Aachen, dann in Köln, am 1.7.1938 Eintritt in die SS, am 9.11.1943 Beförderung zum SS-Gruppenführer; Bundesarchiv Berlin (BAB), ehemals Berlin Document Center (BDC), RS, SSO.
[4] Vgl. Eggert Reeder, Die Militärverwaltung in Belgien und Nordfrankreich, in: Reich – Volksordnung – Lebensraum 6 (1943), S. 7–23.
[5] Das bedeutete konkret, dass der Militärbefehlshaber Heydrichs Gehilfen sachliche Weisungen, z.B. hinsichtlich der Festnahme oder Freilassung von Personen, erteilen konnte; Vernehmung Reeders vom 29.3.1950, Centre d'études et de documentation guerre et sociétés – Bruxelles (CEGES), AA 278, no 2433. Zu den folgenden Angaben siehe Teil 1 und 2 der fünfteiligen Pionierstudie von Albert De Jonghe – La Lutte Himmler-Reeder pour la nomination d'un HSSPF à Bruxelles (1942–1944), in: Cahiers de la Seconde guerre mondiale 3/1974, S. 103–173 (Teil 1); 4/1976, S. 5–160 (Teil 2) – und die dort angeführten Quellen. Auch die Heranziehung zusätzlicher Quellen bestätigt die Validität von De Jonghes Analyse. Eine Gegenposition formulierte explizit Wolfram Weber (Die innere Sicherheit im besetzten Belgien und Nordfrankreich 1940–44, Düsseldorf 1978), dem De Jonghes differenzierte Auseinandersetzung mit den Unterstellungsverhältnissen offenbar entgangen ist und der sich an diejenige Version der Ereignisse hält, die Reeder und Constantin Canaris – 1941 und 1944 Heydrichs Vertreter in Brüssel – nach dem Ende der Naziherrschaft zu ihrer Rechtfertigung ausgaben (vgl. ebenda, S. 40, Anm. 69 und De Jonghe, La Lutte, Teil 1).
[6] Jahresbericht der Militärverwaltung in Belgien und Nordfrankreich für das erste Einsatzjahr, 15.7.1941, BA-MA, RW 36/201, S. B 118.
[7] Von Falkenhausens Erlass betr. „Organisation des Lagers Breendonk", 12.5.1942, BA-MA, RW 36/236. Reeder unterstellt, wurde Breendonk vom BdS geführt. Das Wachpersonal gehörte teils der

Im Gegensatz zu Frankreich, wo die Einflussgewalt des Militärbefehlshabers auf die Sipo-SD spätestens im Frühjahr 1942 mit der Berufung eines Höheren SS- und Polizeiführers (HSSPF) endete, blieb der Beauftragte Heydrichs in Belgien dem Militärverwaltungschef unterstellt. Denn Heinrich Himmler sah bis kurz vor dem Ende der Besatzungszeit davon ab, in Belgien einen HSSPF einzusetzen. Obwohl es an entsprechenden Planungen und Vorstößen nicht mangelte, behauptete Reeder sich bis Juli 1944[8]. Lediglich auf dem Gebiet der Volkstumspolitik, die im flandrisch-wallonischen Belgien bei der Förderung von Kollaborationsbewegungen eine nicht unwesentliche Rolle spielte, konnte er nicht verhindern, dass Himmler und insbesondere der Chef des SS-Hauptamts und Leiter der „Germanischen Leitstelle", Gottlob Berger, fortlaufend in die Besatzungspolitik eingriffen. Reeder musste die Einsetzung eines Bevollmächtigten des Reichsführers-SS hinnehmen, der ihm nicht untergeordnet war.

Die Statthalter Heydrichs stellten Reeders Führungsanspruch dagegen nicht in Frage. In dem hier interessierenden Zeitraum, als die Deportation der Juden vorbereitet wurde und der Großteil der Züge aus Belgien nach Auschwitz fuhr, fungierte Ernst Ehlers[9] als Beauftragter des Chefs der Sicherheitspolizei und des SD (BdS) in Brüssel. Er löste im Dezember 1941 Constantin Canaris ab und leitete die Sipo-SD in Brüssel bis einschließlich Januar 1944[10]. Ehlers war 15 Jahre jünger als Reeder. Als SS-Sturmbannführer und Regierungsrat

---

SS, teils der Wehrmacht an. Der erste Lagerkommandant, SS-Sturmbannführer Philip Schmitt, war der einzige Deutsche, den die belgische Nachkriegsjustiz wegen Kriegsverbrechen zum Tode verurteilte und hinrichtete (1950). Vgl. Patrick Nefors, Breendonk. 1940–1945, Brüssel 2005 (niederländische Originalausgabe 2004); sowie die deutschsprachige Kurzübersicht von Markus Meckl, Unter zweifacher Hoheit: Das Auffanglager Breendonk zwischen Militärverwaltung und SD, in: Wolfgang Benz/Barbara Distel (Hrsg.), Terror im Westen. Nationalsozialistische Lager in den Niederlanden, Belgien und Luxemburg 1940–1945, Berlin 2004, S. 25–38. Bedauerlicherweise wird die direkte Unterstellung des Lagers unter den Militärverwaltungschef in diesen Studien nicht berücksichtigt. Auf die Internierung in Breendonk geht Jean Amérys Auseinandersetzung mit der Folter zurück (Die Tortur, in: Jean Améry, Jenseits von Schuld und Sühne, Stuttgart 1966).
[8] Etwa sechs Wochen vor der Befreiung Brüssels am 3. September 1944 setzte die NS-Führung eine Zivilverwaltung und einen HSSPF ein und ernannte den Beauftragten Heydrichs zum Befehlshaber der Sipo-SD.
[9] Ernst Ehlers, geb. am 16.10.1909 in Sparrieshoop (Schleswig-Holstein), Jurist, ab 1.8.1928 NSDAP-Mitglied (Goldenes Parteiabzeichen), am 1.11.1928 Eintritt in die SA, am 3.4.1938 Wechsel in die SS, ab 1.9.1937 im Gestapa, ab 1939 Leiter der Hauptabt. II 2 (Gestapa und Regierungsrat), ab 31.5.1940 Leiter der Stapostelle Liegnitz, Anfang 1941 Abordnung zur Einsatzgruppe B, hier Leiter der Abt. IV (Gestapo), Ende September 1941 versetzt zum BdS Brüssel, ab Dezember 1941 bis Januar 1944 BdS in Brüssel. Während seiner Brüsseler Tätigkeit wurde Ehlers zum Oberregierungsrat (1.1.1943) und zum SS-Obersturmbannführer (20.4.1943) befördert. Nach 1945 war er als Sozialrichter in Schleswig-Holstein tätig. Aufgrund von Protestaktionen und Vorarbeiten belgischer und französischer Juden sah die deutsche Justiz sich schließlich 1977 dazu veranlasst, ein Verfahren gegen Ehlers und weitere Verantwortliche für die Deportation der Juden aus Belgien zu eröffnen, dem Ehlers sich durch Suizid entzog. Siehe hierzu, neben Ehlers BDC-Akten (BAB, RS, SSO), Serge Klarsfeld/Maxime Steinberg (Hrsg.), Die Endlösung der Judenfrage in Belgien. Dokumente, New York/Paris o. J. [1980]; Serge Klarsfeld, L'affaire Ehlers, in: Le Monde Juif 83 (1976), S. 85–92; Maxime Steinberg, Le Dossier Bruxelles-Auschwitz. La police SS et l'extermination des Juifs de Belgique, hrsg. vom Comité Belge de Soutien à la partie civile dans le procès des officiers SS Ehlers, Asche, Canaris, Brüssel 1980.
[10] Canaris hatte, wie schon im November 1940 verstorbener Vorgänger Dr. Hasselbacher, die Brüsseler „Dienststelle" geleitet, die dem Beauftragten des Chefs der Sicherheitspolizei und des SD für Belgien und Frankreich, Max Thomas, unterstand. Erst nach der Abberufung von Thomas erklärte Heydrich im Dezember 1941 die beiden Dienststellen in Brüssel und Paris für unabhängig und unterstellte sie jeweils eigenständigen Beauftragten. Nach Ehlers' Abberufung Anfang 1944 setzte das Reichssicherheitshauptamt (RSHA) Canaris erneut in Belgien ein.

stand er bei seiner Ankunft in Brüssel einem Militärverwaltungschef gegenüber, der ihm als SS-Brigadeführer und Regierungspräsident in mehrfacher Hinsicht übergeordnet war. Der Beauftragte war also relativ schwach, und es kam vor, dass er sich von Reeders Mitarbeitern abfertigen ließ, wenn er bei der Militärverwaltung vorstellig wurde[11].

Noch wichtiger war, dass es zwischen der Militärverwaltung und dem BdS nicht zu grundsätzlichen Auseinandersetzungen, sondern vielmehr zu einer einvernehmlichen Zusammenarbeit kam. Dieses von den Beteiligten noch in der Nachkriegszeit gegenüber der belgischen Justiz unterstrichene Faktum steht allerdings im Widerspruch zu der gleichzeitig von Reeder und von Falkenhausen ausgegebenen Rechtfertigungslegende, die Sipo-SD habe ihnen lediglich formell unterstanden und sei tatsächlich ihrer Kontrolle zunehmend entglitten[12]. Dass die Unterstellung des BdS alles andere als formal war, zeigt die Tatsache, dass z. B. der SD seine „Meldungen aus Belgien und Nordfrankreich" im Entwurf und vor der Absendung nach Berlin Reeders politischem und persönlichem Referenten Günter Heym zur Durchsicht vorlegen musste[13]. Vor allem jedoch war der BdS bei der Ausführung seiner Verbrechen von der Autorisation der Militärverwaltung abhängig. Dies gilt ebenso für die Verschleppung von Juden und Widerstandskämpfern in das Lager Breendonk wie für die Deportation der Juden nach Auschwitz.

Die belgischen Behörden

Im Vordergrund der Besatzungspolitik stand die ökonomische Ausbeutung des Landes für die deutsche Kriegswirtschaft. Hierbei und bei der Aufrechterhaltung ihrer militä-

---

[11] Vertraulicher Aktenvermerk des MBB MVChef Wi [Militärbefehlshaber Belgien, Militärverwaltungschef, Wirtschaftsabteilung] (Domke) vom 5.6.1943, German Records Microfilmed at Alexandria (GRMA), T77/R1217.
[12] Ab Herbst 1950 mussten der Militärbefehlshaber und sein Militärverwaltungschef sich vor dem Brüsseler Kriegsgericht verantworten. Von Falkenhausens und Reeders Weisungsrecht gegenüber der Sipo-SD stellte ihre Verteidiger vor das Problem, dass man in diesem Fall nicht wie üblich alles Belastende auf die SS abwälzen konnte, wie der einschlägige Nazi-Verteidiger Kurt Behling damals schriftlich festhielt (De Jonghe, La Lutte, Teil 2, S. 158). Reeder bekundete folglich wiederholt, dass Militärverwaltung und BdS nicht gegeneinander gearbeitet, sondern gemeinsam für eine möglichst milde Umsetzung der Befehle des RSHA gestritten hätten, weshalb Ehlers dann Anfang 1944 als BdS abberufen worden sei (so z.B. noch in seiner eidesstattlichen Erklärung für Ehlers vom 29.5.1951, CEGES, AA 377, Vol. XVI). 20 Jahre später versicherte der ehemalige „Judenreferent" beim BdS Brüssel, Kurt Asche, den westdeutschen Ermittlungsbehörden: „Zu der Einstellung von Ehlers zu den Judendeportationen kann ich nichts sagen. Ich weiß nur eines ganz gewiß, nämlich daß Ehlers unter keinen Umständen sich in Widerspruch zum Militärbefehlshaber setzen wollte." Vernehmung vom 22.4.1971, Zentrale Stelle der Landesjustizverwaltungen, jetzt Bundesarchiv-Außenstelle Ludwigsburg (BA-LUD), AR-Z 18/61, Bd. 37 b, Bl. 1204. Auch wenn es sich bei dem Topos der angeblich gemeinsam geübten Opposition gegen das RSHA um eine durchsichtige juristische Entlastungsstrategie handelte, kann kein Zweifel an der engen Kooperation der beiden Dienststellen bestehen.
[13] Vermerk des RSHA/SD-Hauptamts vom 20.10.1942 betr. „Die nachrichtendienstliche Arbeit der Dienststelle Brüssel", BAB, R 58/977/1. Auch in der Folgezeit mussten die Berichte mit Heym abgestimmt werden. Siehe hierzu den „Lebenslauf und Tätigkeitsbericht" Karl Reimers [Leiter der Abteilung Kriminalpolizei des BdS Brüssel von 1940 bis 1944] vom 13.1.1946, S. 61, Auditorat Général de Bruxelles, Dossier Sipo Bruxelles, farde 10. Zu Oberregierungsrat und SS-Sturmbannführer Günter Heym siehe Insa Meinen, Les autorités allemandes d'occupation et l'AJB, in: Les curateurs du ghetto. L'Association des Juifs en Belgique sous l'occupation nazie, hrsg. von Jean-Philippe Schreiber und Rudi Van Doorslaer, Brüssel 2004 (niederländische Ausgabe Tielt 2004), S. 57-90, passim.

rischen Sicherheit waren die Deutschen auf die einheimische Verwaltung angewiesen. Die Leitlinie der Militärverwaltung, die belgische Administration so weit wie möglich an der Verwaltung des Landes gemäß der deutschen Weisungen zu beteiligen und ihr insbesondere die Anordnung bzw. Durchführung unpopulärer Maßnahmen zu übertragen, traf sich auf belgischer Seite mit dem Interesse, die Kontrolle nicht vollständig der Besatzungsmacht zu überlassen und zu diesem Zweck eine pragmatische Kooperation mit den deutschen Machthabern einzugehen. Dafür wurde der Begriff „la politique du moindre mal" geprägt.

Hintergrund dieser Politik waren die Erfahrungen des Ersten Weltkriegs. Die vorrangigen Interessen betrafen – auf belgischer wie auf deutscher Seite – den Wirtschaftssektor. Die Ernährung der belgischen Bevölkerung war zu einem erheblichen Teil von Nahrungsmittelimporten abhängig[14], die Erwerbslosenrate lag im Sommer 1940 bei über 25 Prozent, und aus Sicht der belgischen Eliten sollte die Indienststellung der Wirtschaft für die deutsche Kriegsökonomie vor allem verhindern, dass die Besatzer wie im Ersten Weltkrieg Industrieanlagen aus Belgien nach Deutschland transferierten und zu Massendeportationen belgischer Arbeiter schritten. Hinzu kam das Bestreben, einer Herrschaft der belgischen Kollaborationsbewegungen zuvorzukommen, die eine faschistische Gesellschaftsordnung nach deutschem Vorbild oder sogar den Anschluss an das Deutsche Reich durchsetzen wollten – zumal die deutsche „Flamenpolitik" während des Ersten Weltkriegs eine Radikalisierung des flämischen Nationalismus bewirkt und die Ausrufung eines autonomen Flandern nach sich gezogen hatte.

Die Grundlagen der Zusammenarbeit von deutschen und einheimischen Behörden waren in Belgien wesentlich fragiler und komplizierter als in Frankreich. Da die Regierung sich im Exil in London befand und Hitler dem kriegsgefangenen König Léopold jede politische Tätigkeit untersagte, gab es in Belgien keinen Souverän. Es kam daher nicht wie in Frankreich zu einer „Staatskollaboration" (Stanley Hoffmann[15]), die – etwas verkürzt dargestellt – dazu führte, die von deutscher Seite gewünschten Maßnahmen in vorauseilendem Gehorsam selbst einzuleiten, um auf diese Weise die eigene Souveränität unter Beweis zu stellen. Allerdings hatte die Regierung mit Blick auf die Erfahrungen aus dem Ersten Weltkrieg am Tag des deutschen Überfalls ein Gesetz erlassen, das die Beamten dazu ermächtigte, in dringenden Fällen die Amtsbefugnisse ihrer verhinderten Vorgesetzten auszuüben. Auf Drängen Reeders unterzeichneten die belgischen Generalsekretäre – den deutschen Staatssekretären vergleichbar, bildeten sie und ihr Gremium, das *Comité des Secrétaires généraux*, die oberste belgische Verwaltungsinstanz während der Besatzungszeit – Mitte Juni 1940 ein Protokoll, in dem sie sich dazu bereit erklärten, (1) die deutschen Verordnungen, sofern sie den Rahmen der Haager Landkriegsordnung respektierten, ebenso wie die belgischen Gesetze auszuführen, (2) selbst Verordnungen mit Gesetzeskraft zu erlassen, sofern es sich nicht um politische

---

[14] Tatsächlich sollten die Besatzungsbehörden neben dem belgischen Gold und Gütern aller Art auch Lebensmittel aus Belgien nach Deutschland abtransportieren, während die Rationierungssätze der belgischen Bevölkerung nicht nur diejenigen des Besatzungspersonals und der deutschen Bevölkerung, sondern auch das Niveau in den besetzten Niederlanden unterschritten, so dass der Militärverwaltungschef sich wiederholt dazu veranlasst sah, auf die politischen und wirtschaftlichen Konsequenzen des Hungers hinzuweisen.
[15] Stanley Hoffmann, Collaborationism in France during World War II, in: Journal of Modern History 40 (1968), S. 375–395.

Angelegenheiten handelte, und (3) diese vom Militärverwaltungschef genehmigen zu lassen[16].

Mit dieser weiten Auslegung der Kompetenzen der Generalsekretäre schien die Militärverwaltung ihr Ziel erreicht zu haben, die Umsetzung der von deutscher Seite gewünschten Maßnahmen großenteils der belgischen Verwaltung übertragen zu können. In der Praxis sollte sich jedoch zeigen, dass sie hierbei immer wieder auf beträchtliche Widerstände traf, obwohl sie Hunderte von Beamten austauschte und in nicht unerheblichem Maße in die Verwaltungsstrukturen eingriff. Diese Widerstände resultierten in Belgien, wo die Justiz traditionell eine herausragende Stellung genoss, aus der Beachtung rechtsstaatlicher Normen, die für die Vertreter des nationalsozialistischen Polizeistaats ein erhebliches Hindernis war. Sie knüpften sich zum einen an die Frage, wie weit die unter Punkt 2 genannte Rechtsetzungskompetenz der Generalsekretäre reichte und inwieweit die Häupter der belgischen Administration tatsächlich dazu bereit waren, die deutschen Vorgaben in eigene Gesetzesverordnungen zu übersetzen. Zum anderen beriefen sich die Generalsekretäre und andere belgische Funktionsträger, wenn sie die Ausführung deutscher Vorgaben verweigerten, immer wieder auf deren Unvereinbarkeit mit der belgischen Verfassung. Dabei beharrten sie auf Artikel 43 der Haager Landkriegsordnung (HLKO), der – außer im Falle eines zwingenden Hindernisses – die Einhaltung der landeseigenen Gesetze durch den Besatzer verlangte. Beides war für die Judenverfolgung relevant, wie sich schon anlässlich der ersten antijüdischen Verordnungen erweisen sollte.

Die Verfolgung der Juden[17]

Da die belgische Verfassung die Erhebung der Religionszugehörigkeit verbot, weiß man nicht genau, wie groß die jüdische Gemeinschaft im Frühjahr 1940 war. 65 000 Juden, die

---

[16] In jüngerer Zeit konzentriert sich die belgische Forschung zum Zweiten Weltkrieg, deren vielfältige Themenstellungen und Ergebnisse hier nicht zu umreißen sind, zunehmend auf die Zusammenarbeit deutscher und belgischer Behörden auf der lokalen Ebene, die infolge der dezentralistischen Verwaltungsstruktur Belgiens von erheblicher Bedeutung war. Vgl. exemplarisch Nico Wouters, Oorlogsburgemeesters 40–44. Lokalbestuur en collaboratie in België, Tielt 2004.

[17] Die Geschichte der Verfolgung und Deportation und des Widerstands der Juden in Belgien hat der belgische Historiker Maxime Steinberg geschrieben. Neben seinem vierbändigen Hauptwerk „L´Etoile et le fusil" (= La question juive, 1940-1942; Les cent jours de la déportation des Juifs de Belgique; La Traque des Juifs, 1942-1944, Bd. 1-2), Brüssel 1983-1986, siehe insbesondere: La Persécution des Juifs en Belgique (1940-1945), Brüssel 2004. Die einzige außerhalb Belgiens publizierte Buchveröffentlichung – mit Beiträgen vorrangig belgischer und israelischer Forscher – rückt die Reaktionen der Juden sowie die Haltung verschiedener gesellschaftlicher Kräfte Belgiens in den Vordergrund: Dan Michman (Hrsg.), Belgium and the Holocaust. Jews, Belgians, Germans, Jerusalem 1998, ²2000. Ein weiteres Standardwerk konzentriert sich auf die Metropole Antwerpen, in der etwa die Hälfte der jüdischen Bevölkerung lebte: Lieven Saerens, Vreemdelingen in een wereldstad. Een geschiedenis van Antwerpen en zijn joodse bevolking (1880-1944), Tielt 2000. Die ökonomische Ausplünderung und Enteignung der Juden wurde erstmals von einer durch die belgische Regierung eingesetzten Forschungskommission näher untersucht: Les biens des victimes des persécutions anti-juives en Belgique. Résultats de la Commission d'étude. Rapport final, Brüssel, Services du Premier ministre, 2001, 2 Bde. (deutschsprachige Zusammenfassung von Rudi Van Doorslaer in Constantin Goschler/Philipp Ther [Hrsg.], Raub und Restitution. „Arisierung" und Rückerstattung des jüdischen Eigentums in Europa, Frankfurt a. M. 2003, S. 134-153). Zur Geschichte der vom Militärbefehlshaber eingesetzten Zwangsvereinigung der Juden siehe: Les curateurs du ghetto. L'Association des Juifs en Belgique sous l'occupation nazie, hrsg. von Jean-Philippe Schreiber und Rudi Van Doorslaer, Brüssel 2004 (niederländische Ausgabe

vor dem Überfall der deutschen Wehrmacht in Belgien lebten, sind nach 1945 von den belgischen Behörden namentlich identifiziert worden. Doch ist beispielsweise ungeklärt, wie viele der jüdischen Flüchtlinge aus dem Großdeutschen Reich – 25 000 von ihnen sollen sich noch am 10. Mai 1940 in Belgien aufgehalten haben[18] – während oder nach der Okkupation in ihrem Transit- oder Zufluchtsland registriert wurden. Auch gibt es keine verlässlichen Zahlen darüber, wie vielen Juden kurz vor oder nach der deutschen Invasion die Flucht aus Belgien gelang[19]. Fest steht dagegen, welchen Personenkreis die deutschen Machthaber in Belgien ausfindig machten: In der überlieferten Kartei des „Judenreferats" der Brüsseler Sipo-SD sind 55 671 Frauen, Männer und Kinder registriert, die den deutschen Bestimmungen zufolge als Juden galten[20]. Der Anteil der belgischen Staatsangehörigen beträgt unter 7 Prozent. Bei den Juden in Belgien handelte es sich überwiegend um Immigranten, die seit dem späten 19. Jahrhundert vorrangig aus Osteuropa gekommen bzw. seit 1933 und vor allem 1938/39 aus Deutschland geflohen waren. Ehemals polnische Staatsangehörige standen mit Abstand an erster Stelle. Die jüdische Bevölkerung lebte – von wenigen tausend Personen in anderen Städten abgesehen – in Antwerpen und Brüssel. Ein großer Teil der jüdischen Immigranten arbeitete in kleinen Handwerks- und Familienbetrieben, die sich in der Textil- und Lederbranche oder, insbesondere in Antwerpen, im Diamantensektor konzentrierten.

Als die Militärverwaltung die Generalsekretäre im Oktober 1940 zur Ausgabe einer Verordnung aufforderte, die u. a. die Registrierung der Juden und ihrer Vermögen sowie ihren Ausschluss aus dem öffentlichen Dienst verfügen sollte, lehnten diese ab. Dabei beriefen sie sich ausdrücklich auf die belgische Verfassung, vor der alle Belgier gleich seien, und verwiesen auf Artikel 43 der HLKO, der den Besatzer zur Beachtung der Landesgesetze verpflichtet. Daraufhin erließ der Militärbefehlshaber am 28. Oktober 1940 selbst eine erste „Judenverordnung". Sie umfasste die Definition und Registrierung, das Rückkehrverbot für Juden, die vor dem deutschen Einmarsch nach Frankreich geflohen waren, die Anmeldung und das Verfügungsverbot von bzw. über Unternehmen, sowie die Kennzeichnung von Gaststätten jüdischer Inhaber. Eine weitere Verordnung vom selben Tag schloss Juden aus dem öffentlichen Dienst und öffentlichen Ämtern aus[21]. Die Unvereinbarkeit dieser Verordnungen mit der belgischen Verfassung hinderte die Generalsekretäre und die Kommu-

---

Tielt 2004). Zur Rolle der belgischen Behörden siehe inzwischen auch die Ergebnisse einer vom belgischen Senat beauftragten Forschungskommission: La Belgique docile. Les autorités belges et la persécution des Juifs en Belgique pendant la Seconde Guerre mondiale, 2 Bde., hrsg. von Rudi Van Doorslaer, Brüssel 2007.
[18] Jean-Philippe Schreiber, L'accueil des réfugiés juifs du Reich en Belgique. Mars 1933 – septembre 1939: le Comité d'Aide et d'Assistance aux Victimes de l'Antisémitisme en Allemagne, in: Les Cahiers de la Mémoire Contemporaine 3 (2001), S. 23–71, hier S. 71. Als Standardwerke zur jüdischen Immigration vgl. ders., L'immigration juive en Belgique du Moyen Âge à la Première Guerre mondiale, Brüssel 1996; und Frank Caestecker, Ongewenste gasten. Joodse vluchtelingen en migranten in de dertiger jaren, Brüssel 1993.
[19] Maxime Steinberg, der Pionier der belgischen Holocaustforschung, schätzt, dass maximal 10 000 bis 15 000 Juden während der Besatzung aus Belgien nach Frankreich flohen.
[20] Über die in Belgien erfassten Juden hinaus enthält die im Archiv des belgischen Kriegsopferdienstes (Service des victimes de la guerre auprès du Service public fédéral Sécurité sociale – Bruxelles [SVG]) konservierte Kartei die Namen von 516 Juden aus Nordfrankreich.
[21] Zwischen Oktober 1940 und September 1942 erließen von Falkenhausen und Reeder insgesamt 17 explizit gegen die Juden gerichtete Verordnungen, die im Verordnungsblatt des Militärbefehlshabers erschienen (VOBlB, S. 279, 288, 607, 617, 703, 798, 801, 836, 857, 872, 911, 943, 945, 947, 948, 982, 1034).

nalverwaltungen allerdings nicht, bei der Umsetzung mitzuwirken: Die Kommunen legten
– wenngleich manche zunächst eine gewisse Hinhaltetaktik verfolgten – „Judenregister" an
und sorgten für die Entlassung der relativ wenigen im öffentlichen Dienst beschäftigten
Juden[22]. Anders verhielt es sich mit der Registrierung der Unternehmen, die die Militärverwaltung selbst durchführen musste. Das Gleiche gilt für den gesamten Prozess der sogenannten „Arisierung". Die grundlegenden Verordnungen zur Ausplünderung und Enteignung der jüdischen Bevölkerung ergingen im Mai 1941 durch den Militärbefehlshaber
– an ihrer Umsetzung war die belgische Administration nicht beteiligt.

Ein Jahr darauf radikalisierte die Besatzungsmacht den Ausschluss der Juden aus der
belgischen Gesellschaft mit einer Serie von Verordnungen, die die Vorstufe für die Deportation nach Auschwitz bildeten. Von zentraler Bedeutung war die Kennzeichnungspflicht,
die Falkenhausen und Reeder Ende Mai 1942 auf Drängen des Reichssicherheitshauptamts
(RSHA) zeitgleich mit einem entsprechenden Erlass im besetzten Frankreich einführten[23].
Gemäß Reeders Durchführungsverordnung hatten die belgischen Kommunen die Kennzeichen an die Juden auszugeben. Während die Antwerpener Verwaltung dem deutschen
Befehl nachkam, verweigerte die Brüsseler Bürgermeisterkonferenz, die alle 19 Kommunen der Brüsseler Agglomeration vereinte, ihre Mitwirkung explizit mit dem Argument,
dass die Verordnung die allgemeine Menschenwürde verletze[24]. Dass die Bürgermeister in
Antwerpen und Brüssel unterschiedliche Entscheidungen treffen konnten, hatte seine Ursache in der dezentralistischen Organisation des belgischen Staates und den traditionell
ausgeprägten Selbstverwaltungskompetenzen der belgischen Kommunen, die die Militärverwaltung mit lediglich begrenztem Erfolg zu beschneiden suchte. In Antwerpen war die
Kollaborationsbereitschaft der einheimischen Behörden nicht zuletzt bei der Judenverfolgung eindeutig stärker ausgeprägt als in Brüssel.

Die konkrete Entscheidung zum Beginn der Deportation der Juden aus Belgien erfolgte
nach allem, was wir wissen, auf jener zentralen Sitzung am 11. Juni 1942 im Reichssicherheitshauptamt, auf der Eichmann mit den „Judenreferenten" aus dem besetzten Westeuropa vereinbarte, im Laufe des Sommers 1942 100000 Juden aus Frankreich, 15000 Juden aus den
Niederlanden und 10000 Juden aus Belgien nach Auschwitz zu deportieren[25]. Als Eichmanns

---

[22] Zu einer jüngeren detaillierten Studie hierzu: Thierry Delplancq, „Des Paroles et des actes.
L'administration bruxelloise et le registre des Juifs, 1940–1941", in: Cahiers d'Histoire du Temps
présent 12 (2003), S. 139–179.
[23] Ausführlich hierzu: Insa Meinen, „Die Zusammenarbeit deutscher und belgischer Behörden bei der
‚Endlösung der Judenfrage' in Belgien (Juni – Oktober 1942)", in: Forschungsprojekt „Holocaust und
‚Polykratie' in Westeuropa, 1940–1944" (Wolfgang Seibel), Berichte und Anträge, unveröffentlichtes
Manuskript, Universität Konstanz, 2006, Bd. 2, S. 416–534.
[24] Schreiben Bürgermeister Coelsts an Oberfeldkommandantur (OFK) Brüssel (Gentzke) vom 5.6.1942,
Archives de la Ville de Bruxelles (AVB), Cabinet du bourgmestre, 866. In der jüngeren Forschung wird die
These vertreten, dass ein schwerwiegender politischer Vorfall, der nicht mit der Judenverfolgung in Zusammenhang stand – am 5. Juni 1942 zogen die Besatzer unter dem Vorwand einer Routinekontrolle 60
Brüsseler Polizisten zur Verhaftung ehemaliger belgischer Militärs als Geiseln heran – die Brüsseler Bürgermeister dazu bewog, die Ausgabe der Kennzeichen zu verweigern (La Belgique docile, Bd. 1, S. 549f.
[Nico Wouters]). Diese Annahme erübrigt sich, wenn man berücksichtigt, dass der Entwurf des ablehnenden Schreibens Bürgermeister Coelsts an OFK vom 4. Juni datiert (AVB, Cabinet du bourgmestre, 846).
[25] Vermerk Danneckers betr. „Weitere Judentransporte aus Frankreich", 15. 6. 1942, abgedruckt u. a. in
Serge Klarsfeld, Vichy-Auschwitz. Die Zusammenarbeit der deutschen und französischen Behörden bei
der „Endlösung der Judenfrage" in Frankreich, Nördlingen 1989, S. 379–380. Zu einer ausführlichen
Auseinandersetzung mit dieser Besprechung und den ursprünglichen Zahlenkontingenten siehe
ebenda, S. 66–72.

Vertreter in Brüssel war zu dieser Zeit Kurt Asche tätig[26]. Aufgrund der starken Position des Militärbefehlshabers und der Unterstellung des BdS unter den Militärverwaltungschef benötigte das Reichssicherheitshauptamt für die Deportation der Juden die Zustimmung Reeders. Dieses Faktum ist im Übrigen ein wichtiger Beleg dafür, dass die sachliche Unterstellung des BdS unter den Militärverwaltungschef keinesfalls nur formal war. Reeder erklärte sich spätestens am 8. Juli zur Durchführung der Transporte nach Auschwitz bereit – nicht ohne darauf hinzuwirken, dass die wenigen tausend Juden belgischer Staatsangehörigkeit ausgenommen wurden. Sein Kalkül zielte darauf, Rückwirkungen auf die Besatzungspolitik zu vermeiden und die für die wirtschaftliche Ausbeutung erforderliche Kooperationsbereitschaft der einheimischen Behörden nicht zu gefährden[27]. Wie der Militärverwaltungschef wiederholt in seinen Berichten nach Berlin unterstrich, hatte die Massenverschleppung belgischer Arbeiter nach Deutschland während des Ersten Weltkriegs in Belgien tiefe Spuren hinterlassen und Befürchtungen vor neuen Deportationen geweckt. Da Falkenhausen und Reeder so lange wie möglich den Anschein zu vermeiden suchten, dass erneut belgische Zwangsarbeiter für den Reichseinsatz rekrutiert würden, stimmten sie der Deportation belgischer Juden erst 1943 zu, nachdem die Zwangsverschickung belgischer Arbeitskräfte begonnen hatte. Sie sorgten insofern dafür, das Deportationsprogramm an die politische Situation im besetzten Gebiet anzupassen und in Belgien durchführbar zu machen[28]. Am 15. Juli 1942 ermächtigte Reeders Stellvertreter Harry von Craushaar den Kommandanten des Lagers Breendonk, SS-Sturmbannführer Philip Schmitt, offiziell zur Einrichtung eines „Sammellagers" in Malines[29]. Am 4. August fuhr der erste Zug mit 998 jüdischen Frauen, Männern und Kindern nach Auschwitz.

Wie wurden die Juden verhaftet?

Unser Bild von der „Endlösung der Judenfrage" in Belgien verdanken wir der wegweisenden Analyse des belgischen Historikers Maxime Steinberg. Was die Festnahme der deportierten

---

[26] Kurt Asche, geb. am 11.10.1909 in Hamburg, Drogist, 1931 Eintritt in NSDAP und SA, ab 1935 im SD-Unterabschnitt Groß-Berlin, dort ab 1936 im Referat „Judentum", ab November 1939 im „Judenreferat" in Lublin, ab Anfang 1941 im „Judenreferat" bei der Sipo-SD Brüssel, April 1941 Obersturmführer, von Mitte 1941 bis 29.11.1942 Leitung des „Judenreferats", 1943 Ermittlungsverfahren wegen Bereicherung (Vermögen von Juden), Oktober 1943 Versetzung zur BdS-Außenstelle Gent, Mai 1944 Verurteilung zu einer Gefängnisstrafe durch ein SS-Gericht wegen fortgesetzten militärischen Ungehorsams und Hehlerei, ab 1955 unter echtem Namen in der Bundesrepublik lebend (Lagerverwalter), 1980 vom Landgericht Kiel wegen Beihilfe zum Mord zu einer Gefängnisstrafe verurteilt (vgl. Anm. 9). Ein großer Teil der Ermittlungs- und Vernehmungsakten, die zum Kieler Prozess führten, ist in Kopie im Brüsseler CEGES (AA 377) bzw. in Ludwigsburg (BA-LUD, AR-Z 18/61) überliefert, Asches SS-Führer-Personalakte im BAB (ehemals BDC), RS, SSO.
[27] Telegramm des Gesandten Werner von Bargen an das Auswärtige Amt vom 9.7.1942, Akten zur deutschen Auswärtigen Politik, Serie E, Bd. III, Göttingen 1974, S. 125, erstmals publiziert in Léon Poliakov/Josef Wulf, Das Dritte Reich und seine Diener. Dokumente, Berlin 1956, S. 98. Seit der Veröffentlichung von Himmlers Dienstkalender können wir davon ausgehen, dass die betreffende Unterredung Reeders und Himmlers am 8. Juli 1942 stattfand. Vgl. Der Dienstkalender Heinrich Himmlers 1941/42. Im Auftr. der Forschungsstelle für Zeitgeschichte in Hamburg bearbeitet, kommentiert und eingeleitet von Peter Witte u. a., Hamburg 1999, S. 480f. Vgl. auch Maxime Steinberg, Le Paradoxe français dans la solution finale à l'ouest, in: Annales ESC 3 (1993), S. 583–594.
[28] Eine Reihe weiterer Interventionen der Militärverwaltung, darunter die Entlassung einzelner Juden aus dem Lager Malines oder die Politik gegenüber den Repräsentanten der jüdischen Zwangsvereinigung AJB, folgten der gleichen Zielsetzung. Vgl. im Einzelnen Meinen, Les autorités allemandes.
[29] Schreiben vom 15.7.1942, Musée juif de la déportation et de la résistance (Malines), A0009127.

Juden betrifft, konzentriert Steinberg sich in allen seinen Studien auf die von ihm so bezeichneten „cent jours de la déportation". Damit ist die dramatische Zeitspanne zwischen August und Oktober 1942 gemeint, in der die Deutschen etwa zwei Drittel der Deportierten nach Auschwitz abtransportierten. Steinberg wertet die „cent jours" auch deshalb als die entscheidende Phase des Judenmords in Belgien, weil dies die Zeit der großen Festnahmeaktionen war, bei denen die Besatzer auf die Mitwirkung der vom Militärbefehlshaber eingesetzten Zwangsvereinigung der Juden (l'Association des Juifs en Belgique – AJB) bzw. der belgischen Behörden in Antwerpen zurückgreifen konnten. Bereits gegen Ende des Sommers 1942 verloren die Sipo-SD und die Militärverwaltung Steinberg zufolge die Kontrolle über das Geschehen, weil die immigrierte jüdische Bevölkerung untertauchte. Die „cent jours de la déportation" wurden durch die Zeit des jüdischen Widerstands abgelöst. Daher konnten die Deutschen in den folgenden zwei Jahren keine Massenfestnahmen mehr realisieren und nicht einmal halb so viele Juden in ihre Gewalt bringen wie in den drei Monaten zwischen August und Oktober 1942.

Die Bedeutung von Steinbergs Interpretation für das Verständnis der Geschichte des Judenmords und des jüdischen Widerstands gegen die deutsche „Endlösung" in Belgien ist kaum zu überschätzen. Gleichwohl relativiert eine kritische Überprüfung der Zahlen die Dimension der großen Festnahmeaktionen des Sommers 1942[30].

Um der Masse der jüdischen Bevölkerung habhaft zu werden, wandten die deutschen Machthaber drei Techniken an: (1) sogenannte Arbeitseinsatzbefehle, die die namentlich eingetragenen Adressaten dazu verpflichteten, zum Abtransport nach Deutschland im Durchgangslager Malines zu erscheinen; (2) Großrazzien; (3) Rückgriff auf jüdische Zwangsarbeiter aus Belgien, die die Militärverwaltung seit dem Frühjahr 1942 in nordfranzösischen Lagern der Organisation Todt interniert hatte, um sie auf den Baustellen des Atlantikwalls einzusetzen. Den Vorladungen zum „Arbeitseinsatz", die die Sipo-SD zwischen Juli und September 1942 mit Hilfe der AJB an mindestens 12000 Juden zustellen ließ, folgten maximal 3956 Personen[31]. Bei den im August und September 1942 durchgeführten Großrazzien in den Metropolen Antwerpen und Brüssel, wo mehr als 90 Prozent der in Belgien registrierten Juden lebten, wurden bis zu 3899 jüdische Frauen, Männer und Kinder verhaftet und in das Lager Malines gebracht[32]. Ende Oktober 1942 ließ der Militärverwaltungschef annähernd 1560 Juden in mehreren großen Gruppen aus den nordfranzö-

---

[30] Den im folgenden begründeten Perspektivwechsel in der Forschung habe ich erstmals dargestellt in: Face à la traque. Comment les Juifs furent arrêtés en Belgique (1942-1944), in: Les Cahiers de la Mémoire Contemporaine 6 (2005), S. 161-203.

[31] Laurence Schram, „Les convocations pour le travail à l'Est", in: Les curateurs du ghetto, S. 319-344, hier S. 336. Es handelt sich um eine Maximalzahl, deren Berechnung auf den Transportlisten basiert, in denen die Nummer des Arbeitseinsatzbefehls ggf. vermerkt ist. Personenbezogene Recherchen zeigen jedoch, dass manche Juden, die den Transportlisten zufolge einen Deportationsbefehl erhielten, nachweislich von den deutschen Polizeiorganen verhaftet wurden.

[32] Ich folge hier den Zahlenangaben Maxime Steinbergs (La Persécution, S. 279; S. 259, Anm. 120; S. 300, Anm. 12; S. 304, Anm. 72; S. 305, Anm. 94), der überzeugend begründet, weshalb er für die Razzien in Antwerpen von niedrigeren Zahlen ausgeht als Lieven Saerens (Vreemdelingen, S. 592-630). Berücksichtigt wurden zusätzlich neueste Forschungsergebnisse zu den im September 1942 durchgeführten Massenverhaftungen an den Ausgabestellen für Lebensmittelmarken in Antwerpen, denen maximal 703 Juden zum Opfer fielen. Vgl. Laurence Schram, Les chiffres de la déportation de Malines à Auschwitz – perspectives et pistes, in: L'exposition belge à Auschwitz. Le livre, hrsg. vom Musée Juif de la Déportation et de la Résistance à Malines, Malines 2006, S. 27-29.

sischen Arbeitslagern über Belgien nach Auschwitz deportieren[33]. Bei vier weiteren Polizeioperationen, die von den Besatzungsbehörden zwischen August und Oktober 1942 in Lüttich und Nordfrankreich durchgeführt wurden, nahmen sie 716 Juden fest[34]. Damit fielen den großen Verhaftungswellen des Jahres 1942 insgesamt maximal 10 131 Juden zum Opfer. Zugleich müssen die Deutschen jedoch schon in der Zeit der „cent jours" mindestens 6490 jüdische Frauen, Kinder und Männer einzeln oder in kleinen Gruppen in ihre Gewalt gebracht haben. Anders ausgedrückt: Fast 40 Prozent der Juden, die die Besatzungsmacht zwischen August und Oktober 1942 nach Auschwitz deportierte, gerieten *nicht* infolge von Vorladungen oder Razzien in das Lager Malines. In der Folgezeit kam es nur noch einmal zu einer Großrazzia, als die Gestapo im September 1943 auf 794 belgische Staatsangehörige zurückgriff, die zunächst von der Deportation ausgenommen worden waren, um den Transport XXIIb zu füllen. Die großen Festnahmeaktionen brachten demnach weniger als 11 000 von insgesamt 24 906 Juden in die Todeszüge.

Mehr als die Hälfte der aus Belgien deportierten Juden wurden also einzeln oder in kleinen Gruppen verhaftet. Dieser Befund verweist im westeuropäischen Vergleich auf einen wesentlichen Unterschied zwischen Belgien einerseits und Frankreich und den Niederlanden andererseits, da in den beiden Nachbarländern größere Festnahmeaktionen vorherrschten[35]. Er wirft eine Reihe von Fragen auf. Eine davon ist, welche Dienststellen und Akteure an der Verhaftung der Juden beteiligt waren und welchen Stellenwert die Zusammenarbeit deutscher und belgischer Behörden bei der Deportation der Juden hatte.

Zum Stellenwert der deutsch-belgischen Behördenkooperation

Meiner Ansicht nach kam der Mitwirkung der belgischen Administration weniger Gewicht zu, als die bisherige Forschung nahelegt. Maxime Steinberg und auch der flämische Historiker Lieven Saerens, der die Geschichte und Verfolgung der Juden in Antwerpen aufgearbeitet hat, führen die Tatsache, dass der „Endlösung der Judenfrage" ein – im Vergleich zu Brüssel – hoher Prozentsatz der in Antwerpen registrierten Juden zum Opfer fiel, vorrangig auf die Antwerpener Verwaltung und Polizei zurück. Steinberg zieht den Vergleich mit der Kollaboration der französischen Vichy-Regierung. Er wertet die Großrazzien, an denen die Antwerpener Polizei im August 1942 mitwirkte, als Pendant zur größten Razzia in Frankreich (*rafle du Vélodrome d'Hiver*), die die Pariser Polizei am 16./17. Juli 1942 eigenverantwortlich durchführte und in deren Verlauf 12 884 jüdische Kinder, Frauen und Männer

---

[33] „Statistique des entrées au camp de rassemblement de Malines établie d'après les relevés journaliers repris dans les listes officielles des convois", 15. 7. 1987, SVG, R706/Tr272. 394. Vgl. Maxime Steinberg, „Historique des convois", in: Mémorial de la déportation des Juifs de Belgique, S. 19–36.
[34] Diese Verhaftungsaktionen brachten 175 Juden aus Lüttich und maximal 541 Juden aus Nordfrankreich in das Lager Malines. Zu Lüttich vgl. Thierry Rozenblum, „Une cité si ardente. L'administration communale de Liège et la persécution des Juifs, 1940–1942", in: Revue d'histoire de la Shoah 179 (2003), S. 9–73, zu der Razzia in Nordfrankreich: Lagebericht der OFK Lille vom 31. 10. 1942 für die Zeit vom 1. 8.-31. 10. 1942, S. 6, CEGES, L 3/22.
[35] Vgl. Klarsfeld, Vichy-Auschwitz; Pim Griffioen/Ron Zeller, „Niederlande – Polizeiliche Verfolgung und Deportationen", in: Nationale Berichte, Forschungsprojekt „Holocaust und ‚Polykratie' in Westeuropa, 1940–1944" (Wolfgang Seibel), Universität Konstanz, 2001, unveröffentlichtes Manuskript, S. 1–121. Siehe auch dies., Judenverfolgung in den Niederlanden und in Belgien während des Zweiten Weltkriegs. Eine vergleichende Analyse, in: 1999 – Zeitschrift für Sozialgeschichte des 20. und 21. Jahrhunderts 3/1996, S. 30–54 (Teil I); 1/1997, S. 29–48 (Teil II).

verhaftet und in die Pariser Radrennbahn eingesperrt wurden[36]. Der relative Umfang der Razzien unterschied sich jedoch beträchtlich: Während die große Razzia in Paris annähernd 17 Prozent der aus Frankreich deportierten Juden in die Gewalt der Deutschen brachte, stellten die bei den zwei im August in Antwerpen durchgeführten Razzien 1896 Verhafteten weniger als 8 Prozent der aus Belgien deportierten Juden. Eine weitere und letzte Großrazzia, an der reguläre belgische Polizeikräfte – allerdings offenbar nur am Rande – beteiligt waren, brachte Mitte September bis zu 816 Juden aus Antwerpen in das Durchgangslager Malines[37]. Im Rahmen der Großrazzien, die die Deutschen in Belgien mit Unterstützung der belgischen Polizei durchführten, wurden also insgesamt maximal 2712 Juden und damit weniger als 11 Prozent der Opfer des Judenmords in Belgien verhaftet.

Selbst wenn man berücksichtigt, dass belgische Verwaltungs- und Polizeidienststellen insbesondere in Antwerpen bei der Deportation jüdischer Zwangsarbeiter nach Nordfrankreich mitwirkten – wobei es sich allerdings nicht um Verhaftungen handelte – und dass die deutsche Militärverwaltung insgesamt bis zu 1685 dieser Zwangsarbeiter über Malines nach Auschwitz deportieren ließ[38], ist offensichtlich, dass die Kooperation der belgischen Verwaltungs- und Polizeidienststellen bei den großen Verhaftungswellen nicht der entscheidende Faktor für die Deportation der Juden aus Belgien war.

Ein Blick nach Frankreich relativiert die Bedeutung der Zusammenarbeit deutscher und belgischer Behörden. Der Vergleich der beiden Länder zeigt vor allem, wie beschränkt die Rolle belgischer Dienststellen war, oder, anders ausgedrückt, an welchen Verfolgungsmaßnahmen belgische Verwaltungs- und Polizeiorgane sich *nicht* beteiligten. Um einige zentrale Punkte anzuführen:

– Während sich die Sipo-SD bei der Verhaftung der Juden in Frankreich auf ein zentrales Kollaborationsprojekt mit dem französischen Vichy-Regime stützen konnte, das auf höchster Ebene ausgehandelt wurde, stand ihr die belgische Polizei nur im Raum Antwerpen und lediglich bis zum Herbst 1942 für die Festnahme von Juden zur Verfügung.
– Im Gegensatz zu den maßgeblichen Vertretern der Vichy-Regierung, die sich im Juli 1942 zunächst zur Verhaftung der ausländischen Juden bereit erklärten und der Sipo-SD kurz darauf vorschlugen, auch Kinder zu deportieren, was die Vorgaben des Reichssicherheitshauptamts seinerzeit noch ausschlossen, unterbreitete kein hoher Repräsentant des belgischen Staatsapparats den Deutschen Vorschläge zur Auswahl der Opfer. Auch untergeordnete belgische Dienststellen hatten hierauf keinen Einfluss.
– Während die Vichy-Behörden – über das in der Südzone betriebene Lagersystem hinaus – die Internierungslager Beaune-la-Rolande und Pithiviers und das Durchgangslager Drancy verwalteten und bewachten, unterstand das von der Besatzungsmacht in Belgien errichtete Konzentrationslager Breendonk dem Militärverwaltungschef und das zur Deportation der Juden nach Auschwitz errichtete Durchgangslager Malines dem Beauftragten des Chefs der Sicherheitspolizei und des SD (BdS); beide Lager wurden von der Sipo-SD geführt[39].

---

[36] Vgl. Steinberg, La Persécution, S. 34 und S. 134f.
[37] Zu den Zahlenangaben siehe Anm. 32. Sie stützen sich auf die Ermittlung der Meldeadressen der jeweils nach den Razzien im Lager Malines internierten Juden. Es handelt sich daher um die maximale Zahl der bei den Razzien verhafteten Opfer der Shoah.
[38] Vgl. Sophie Vandepontseele, „Le travail obligatoire des Juifs en Belgique et dans le nord de la France", in: Les curateurs du ghetto, S. 189–231.
[39] Erst im Juni 1943 übernahmen die Deutschen selbst die Kontrolle über das Lager Drancy. Zur Unterstellung des Lagers Malines siehe die Aussage des ehemaligen Brüsseler Gestapochefs Franz Straub vom 1.9.1966, CEGES, AA 377, Vol. I.

Der wichtigste Unterschied betrifft die Verhaftungen selbst. In Frankreich erfolgte die „Verhaftung der großen Mehrheit der deportierten Juden durch reguläre französische Polizei"[40]. Dass die Vorbereitung des Judenmords und die Involvierung einheimischer Polizeikräfte in Belgien ganz anders verlief als in Frankreich, zeigt nicht nur der im Verhältnis zur Gesamtzahl der Opfer geringe Anteil derjenigen Juden, die bei den Razzien in Antwerpen festgenommen wurden. Vielmehr deuten alle Anzeichen darauf hin, dass die Mitwirkung regulärer belgischer Polizeikräfte auch bei den Einzelfestnahmen, denen die Mehrheit der Deportierten zum Opfer fiel, marginal blieb.

In Brüssel bildete die generelle Weigerung der Kommunalpolizei, nach belgischem Recht illegale Verhaftungen durchzuführen, eine Bastion gegen die Festnahme von Frauen, Männern und Kindern, die keiner strafbaren Handlung bezichtigt wurden und die die Deutschen nur deswegen ins Visier nahmen, weil sie als Juden galten. So scheiterte der Versuch der Besatzungsmacht, die Brüsseler Polizei im Juli 1942 zur Verhaftung einer größeren Gruppe von Juden zu bewegen, die die Militärverwaltung in die Lager der Organisation Todt nach Nordfrankreich deportieren wollte. Zwei Monate später lehnte Bürgermeister Coelst als Chef der kommunalen Polizei eine Mitwirkung bei der Großrazzia gegen die ausländischen Juden ab, die die Deutschen Anfang September 1942 in Brüssel durchführten, um die Deportationszüge nach Auschwitz zu füllen[41]. In die Verhaftung einzelner Juden war die Brüsseler Polizei nur ausnahmsweise involviert.

Was Antwerpen betrifft, so hat der Fachhistoriker Lieven Saerens an die 20 Fälle ausfindig gemacht, in denen Antwerpener Polizeikräfte einzelne Juden im Auftrag der Besatzungsmacht verhafteten bzw. bewachten[42]. Dass in den einschlägigen Akten nicht mehr Hinweise zu finden sind, schließt zwar nicht aus, dass die Antwerpener Polizei im Sommer 1942 weitere Verhaftungen vornahm oder unterstützte, da eine generelle Verweigerung deutscher Festnahmeersuchen in Antwerpen erst im November 1942 erfolgte. Man wird allerdings angesichts der Aktenlage wohl davon ausgehen können, dass die reguläre belgische Polizei in der Zeit der „Cent jours" lediglich sporadisch einzelne Juden verhaftete und dass ihre Mitwirkung im Herbst 1942 endete.

Die Exekutoren der Einzelverhaftungen dürften also kaum in der regulären belgischen Polizei zu suchen sein. Im Gegensatz zu Frankreich war die Zusammenarbeit von deutschen und einheimischen Behörden demnach nicht der ausschlaggebende Faktor für die Durchführung der „Endlösung" in Belgien. Da lediglich eine Minderheit der deportierten Juden von der belgischen Polizei festgenommen wurde, müssen die Hauptverantwortlichen anderswo gesucht werden.

---

[40] Klarsfeld, Vichy-Auschwitz, S. 12.
[41] Benoît Majerus („Logiques administratives et persécution anti-juive. La police bruxelloise et les arrestations de 1942", in: Cahiers d'Histoire du Temps présent 12 [2003], S. 181–219) hat diese Fakten erstmals ermittelt. Für seine Hinweise zu den seinerzeit nicht-inventarisierten Beständen der Brüsseler Polizei aus dem Zweiten Weltkrieg sei ihm gedankt. Seine Interpretation, die die Weigerungen der Brüsseler Verwaltung und Polizei auf administrative Belange zurückführt, erscheint mir im Lichte der Primärquellen allerdings in wesentlichen Punkten verkürzt (ausführlich hierzu: Meinen, Die Zusammenarbeit deutscher und belgischer Behörden, S. 432ff., 451ff. und S. 479ff.).
[42] Vgl. Saerens, Vreemdelingen, S. 606–608 und S. 623f.; ders., Etrangers dans la cité. Anvers et ses Juifs (1880–1944), Brüssel 2005, S. 729–730 und S. 751. Ich danke Lieven Saerens für zusätzliche Auskünfte.

Deutsche Dienststellen: das Devisenschutzkommando

Nähere Untersuchungen zu der Frage, von wem und unter welchen Umständen der Großteil der Juden festgenommen wurde, stehen noch aus, wenngleich der belgischen Forschungsliteratur zu entnehmen ist, dass sich Kräfte aus dem antisemitischen belgischen Kollaborationsmilieu an der Jagd auf die Juden beteiligten, dass es zu Denunziationen aus der nichtjüdischen Bevölkerung kam und dass die Sipo-SD spätestens ab Anfang 1943 einige Juden dazu bewegen konnte, andere Juden auf der Straße zu identifizieren[43]. Es empfiehlt sich, die deutschen Repressionsorgane in den Blick zu nehmen, zumal für die Verhaftung und Lagerinternierung der Juden eine Reihe deutscher Dienststellen verantwortlich waren, über deren Tätigkeit wir bislang zu wenig oder gar nichts wissen. Neben den Angehörigen der Sicherheitspolizei und des SD sind die Feldgendarmerie, die Geheime Feldpolizei, das Devisenschutzkommando, die deutschen Grenzwachttruppen und Zolldienststellen an den Grenzen zu Holland und Frankreich, die Kommandanten der Haftanstalten sowie Gerichte der Feld- bzw. Oberfeldkommandanturen zu berücksichtigen. Dass all diese Organe bei der Verschleppung von Juden in das Lager Malines Hand in Hand arbeiteten, bestätigen beispielhaft die überlieferten Akten des Devisenschutzkommandos Belgien. Die folgende Darstellung konzentriert sich auf diese Behörde.

Da das Devisenschutzkommando (DSK) auf vielfache Weise an der Verfolgung der Juden mitwirkte, soll seine kaum aufgearbeitete Geschichte hier kurz skizziert werden[44]. Während des Zweiten Weltkriegs im gesamten deutsch beherrschten Europa tätig, trafen bereits im Mai und Juni 1940 Devisenschutzkommandos in Belgien, Frankreich und in den Niederlanden ein. Ihr Auftrag bestand darin, nach Devisen, Gold und anderen Werten in Privatbesitz zu fahnden, die für die deutsche Kriegswirtschaft zwangsweise aufgekauft bzw. beschlagnahmt oder eingezogen wurden. Der Einsatz erfolgte auf Veranlassung des Beauftragten für den Vierjahresplan, doch die Zuständigkeits- und Unterstellungsverhältnisse waren kompliziert.

Bei den Devisenschutzkommandos handelte es sich um Dienststellen der Reichsfinanzverwaltung[45]. Sie wurden mit Zollbeamten besetzt. Im Mai 1940 kam der Leiter der Zollfahndungsstelle Köln, die beim dortigen Oberfinanzpräsidenten angesiedelt war, mit den

---

[43] Zu den antisemitischen Kollaborateuren und flämischen SS-Leuten, auf die die Sipo-SD ab Herbst 1942 in Antwerpen zurückgriff, um die Juden einzeln aufzuspüren, vgl. Lieven Saerens, „Gewone Vlamingen? De jodenjagers van de Vlaamse SS in Antwerpen, 1942", in: Cahiers d'Histoire du Temps présent 15 (2005), S. 289–213 (Teil 1); 16 (2005), S. 11–55 (Teil 2).
[44] Zu vorliegenden Forschungsergebnissen zum DSK siehe für Holland: Gerard Aalders, Geraubt! Die Enteignung jüdischen Besitzes im Zweiten Weltkrieg, Köln 2000, passim; für Frankreich: Mission d'étude sur la spoliation des Juifs en France [Mission Mattéoli]. Rapport général, Paris 2000, passim; sowie: La spoliation financière, hrsg. von Claire Andrieu, 2 Bde., Paris 2000, passim; und für Belgien: Les biens des victimes, Bd. 2, passim; sowie Eric Laureys, Meesters van het diamant. De Belgische diamantsector tijdens het nazibewind, Tielt 2005, passim.
[45] Reichsfinanzministerium (RFM) an Oberfinanzpräsident Köln, 19.4.1941, Hauptstaatsarchiv Düsseldorf (HStAD), BR 1336, Nr. 17. Ein umfangreicher, von der Forschung bislang kaum berücksichtigter Aktenbestand des DSK Belgien ist in Brüssel überliefert (CEGES, AA 585). Zusätzliche Angaben zum Personal und zu den Unterstellungsverhältnissen finden sich insbesondere in zwei Dossiers der Personalstelle bzw. der Wirtschaftsabteilung der Miliärverwaltung in Belgien (GRMA, T78/R61; T77/R1217). Zur Einflussnahme Görings siehe ferner: Oberfinanzpräsident Köln an Regierungspräsident Aachen, 18.6.1940, HStAD, Reg. Aachen, Nr. 19988, Bl. 32; Schreiben des Leiters des DSK Belgien vom 12.9.1940, BA-MA, RW 36/327; Abschlussbericht der Militärverwaltung, 10. Teil (Devisenverkehr), undatiert, CEGES, AA 577/7, S. 10.

deutschen Truppen nach Brüssel, um die Leitung des DSK Belgien zu übernehmen. Die Rekrutierung des Personals entsprach dem Faktum, dass die im besetzten Ausland errichteten Devisenschutzkommandos die gleiche Arbeit wie die reichsdeutschen Zollfahndungsstellen zu verrichten hatten. In der Weimarer Republik „zur Bekämpfung des Schmuggels mit kriminalpolizeilichen Methoden und zur Überwachung der Ein-, Aus- und Durchfuhrverbote" bei den Landesfinanzämtern eingerichtet, hatten sich die Zollfahndungsstellen ab 1935/36 vorrangig mit der Überwachung der fortlaufend verschärften Devisenbestimmungen befasst[46]. Ihre Tätigkeit richtete sich im Schwerpunkt gegen jüdische Flüchtlinge. Um die Abgabe der Reichsfluchtsteuer[47] zu gewährleisten und die Mitnahme von Werten ins Ausland zu verhindern, sammelten sie Hinweise auf Juden, die eine Auswanderung planten, unternahmen Hausdurchsuchungen und sorgten für die Sperrung von Bankkonten. Ab 1938, als die Ausplünderung der jüdischen Emigranten einen Höhepunkt erreichte, öffneten sie auch Banksafes von Juden und kontrollierten das weitreichenden Beschränkungen unterworfene Umzugsgut jüdischer Auswanderer. Dabei kooperierten die den Oberfinanzpräsidenten unterstellten Zollfahnder mit den übrigen einschlägigen Dienststellen der Finanzverwaltung, des Wirtschaftsministeriums, der Gestapo und mit Görings Devisenfahndungsamt, das auch an der Errichtung der Devisenschutzkommandos beteiligt war[48].

Im Sommer 1936 betraute Göring – als Kommissar des Rohstoff- und Devisenstabs, aus dem die Vierjahresplanbehörde hervorgehen sollte – den kurz zuvor zum Chef der neu errichteten Sicherheitspolizei ernannten Reinhard Heydrich mit der Einrichtung und Leitung eines Devisenfahndungsamts. Göring unmittelbar unterstellt, firmierte das Devisenfahndungsamt unter der Adresse der NS-Terrorzentrale in Berlin, der Prinz-Albrecht-Str. 8; der spätere Gestapochef Heinrich Müller trat als stellvertretender Leiter auf. Es wurde von einer kleinen Gruppe von Beamten getragen, die der Reichsfinanzminister auf Wunsch Görings abordnete. Als eine Art Aufsichts- und Koordinierungsbehörde für die verschiedenen mit der Verfolgung von Devisenvergehen befassten Stellen der Finanzverwaltung, des Wirtschaftsministeriums usw. war das Devisenfahndungsamt den zuständigen Stellen gegenüber in sachlicher Hinsicht weisungsberechtigt. Der auf die Wahrung seiner Kompetenzen bedachte Reichsfinanzminister setzte allerdings durch, dass Anordnungen allgemeiner Natur von seinem Einverständnis abhängig gemacht wurden. Ab 1938 erstreckte sich die sachliche Weisungsbefugnis von Görings Behörde auch auf diejenigen Zollfahndungsstellen und Devisenschutzkommandos, die auf seine Veranlassung in den vom Reich annektierten oder besetzten Gebieten gegründet wurden, wobei die Federführung teils beim Devisenfahndungsamt, teils beim Reichsfinanzministerium lag. Es herrschte eine gewisse

---

[46] Beitrag von Wolfgang Leesch, in: Ders./Ilse Birkwald/Gerd Blumberg, Geschichte der Finanzverfassung und -verwaltung in Westfalen seit 1815, Münster 1998, S. 11–236, hier S. 163. Zur Tätigkeit der Zollfahndungsstellen siehe in dem gleichen Band auch die Beiträge von Ilse Birkwald und Gerd Blumberg; sowie: Martin Friedenberger/Klaus-Dieter Gössel/Eberhard Schönknecht (Hrsg.), Die Reichsfinanzverwaltung im Nationalsozialismus. Darstellung und Dokumente, Bremen 2002, S. 10–94; Susanne Meinl/Jutta Zwilling, Legalisierter Raub. Die Ausplünderung der Juden im Nationalsozialismus durch die Reichsfinanzverwaltung in Hessen, Frankfurt 2004. (Die Landesfinanzämter wurden 1937 umbenannt in Oberfinanzdirektionen.)
[47] Die bereits 1931 eingeführte Reichsfluchtsteuer diente nach 1933 als eines derjenigen Mittel, den aus Deutschland emigrierenden Juden ihr Vermögen zu entziehen.
[48] Diese und die folgenden Angaben stützen sich auf zwei überlieferte Dossiers des RFM zum Devisenfahndungsamt bzw. zu den Zollfahndungsstellen (1938–1941), BAB, R 2/5927, 2/6000; sowie auf die Akten R 2/Anhang/82 und R 58/239/5. Vgl. Peter Longerich, Politik der Vernichtung. Eine Gesamtdarstellung der nationalsozialistischen Judenverfolgung, München 1998, S. 124.

Konkurrenz zwischen der Reichsfinanzverwaltung und dem Göring und Heydrich unterstellten Amt, das in Bezug auf seine Kapazitäten zwar relativ bedeutungslos war, jedoch zwei Machtzentren des NS-Regimes repräsentierte[49]. Inhaltliche Differenzen sind dagegen nicht überliefert.

Die für die Umsetzung der nationalsozialistischen Verfolgungspolitik typische Koexistenz von sachlicher Übereinstimmung und Kompetenzstreitigkeiten ist am Beispiel der besetzten Tschechoslowakei dokumentiert. Im Frühjahr 1939 schrieben zwei Beauftragte des Reichsfinanzministers zur Tätigkeit deutscher Zollbeamter im Land Mähren: „Wir haben [...] mit Nachdruck darauf hingewiesen, dass die Maßnahmen zur Sicherstellung der jüdischen Vermögen und Verhinderung der Kapitalflucht unter allen Umständen durchgeführt werden müssen [...]. Es zeigt sich, dass das scharfe Vorgehen der Devisenschutz-Sonderkommandos gegen die Juden einzelnen tschechischen Stellen nicht paßt. Nach unseren Beobachtungen scheint es Tschechen zu geben, die die Juden geradezu begünstigen, und zwar nur deshalb, weil diese die geschworenen Feinde des großdeutschen Reiches sind. Gerade auch aus diesem Grunde muß die Judenfrage im Protektoratsgebiet restlos erledigt werden [...]." Kurz darauf unterstrich der Leiter des Devisenschutz-Sonderkommandos Prag, der bereits 1936 als Präsident des Landesfinanzamts Schlesien energisch gegen Eingriffe des Devisenfahndungsamts in die Befugnisse der Finanzverwaltung eingeschritten war, dass „selbstverständlich eine Unterstellung bei der Geheimen Staatspolizei nicht in Frage" komme, nachdem die Handlungen der „Devisenfahndungskommandos" in einem Erlass des Reichsprotektors denjenigen der Gestapo gleichgestellt worden waren[50].

Die Errichtung von Devisenschutzkommandos in Frankreich, Belgien und in den Niederlanden wurde Herbert Staffeldt übertragen. Der zum „Leiter des Devisenschutzes in den besetzten Gebieten" des Westens ernannte Staffeldt fungierte seit 1936 unter Heydrich und Müller als zentrale Figur des Devisenfahndungsamts. 1905 in Potsdam geboren, 1930 in die NSDAP eingetreten, 1933 wegen Gehorsamsverweigerung aus der SA ausgeschlossen, bevor er Karriere vom Oberzollinspektor zum Regierungsrat machte, soll Staffeldt, der inzwischen zum SS-Hauptsturmführer aufgestiegen war, über sehr gute persönliche Beziehungen zum Reichsmarschall verfügt haben[51]. Im April oder Mai 1940, also in engem zeitlichem Zusammenhang mit der Besetzung Westeuropas, zogen Staffeldt und die ihm untergeordneten Mitarbeiter des Devisenfahndungsamts aus der Prinz-Albrecht-Straße aus. Möglicherweise war die räumliche Trennung vom Reichssicherheitshauptamt Ausdruck von Führungsstreitigkeiten zwischen Heydrich und Staffeldt. Jedenfalls sah Göring sich Anfang 1941 zum schriftlich verbreiteten Hinweis veranlasst, dass das Devisenfahndungsamt nach wie vor von Heydrich geleitet werde, und wenige Monate später verfügte er auf dessen

---

[49] Mit der Expansion des Reiches schien es zunächst, als gelänge es dem Devisenfahndungsamt, Kompetenzen des RFM an sich zu ziehen. Im Frühjahr 1938 ließ es sich von Göring die alleinige Zuständigkeit für Devisenvergehen im angeschlossenen Österreich einräumen und gründete eine Zweigstelle in Wien. Doch die Reichsfinanzverwaltung sollte die Oberhand behalten. Auf Ersuchen des Devisenfahndungsamts errichtete sie ab Herbst 1938 selbst Zollfahndungsstellen in Österreich und im annektierten Sudetenland, die dem Reichsfinanzminister unterstanden und denen gegenüber das Devisenfahndungsamt lediglich begrenzte sachliche Weisungsbefugnisse innehatte.
[50] 24. Bericht der Beauftragten der Reichsfinanzverwaltung für das Land Mähren an Staatssekretär Fritz Reinhardt, 28.4.1939, Leiter des DSK Prag an RFM, mit Anl., 6.5.1939, BAB, R 2/6000.
[51] Aktenvermerk des MBB MVChef Wi (Domke) vom 14.5.1943, GRMA, T77/R1217. Zu Herbert Staffeldt, geb. am 29.7.1905: BAB (ehemals BDC), RS, PK.

Betreiben die Auflösung der Sonderbehörde. Ihre Aufgaben sollten den eigentlich zuständigen Stellen zufallen, während der Beauftragte für den Vierjahresplan sich jedoch zugleich ein Weisungsrecht gegenüber dem in die Reichsfinanzverwaltung zurückkehrenden Staffeldt vorbehielt, der weiterhin als „Leiter des Devisenschutzes" in Westeuropa amtierte.

Nicht zuletzt die ursprüngliche Unterstellung Staffeldts unter den Chef der Sicherheitspolizei und des SD hat Anlass zu der Vermutung gegeben, dass die von ihm koordinierten Devisenschutzkommandos dem Polizeiapparat Heinrich Himmlers angehört hätten[52]. Dies war jedoch zumindest in Belgien niemals der Fall[53]. Auch führten die Beamten, sofern sie über ehrenamtliche SS-Ränge verfügten, im dienstlichen Schriftverkehr nicht diese, sondern ihre Dienstgrade in der Zollverwaltung. Tatsächlich unterstand das DSK dem Militärbefehlshaber[54]. Die sachliche Weisungsbefugnis lag bei der Wirtschaftsabteilung der Militärverwaltung, zunächst bei der Gruppe 5 („Auswärtiger Waren-, Zahlungs- und Devisenverkehr"). Nach einem tödlichen Attentat der belgischen Résistance auf deren Leiter Dr. Wolfgang Flad sollte seine Gruppe Anfang 1943 in der von Dr. Hofrichter geleiteten Gruppe 8 („Bank-, Geld- und Kreditwesen") aufgehen, die dann auch das Weisungsrecht für das DSK erhielt.

Die Zollfahndungsbeamten waren in erster Linie dafür zuständig, die von Alexander von Falkenhausen erlassene Devisenverordnung auszuführen, die eine Anmeldepflicht bzw. Zwangsverkäufe und Verfügungsverbote für Devisen, Gold, Edelmetalle usw. begründete[55]. Sie fahndeten nach Verstößen gegen die Devisenverordnung und gegen zusätzliche, speziell antijüdische Bestimmungen und beteiligten sich in diesem Rahmen maßgeblich an der Ausplünderung der Juden. Es war wohlgemerkt das Verordnungsrecht des Militärbefehlshabers, auf das sich die Tätigkeit des DSK stützte. Lediglich in einem Ausnahmefall berief sich der Dienststellenleiter auf seine allgemeine Ermächtigung durch Göring, um über die vom Statthalter des OKH erlassenen Rechtsvorschriften hinausgehen zu können[56]. Zwar kam es zwischen dem DSK und Angehörigen der Militärverwaltung in Bezug auf die Verfolgung jüdischer Diamantenbesitzer zu Kompetenzstreitigkeiten und taktischen Auseinandersetzungen über die effizienteste Methode des Diamantenraubs[57]. Doch insgesamt belegen die überlieferten Akten ein effektives Zusammenwirken zu Lasten der Opfer. Ein führender Beamter der Wirtschaftsabteilung hob im Mai 1943 ausdrücklich seine gute

---

[52] Siehe z. B. Les biens des victimes, S. 63.
[53] Einem Erlass des Reichssicherheitshauptamts zufolge wurde das Devisenschutzkommando Frankreich dem Beauftragten des Chefs der Sicherheitspolizei und des SD für Frankreich und Belgien unterstellt. Sofern es sich hierbei nicht um einen Irrtum handelte, galt diese Regelung lediglich zu Beginn der Besatzungszeit. Spätestens ab Juni 1941 unterstand das DSK Frankreich auf Befehl des OKH dem Militärbefehlshaber (MBF). RSHA Amt I betr. „Organisation des Einsatzes der Sicherheitspolizei und des SD in Frankreich und Belgien", 24. 8. 1940, HStAD, Rep. 158, Nr. 1698); Militärbefehlshaber Frankreich, Verwaltungsstab, an Kommandant von Groß-Paris betr. „Zugehörigkeit des Devisenschutzkommandos Frankreich", 2. 2. 1942, BAB, R 2/Anhang/82.
[54] Vermerk des MBB MVChef pers. vom 11. 4. 1942, GRMA, T78/R61; Vermerk des MBB MVChef Wi (Domke) vom 1. 6. 1943, GRMA, T77/R1217.
[55] Devisenverordnung des Militärbefehlshabers für die besetzten Gebiete Belgiens, Luxemburgs und Nordfrankreichs vom 17. 6. 1940, VOBlB, S. 51. Bis Mitte 1942 wurden insgesamt zehn Durchführungsverordnungen erlassen.
[56] Abschlussbericht der Militärverwaltung in Belgien und Nordfrankreich, 16. Teil (Treuhandvermögen), undatiert, BA-MA, RW 36/227, S. 79. Vgl. Steinberg, La Persécution, S. 83.
[57] Laureys, Meesters van het diamant, S. 217-224.

Kooperation mit dem DSK hervor und würdigte deren Mitarbeiter als „geschulte Beamte einer anerkannt guten Reichsverwaltung"[58].

Die personelle Betreuung der in Westeuropa eingesetzten Devisenschutzkommandos übertrug das Reichsfinanzministerium dem Oberfinanzpräsidenten in Köln (Kühne), der etwa für die Abordnung von Zollfahndungsbeamten und Kraftfahrern zuständig war. Manche Fragen, wie z. B. die Verleihung von Auszeichnungen, wurden von Kühne, Staffeldt und der Militärverwaltung gemeinsam geregelt. In disziplinarischer Hinsicht schließlich hatten das zunächst noch existierende Devisenfahndungsamt und der „Leiter des Devisenschutzes", Staffeldt, keinerlei Kompetenzen. Da die Mitarbeiter des DSK zum Wehrmachtsgefolge gehörten, unterstanden sie dem Militärstrafrecht. Es scheint, als wenn der Militärbefehlshaber auf die Ausübung seiner Disziplinargewalt zunächst zugunsten der Reichsfinanzverwaltung verzichtet habe; im Laufe des Jahres 1942 setzte sich aber Reeders Stab durch und beharrte auf seiner Zuständigkeit[59]. Kurz zusammengefasst, kann kein Zweifel daran bestehen, dass die Verantwortung für das Vorgehen des DSK beim Militärbefehlshaber lag, dem die Devisenfahnder sowohl sachlich als auch disziplinarisch unterstanden. Neben dem erforderlichen Fachwissen und der Ermittlungsroutine der Zollbeamten waren für die praktische Arbeit die auf den Militärverwaltungsstab zurückgehenden Verordnungen maßgeblich. Dagegen spielte die sachliche Weisungsbefugnis Görings faktisch kaum eine Rolle.

Was die eigentümliche Stellung der DSK-Beamten betrifft, ist hinzuzufügen, dass sie schon 1940, auf Anordnung des Generalquartiermeisters (OKH), mit Ausweisen der Geheimen Feldpolizei (GFP) ausgestattet wurden, die dem Amt Ausland/Abwehr im Oberkommando der Wehrmacht unterstellt war. Vermutlich sollte ihren polizeilichen Befugnissen im besetzten Gebiet auf diese Weise Legitimation und Nachdruck verliehen werden: Die Beamten hatten Durchsuchungs-, Vernehmungs- und Festnahmekompetenzen und trugen Schusswaffen. Sie gehörten allerdings weder einer der in Belgien eingesetzten GFP-Gruppen an, noch führten sie ihren GFP-Rang im laufenden dienstlichen Schriftverkehr[60]. Auch traten sie nicht in der Uniform der GFP auf. Stattdessen mussten sie bei ihrer Abordnung aus dem Reichsgebiet ihre Zolluniform mit sich führen, doch arbeiteten sie üblicherweise in Zivil[61]. Geheimdienstliche Methoden prägten ihre Arbeit gleich in mehrfacher Hinsicht. Die Zivilkleidung ermöglichte eine verdeckte Ermittlungstätigkeit. Darüber hin-

---

[58] Aktenvermerk des MBB MVChef Wi (Domke) vom 14.5.1943, GRMA, T77/R1217. Domke war im Generalreferat der Wirtschaftsabteilung für die Verfolgung des sogenannten Schleichhandels zuständig, an der sich auch das DSK beteiligte, wenngleich es ungeachtet zwischenzeitlicher Planungen Görings niemals offiziell mit der Regulierung des von der Besatzungsmacht angekurbelten Schwarzmarkts beauftragt wurde.
[59] Schreiben des Oberfinanzpräsidenten von Köln (Kühne) an MBB MVChef vom 31.3.1942 und 15.1.1943, GRMA, T78/R61.
[60] Die DSK-Beamten besaßen den Ausweis der Gruppe Geheime Feldpolizei z. b. V., die zum persönlichen Schutz Hitlers gegründet und eingesetzt worden sein soll (Klaus Gessner, Geheime Feldpolizei, Berlin [DDR] 1986, S. 36f.). Dass die Zugehörigkeit zur GFP Legitimationszwecken diente, bestätigt ein Schreiben vom 6. August 1941, das der erste Leiter des DSK Belgien ausnahmsweise als „Feldpolizeidirektor" unterzeichnete, um zwei Mitarbeiter für eine Dienstreise nach Frankreich zu legitimieren; CEGES, AA 585/105.
[61] Unter Verweis auf die Zivilkleidung holte das DSK Belgien Anfang 1942 die Genehmigung der Militärverwaltung dafür ein, die von ihm bei einem jüdischen Kaufmann in Brüssel als sogenannte Schleichhandelsware beschlagnahmten Stoffvorräte den DSK-Beamten zur Anfertigung von Anzügen zur Verfügung zu stellen; Leiter des DSK Belgien (Rahier) an OFK 672, Ref. Schleichhandel, 20.2.1942, CEGES, AA 585/109.

aus griffen die Zollfahnder – ebenso wie im Reichsgebiet – in beträchtlichem Umfang auf den Einsatz von Agenten zurück.

Zum ersten Leiter des DSK Belgien wurde Gerhard Rahier berufen. Bei seiner Ankunft in Brüssel 54 Jahre alt, war Rahier bereits seit 1921 als Zollfahnder tätig. Seit 1934 hatte er die Zollfahndungsstellen Aachen bzw. Köln geleitet. Rahier war im Mai 1933 in die NSDAP eingetreten; seit Ende 1936 wurde er als ehrenamtlicher Mitarbeiter des SD geführt und 1939 – inzwischen Zollrat – auf Antrag des Devisenfahndungsamts zum SS-Untersturmführer befördert. Bereits im Dezember 1940 bekleidete er den Rang eines Hauptsturmführers, spätestens 1941 den des Feldpolizeidirektors der GFP. Aus ungeklärten Gründen wurde Rahier zum 1. Juni 1942 zurück ins Reichsgebiet beordert[62]. Sein Nachfolger war der 44-jährige Oberzollinspektor Fritz Berckholz aus Magdeburg, der zu diesem Zeitpunkt bereits seit zwei Jahren beim DSK arbeitete: Im Anschluss an eine Tätigkeit bei der Außenstelle Luxemburg hatte er seit Juni 1940 die Außenstelle Lille des DSK Frankreich geleitet. Als Berckholz das DSK Belgien spätestens im August 1943 verließ, wurde sein Posten nicht wieder besetzt bzw. vom „Leiter des Devisenschutzes" Staffeldt selbst wahrgenommen[63]. Für die alltäglichen Amtsgeschäfte blieb der 49-jährige Oberzollinspektor Karl Möckel zuständig, seit 1942 stellvertretender Leiter. Auch Möckel, der aus Berlin kam, war schon im Mai 1940 nach Belgien abgeordnet worden, zunächst zur Außenstelle Antwerpen, die er vom Sommer 1941 bis Anfang 1942 leitete. Im hier interessierenden Zeitraum, d. h. ab Ende Januar 1942, fungierte als Leiter der Außenstelle Antwerpen zunächst Gerhard Wolkenstein. Der 1906 geborene Zollinspektor kam aus Breslau und war seit Mai 1940 Mitarbeiter des DSK Brüssel. Im Frühjahr oder Sommer 1943 wurde ein neuer Chef berufen, wahrscheinlich Zollinspektor Dradwinski, der im Juni 1943 vom DSK Paris zur Außendienststelle Antwerpen kam und jedenfalls 1944 deren Leiter war. 1905 in Berlin geboren, Abitur, ursprünglich Kaufmann, Reserveoffizier der Wehrmacht, war Dradwinski 1936 in die SS, 1937 in die NSDAP eingetreten (seit 1939 Untersturmführer ehrenhalber)[64].

Mangels Quellen lässt sich über die Mitarbeiter des DSK Belgien kaum mehr sagen. Bemerkenswert ist jedoch, dass sich die Rotation der Devisenfahnder auf mehrere deutsch besetzte Länder erstreckte, und mindestens ein Zollinspektor hatte beim DSK Krakau mitgewirkt, bevor er im Mai 1940 nach Belgien versetzt wurde.

Das Devisenschutzkommando Belgien mit Sitz in Brüssel errichtete Außendienststellen in Antwerpen, Gent, Namur, Charleroi, Lüttich und Luxemburg. Während die vier letztgenannten Stellen ab 1941 sukzessive aufgelöst wurden, arbeiteten die Nebenstellen Antwerpen und Gent bis zum Sommer 1944 weiter. Der relativ kleine Apparat des DSK (im April 1942 insgesamt 60 Mann) wurde bis Ende Juli 1942 auf 41 Mann reduziert,

---

[62] Es ist nicht ausgeschlossen, dass Rahiers Abberufung mit einem gegen ihn eingeleiteten Verfahren zu tun hatte, dessen Anlass nicht zu ermitteln ist. Ein Zusammenhang ist jedoch insofern unwahrscheinlich, als die Militärverwaltung nach Abschluss des Verfahrens einer zunächst ausgesetzten militärischen Auszeichnung Rahiers zustimmte (Vermerk des MBB MVChef pers., Reinhold, vom 11.4.1942, GRMA, T78/R61). Ein Jahr darauf wurde Rahier zum Leiter der Zollfahndungsstelle Luxemburg berufen, im April 1944 zum Regierungsrat, und im Januar 1945, nach der Übernahme der Zollverwaltung durch das RSHA inzwischen hauptamtlicher SD-Führer, zum SS-Sturmbannführer befördert. Zu Gerhard Rahier, geb. am 25.8.1885, BAB (ehemals BDC).
[63] Ob die Abberufung mit einem Ende 1942 von der Militärverwaltung gegen Berckholz eingeleiteten Verfahren wegen Dienstvergehens in Zusammenhang stand, lässt sich mangels Quellen nicht ermitteln.
[64] Franz Dradwinski, geb. am 4.1.1905, BAB (ehemals BDC), SSO.

34 Beamte und 7 Kraftfahrer. Hinzu kamen etwa zehn weibliche deutsche Zivilangestellte. Der Großteil der DSK-Leute saß in Brüssel, da den Außenstellen nur wenige Mitarbeiter zugeteilt wurden[65].

Mitwirkung der Zollfahnder bei der „Endlösung"

Die Zollbeamten beschränkten sich keineswegs auf das Aufspüren materieller Güter. Vielmehr gehörte das Devisenschutzkommando zu denjenigen deutschen Polizeieinheiten, die Juden in die Gewalt der Sipo-SD und in die Deportationszüge brachten. Es ist bekannt, dass das DSK auf dem polizeilichen „Einsatzplan" für die Brüsseler Großrazzia gegen die belgischen Juden am 3./4. September 1943 verzeichnet war[66]. In dieser Nacht stellten die Devisenfahnder, die zum Teil eigens für die Razzia aus den Außenstellen in Antwerpen und Gent nach Brüssel beordert worden waren, elf Festnahmetrupps, durchsuchten Dutzende von Wohnungen und übergaben die angetroffenen Juden der Sipo-SD[67]. Was in der Forschung jedoch bislang keine Berücksichtigung gefunden hat, ist die Tatsache, dass das DSK laufend einzelne Juden und Familien festnahm, an das Judenreferat auslieferte und damit ab August 1942 gezielt an der Deportation von Juden „nach dem Osten" mitwirkte.

Die direkte Beihilfe des DSK zu der Deportation der Juden aus Belgien erstreckte sich auf den gesamten Zeitraum vom Sommer 1942 bis zum Sommer 1944. Im ersten Transport, der am 4. August 1942 aus Malines nach Auschwitz fuhr, befand sich der deutsche Kaufmann Erich Berwin, der auf seiner 1933 begonnenen Fluchtodyssee im Juli 1942 aus Holland nach Belgien gelangt war, wo ihn das DSK kurz darauf bei einer Razzia an der Brüsseler Börse festnahm. Nachdem ihm ein Verstoß gegen die Devisenbestimmungen nicht nachgewiesen werden konnte – Berwin trug bei seiner Festnahme gerade noch 33 holländische Gulden bei sich – lieferte das DSK ihn an die Sipo-SD aus. Zu den Opfern des letzten Transports vom 31. Juli 1944 gehörte der 58-jährige Niederländer Abraham Albert Da Costa Senior. Ein Beamter des DSK hatte, wie er wörtlich in den Akten notierte, Albert Da Costa Senior „am 12.6.44 dem SD in Brüssel zwecks Zuführung zum Arbeitseinsatz überstellt"[68].

Dass es sich dabei nicht um Einzelfälle, sondern um die systematische Mitwirkung bei der Deportation der Juden handelte, belegt die Niederschrift einer Besprechung, die Oberzollinspektor Berckholz Mitte August 1942 mit einem Militärverwaltungsbeamten aus der Wirtschaftsabteilung führte. Seit wenigen Wochen mit der Leitung des DSK betraut, absolvierte Berckholz einen Antrittsbesuch bei Martin Drath[69], dem Leiter der von der Militärverwaltung gegründeten Brüsseler Treuhandgesellschaft, die das den Juden abgenommene Ver-

---

[65] Im August 1943 gehörten zum DSK Belgien 45 Mitarbeiter. 32 von ihnen (darunter 21 Beamte) waren bei der Hauptstelle Brüssel tätig, weitere 9 (darunter 6 Beamte) arbeiteten in der Außendienststelle Antwerpen.
[66] Eichmann-Dokument Nr. 1446, abgedruckt in Klarsfeld/Steinberg, Die Endlösung, S. 78.
[67] Siehe hierzu in den überlieferten Aktenbeständen des DSK (CEGES, AA 585) die Dossiers 80/2 und 111. Alle folgenden Angaben zur Beteiligung namentlich genannter Zollbeamter an der Brüsseler Razzia gegen die belgischen Juden vom September 1943 stützen sich auf diese Dokumente.
[68] Schreiben des DSK Brüssel (Kessler) an MVChef Wi Gruppe 12, 24.6.1944, SVG, R494/Tr194.609. Zum Verfahren gegen Erich Berwin: CEGES, AA 585/110.
[69] Dr. jur. Martin Drath, geb. 1902, sollte von 1951 bis 1963 als Richter am Bundesverfassungsgericht wirken.

mögen verwaltete. Gegenstand der Unterredung waren die von der Sipo-SD durchgeführten „Maßnahmen gegen Juden zum Zwecke ihres Arbeitseinsatzes". Berckholz und Drath verständigten sich darauf, wie die Ausplünderung der vom DSK verhafteten Juden bürokratisch organisiert werden sollte. Dabei hielten sie fest, dass für jeden eines Devisenvergehens beschuldigten Juden, sofern er zwischen 14 und 45 Jahre alt und nicht aufgrund seiner Staatsangehörigkeit vor der Deportation geschützt war, folgende Dienstanweisung galt: „Die sichergestellten Devisenwerte sowie Bargeld werden ihm abgenommen. Er wird vorläufig festgenommen und in das Wehrmachtgefängnis eingeliefert. Gleichzeitig wird er dem SD zum Zwecke des Arbeitseinsatzes überstellt. Der SD veranlasst das Erforderliche."[70] Dass die genannte Altersgrenze überschritten werden konnte, wurde bereits in diesem Schriftsatz vermerkt, und das DSK übergab der Sipo-SD auch Kinder unter 14 Jahren. Außerdem hing die Auslieferung zur Deportation nicht davon ab, ob die Devisenfahnder bei den aufgespürten Juden Devisen oder andere Werte fanden. Vielmehr war die Deportation der Juden für die Zollbeamten ein eigenständiges Ziel – viele der Verfolgten verfügten über kaum mehr als das, was sie am Leib trugen. Darauf wird noch zurückzukommen sein.

Allerdings, und dies ist bezeichnend für die Machtverhältnisse im besetzten Belgien, achtete das DSK bei der Auslieferung von Juden darauf, die Autorität, d. h. eventuelle Vorbehalte des Militärbefehlshabers zu respektieren. Ende November 1942 wies der Leiter einer Fahndungsgruppe des DSK Brüssel, Hellvoigt, zwei Zollsekretäre an, in einem Ermittlungsfall besonders korrekt vorzugehen, da die betreffende Frau möglicherweise über Empfehlungsschreiben höherer Dienststellen der Militärverwaltung verfüge[71]. Es handelte sich um die schwerkranke Alice von Wassermann, Witwe des bekannten deutsch-jüdischen Arztes August von Wassermann, die zusammen mit ihrem Sohn Robert und dessen nichtjüdischer Ehefrau in Brüssel lebte. Sie zeigte den bei ihr erschienenen Zollsekretären verschiedene Bescheinigungen der Militärverwaltung vor und verwies auf ihre guten Beziehungen zum Militärbefehlshaber. Daraufhin sah das DSK von einer Durchsuchung ihrer Wohnung ab, und Berckholz trug die Angelegenheit seiner vorgesetzten Stelle in Reeders Wirtschaftsabteilung vor. Erst nachdem Reeders Stellvertreter Harry von Craushaar mitgeteilt hatte, dass der Militärbefehlshaber Alice von Wassermann nicht kenne, die vorgezeigten Passierscheine gefälscht seien und das gegen sie eingeleitete Devisenermittlungsverfahren ebenso wie jedes andere Verfahren durchgeführt werden müsse, schritt das DSK zur Durchsuchung. Der Fund falscher Ausweispapiere begründete die Auslieferung von Mutter und Sohn an die Sipo-SD. Das RSHA verfügte die Deportation der 68-jährigen Witwe und ihres Sohnes. Am 16. April 1943 wurden ihre Namen im Lager Malines auf die Liste für den XX. Transport gesetzt. Robert von Wassermann gehörte zu den mehr als 230 Juden, denen die Flucht aus dem Zug gelang, der am 19. April 1943 von einer kleinen Widerstandsgruppe noch in Belgien zum Halten gezwungen wurde[72]. Seine Mutter wurde nach Auschwitz deportiert und kehrte nicht zurück.

---

[70] Leiter des DSK Belgien an Brüsseler Treuhandgesellschaft betr. „Devisenablieferung der zum Arbeitseinsatz herangezogenen Juden", 18. 8. 1942, SVG, R494/Tr194. 609, siehe hierzu in der gleichen Akte: MBB MVChef Wi Leiter Gruppe 12 („Feind- und Judenvermögen") an Brüsseler Treuhandgesellschaft, 15. 10. 1942.
[71] CEGES, AA 585/110.
[72] Zur Flucht aus dem XX. Transport siehe Maxime Steinberg/Laurence Schram, Transport XX Malines – Auschwitz, Brüssel 2008. Vgl. die Erinnerungen von Simon Gronowski, L'enfant du 20ème convoi, Brüssel 2002; zu einer deutschsprachigen literarischen Annäherung: Marion Schreiber, Stille Rebellen. Der Überfall auf den 20. Deportationszug nach Auschwitz, Berlin 2000.

Reaktionen und Selbstverteidigung der Juden

Angesichts der Tatsache, dass der größte Teil der aus Belgien deportierten Juden nicht im Rahmen von Großrazzien und anderen Massenfestnahmeaktionen in das Lager Malines geriet, sondern einzeln oder in kleinen Gruppen verhaftet wurde, kam den individuellen Verteidigungsstrategien der Juden eine zentrale Bedeutung zu. Maxime Steinberg zufolge konnten die Besatzer ab Herbst 1942 deswegen keine Massenfestnahmen mehr bewerkstelligen, weil die belgischen Juden, die zu mehr als 90 Prozent Immigranten und Flüchtlinge waren, in den Untergrund gingen. Ob diese These zutrifft und welcher zeitliche und kausale Zusammenhang tatsächlich zwischen den Reaktionen der jüdischen Bevölkerung und den Einzelfestnahmen bestand, ist allerdings unzureichend geklärt, weil das individuelle Fluchtverhalten im Gegensatz zur organisierten Résistance bislang nicht näher untersucht worden ist[73]. Während die in erster Linie von Juden getragenen Unterstützungsstrukturen des *Comité de Défense des Juifs*, die vor allem die Rettung jüdischer Kinder ermöglichten, in einer Reihe von Zeugnissen sowie in wissenschaftlichen und journalistischen Publikationen dargestellt sind, wissen wir noch wenig über die Möglichkeiten und Bedingungen, die die Masse der jüdischen Bevölkerung zur Flucht in die Klandestinität vorfand[74]. Es war jene Grauzone, in der die Mehrheit der Juden leben musste, die weder den Arbeitseinsatzbefehlen Folge leisteten noch dem organisierten Widerstand angehörten, in der die Einzelverhaftungen stattfanden. Daher dokumentieren die Primärquellen mitunter auch die von Juden entwickelten Flucht- und Überlebensstrategien. Der Bestand des Devisenschutzkommandos ist in dieser Hinsicht außergewöhnlich reichhaltig. Immer wieder kam es vor, dass die Besatzungsmacht jüdische Frauen, Männer oder Familien nicht in ihre Gewalt zu bringen vermochte, weil diese kurz vor oder während der Verhaftung entfliehen konnten. Manchmal befreiten Juden sich sogar noch nach ihrer Festnahme aus dem Gewahrsam deutscher Beamter. Als Zollinspektor Göthling vom DSK Brüssel am 23. Oktober 1942 zwei jüdische Ehepaare aus Gouda und Amersfoort auf ihrem Weg aus Holland in die Schweiz verhaftet hatte und in die örtliche Wehrmachthaftanstalt bringen wollte, gelang der 50-jährigen Elisabeth Blazer und ihrem vier Jahre älteren Mann gegen 20.30 Uhr unmittelbar vor dem Gefängnis die Flucht. Elisabeth Blazer wurde erneut ergriffen und zusammen mit dem Ehepaar Mirjam und Juda Weyl mit dem VIII. Transport aus Malines

---

[73] Wenngleich Steinbergs These sich nicht zuletzt auf manche zeitgenössische deutsche Dokumente stützen kann, war der weitgehende Verzicht der Besatzungsmacht auf Haus-zu-Haus-Razzien möglicherweise auch anderen Gründen geschuldet, wie z. B. der taktischen Linie der Militärverwaltung, die Deportation der Juden möglichst unauffällig durchzuführen (Meinen, Die Zusammenarbeit deutscher und belgischer Behörden, S. 489ff.).

[74] Vgl. Jean-Philippe Schreiber, „Entre communauté traditionelle et communauté obligatoire", in: Les curateurs du ghetto, S. 91–140, hier S. 92–94; und ders., „La Belgique et les Juifs sous l'Occupation nazie. L'histoire au-delà des mythes", in: Les Cahiers de la Mémoire Contemporaine 4 (2002), S. 59–97, hier S. 79–81. Zu der organisierten Hilfe siehe exemplarisch Lucien Steinberg, Le Comité de défense des Juifs en Belgique, Brüssel 1973; Sylvain Brachfeld, Ils ont survécu. Le sauvetage des Juifs en Belgique occupée, Brüssel 2001; Lieven Saerens, „Die Hilfe für Juden in Belgien", in: Wolfgang Benz/Juliane Wetzel (Hrsg.), Solidarität und Hilfe für Juden während der NS-Zeit, Bd. 4, Berlin 2004, S. 193–280. Vgl. auch den von Dan Michman herausgegebenen Band über Belgien in der Reihe: The Encyclopedia of the Righteous Among the Nations. Rescuers of Jews during the Holocaust, hrsg. von Israel Gutman und Sara Bender, Jerusalem: Yad Vashem, 2005.

nach Auschwitz deportiert, während ihr Ehemann dem Zollinspektor in der Dunkelheit entkam[75].

In zahlreichen anderen Fällen handelt es sich um detaillierte Aktenvorgänge über jüdische Einzelpersonen und Familien, die den Deutschen in die Hände fielen, obwohl sie den Schritt in den Untergrund getan oder das Wagnis einer illegalen Emigration auf sich genommen und manchmal bereits mehrere Exilstationen hinter sich gebracht hatten. Die überlieferten Akten des DSK lassen darauf schließen, dass viele der Deportierten versucht hatten, sich auf diese Weise vor den deutschen Verfolgungsmaßnahmen zu schützen. So gerieten Juden bei dem Versuch, sich falsche Papiere oder Devisen zu beschaffen, um in das unbesetzte Frankreich zu fliehen, an V-Leute, die für deutsche Polizeiorgane arbeiteten. Auch nahmen die Beamten Juden fest, die über falsche Papiere verfügten, kein Kennzeichen trugen oder sich nicht hatten registrieren lassen. Ein Beispiel: Drei Tage nach Abfahrt des ersten Transports aus Malines durchsuchte Zollinspektor Hellvoigt vom DSK Brüssel die Wohnung des 44-jährigen Zelman Rembalski. Die von einem V-Mann angezeigten Devisen, die der Schneider angeblich besitzen sollte, wurden nicht gefunden. Hellvoigt stellte jedoch fest, dass Rembalski kein Kennzeichen trug und einen falschen Ausweis hatte. Der Zollbeamte brachte den Mann umgehend in das Brüsseler Wehrmachtsgefängnis und lieferte ihn zugleich an das Judenreferat der Sipo-SD aus, wobei er ausdrücklich zur Deportation aufforderte: „Ich halte ihn zur Beschäftigung in einem Arbeitslager für geeignet."[76] Zelman Rembalski wurde mit dem XIII. Transport nach Auschwitz deportiert und kehrte nicht zurück.

Andere Festnahmen erfolgten im Versteck. Anfang September 1942 spürte Zollsekretär Bertrand die dreiköpfige Familie Friedman auf, die sich nach Erhalt eines Arbeitseinsatzbefehls in eine Pension außerhalb Brüssels geflüchtet hatte, und rief telefonisch die Sicherheitspolizei zur Festnahme herbei. Mehreren anderen Juden, die sich in derselben Pension aufhielten, gelang – unter Zurücklassung ihres umgehend beschlagnahmten Gepäcks – die Flucht, als der Beamte schon in das Gebäude eingedrungen war und Friedman verhörte[77]. Dagegen geriet Mitte November 1942 eine ganze Gruppe von zehn Erwachsenen und zwei Kindern, die vermutlich seit etwa Mitte September in einem Haus in der Brüsseler Agglomeration untergetaucht waren, dem DSK in die Hände. Während Devisen, wie so oft, nicht gefunden wurden, ließ Bertrand alle Juden von der Sipo-SD abholen[78]. Unter ihnen befand sich der 46-jährige Schneider Szlama Magier und seine 23-jährige Tochter Margarethe mit ihrem sieben Jahre älteren Mann, dem Handelsvertreter Hans Fritz, und

---

[75] Göthling schrieb zur Flucht des Ehemannes: „Von der Schußwaffe konnte wegen der bereits erwähnten Dunkelheit und wegen etwaiger Gefährdung von unbeteiligten Personen kein Gebrauch gemacht werden." Vermerk des DSK Brüssel vom 23.10.1942, CEGES, AA 585/110. Zur Person Göthling lässt sich lediglich ermitteln, dass der Zollinspektor dem DSK Brüssel seit Juni 1941 angehörte und im September 1943, inzwischen zum Oberzollinspektor befördert, an der Razzia gegen die Juden belgischer Staatsangehörigkeit in Brüssel mitwirkte.
[76] Vermerk des DSK Brüssel (Hellvoigt) vom 7.8.1942, CEGES, AA 585/110. Karl Hellvoigt, geb. 1906 in Itzehoe, wohnhaft in Köln, ab Mai 1940 Leiter der Außenstelle Lüttich des Devisenschutzkommandos Belgien, leitete spätestens ab Juli 1942 eine Fahndungsgruppe der Brüsseler Dienststelle.
[77] Vermerk des DSK Brüssel (Bertrand) vom 4.9.1942, CEGES, AA 585/110. Bertrand war seit November 1941 beim DSK Belgien und sollte Anfang September 1943 an der Großrazzia gegen die belgischen Juden in Brüssel mitwirken.
[78] Vermerk des DSK Brüssel (Bertrand) vom 18.11.1942, CEGES, AA 585/110. Zu den folgenden Angaben siehe die Dossiers SDR zu Hans Fritz (geb. am 13.1.1912), Monique Fritz (geb. am 3.11.1938), Margarethe Magier (geb. am 17.8.1919) und Szlama Magier (geb. am 15.3.1896), SVG.

ihrer vierjährigen Tochter Monika. Margarethe und Hans Fritz waren beide in Wien geboren. Die Tochter Monika kam 1938 in Brüssel zur Welt. Die belgischen Behörden deportierten Hans Fritz im Mai 1940 zusammen mit fast zehntausend anderen ausländischen Juden in das südfranzösische Lager St. Cyprien, von wo er später nach Brüssel zurückkehren konnte. Nach der Festnahme im November 1942 durch das DSK deportierte die Besatzungsmacht die Familie Fritz am 15. Januar 1943 mit dem XVIII. Transport nach Auschwitz. Die Eltern flohen mit ihrer Tochter zwischen Tirlemont und Lüttich aus dem Zug. Hans Fritz wurde erneut verhaftet. Am 19. April 1943 wurde er ein zweites Mal deportiert. Er befand sich in dem XX. Transport nach Auschwitz, aus dem mehr als 230 Juden flohen. Wieder gelang Hans Fritz die Flucht. Im selben Zug war sein Schwiegervater Szlama Magier, der nach Auschwitz deportiert wurde, mehrere Lager überlebte und nach dem Ende der NS-Herrschaft nach Belgien zurückkehrte. Seiner Tochter und ihrer Familie glückte es Ende 1943, mit falschen Papieren nach Frankreich zu entkommen, wo sie die Befreiung erlebten.

Illegale Emigration

Die Akten der deutschen Täter geben viele Aufschlüsse über Fluchten und Fluchtversuche der Juden ins Ausland, insbesondere im Sommer 1942[79]. Dies gilt nicht nur für die illegale Ausreise nach Frankreich, sondern auch für die illegale Einreise aus den Niederlanden. Belgien war die erste Station für unzählige Juden, die noch nach Beginn der Deportationen aus dem nördlichen Nachbarland in die französische Südzone zu entkommen suchten, um von da aus möglicherweise in die Schweiz oder via Spanien nach Übersee oder Palästina zu gelangen[80]. Die Zahl derjenigen, die beim Überschreiten der Grenze in die Gewalt der Deutschen gerieten, dürfte jedenfalls im Sommer 1942 nicht gering gewesen sein. Ab Juli 1942 lieferte das Grenzwachtregiment Clüver – eine Wehrmachtseinheit, die dem Befehl des Militärbefehlshabers von Falkenhausen unterstand – jüdische Familien, Gruppen und Einzelpersonen, die im Grenzgebiet gefasst wurden, regelmäßig an den Befehlshaber der Sicherheitspolizei und des SD in den Niederlanden aus. Es gelang den Deutschen keineswegs, alle illegalen Grenzgänger aufzuspüren und in ihre Gewalt zu bringen. Doch die Grenze stellte nur die erste Hürde dar. Immer wieder wurden jüdische Flüchtlinge, denen von Holland aus die Einreise nach Belgien geglückt war, in Brüssel oder Antwerpen verhaftet – manchmal von Beamten des Devisenschutzkommandos.

Zu ihnen gehörten Rosa Samson und ihr erwachsener Sohn Rudolf[81]. Beide waren bereits aus Deutschland nach Holland geflohen, hatten sich in Utrecht mit der Herstellung

---

[79] Siehe ausführlich, auch zu den folgenden Angaben: Ahlrich Meyer/Insa Meinen, Transitland Belgien. Jüdische Flüchtlinge in Westeuropa während der Zeit der Deportationen 1942, in: Theresienstädter Studien und Dokumente 2007 (im Druck).
[80] Zur Flucht von Juden aus Holland im Zeitraum 1942 bis 1944 vgl. Haim Avni, „The Zionist Underground in Holland and France and the Escape to Spain", in: Yisrael Gutman/Efraim Zuroff (Hrsg.), Rescue Attempts during the Holocaust, Jerusalem 1977, S. 555–590; Louis de Jong, Het Koninkrijk der Nederlanden in de tweede Wereldoorlog, Bd. 6.1, Den Haag 1975, S. 36 und S. 45–49; sowie Insa Meinen/Ahlrich Meyer, Le XXIe convoi: études biographiques (Première partie), in: Les Cahiers de la Mémoire Contemporaine 7 (2006–2007), S. 57–109.
[81] Der folgende Abschnitt stützt sich auf die Protokolle der Vernehmungen von Rosa und Rudolf Samson durch das DSK (CEGES, AA 585/54/6). Da solche Vernehmungsprotokolle eine wichtige

von Spielzeug über Wasser gehalten und erfolglos versucht, in die USA zu gelangen. Am 17. August 1942 erhielten der 22-jährige Rudolf Samson und seine 52-jährige Mutter einen Deportationsbefehl. Daraufhin entfernten sie die Kennzeichen von ihren Kleidern, nahmen ihre Geldmittel zusammen und flohen am 18. August per Bahn und Bus bis zur belgischen Grenze hinter Tilburg, die sie zu Fuß überschritten. Mit Bus und Straßenbahn gelangten sie nach Brüssel, wo ihnen ein Fluchthelfer, dessen Anschrift sie noch in Holland erhalten hatten, falsche Papiere und eine Hotelunterkunft besorgte. Mindestens einer ihrer Kontaktleute in Brüssel arbeitete jedoch mit den Deutschen zusammen. Das Auto, das sie am nächsten Morgen nach Frankreich bringen sollte, fuhr direkt zum Büro des Devisenschutzkommandos. Sie wurden dem Zollsekretär Jaeschke vorgeführt, der Mutter und Sohn durchsuchte, ihr Geld, ihren Schmuck und ihre Briefmarken beschlagnahmte und sie zu den Umständen und der Route ihrer Flucht verhörte, bevor er sie im Brüsseler Wehrmachtsgefängnis internierte. Eine Woche darauf lieferte er Rosa und Rudolf Samson dem Judenreferat des BdS aus, wobei er als Zweck ausdrücklich angab, dass „sie für den Arbeitseinsatz in Malines in Frage kommen"[82]. Wie die Akten ferner ausweisen, erfolgte der Verrat der Samsons durch den V-Mann Nr. 193 des Devisenschutzkommandos, der 10 Prozent der beschlagnahmten Werte zur Belohnung erhielt, d. h. rund 41 000 belgische Franken aus dem eingezogenen Besitz. Rosa und Rudolf Samson wurden am 10. Oktober 1942 mit dem XIII. Transport nach Auschwitz deportiert.

Auch in Belgien lebende Juden, die sich vor der Deportation in das unbesetzte Frankreich zu retten versuchten, fielen bereits weit vor der französischen Grenze den Nachstellungen des Devisenschutzkommandos zum Opfer. Ein Beispiel: Chana und Mojzek Witelsohn, 1924 als Zwillinge in Łódź geboren und von Beruf Verkäuferin bzw. Schneiderlehrling, und ihre ein Jahr jüngere Schwester Mirjam hatten am 28. Juli 1942 Deportationsbefehle erhalten[83]. Sie lebten zusammen mit ihrer Mutter und zwei jüngeren Geschwistern in einer Brüsseler Vorstadt, der Vater war im Juni 1942 verstorben. Am Freitag, den 31. Juli, als sie sich im Lager Malines einfinden sollten, verließen sie zusammen mit der Familie Topor in zwei Autos Brüssel. Die in der belgischen Hauptstadt geborene Helene Topor war wie die Zwillinge Witelsohn 18 Jahre alt. Ihre Eltern Sura und Moszek Topor stammten beide aus Osteuropa. Sie wollten über Namur in das unbesetzte Frankreich und von dort aus in die Schweiz fliehen. Nachdem ein V-Mann des DSK namens Herwig sie verraten hatte, errichteten die Zollsekretäre Bertrand und Blase hinter Brüssel eine Straßenkontrolle und nahmen beide Familien fest. Moszek Topor war der Einzige von ihnen, der aus Auschwitz zurückkehrte.

Quelle des vorliegenden Artikels bilden, ist darauf hinzuweisen, dass die zugrunde liegenden Aussagen in einer Zwangssituation, zumeist unmittelbar nach der Verhaftung, erfolgten und von deutschen Repressionsorganen schriftlich festgehalten wurden. Unter Berücksichtigung des Zustandekommens ist der Realitätsgehalt mancher Angaben kritisch zu bewerten. So verneinten z. B. viele Juden, den Namen dritter Personen zu kennen, die ihnen bei der Beschaffung falscher Papiere, bei der Flucht usw. behilflich gewesen waren. In vielen anderen Fällen gibt es dagegen keinen Grund dafür, die Validität von Aussagen zur individuellen Verfolgungsgeschichte oder zu Fluchtversuchen anzuzweifeln. Solche Angaben werden im Folgenden herangezogen.
[82] Schreiben Jaeschkes (gez. Möckel) an Sipo-SD Brüssel, 27. 8. 1942, CEGES, AA 585/54/6. Hans Jaeschke, 1892 in Rywoczin geboren, war seit dem 15. Mai 1942 beim DSK Belgien. Er wirkte in der Nacht vom 3. auf den 4. September 1943 an der Razzia gegen die belgischen Juden mit.
[83] CEGES, AA 585/54/5; Dossiers SDR zu Chana Witelsohn (geb. am 28. 3. 1924), Mojzek Witelsohn (geb. am 28. 3. 1924), Mirjam Witelsohn (geb. am 21. 1. 1925), Helene Topor (geb. am 22. 6. 1924) und Mojtek Topor (geb. am 2. 2. 1898), SVG.

Was den Umfang der Fluchten von Juden aus Belgien nach Frankreich zwischen 1942 und 1944 betrifft, so gehen die Schätzungen von lediglich einigen Hundert Personen aus[84]. Dies dürfte zumindest dann zu tief gegriffen sein, wenn man auch die Zahl der gescheiterten Fluchtversuche berücksichtigt. An den belgisch-französischen Grenzübergängen und in den Zügen nach Frankreich fahndeten Angehörige des deutschen Zollgrenzschutzes nach Juden, die der Deportation zu entfliehen suchten. Manche der aus Holland und Belgien geflohenen Juden, die das französische Territorium erreichten, wurden an der Demarkationslinie aufgegriffen, die das bis November 1942 unbesetzte Frankreich vom Herrschaftsgebiet des Militärbefehlshabers trennte, und wo die Sipo-SD Ende Juli 1942 eine Massenflucht von Juden aus Holland, Belgien und Paris in die französische Südzone feststellte[85].

V-Leute

Wie spürte das Devisenschutzkommando Juden auf? Manche Juden fielen kleinen Razzien zum Opfer, die das DSK mit Hilfe der Feldgendarmerie etwa in Cafés oder an der Brüsseler Börse durchführte. Außerdem erhielten die Devisenfahnder von anderen deutschen Dienststellen Hinweise auf Juden, die im Verdacht standen, Devisen, Gold usw. zu besitzen. Zumindest in Einzelfällen gingen solche Hinweise auf eine Denunziation von Seiten nichtjüdischer Belgier zurück. Die hauptsächliche Informationsquelle scheinen jedoch V-Leute gewesen zu sein. Solche Agenten wurden von den meisten deutschen Polizeiorganen (Sipo-SD, GFP, Abwehr) eingesetzt.

Die V-Leute des DSK sammelten Informationen über Juden, die ihr Eigentum in Verstecken vor dem deutschen Zugriff zu schützen suchten oder die die deutschen Handelskontrollen unterliefen – was von den NS-Behörden als „Schleichhandel" bezeichnet wurde. Darüber hinaus fahndeten sie nach Juden, die sich um falsche Papiere oder Devisen bemühten, eine illegale Emigration planten oder im Versteck lebten. Als Entgelt erhielten die verdeckten Informanten 5 bis 10 Prozent der den verhafteten Juden abgenommenen Werte. Dieses Verfahren trug sicherlich dazu bei, dass die Spitzel des DSK nicht nur Leute aushorchten, einschlägige Cafés beschatteten oder Fluchthilfemilieus infiltrierten, sondern überdies als *agents provocateurs* auftraten, indem sie sich selbst als Passfälscher oder Fluchthelfer ausgaben und Juden zur Flucht überredeten. Dass die verzweifelte Lage, in die die Deutschen die Juden brachten, überall im deutsch beherrschten Europa von Privatpersonen zur persönlichen Bereicherung ausgenutzt wurde, ist seit langem bekannt. Im vorliegenden Fall liegt die eigentliche Perfidie allerdings woanders. Wenn die V-Leute des DSK Juden planmäßig in die Falle lockten, handelten sie nämlich mit Billigung, wenn nicht im ausdrücklichen Auftrag der Behörde, die sie engagiert hatte.

Im Juli 1942 sprach ein V-Mann in einem Brüsseler Lokal zwei deutsche Juden an, die kurz zuvor illegal aus Holland nach Brüssel geflohen waren. Der 1906 in Leipzig geborene Kaufmann B.S. hatte von Amsterdam aus, wo er seit 1933 lebte, vergeblich versucht, in die USA zu gelangen, bevor er Anfang Juli zusammen mit seiner Familie mit Hilfe eines Fluchthelfers zwischen Putte und Heide über die grüne Grenze nach Belgien

---

[84] Lucien Lazare, „Belgian Jews in France, 1940–1944", in: Michman, Belgium and the Holocaust, S. 445–455.
[85] Wie Anm. 79.

floh⁸⁶. Der 1918 in Berlin geborene Techniker S. L., dem es gelungen war, sich schon in Amsterdam einen falschen Ausweis der Stadt Antwerpen zu beschaffen, floh mit Hilfe einer Skizze, die ein früher emigrierter Verwandter angefertigt hatte, mit dem Fahrrad auf Feldwegen von Breda nach Kapellen. In Brüssel zusammengetroffen, suchten die beiden Männer, die sich bereits aus Amsterdam kannten, nach einer Fluchtmöglichkeit in die Schweiz, als sie an den V-Mann des DSK gerieten. Dieser gab sich als Diplomat aus und bot ihnen an, sie in seinem Dienstwagen ins unbesetzte Frankreich zu bringen. S. L. sagte in seiner Vernehmung: „Obgleich wir zuerst etwas mißtrauisch waren, entschlossen wir uns, alles auf eine Karte zu setzen und zu versuchen, auf diese Weise nach Frankreich bzw. nach der Schweiz zu kommen."⁸⁷ Daraufhin nahm das DSK am 10. Juli wenige Kilometer hinter Brüssel beide Männer sowie die Ehefrau von B. S. und ihre beiden Kinder fest. Aus den Akten geht hervor, dass der V-Mann diese Falle im Auftrag des DSK-Zollinspektors Karl Hellvoigt aufgebaut hatte. Der Leiter einer Fahndungsgruppe des DSK Brüssel hatte aktiv an der Täuschung mitgewirkt und dem Agenten sogar Passierscheine für die Flüchtlinge zukommen lassen.

Das DSK übergab die beiden Kinder an eine in Brüssel lebende Tante. Um die drei inhaftierten Erwachsenen freizubekommen, zahlten diese Tante und ein weiterer Verwandter dem DSK Haftkautionen in Höhe von insgesamt 8000 Dollar und ließen sich außerdem die Erklärung abnötigen, dass die Deutschen diese Summen auf die zu verhängenden Geldstrafen anrechnen, also einbehalten konnten. Trotzdem ließ das DSK die Juden nicht frei, sondern fanden einen Weg, sie deportieren zu lassen, obwohl die Deportationen aus Belgien nach Auschwitz noch nicht begonnen hatten: „Nach Stellung der Sicherheiten wurden die Beschuldigten am 18. Juli 1942 aus der Haft entlassen und auf Anordnung des Herrn Leiters des Devisenschutzes in den besetzten Gebieten, Herrn Reg. Staffeldt, dem Devisenschutzkommando Niederlande in Rotterdam überstellt, damit sie bei den in Holland zur Zeit durchgeführten Maßnahmen gegen Juden (Deportation) mit erfasst werden können."⁸⁸ Doch zumindest S. L. gelang ein weiteres Mal die Flucht, so dass er der Deportation nach Auschwitz entkam⁸⁹.

Die ausgeklügelte Verfolgungsstrategie, den Juden von *agents provocateurs* einen scheinbaren Ausweg aus dem deutschen Machtbereich anbieten zu lassen, wurde auch solchen Juden zum Verhängnis, die schon länger in Belgien lebten. Wie beharrlich manche Informanten Juden in die Falle lockten, zeigt die Vernehmung zweier Männer, die am Morgen des 31. Juli 1942 zusammen mit ihren Angehörigen und sieben weiteren Personen von zwei Zollbeamten des DSK im Zug von Brüssel Richtung Lille verhaftet wurden. Der in Brüssel-Schaerbeek lebende Verkäufer Leo Knepel, 1914 in Polen geboren und 1933 aus Deutschland nach Belgien emigriert, schilderte das Vorgehen eines V-Mannes wie folgt: „Vor etwa drei Wochen sprach mich im Café Frasquatie ein Gast an und fragte mich, ob ich nicht ins unbesetzte Frankreich wollte. Ich konnte mich dazu erst nicht entschließen, hinterließ ihm aber meine Anschrift. Am 27. des Monats erschien der Gast aus dem Café Frasquatie und

---

⁸⁶ Vernehmungsprotokolle vom 11. und 18. 7. 1942, CEGES, AA 585/54/4.
⁸⁷ Vernehmungsprotokoll vom 11. 7. 1942, CEGES, AA 585/54/4.
⁸⁸ Bericht Oberzollsekretär Jaeschkes vom 12. 8. 1942, CEGES, AA 585/54/4.
⁸⁹ Nach einer erneuten Verhaftung in Brüssel blieb er eineinhalb Jahre als Arbeiter im Lager Malines, bevor er im Juni 1944 im Rahmen des sogenannten Palästina-Austauschs (Austausch internierter Juden gegen deutsche Wehrmachtsangehörige in britischer Kriegsgefangenschaft) freigelassen wurde, wie aus der überlieferten Kartei des Brüsseler „Judenreferats" (SVG) hervorgeht. Das weitere Verfolgungsschicksal von B. S. und seiner Familie konnte bislang nicht aufgeklärt werden.

sagte, die Ausreise solle am 31. Juli vor sich gehen. Ich erklärte ihm, daß ich illegal nicht auswandern wolle. Dieser mir unbekannte Gast kam dann am Dienstag und am Donnerstag und redete mir mit allen Mitteln zur Auswanderung zu. Ich ließ mich von ihm überreden und sagte schließlich zu."[90]

Im Brüsseler Café Métropole fand der V-Mann zwei weitere Opfer, darunter Saul Knoll. Der 1897 in Polen geborene Schneider, im Juli 1942 als Landarbeiter beschäftigt, gab nach seiner Festnahme zu Protokoll, wie der Handlanger der Deutschen ihn zur Flucht überredet hatte: „Da ich den Judenstern trug, sah er sofort, daß ich Jude bin. Er kam mit mir ins Gespräch und fragte mich, ob ich nicht illegal in das unbesetzte Frankreich gehen wollte. Ich sagte ihm, ich hätte vorläufig überhaupt keine Absicht, illegal auszuwandern. Der Gast sagte mir daraufhin, daß er eine gute Agentin an der Hand hätte, die mich unter Garantie in das unbesetzte Frankreich bringen wird. Nach vielem Zureden gab ich meine Zustimmung und sagte ihm, daß ich mit meiner 14-jährigen Tochter ins unbesetzte Gebiet auswandern wollte."[91]

Neben Leo Knepel, seiner 22-jährigen, in Österreich geborenen Ehefrau Helene, Saul Knoll und seiner Tochter gehörten zu der Gruppe, die die Zollbeamten Jaeschke und Johannsen[92] im Zug nach Lille verhafteten, noch sieben weitere Personen: die 26-jährige Wäscheschneiderin Rosa Fuchs und ihr 13 Jahre älterer Ehemann, der Fotograf Bruno Fuchs, die 1939 aus Berlin nach Antwerpen geflohen waren und seit März 1941 in Brüssel lebten, der 1904 in Polen geborene und 1939 aus Deutschland nach Belgien geflohene Zahnarzt Salo Friedmann mit seinem achtjährigen Sohn sowie der 1907 in Berlin geborene Vertreter Ferdinand Wassermann, seine in Polen geborene kranke Ehefrau und ihr dreijähriger Sohn. Außer der kranken Frau Wassermann und den drei Kindern internierte das DSK alle Festgenommenen im Brüsseler Wehrmachtsgefängnis und lieferte sie am 1. August 1942 zugleich an die Sipo-SD aus. Die generelle Auslieferung zur Deportation war zu diesem Zeitpunkt zwischen den beiden Besatzungsorganen noch nicht vereinbart. Stattdessen begründete das DSK die Auslieferung der Juden damit, dass sie illegal ausreisen wollten und gegen die Kennzeichnungspflicht verstoßen hatten. In der antijüdischen Hetzsprache der deutschen Beamten hieß dies: „Außerdem haben sie sich als Arier getarnt, indem sie die Judensterne von ihrer Bekleidung entfernt haben."[93] Die Sipo-SD brachte sie am 15. August in das Lager Malines, wo ihnen die Transportnummern 387 bis 393 für den V. Konvoi zugeteilt wurden, der am 25. August 1942 nach Auschwitz fuhr. Am 23. August erhielt Saul Knolls Ehefrau aus Malines die letzte Nachricht von ihrem Mann. Leo Knepel war der Einzige, der zurückkehrte.

Was die V-Leute selbst betrifft, so setzte das DSK Nichtjuden und Juden als Agenten ein. Manche Nichtjuden arbeiteten sowohl für das DSK als auch auf eigene Rechnung, indem sie Juden erpressten und sich deren Eigentum aneigneten. Dies geschah zum Teil in organisierter Form. Zuträger und Gehilfen, die die verschiedenen deutschen Dienststellen um sich scharten, bildeten offenbar ein Milieu, das der Organisation von privaten Raubzügen

---

[90] Vernehmung Leo Knepels am 31.7.1942, CEGES, AA 585/54/5; Dossier Statut zu Samuel Léon Knepel (geb. am 10.1.1914), SVG.
[91] Vernehmung Saul Knolls am 31.7.1942, CEGES, AA 585/54/5; Dossier SDR zu Saul Knoll (geb. am 4.7.1897), SVG.
[92] Zollsekretär Johannsen war seit August 1940 beim DSK Brüssel und sollte in der Nacht vom 3. auf den 4. September 1943, inzwischen zum Oberzollsekretär befördert, an der Razzia gegen die belgischen Juden mitwirken.
[93] Bericht Oberzollsekretär Jaeschkes vom 1.8.1942, CEGES, AA 585/54/5.

gegen die jüdische Bevölkerung Vorschub leistete, wie den überlieferten deutschen Akten zu entnehmen ist. Zu einer Gruppe von Belgiern, die spätestens seit September 1942 laufend zum eigenen Vorteil Juden ausplünderten, gehörten z. B. ein V-Mann der „Judenabteilung" der Sipo-SD, zwei ehemalige Agenten des DSK sowie ein flämischer SS-Mann und ein belgischer Kraftfahrer, die beide beim Heereskraftfahrpark der Wehrmacht beschäftigt waren und einen Wehrmachtlastwagen zum Transport des Raubguts mitbrachten. Das Gericht der Oberfeldkommandantur Brüssel verurteilte einige der Beschuldigten im Mai 1943 wegen Amtsanmaßung, Diebstahl und Erpressung zu Zuchthausstrafen, wobei das den Juden angetane Unrecht strafmildernd gewertet wurde. Kriegsgerichtsrat Hünerbein hielt den Angeklagten ausdrücklich zugute, dass sie ausschließlich Juden geschädigt hatten, „an deren Schutz dem Deutschen Reich nichts gelegen ist"[94].

Raub von Devisen

Das Devisenschutzkommando hatte den Auftrag, Devisen und andere Werte für die deutsche Kriegswirtschaft zu beschaffen, die eingezogen oder – auf Kosten des belgischen Steuerzahlers – zwangsweise angekauft bzw. auf dem Schwarzmarkt erworben wurden. Zweifellos sahen die Zollbeamten es darauf ab, der jüdischen Bevölkerung ihren Besitz abzunehmen. Sie beschlagnahmten nicht nur Bargeld, Wertpapiere, Gold, Diamanten, Uhren oder Schmuck, sondern sie gingen etwa auch gegen Spediteure vor, die den erfolgreich nach Südfrankreich geflohenen Juden deren Kleidung und Wäsche nachlieferten. Sie verwandten beträchtliche Energie darauf, das von Juden versteckte Eigentum aufzuspüren. Wenn entsprechende Hinweise vorlagen, begaben sie sich in Gefängnisse oder in das Lager Malines, um schon verhaftete Juden und deren Gepäck erneut zu kontrollieren. Außerdem führten sie Hausdurchsuchungen durch oder brachen Mauern ein, in oder hinter denen sie verborgene Werte vermuteten.

Gemäß seinen Vereinbarungen mit dem Leiter der Brüsseler Treuhandgesellschaft, Dr. Drath, deponierte das DSK Bargeld, Wertpapiere und Wertgegenstände unter dem Namen des Verhafteten bei dem unter deutscher Kontrolle stehenden Geldinstitut *Société française de Banque et de Dépots* – dies gilt auch für den Erlös der für die deutsche Reichsbank zwangsweise angekauften Devisen, Diamanten usw. – und informierte sowohl die zuständige Gruppe 12 („Feind- und Judenvermögen") der Militärverwaltung als auch die Brüsseler Treuhandgesellschaft (BTG) darüber. Die für die jüdischen Eigentümer gesperrten Konten und Schließfächer wurden von der BTG verwaltet. Diese war jedoch nicht dazu befugt, die blockierten Vermögen zu plündern, und das Gros der deponierten Werte sollte niemals in die deutsche Reichskasse fließen, sondern in Belgien verbleiben[95]. Offenbar entschloss sich die Besatzungsmacht dazu, in diesem Fall zunächst das belgische und internationale Recht zu beachten, das eine Vereinnahmung ausschloss.

Dies ändert freilich nichts daran, dass sich die deutschen Behörden von der Enteignung der Juden einen materiellen Vorteil versprachen. Denn die verantwortlichen Stellen gingen spätestens ab Herbst 1942 davon aus, dass das von ihnen vorerst lediglich verwaltete Vermögen früher oder später dem Deutschen Reich zufallen werde. Wie ein kürzlich aufgefunde-

---

[94] Feldurteil des Feldkriegsgerichts der OFK 672 vom 25.5.1943, S. 21, CEGES, AA 585/54/10.
[95] Auf die Fälle direkter Enteignung (ausgebürgerte deutsche Juden, „Möbelaktion" u. a.) ist an dieser Stelle nicht einzugehen.

nes Dokument zeigt, schlugen drei Vertreter von Reeders Wirtschaftsabteilung – unter ihnen Kriegsverwaltungsrat Pichier von der Gruppe „Feind- und Judenvermögen" (Gruppe 12) – dem Reichsfinanzministerium bereits im Oktober 1942 vor, das Vermögen der Juden dazu zu nutzen, die deutschen Clearingschulden gegenüber der belgischen Staatskasse zu verringern[96]. Zur Begründung ihres Vorstoßes, dem das Finanzministerium rechtliche Bedenken entgegenhielt, führten sie aus, es sei doch zu erwarten, dass die Vermögen der Juden „eines Tages an das Reich gelangten, denn die ausländischen Staatsverwaltungen wollten diese Gelder nicht haben". Die belgische Administration habe erklärt: „Die Judenmaßnahme sei eine deutsche Angelegenheit; der belgische Staat wolle mit diesen Geldern nichts zu tun haben"[97]. Demnach hatte die belgische Verwaltung eine Partizipation an der Enteignung der Juden ausdrücklich abgelehnt. Noch bemerkenswerter ist die Tatsache, dass die jüdischen Eigentümer im Kalkül der Militärverwaltung keine Rolle spielten. Reeders Stab schloss folglich schon im Oktober 1942 aus, dass die aus Belgien deportierten Juden zurückkehren bzw. vom Ausland aus Ansprüche auf ihr Eigentum geltend machen könnten. Sofern die Militärverwaltung nicht bereits über den Genozid informiert war, hielt sie also zumindest die Enteignung der Juden für irreversibel. Doch zu welchem Zweck legte sie dann fortlaufend individuelle Namenskonten an, um das gesperrte Vermögen zu verwalten? Dass es sich hierbei um eine Tarnungsmaßnahme handelte, lässt sich beim jetzigen Forschungsstand nur vermuten. Der Vorstoß der Militärverwaltung in Berlin belegt immerhin unzweideutig, dass die Besatzungsbehörden die Ausplünderung der Juden im Interesse der deutschen Staatskasse betrieben, auch wenn sie deren Vermögen vorerst nicht raubten, sondern lediglich blockierten und unter Zwangsverwaltung stellten.

Überdies wurde keineswegs das gesamte beschlagnahmte Eigentum deponiert. Vielmehr gelangten nicht wenige Werte unmittelbar auf deutsche Konten. Einen Teil dieser abgezweigten Gelder erhielt die Sipo-SD – mutmaßlich zur Finanzierung des Lagers Malines und der Deportation nach Auschwitz. Ein weiterer Teil wurde zugunsten des Deutschen Reichs eingezogen. Ein solcher Einzug hing nach Besatzungsrecht davon ab, dass ein Verstoß gegen die deutschen Devisenbestimmungen oder antijüdischen Verfügungsbeschränkungen vorlag. In solchen Fällen verhängten die Kriegsgerichte nicht nur Geldstrafen, sondern sie konnten auch den Einzug der beschlagnahmten Vermögenswerte verfügen[98]. Von Bedeutung ist in diesem Zusammenhang, dass die vom Militärbefehlshaber erlassene Devisenverordnung die Mitnahme von Werten ins Ausland verbot. Die Festnahme von Juden auf der Flucht nach Frankreich bot der Besatzungsmacht daher den materiellen Vorteil, beschlagnahmte Barmittel und Wertgegenstände umgehend einziehen zu können. Vielleicht war dies einer der Gründe dafür, weshalb das DSK Juden zur illegalen Emigration

---

[96] Zu einer präzisen Kurzdarstellung des Clearing – eines derjenigen Instrumente, mit der Deutschland die Staatshaushalte besetzter Länder zur Kriegsfinanzierung plünderte – in Belgien siehe Nestler, Die faschistische Okkupationspolitik, S. 39f.
[97] Vermerk des Ministerialdirigenten Dr. Bender (Reichsfinanzministerium Ref. I/3) vom 22.10.1942 betr. „Finanzfragen der Mililitärverwaltung Belgien und Nordfrankreich, Einnahmen und Ausgaben bei Abtransporten von Juden, politische Ausgaben der Militärverwaltung", BAB, R2/3780, Bl. 166. Ich danke Alexander Ruoff für den Hinweis auf dieses Schriftstück.
[98] Immerhin zogen die Wehrmachtgerichte in Belgien im Rahmen der Devisenstrafverfahren, die sich sowohl gegen Juden als auch gegen Nicht-Juden richteten, allein im Jahr 1942 Edelmetall- und Devisenwerte im Gegenwert von 4306630 Reichsmark ein. Bericht der Militärverwaltung über die wirtschaftlichen Leistungen Belgiens im Jahr 1942 vom 1.4.1943, abgedruckt in: Nestler, Die faschistische Okkupationspolitik, S. 208–211.

nach Frankreich überreden ließ. Ein weiterer Grund lag vermutlich darin, dass Flüchtlinge ihr bewegliches Vermögen, das sie vor der Flucht in Verstecken vor dem deutschen Zugriff gerettet hatten, in der Regel bei sich trugen.

Jedenfalls war dem DSK jedes Mittel recht, um den Raub des Eigentums durchzusetzen. In Bezug auf diejenigen Juden, die auf der Flucht aus Holland nach Belgien verhaftet wurden, konstruierten die Zollfahnder einen Tatbestand, der noch gar nicht eingetreten war. Da keine deutsche Bestimmung die Einfuhr ausländischer Währungen[99] nach Belgien verbot, unterstellte das DSK pauschal, dass die im holländisch-belgischen Grenzgebiet verhafteten Juden die illegale Ausreise aus Belgien nach Frankreich geplant hätten – etwa im Fall der 28-jährigen Anna-Betsy Philipson, die am 10. August 1942 vom Grenzwachtregiment Clüver verhaftet wurde. Diese Wehrmachtseinheit lieferte sie an die Sipo-SD in den Niederlanden aus und übergab das ihr abgenommene Bargeld dem DSK Antwerpen, das die geplante Einziehung dieser Mittel gegenüber dem zuständigen Gericht der Feldkommandantur 520 wie folgt begründete:

„Da sich in letzter Zeit viele holländische Juden durch die Flucht ihrem zu erwartenden Arbeitseinsatz zu entziehen suchen, wollte zweifelsohne auch die Philipson dasselbe tun. Doch ist die mögliche Annahme, dass jene nur ihren Wohnsitz nach Belgien verlegen wollte, nicht wahrscheinlich, da sie auch in Belgien ihren Arbeitseinsatz zu gewärtigen hätte. Vielmehr ist anzunehmen, dass die Beschuldigte das unbesetzte Gebiet Frankreichs zu erreichen suchte. Durch die Mitnahme der innerdeutschen Zahlungsmittel liegt ein strafbarer Devisentatbestand vor. Da aus bestimmten Gründen eine Vernehmung in den Lagern nicht angängig ist, dürfte die Einziehung des beschlagnahmten Betrages im objektiven Strafverfahren gegeben sein."[100]

Die Wehrmachtsgerichtsbarkeit machte sich die Argumentation des DSK nicht nur in diesem Fall zu eigen und verfügte die Einziehung. Konnte das DSK den Juden die letzte Habe am leichtesten auf der Flucht rauben, so vermitteln die Akten allerdings ein Bild davon, wie wenig der jüdischen Bevölkerung im Sommer 1942 noch geblieben war. Bei manchen Juden, die sich gezwungenermaßen in die Ungewissheit des Exils bzw. in ein weiteres Exilland begaben, fanden die Deutschen lediglich einzelne Banknoten oder ein persönliches Schmuckstück. Auch bei den Verhaftungen, die nicht mit einem Fluchtversuch ins Ausland im Zusammenhang standen, stellte sich die materielle Ausbeute nicht selten bescheiden dar. Dies ist ein Anzeichen dafür, dass die Expropriation der Juden zugunsten der deutschen Bevölkerung mitnichten das einzige Ziel des DSK war. Vielmehr zeichnete sich das Vorgehen der Devisenfahnder durch eine entschieden antijüdische Stoßrichtung aus.

Eine antijüdische Behörde

Wie kam es dazu, dass die Beamten des DSK, deren eigentliche Aufgaben devisenpolizeilicher Art waren, ab Juli 1942 umstandslos dazu übergingen, Juden gezielt festzunehmen und an die Sipo-SD auszuliefern, damit die Besatzungsmacht sie – vorgeblich zum „Arbeitseinsatz" – deportieren konnte? Nichts deutet darauf hin, dass die Mitarbeiter des DSK für ihre Mitwirkung am Verbrechen persönlich prädestiniert gewesen wären. Sie erscheinen

---

[99] Im Sinne der deutschen Devisenverordnung galten die belgische Währung sowie Reichskreditkassenscheine als inländische Zahlungsmittel.
[100] Ermittlungsbericht Zollsekretär Streiters vom 31.8.1942, CEGES, AA 585/42/3.

mehr oder weniger austauschbar. Daher verspricht eine biographische Recherche, für die die verfügbaren Quellen ohnehin zu dürftig sind, keinen Aufschluss. Weiter führt dagegen die Berücksichtigung der Vorgeschichte des DSK und seiner Tätigkeit in Belgien vor Mitte 1942.

Die Verfolgung von Juden durch die Devisenfahnder setzte bereits 1940 ein, und wenn die jüdische Bevölkerung auch keineswegs die einzige Zielgruppe der Behörde bildete, so verhielt sich der Umfang der gegen Juden eingeleiteten Ermittlungsverfahren umgekehrt proportional zu ihrem geringen Anteil an der belgischen Gesamtbevölkerung. Wie sich aus dem hinterlassenen Aktenbestand ergibt, war das DSK auf ein Vorgehen gegen Juden geradezu konditioniert und gut vorbereitet. Denn die Zollbeamten brachten für ihre Arbeit einschlägige Erfahrungen und Routinen aus dem Reichsgebiet mit. Schon vor 1940 hatten die Zollfahndungsstellen, aus denen die Mitarbeiter des DSK kamen, nicht unwesentlich daran mitgewirkt, dass die aus Deutschland vertriebenen Juden ihr Eigentum verloren, die Reichsfluchtsteuer auf Heller und Pfennig entrichteten und das Reich mit leeren Taschen verließen. Kaum war die Wehrmacht in Belgien eingefallen, stellte das DSK jüdischen Flüchtlingen nach, denen die unerlaubte Mitnahme von Werten aus Deutschland, ein Geldtransfer in Drittländer oder Verstöße gegen die Reichsfluchtsteuerverordnung vorgehalten wurden. Manche Emigranten wurden so ihrer letzten Unterhaltsmittel beraubt. Es kam vor, dass DSK-Beamte in Belgien die Verfolgung derselben Juden fortsetzten, die sie in den dreißiger Jahren als Zollfahnder in Deutschland aufgespürt hatten. In anderen Fällen erhielten sie entsprechende Hinweise von ihren Kollegen aus den deutschen Zollfahndungsstellen, Finanzämtern oder auch von den Auslandsbriefprüfstellen[101].

Nachdem der Militärbefehlshaber im Juni 1940 die Ausfuhr von Umzugsgut, Zahlungsmitteln und Werten aus Belgien unter Strafe gestellt hatte, überzog das DSK die aus Belgien nach Frankreich fliehenden Juden mit entsprechenden Verfahren. Eine Reihe weiterer, ebenfalls aufgrund deutscher Verordnungen verbotener Handlungen, die zum Überleben bzw. zur Vorbereitung einer Flucht aus dem deutschen Herrschaftsgebiet erforderlich waren, wurden ebenfalls vom DSK verfolgt, so der Verstoß gegen die Anmeldepflicht für Devisen, der Tausch von Währungen oder der sogenannte Schleichhandel. Die Beamten versuchten mit allen Mitteln, Juden strafbare Handlungen anzuhängen, und keine Begründung war zu abstrus, um nicht von der Wehrmachtsgerichtsbarkeit anerkannt zu werden. Im Juni 1942 leitete das DSK Brüssel mit folgender Erklärung ein Strafverfahren gegen einen Juden in die Wege, nachdem bei einer Hausdurchsuchung einige Banknoten gefunden worden waren, die nicht ordnungsgemäß angemeldet waren:

„Er will dies nicht getan haben, weil die 6 Dollar und 2 engl. Pfunde ihm insgesamt zu gering waren, um der Anbietungspflicht nachzukommen. Diese Angabe des R. ist nicht glaubhaft. Dies geht schon aus der Tatsache hervor, dass er die Dollar und engl. Pfunde auf schwer zu entdeckende Art unter Papier in einer Schublade versteckt hatte."[102] Aktenvorgänge solcher Art bestätigen, dass das DSK keineswegs nur den materiellen Profit der Besatzungsmacht im Auge hatte, sondern sich gleichermaßen die Verfolgung der Juden zur Aufgabe machte. Handelte es sich bei dem Beschuldigten um einen Juden, war dies für

---

[101] Es gehörte zunächst zu den Aufgaben des Devisenfahndungsamts, diese grenzüberschreitende Judenverfolgung europaweit zu koordinieren, doch nicht selten arbeiteten die Finanzdienststellen innerhalb und außerhalb des Reiches direkt zusammen.
[102] Bericht des DSK Brüssel vom 11.6.1942, CEGES, AA 585/54/3.

die Devisenbehörde Grund genug, von einer vorsätzlich begangenen Straftat auszugehen[103].

Die Feinderklärung gegenüber der jüdischen Bevölkerung wurde mit jeder neuen Verordnung befestigt, die weitere inkriminierbare Tatbestände schuf. Das antijüdische Feindbild war im Mitarbeiterstab des DSK bereits fest verankert, als die ersten Transporte aus Belgien nach Auschwitz fuhren. Ab August 1942 suchte das DSK die Deportation der Juden mindestens ebenso voranzutreiben wie den Raub ihres Eigentums. Sollte die Auslieferung zum „Arbeitseinsatz" gemäß der Richtlinien nur solche Juden treffen, die gegen die Devisenbestimmungen verstoßen hatten, so gingen die Zollbeamten über ihren Auftrag regelmäßig hinaus. Denn sie verhafteten auch jüdische Frauen und Männer, die keinerlei Devisen besaßen und infolge der deutschen Arbeitsverbote fast völlig mittellos waren. Manche der Verhafteten wurden lediglich zufällig angetroffen. Anfang Dezember 1942 machte Zollsekretär Bertrand in einem nahe Brüssel gelegenen Sanatorium für Lungenkranke 14 Juden ausfindig. Zwar fand er in ihrem umgehend durchsuchten Gepäck keinerlei Werte, doch Bertrand versäumte nicht, die Sipo-SD auf den Aufenthaltsort dieser Juden hinzuweisen und zu einer Entscheidung darüber aufzufordern, ob sie „für den Arbeitseinsatz in Malines in Frage kommen"[104].

In diesem Fall ist offensichtlich, dass die Initiative keineswegs bei Eichmanns Gehilfen, sondern beim DSK lag, das auf den Abtransport drängte. Das war keine Ausnahme. Um auszuschließen, dass ein von seiner Dienststelle verhafteter Jude der Deportation entging, nahm Zollinspektor Karl Hellvoigt, Leiter einer Fahndungsgruppe des DSK Brüssel, sich Ende Oktober 1942 die Zeit, dem „Judenreferenten" der Sipo-SD, SS-Obersturmführer Kurt Asche, folgende Mitteilung zukommen zu lassen: „Mit Schreiben vom 7. Juli 1942 überstellte ich Ihnen den im Kriegswehrmachtgefängnis St. Gilles in Brüssel einsitzenden Juden Bernhard Wajnstock, geb. am 25. Dezember 1916 in Mainz, zuletzt wohnhaft in Brüssel, Quai de Commerce 35. Am 19. Okt. 1942 ging ein Brief des W. hier ein, aus dem zu ersehen ist, dass W. sich immer noch im Kriegswehrmachtgefängnis befindet. Ich bitte zu veranlassen, dass W. dem Arbeitseinsatz zugeführt wird."[105] Drei Tage zuvor, am 24. Oktober 1942, hatte die Sipo-SD Bernhard Wajnstock, der von Hellvoigts Kollegen Schillings verhaftet worden war, nach Auschwitz deportiert. Hellvoigts Ermahnung hatte hierauf keinen Einfluss. Sie belegt jedoch, dass das DSK keineswegs als passives Hilfsorgan des Judenreferats agierte, sondern sich tatkräftig dafür einsetzte, dass die von ihm festgenommenen Juden deportiert wurden. Der Abtransport der Juden hatte für die Devisenfahnder sogar Vorrang vor der Abrechnung der entwendeten Geld- und Devisenwerte. Als Zollinspektor Schillings im September 1942 Wolf Henoch Slawny auf der Flucht von Brüssel in das unbesetzte Frankreich festnahm, vermerkte er in den Akten, dass die Umwechselung der Slawny abgenommenen 35 US-Dollars durch die Berliner Reichsbank einen gewissen Zeitraum in Anspruch nehmen werde, und fügte hinzu: „Damit der Jude Slawny jedoch möglichst bald zum Arbeitseinsatz kommt, ist er bereits jetzt dem SD zu überstellen. Die Abrechnung der beschlagnahmten Vermögenswerte kann später erfolgen."[106] Am 24. Oktober 1942 wurde Wolf

---

[103] Als typisch kann folgende Passage aus einem Bericht des DSK Brüssel vom 18. April 1942 gelten: „Diese Einlassung [Unkenntnis der deutschen Verordnungen] muß bei einem Juden als unglaubwürdig zurückgewiesen werden. Es ist bekannt, daß Juden über die einschlägigen Devisenbestimmungen sehr gut unterrichtet zu sein pflegen." CEGES, AA 585/53/11.
[104] Schreiben vom 3. 12. 1942, CEGES, AA 585/110.
[105] Schreiben vom 27. 10. 1942, CEGES, AA 585/54/4.
[106] Aktenvermerk Schillings' vom 18. 9. 1942 (gez. Möckel), CEGES, AA 585/110.

Henoch Slawny, der in Polen geboren und 35 Jahre alt war, aus Malines nach Auschwitz deportiert.

Die gegen die Juden gerichtete Tätigkeit des DSK diente lediglich partiell dem Devisenraub, denn weder beschränkten die Zollbeamten sich darauf, der jüdischen Bevölkerung die Habe abzunehmen, noch richteten ihre Nachstellungen sich ausschließlich gegen vermögende Juden. Vielmehr betrieben sie die Verfolgung und ab Mitte 1942 die Deportation der Juden offenkundig als Selbstzweck. Dies zeigt nicht zuletzt der Sprachduktus, in dem die Beamten ihre Aktenvermerke und Ermittlungsberichte abfassten. Es kann nicht überraschen, dass sich in den Akten antisemitische Stereotype („echt jüdische Verlogenheit") und Hetzvokabeln („Diamantjude", „Rassengenosse") finden. Auffällig sind vielmehr die höhnischen und zynischen Bemerkungen über die Rettungsversuche der jüdischen Bevölkerung. So sprachen die Zollfahnder noch von „auswanderungslustigen Juden", als schon die Todeszüge nach Auschwitz fuhren[107]. Oder die gescheiterte Flucht wurde im Festnahmeprotokoll hämisch kommentiert. Im August 1942 vermerkte Zollsekretär Bertrand zur Verhaftung des Brüsseler Juden Szlama Frydman, der Ende Oktober 1942 nach Auschwitz deportiert werden sollte: „Frydman hatte in seiner Wohnung alles eingepackt. Seine Schlafstätte befand sich auf dem Boden. Alles deutete darauf hin, daß Frydman in den nächsten Tagen verschwinden wollte, wie es z.Zt. bei allen Juden der Fall ist."[108] Im Übrigen nahmen die DSK-Beamten die Entscheidung über den Abtransport vorweg, indem sie sich die vom Reichssicherheitshauptamt festgelegten Kriterien zu eigen machten. Immer wieder beendeten sie ihre Mitteilungen zur Auslieferung der von ihnen verhafteten Juden an die Sipo-SD mit der Tarnfloskel: „Sie [Er] erscheint mir zum Arbeitseinsatz geeignet."

Letzten Endes liefert das Vorgehen des DSK gegen die Juden ein Beispiel dafür, wie antisemitische Ideologie Zug um Zug in die Wirklichkeit umgesetzt wurde. Die Ermittlungsarbeit der Zollbeamten war von einem der meistverbreiteten antisemitischen Klischees geprägt: der Konnotation von Juden und Geld. Hält man sich an die überlieferten Dossiers, so entsteht der Eindruck, als befände sich das in Belgien von deutscher Seite abzuschöpfende Privatvermögen zu einem beträchtlichen Teil in den Händen von Juden und als wendeten Juden unzählige Tricks und kriminelle Machenschaften an, um der Besatzungsmacht diesen Reichtum vorzuenthalten. Es war die antijüdische Verfolgung selbst, die dieser Obsession einen scheinbaren Realitätsgehalt verlieh. Indem der NS-Staat die Juden zunächst aus Deutschland und Österreich, dann aus den besetzten Teilen Westeuropas vertrieb und zugleich ihre Verfügung über ihr Eigentum und die von ihnen angewandten Überlebensstrategien zunehmend kriminalisierte, machte er die jüdische Bevölkerung zur Zielgruppe der Zollfahnder. Diese Selbstbestätigung der Ideologie durch Verfolgungspraxis tritt im Fall der jüdischen Flüchtlinge deutlich zutage. Wenn etwa in den Akten des DSK wiederholt von „überschweren goldenen Armbändern" die Rede ist, die bei Juden auf der Flucht nach Frankreich konfisziert wurden, so bestätigte der verzweifelte Versuch der zur Emigration gezwungenen Juden, ihr verbliebenes Geld in Form eines persönlichen Schmuckstücks vor dem deutschen Zugriff über die Grenze zu retten, in den Augen der Zollfahnder das Zerrbild des unrechtmäßig erworbenen jüdischen Reichtums.

Der Großteil der jüdischen Bevölkerung Belgiens lebte in prekären materiellen Verhältnissen, und die antisemitische Ideologie verselbstständigte sich bereits vor der Zeit der

---

[107] Aktenvermerk Zollinspektor Brauns (DSK-Außenstelle Antwerpen) vom 22.12.1942, CEGES, AA 585/42/5.
[108] Vermerk vom 20.8.1942, CEGES, AA 585/54/6.

Deportation in dem Maße, in dem das DSK gegen mittellose Juden vorging, deren Verfolgung keinerlei Ertrag für den Devisenraub erbrachte. Dies war eine wichtige Voraussetzung dafür, dass die Zollbeamten als „willige Vollstrecker" an der Ermordung der Juden mitwirkten.

Schluss

Die Deportation der Juden aus Belgien stützte sich nicht vorrangig auf Großrazzien und andere große Festnahmeaktionen wie die Vorladung zum „Arbeitseinsatz" in das Lager Malines. Anders als in Frankreich und in den Niederlanden brachten die deutschen Besatzungsbehörden in Belgien vielmehr den Großteil der nach Auschwitz deportierten Frauen, Männer und Kinder einzeln oder in kleinen Gruppen in ihre Gewalt. Im Verhältnis zur Gesamtzahl der Opfer wurde lediglich ein geringer Teil der Juden von belgischen Polizeibehörden verhaftet. Die Kooperation belgischer Dienststellen mit der Besatzungsmacht bildete nicht das entscheidende Datum für die „Endlösung".

Tausende von Einzelfestnahmen konnten nur durchgeführt werden, weil nicht wenige deutsche Besatzungsdienststellen, Beamte und Militärs mit Unterstützung einheimischer Hilfskräfte stets aufs Neue jüdische Frauen, Männer und Kinder aufspürten bzw. an die Sipo-SD auslieferten. Der Judenmord in Belgien setzte also eine Vielzahl individueller Initiativen und Tatbeiträge voraus. Zu den verantwortlichen Einheiten zählte unter anderem das Devisenschutzkommando[109]. Es gehörte nicht dem SS-Apparat an, sondern war dem Militärbefehlshaber unterstellt. Allerdings stand die Verfolgungswut, mit der die Zollfahnder gegen Juden vorgingen, derjenigen der politischen Polizei in keiner Weise nach.

Die Analyse der Einzelfestnahmen führt außerdem – und dies ist das Gegenstück zur tatkräftigen Mitwirkung deutscher Zollbeamter bei der Deportation der Juden – die Reaktionen der jüdischen Bevölkerung vor Augen. Fest steht, dass nicht wenige Opfer gerade dann in die Hände der Deutschen fielen, als sie versuchten, sich in Sicherheit zu bringen oder ihre Flucht vorzubereiten. Verhaftungen erfolgten im Versteck, bei der Beschaffung von Devisen oder falschen Papieren oder während der illegalen Emigration nach Frankreich. In den überlieferten Dokumenten sind nicht zuletzt die Fluchten von Juden verzeichnet, die noch im Sommer 1942 oder später von Holland aus über Belgien in die französische Südzone zu gelangen suchten. Manche von ihnen waren niederländische Staatsangehörige, andere waren bereits in den dreißiger Jahren aus dem Deutschen Reich emigriert.

Die Verhaftungsstrategie des Devisenschutzkommandos, so lässt sich zusammenfassend sagen, war direkt auf die Gegenwehr jüdischer Einzelpersonen und Familien abgestellt, die sich noch im letzten Moment ihrer Deportation zu entziehen suchten. In den meisten Fällen handelt es sich nicht um die Geschichte von Überlebenden, sondern um die Rettungsversuche solcher Juden, die in Auschwitz ermordet wurden. Gegen den Strich gelesen, vermitteln die deutschen Akten ein Bild davon, wie die Juden, von denen die Deutschen jede Spur auslöschen wollten, ihr Leben verteidigten.

---

[109] Das DSK war wohlgemerkt nur eine von vielen deutschen Dienststellen, die an der Deportation mitwirkten. Angesichts lückenhaft überlieferter Quellen ist nicht zu ermitteln, wie viele aus Belgien nach Auschwitz deportierte Juden von den Zollfahndern verhaftet worden sind.

Stephan Lehnstaedt
Alltägliche Gewalt
Die deutschen Besatzer in Warschau und die Ermordung der jüdischen Bevölkerung

„Ich erinnere noch, dass mehrere Angehörige des KdS mit den Frauen auf das Dach unserer Unterkunft gestiegen sind, um das Feuer zu sehen. Ich war ebenfalls dabei und man sagte mir, was da brenne, sei das Ghetto."[1] Mit diesen Worten beschrieb Gertrud H., die während des Zweiten Weltkrieges in Warschau als Stenotypistin in der Dienststelle des Kommandeurs der Sicherheitspolizei und des Sicherheitsdienstes beschäftigt war, über 20 Jahre später ihren Einsatz im Generalgouvernement Polen. Was die Frau nicht nur 1943, sondern während ihres ganzen Aufenthalts erlebt hatte, war die Alltäglichkeit der Gewalt. Die Gewalt war in das Leben der Besatzer so integriert, dass lediglich spektakuläre und brutale Exzesse wie die Niederschlagung des Aufstandes im Ghetto durch Jürgen Stroop und seine SS-Truppen noch eine – unter gewissermaßen touristischen Gesichtspunkten – erwähnenswerte Besonderheit darstellten. In den Augen der meisten Besatzer waren ihre Taten, die alleine in der Stadt Warschau rund 370 000 Juden[2] das Leben kosteten, eine genauso selbstverständliche wie legitime Begleiterscheinung des Alltags.

I.

Die Historiker haben sich bislang mit dem Alltag der Besatzer nur wenig beschäftigt. Gerade die Täterforschung[3] betrachtete bislang vor allem biographische Gemeinsamkeiten von verschiedenen am Genozid beteiligten Gruppen[4], oder sie nahm Einzelper-

---

[1] Bundesarchiv Ludwigsburg (BAL), B 162/3708, S. 120ff., Vernehmung von Gertrud H. am 3.6.1965.
[2] Die Verwendung des Wortes „Juden" ist problematisch. Der Begriff wurde von den Besatzern in einer meist willkürlichen Definition gebraucht; wesentliches Merkmal dieser „Juden" war, dass die Deutschen sie nicht zu den „Polen" – womit die christliche Bevölkerung benannt wurde – zählten. Wenn im Folgenden also von „Juden" die Rede ist, dann sind damit diejenigen Polen gemeint, die von den Nationalsozialisten als „Juden" bezeichnet wurden. Vgl. zur sprachlichen Problematik Saul Friedländer, Kitsch und Tod. Der Widerschein des Nazismus, München 1986, S. 78ff.
[3] Vgl. zuletzt den anregenden Essay von Peter Longerich, Tendenzen und Perspektiven der Täterforschung, in: Aus Politik und Zeitgeschichte, Heft 14-15 (2007), S. 3-7; sowie den grundlegenden Forschungsüberblick bei Gerhard Paul, Von Psychopathen, Technokraten des Terrors und „ganz gewöhnlichen" Deutschen. Die Täter der Shoah im Spiegel der Forschung, in: Ders. (Hrsg.), Die Täter der Shoah. Fanatische Nationalsozialisten oder ganz normale Deutsche?, Göttingen 2002, S. 13-92.
[4] Das prominenteste Beispiel ist sicherlich Michael Wildt, Generation des Unbedingten. Das Führungskorps des Reichssicherheitshauptamtes, Hamburg 2003. Für Osteuropa von größerer Relevanz sind folgende Studien: Ruth-Bettina Birn, Die Höheren SS- und Polizeiführer. Himmlers Vertreter im Reich und in den besetzten Gebieten, Düsseldorf 1986; dies., Die Sicherheitspolizei in Estland 1941-1944. Eine Studie zur Kollaboration im Osten, Paderborn 2006. Zu den Generälen der Wehrmacht vgl. Johannes Hürter, Hitlers Heerführer. Die deutschen Oberbefehlshaber im Krieg gegen die Sowjetunion 1941/42, München 2006. Die Beschäftigten der Verwaltung im Generalgouvernement werden untersucht in Stephan Lehnstaedt, „Ostnieten" oder Vernichtungsexperten? Die Auswahl deutscher Staats-

sonen[5] in den Blick. Seit der Pionierstudie von Christopher Browning[6] haben derartige Untersuchungen Konjunktur, obwohl gerade Browning, der sein 1992 in den USA und 1993 in Deutschland erschienenes Buch mit „Ordinary Men" bzw. „Ganz normale Männer" betitelte, vor allem eine Interpretation der Taten der Angehörigen des Reserve-Polizeibataillons 101 vorlegte, die darauf abzielt, dass unter ganz bestimmten Bedingungen beinahe jeder zum Täter werden kann. Und obgleich die These durchaus Zustimmung fand, versuchten nur wenige Monographien, diese Bedingungen genauer zu ergründen. Das Gros der deutschen Forscher fokussierte sich auf die prosopographischen Besonderheiten von unmittelbaren Tätern und erkundete hauptsächlich Dispositionen eben nicht „normaler Männer", sondern von Funktionären und Befehlshabern[7].

Die situativen Aspekte der Morde ließen jedoch in den meisten Studien das Umfeld außer Acht, in dem die Okkupanten lebten[8] – ganz im Gegensatz zur Lage der Okkupierten, der sich zahlreiche Studien widmen[9]. Dabei ist gerade die Rolle, die die Gewalt im Alltagsleben der Täter spielte, von großer Bedeutung für die Art und Weise, die Motivation und den Umfang, in dem sie ausgeführt wurde. Die Erforschung dieser Aspekte verspricht Antworten auf die Frage, warum die Deutschen im Osten so bereitwillig Handlungen begingen, die ihnen in der Heimat kaum je in den Sinn gekommen wären.

Zu analysieren sind einerseits die Sichtbarkeit der Morde, andererseits auch deren Rezeption, die sich in der Kommunikation der Besatzer untereinander und mit den Angehörigen in der Heimat widerspiegelte. Erst jüngst haben Studien von Peter Longerich und Bern-

---

diener für den Einsatz im Generalgouvernement Polen 1939–1944, in: Zeitschrift für Geschichtswissenschaft 55 (2007), S. 701-721.

[5] Die Literatur ist zu umfangreich, um hier referiert werden zu können. Bei Biographien deutscher Täter in Warschau sind vor allem ältere polnische Werke von Bedeutung, die nicht der heutigen „Täterforschung" zugeordnet werden können: vgl. Tadeusz Kur, Sprawiedliwość pobłażliwa. Proces kata Warszawa Ludwiga Hahna w Hamburgu [Nachsichtige Gerechtigkeit. Der Prozess des Henkers von Warschau, Ludwig Hahn, in Hamburg], Warschau 1975; Tadeusz Walichnowski, Rozmowy z Leistem hitlerowskim starosta Warszawa [Gespräche mit Leist, Hitlers Warschauer Stadthauptmann], Warschau 1986; Tatjana Berenstein, Waldemar Schön – organizator getta w Warszawie [Waldemar Schön – Organisator des Ghettos in Warschau], in: Biuletyn Żydowskiego Instytutu Historicznego w Polsce, Heft 49 (1964), S. 85-90.

[6] Vgl. Christopher Browning, Ganz normale Männer. Das Reserve-Polizeibataillon 101 und die „Endlösung" in Polen, Reinbek [5]2002.

[7] Vgl. z. B. Götz Aly/Susanne Heim, Vordenker der Vernichtung. Auschwitz und die deutschen Pläne für eine neue europäische Ordnung, Hamburg 2001. Vom Personal vor Ort wurden hauptsächlich die SS- und Polizeibataillone und -kommandos untersucht: vgl. grundlegend Stefan Klemp, „Nicht ermittelt". Polizeibataillone und die Nachkriegsjustiz. Ein Handbuch, Münster 2005. Zu weiteren Studien siehe oben, Anm. 4.

[8] Eine kurze Einführung bietet Marek Getter, Środowisko niemieckie w Warszawie w latach 1939–1944 [Das deutsche Milieu in Warschau 1939–1944], in: Instytut Historii Polskiej Akademii Nauk (Hrsg.), Warszawa – Lat wojny i okupacji 1939–1944 [Warschau – Jahre des Krieges und der Okkupation 1939–1944], Bd. 3, Warschau 1973, S. 223-240. Vgl. auch Tomasz Szarota, Warschau unter dem Hakenkreuz. Leben und Alltag im besetzten Warschau, 1.10.1939–31.7.1944, Paderborn 1985, besonders S. 231-257.

[9] Vgl. für das jüdische Warschau etwa Ruta Sakowska, Menschen im Ghetto. Die jüdische Bevölkerung im besetzten Warschau 1939–1943, Osnabrück 1999; Barbara Engelking/Jacek Leociak (Hrsg.), Getto Warszawskie. Przewodnik po nieistniejącym mieście [Das Warschauer Ghetto. Führer zur verschwundenen Stadt], Warschau 2001; Yisrael Gutman, The Jews of Warsaw 1939–1943. Ghetto, Underground, Revolt, Bloomington 1982. Die wichtigsten der zahlreichen Werke zur polnischen Bevölkerung sind Szarota, Warschau; sowie Instytut Historii Polskiej Akademii Nauk (Hrsg.), Warszawa – Lat wojny i okupacji 1939–1944 [Warschau – Jahre des Krieges und der Okkupation 1939–1944], 4 Bde., Warschau 1971-1975.

ward Dörner gezeigt, dass wichtige neue Erkenntnisse – aber auch methodische Probleme – mit derartigen Untersuchungen verbunden sind[10]. Um tatsächlich zu einer alltäglichen Erscheinung zu werden, der keine herausgehobene Bedeutung zugemessen wurde – wie etwa in Warschau –, war eine Akzeptanz der Gewalt notwendig, die diese selbst auf individueller Ebene in den Rang einer nicht nur legalen, sondern vor allem legitimen Ausdrucksform gegenüber den Besetzten erhob. Dazu trug auch bei, dass beispielsweise durch Schwarzmarkt, Raub oder sexuelle Ausbeutung nicht wenige persönliche Vorteile[11] mit der Okkupationsherrschaft und ihrem „Klima des Massenmordes"[12] verbunden waren. Die Formen der deutschen Gewalt in Warschau zeigen drei Bereiche: zunächst die staatlich angeordneten Maßnahmen und die individuellen Handlungen Einzelner, die ihrer eigenen Motivation entsprangen; dann die Gewaltexzesse der Deportationen in das Vernichtungslager Treblinka im Sommer 1942; und schließlich die Niederschlagung des Aufstandes im sogenannten Restghetto 1943.

Hier werden die angedeuteten Fragestellungen und die Rolle der Gewalt im Alltag der deutschen Besatzer in Warschau untersucht. Dabei bleibt als unumgängliches Problem bestehen, dass ihre Bewertung nur schwer zu quantifizieren ist; exemplarische Auszüge aus Tagebüchern, Feldpostbriefen und Nachkriegsaussagen ermöglichen aber tragfähige Aussagen, die aufgrund einer gewissen Häufigkeit und angesichts von Belegen anderer Quellengattungen bei aller gebotenen Vorsicht durchaus generalisierbar sind[13]. Einschränkend sei noch bemerkt, dass der Blick auf die jüdischen Opfer bis zur Niederschlagung des Auf-

---

[10] Vgl. Peter Longerich, „Davon haben wir nichts gewusst!" Die Deutschen und die Judenverfolgung 1933–1945, München 2006; Bernward Dörner, Die Deutschen und der Holocaust. Was niemand wissen wollte, aber jeder wissen konnte, Berlin 2007. Während Longerich einen chronologischen Ansatz verfolgt und methodische Prämissen erläutert, erörtert Dörner die Öffentlichkeit des Holocaust thematisch (z. B. „Möglichkeiten der Wahrnehmung"), führt theoretische Überlegungen jedoch nicht aus.
[11] Vgl. Götz Aly, Hitlers Volksstaat. Raub, Rassenkrieg und nationaler Sozialismus, Frankfurt a.M. 2005.
[12] Bogdan Musial, Deutsche Zivilverwaltung und Judenverfolgung im Generalgouvernement. Eine Fallstudie zum Distrikt Lublin 1939–1944, Wiesbaden 1999, S. 338.
[13] Die methodischen Probleme der Kommunikation in einer Diktatur können hier nicht ausführlich behandelt werden. Vgl. grundlegend Adelheid von Saldern, Öffentlichkeiten in Diktaturen. Zu den Herrschaftspraktiken in Deutschland im 20. Jahrhundert, in: Günther Heydemann/Heinrich Oberreuther (Hrsg.), Diktaturen in Deutschland – Vergleichsaspekte. Strukturen, Institutionen und Verhaltensweisen, Bonn 2003, S. 442–475. Siehe ferner Karl Christian Führer/Knut Hickethier/Axel Schildt, Öffentlichkeit – Medien – Geschichte. Konzepte der modernen Öffentlichkeit und Zugänge zu ihrer Erforschung, in: Archiv für Sozialgeschichte 41 (2001), S. 1–38; Jörg Requate, Öffentlichkeit und Medien als Gegenstände historischer Analysen, in: Geschichte und Gesellschaft 25 (1999), S. 5–32. Zur Rezeption vgl. Geoff Eley, Wie denken wir über Politik? Alltagsgeschichte und die Kategorie des Politischen, in: Berliner Geschichtswerkstatt (Hrsg.), Alltagskultur, Subjektivität und Geschichte. Zur Theorie und Praxis von Alltagsgeschichte, Münster 1994, S. 17–36. Grundlegend zur Alltagsgeschichte sind nach wie vor die Beiträge in Alf Lüdtke (Hrsg.), Alltagsgeschichte. Zur Rekonstruktion historischer Erfahrungen und Lebensweisen, Frankfurt a.M. 1989. Zur Aneignung des Alltags vgl. zuletzt Marian Füssel, Die Kunst der Schwachen. Zum Begriff der „Aneignung" in der Geschichtswissenschaft, in: Sozial.Geschichte 21 (2006), S. 7–28. Wichtig zu den Freiheiten und Dissensmöglichkeiten im Alltag ist Ulrike Jureit, Motive – Mentalitäten – Handlungsspielräume. Theoretische Anmerkungen zu Handlungsoptionen von Soldaten, in: Christian Hartmann/Johannes Hürter/Ulrike Jureit (Hrsg.), Verbrechen der Wehrmacht. Bilanz einer Debatte, München 2005, S. 163–170 und S. 215f.; vgl. auch Alf Lüdtke, „Fehlgreifen in der Wahl der Mittel". Optionen im Alltag militärischen Handelns, in: Mittelweg 36, 12 (2003), S. 61–75.

standes 1943 begrenzt bleibt[14], obwohl auch diejenigen Polen, die nicht dieser rassistischen Kategorie zugeordnet wurden, der nationalsozialistischen Herrschaft und ihren Morden ausgeliefert waren, nicht zuletzt während des Aufstandes 1944[15].

II.

Schon bald nach dem Einmarsch in die Stadt im Oktober 1939 legten die Besatzungsbehörden die Fundamente für eine Politik, die letztlich zur Auslöschung der größten jüdischen Stadtbevölkerung Europas und zu rund 370 000 Toten führen sollte, wobei sich die grundsätzlichen Eskalationsstufen bis hin zum systematischen Massenmord kaum von denen in den anderen Distrikten des Generalgouvernements unterschieden[16]. Die erste Stufe des Holocaust in Polen stellte die gezielte Entrechtung und Diskriminierung der jüdischen Bevölkerung dar. Dazu gehörten beispielsweise die Bestimmung, dass Juden bei Begegnung mit deutschen Uniformträgern in deutlich sichtbarer Weise Platz zu machen und erforderlichenfalls den Gehsteig zu verlassen hatten[17], das Verbot, öffentliche Parkanlagen und besonders gekennzeichnete Straßen zu betreten[18], oder dasjenige, das den Handel mit ihnen außerhalb des Ghettos untersagte[19].

Mit dem Arbeitszwang, der für die Warschauer Juden seit Dezember 1939 existierte, verschärfte sich die Situation. Er führte im August 1940 etwa 10 600 Menschen in rund 130 Dienststellen der Besatzer, unter anderem in 31 militärische, 39 polizeiliche, 22 Einrichtungen der Eisenbahn, acht der Post und etwa 30 der Zivilverwaltung[20]; die Zahlen stiegen bis April 1941 auf 15 000 Ghettoinsassen in Betrieben und 25 000 für verschiedene Meliorationsarbeiten, vor allem außerhalb des abgeschlossenen Bereichs[21]. Neben Menschen für

---

[14] Zum nach dem Ende des Aufstandes errichteten Konzentrationslager vgl. Andreas Mix, Das KL Warschau und der Abriss des Warschauer Ghettos, in: Ralph Gabriel u. a. (Hrsg.), Lagersystem und Repräsentation. Interdisziplinäre Studien zur Geschichte der Konzentrationslager, Tübingen 2004, S. 100–118; sowie Władysław Bartoszewski, Der Todesring um Warschau. 1939–1944, Warschau 1968, S. 171 ff.

[15] Vor allem die polnische Literatur über das Thema füllt mittlerweile Bibliotheken, einen Überblick gibt die mehrbändige Bibliographie Władysław Henzel, Powstanie warszawskie 1944r. Bibliografia selektywna [Der Warschauer Aufstand von 1944. Auswahlbibliographie], Warschau 1994–2004. Die Rezeption des Aufstandes durch die Deutschen harrt noch ihrer Erkundung, einige Eindrücke werden vermittelt in Anke Stephan, „Banditen" oder „Helden"? Der Warschauer Aufstand in der Wahrnehmung deutscher Mannschaftssoldaten, in: Bernhard Chiari (Hrsg.), Die polnische Heimatarmee. Geschichte und Mythos der Armia Krajowa seit dem Zweiten Weltkrieg, München 2003, S. 473–496.

[16] Vgl. für Lublin Musial, Zivilverwaltung; für Ostgalizien Dieter Pohl, Nationalsozialistische Judenverfolgung in Ostgalizien 1941–1944. Organisation und Durchführung eines staatlichen Massenverbrechens, München ²1997; für Radom vgl. Robert Seidel, Deutsche Besatzungspolitik in Polen. Der Distrikt Radom 1939–1945, Paderborn 2006; und Jacek Andrzej Młynarczyk, Judenmord in Zentralpolen. Der Distrikt Radom im Generalgouvernement 1939–1945, Darmstadt 2007. Einen Überblick über das Generalgouvernement gibt z. B. Peter Longerich, Politik der Vernichtung. Eine Gesamtdarstellung der nationalsozialistischen Judenverfolgung, München 1998, v. a. S. 243–272. Die Situation in Warschau wird überzeugend dargestellt in Sakowska, Menschen, S. 36–80.

[17] Mitteilungsblatt der Stadt Warschau, Nr. 37 vom 10.10.1940, S. 1 f., Bekanntmachung vom 8.10.1940.

[18] Mitteilungsblatt der Stadt Warschau, Nr. 27 vom 1.8.1940, S. 1, Anordnung vom 18.7.1940.

[19] Mitteilungsblatt der Stadt Warschau, Nr. 8 vom 25.2.1941, S. 1 f., Anordnung vom 13.2.1941.

[20] Vgl. Sakowska, Menschen, S. 53 f. Faktisch waren Warschauer Juden bereits seit Oktober 1939 in Zwangsarbeitskolonnen eingesetzt.

[21] Institut für Zeitgeschichte, Archiv (IfZA), Fb 105/12, S. 2812 ff., Diensttagebuch Hans Franks, Besprechung in Warschau am 3.4.1941.

einfache Hilfstätigkeiten waren vor allem Fachkräfte gefragt, die etwa in den Warschauer „Mechanischen Werkstätten Neubrandenburg" als Handwerker arbeiteten[22].

Nach ersten Überlegungen bereits 1939 nahm die Zivilverwaltung im Sommer 1940 die konkrete Planung eines abgeschlossenen „Judenviertels" auf, und bis August wurden 47 Abschnitte der Begrenzungsmauer errichtet. Der Distriktgouverneur Ludwig Fischer unterschrieb am 2. Oktober 1940 den Erlass über die Errichtung des jüdischen Wohnbezirks, und unmittelbar danach begann die Umsiedlung der Juden[23], verbunden mit der auch statistisch von den Okkupanten genau überwachten Enteignung ihrer bisherigen Wohnungen[24]. In der Stadt wurden schlussendlich rund 250 000 Menschen umgesiedelt, davon 138 000 Juden und 113 000 Polen, die jeweils ihre Wohnungen räumen mussten und innerhalb des Stadtgebietes umzogen. Das Ghetto umfasste im Januar 1941 eine Fläche von etwas mehr als drei Quadratkilometern, auf der wenig später bereits 450 000 Juden untergebracht waren – was mithin einer Bevölkerungsdichte von 146 000 Personen pro Quadratkilometer entsprach[25]. Das Gebiet grenzte unter anderem direkt an die Neustadt sowie den Sächsischen Garten mit den anschließenden deutschen Verwaltungsgebäuden und war knapp 200 Meter vom Hauptbahnhof entfernt. Kaum war die jüdische Bevölkerung in den Wohnbezirk eingewiesen, begannen die Besatzer systematisch damit, ihnen das Verlassen desselben zu verbieten und Übertretungen mit drakonischen Strafen zu belegen, denn schließlich sollten die rücksichtslosen „Judenvorschriften [...] den arischen Menschen gegen das Judentum schützen"[26].

Diese Politik, die im Grunde die Entrechtung der Juden fortsetzte, wie sie schon im Reich stattgefunden hatte[27], war für die Besatzer nicht besonders bemerkenswert, wurde aber registriert. Informationen konnten sie dabei nicht nur aus eigenem Ansehen gewinnen, auch den örtlichen Zeitungen war einiges zu entnehmen[28]. Gerade bei der Zwangsarbeit ließ sich zudem der persönliche Kontakt der deutschen Aufseher und Vorarbeiter nur selten vermeiden[29]. Die Verwendung von Sklavenarbeitern war so selbstverständlich, dass „jüdische Arbeitskräfte/sog. Judenkolonnen" auch direkt im Ghetto zusammengestellt, also verbotenerweise willkürlich Menschen dafür eingeteilt wurden, ohne dass auf dem Dienstweg eine Anforderung beim Arbeitsamt eingeholt wurde[30]. Das Schicksal der jüdischen Zwangsarbeiter war unter den Besatzern weithin bekannt und teilweise auch Inhalt von Gesprächen[31], in seiner scheinbaren Notwendigkeit aber weithin akzeptiert. Diese Interpretation legen

---

[22] Archiwum Państwowe m.st. Warszawy [Staatsarchiv Warschau] (APW), 643/1317 (neu: 1080), Urteil des Sondergerichts Warschau gegen die Volksdeutschen Eugen S. und Michael K. vom 2.4.1943.
[23] Vgl. Sakowska, Menschen, S. 55; die vorangegangenen Anordnungen finden sich im Mitteilungsblatt der Stadt Warschau, Nr. 28 vom 9.8.1940, S. 1, Anordnung vom 7.8.1940; sowie ebenda, Nr. 38 vom 18.10.1940, S. 1 ff., Bekanntmachung vom 16.10.1940.
[24] Bundesarchiv Berlin (BAB), R 102 I/2, S. 1 ff., Referat des Leiters der Abteilung Umsiedlung im Distrikt Warschau vom 20.1.1941.
[25] Vgl. Sakowska, Menschen, S. 56.
[26] APW, 643/528 (neu: 621), Urteil des Sondergerichts Warschau gegen die Jüdin Amelja B. und den Volksdeutschen Roman F. vom 29.4.1942.
[27] Vgl. Longerich, Politik, S. 224 ff.
[28] Zum Thema „Juden" in der deutsch- und polnischsprachigen Presse des Generalgouvernements vgl. Lars Jockheck, Propaganda im Generalgouvernement. Die NS-Besatzungspresse für Deutsche und Polen 1939–1945, Osnabrück 2006, S. 315–332.
[29] BAL., B 162/1682, S. 1778 ff., Vernehmung von Erna L. am 14.12.1960.
[30] Archiwum Akt Nowych [Archiv Neuer Akten], Warschau (AAN), T 501-228/930 f., Kommandanturbefehl Warschau Nr. 156 vom 23.8.1940.
[31] BAL., B 162/1672, S. 92 ff., Vernehmung von Karl G. am 18.10.1960.

auch manche Nachkriegsaussagen nahe, in denen zwar gelegentlich „unwürdige Umstände" geschildert, nicht aber das System an sich in Frage gestellt wurde[32]. Dennoch kamen selbst offizielle Berichte zu dem Schluss, dass die Behandlung der jüdischen Arbeitskräfte „nur als viehisch bezeichnet" werden könne[33].

Die Deutschen beobachteten die Entwicklung in der „Judenfrage" recht genau, besonders die Errichtung der Ghettos war eine spektakuläre Tatsache, die sie kaum übersehen konnten und die die Politik im Osten deutlich von Westeuropa und dem Reich schied. So berichtete die im ganzen Generalgouvernement verbreitete Warschauer bzw. später Krakauer Zeitung – die auch im Reich erhältlich war – über die Errichtung der jüdischen Wohnbezirke in Polen, denn ihre Leser waren darüber ohnehin im Bilde[34]. Die ersten Artikel über die jüdische Bevölkerung in der Warschauer Zeitung erschienen bereits Ende November 1939, als erstmals ein Stadtviertel als Ghetto deklariert wurde, zu dem deutsche Soldaten hinfort keinen Zutritt mehr haben sollten[35]. Die Zeitung behauptete, die Maßnahme sei den Einwohnern der Stadt aus dem Herzen gesprochen, denn der „inferiore Charakter" der „Parasiten" habe dank ihrer Raffgier zur materiellen Not beigetragen und wegen mangelnder Hygiene einen Krankheitsherd entstehen lassen. Diese Klischees, die die Akzeptanz der für alle sichtbaren Politik der Zivilverwaltung fördern sollte, erfuhren knapp einen Monat später nochmals eine Neuauflage, als ein Spaziergang durch das Ghetto beschrieben wurde, der zahlreiche negative Bilder transportierte[36]. Nach diesem Artikel vom Dezember 1939 fanden sich in dem Blatt bis Oktober 1940 keine Texte mehr, die weitere Maßnahmen erwähnten oder gar kommentierten[37]. Ein neugieriger, stets gut informierter und kritischer Beobachter wie der Hauptmann Wilm Hosenfeld konstatierte dennoch bereits am 30. September 1940, dass alle jüdischen Warschauer ins Ghetto eingewiesen wurden[38].

Der erste Artikel der Warschauer Zeitung, in dem davon zu lesen war, trug bezeichnenderweise den Titel „Deutsches Viertel in Warschau", zeigte aber eine Karte des Ghettos[39], dessen Lage auch sonst auf allen Plänen der damaligen Zeit wiedergegeben war. Die Gründe für den jüdischen Wohnbezirk thematisierten öffentliche Vorträge, die in der Zeitung ausführlich besprochen wurden[40]. Die Zivilverwaltung feierte sich in ihrem Jahresbericht für die Etablierung des „jüdischen Wohnbezirks"[41], wobei der angebliche Rückgang von Fleckfiebererkrankungen immer wieder hervorgehoben wurde. Angesichts der katastrophalen Ge-

---

[32] Bundesarchiv – Lastenausgleichsarchiv, Bayreuth (BALAA), Ost.Dok. 8/842, S. 1ff., Bericht von Raimund Warth, Werksluftschutzführer in Warschau, vom 5.3.1956.
[33] IfZA, MA 679 – 3/263ff., Monatsbericht der Kommandantur Warschau für 16.4.–15.5.1941, vom 20.5.1941.
[34] Vgl. Longerich, Gewusst, S. 210.
[35] Warschauer Zeitung Nr. 7 vom 19.–20.11.1939: „Warschauer Ghetto wird abgesperrt".
[36] Warschauer Zeitung Nr. 30 vom 16.12.1939: „Warschauer Ghetto".
[37] Mit Ausnahme eines Artikels zur Einführung deutscher Abteile in den Straßenbahnen, der mit „Getrennt von den Juden" betitelt war, in seiner Kürze aber lediglich die damit verbundenen hygienischen Vorteile hervorhob, ohne sich ausführlicher auf die Situation der Juden zu beziehen. Warschauer Zeitung Nr. 11 vom 14.–15.1.1940.
[38] Vgl. Wilm Hosenfeld, „Ich versuche jeden zu retten". Das Leben eines deutschen Offiziers in Briefen und Tagebüchern, München 2004, S. 401, Tagebucheintrag vom 30.9.1940.
[39] Warschauer Zeitung Nr. 245 vom 16.10.1940: „Deutsches Viertel in Warschau".
[40] Warschauer Zeitung Nr. 251 vom 23.10.1940: „Warum Judenwohnbezirk in Warschau?"
[41] Krakauer Zeitung Nr. 17 vom 23.1.1941: „Warschaus jüdischer Wohnbezirk bannt die Seuchengefahr". Im Untertitel hieß es: „Die Einrichtung ein voller Erfolg. Fleckfieberkurve erstaunlich niedrig. Schleichhandel und Preistreiberei wirksam unterbunden".

sundheitslage waren 92 Prozent der dennoch auftretenden Fälle im Ghetto zu verzeichnen, was in den Augen der Nationalsozialisten der Anlass für die Absperrung des Gebiets war[42]; tatsächlich verdrehte diese Interpretation absichtlich Ursache und Wirkung[43].

Die deutschen Behörden waren sich der Faszination, die von der Stadt in der Stadt ausging, sehr wohl bewusst. Um die Neugier der Besatzer zu stillen und die Okkupanten vom Betreten des Ghettos abzuhalten, veröffentlichte die Warschauer Zeitung wiederholt Beschreibungen der dort herrschenden Zustände. Dabei folgte die Interpretationsrichtung natürlich der vorgegebenen Linie, die versuchte, das Elend zu verschweigen oder als verdientes Los hinzustellen, das letztlich nur jüdischen Eigenarten entspreche[44]. Diese Politik der gesteuerten Öffentlichkeit hatte zur Folge, dass der Informationsfluss relativ gut war. So fand die mit der Umsiedlung in das Ghetto verbundene weitgehende Enteignung von Grundstücken und Häusern Eingang in die Berichterstattung. Sie wurde ebenso positiv umgedeutet wie die Zerstörung der jüdischen Handwerksbetriebe oder die Zwangsverlegung von Fabriken und Produktionsräumen in die schon durch die zahlreichen Einwohner überbelegten Quartiere des jüdischen Viertels[45]. Letzteres ließ sich gemeinsam mit Darstellungen der Zwangsarbeit gut zur Hetze gegen die angeblich faulen, zu körperlicher Arbeit nicht bereiten Einwohner des Ghettos verbinden[46] – obwohl die Zivilverwaltung sehr wohl wusste, dass eine wirtschaftlich tragfähige Existenz des Ghettos nicht möglich war[47].

Die Zeitungen unterrichteten die deutschen Leser also relativ ausführlich über die Situation der Juden in Warschau. Die Informationen waren tendenziös und beschränkten sich meist auf rassistisch aufgeladene atmosphärische Schilderungen. Fakten über das Elend in den Straßen des Ghettos, den beständigen Hunger, die Tausende von Toten aufgrund der Unterernährung und der damit verbundenen Krankheiten waren den Artikeln nicht zu entnehmen. Dennoch waren die Besatzer auch hierüber gut unterrichtet, selbst wenn sie das Ausmaß und die Zusammenhänge nur selten vollständig erkennen konnten – es erforderte keine allzu scharfsinnige Beobachtungsgabe, um festzustellen, dass die Juden „für rechtlos erklärt" waren[48]. Die Ursachen für den guten Informationsstand waren die zahlreichen Besuche des Ghettos, die die Deutschen trotz der immer wieder ausgesprochenen

---

[42] Krakauer Zeitung Nr. 21 vom 28.1.1941: „Warschau wieder eine gesunde Stadt"; ebenda, Nr. 29 vom 7.2.1941: „Der jüdische Wohnbezirk bannte die Seuchengefahr".

[43] Vgl. Ute Caumanns/Michael G. Esch, Fleckfieber und Fleckfieberbekämpfung im Warschauer Ghetto und die Tätigkeit der deutschen Gesundheitsverwaltung 1941/42, in: Wolfgang Woelk/Jörg Vögele (Hrsg.), Geschichte der Gesundheitspolitik in Deutschland. Von der Weimarer Republik bis in die Frühgeschichte der „doppelten Staatsgründung", Berlin 2002, S. 225–262, hier S. 233f. Allgemein zur Gleichsetzung von Juden als Krankheitsträger vgl. Christopher Browning, Die nationalsozialistische Ghettoisierungspolitik in Polen 1939–1941, in: Ders. (Hrsg.): Der Weg zur „Endlösung". Entscheidungen und Täter, Bonn 1998, S. 37–66.

[44] Warschauer Zeitung Nr. 286 vom 4.12.1940: „Warschaus Juden ganz unter sich"; ebenda, Nr. 280 vom 27.11.1940: „Der Verkehr mit dem Judenwohnbezirk"; Krakauer Zeitung Nr. 189 vom 12.8.1942: „Juden aus dem Handwerk ausgeschaltet".

[45] Warschauer Zeitung Nr. 252 vom 24.10.1940: „Hausbesitz jüdischer Profitgier entzogen"; ebenda, Nr. 293 vom 12.12.1940: „Die Umsiedlung Warschauer Betriebe".

[46] Krakauer Zeitung Nr. 96 vom 24.4.1942: „Großbetriebe in Warschaus Judenviertel"; ebenda, Nr. 165 vom 15.7.1942: „Isaak Veilchenduft näht Knopflöcher". Zu den deutschen Firmen im Ghetto und ihren Zwangsarbeitern vgl. Sakowska, Menschen, S. 255f.

[47] IfZA, Fb 105/12, S. 2812ff., Diensttagebuch Hans Franks, Besprechung Franks mit den örtlichen Behörden in Warschau am 3.4.1941.

[48] Udo von Alvensleben, Lauter Abschiede. Tagebuch im Kriege, hrsg. von Harald von Koenigswald, Frankfurt a.M. 1971, S. 141ff., Tagebuchnotiz für den 16.-21.9.1940.

Verbote unternehmen[49]. Dabei konnte man entweder den Dienstrang gegenüber den wachhabenden Torposten ausspielen oder den Zugang mittels guten Zuredens bzw. offener Korruption erkaufen, von einer der durchfahrenden Straßenbahnen abspringen oder einfach einen Dienstgang vortäuschen[50]. So schildert beispielsweise Wilm Hosenfeld mehr als einmal die „furchtbaren Zustände", die er dort während verschiedener Aufträge für die Wehrmacht sah[51]. Die Neugier auf eine fremde Welt und auf das Elend, manchmal dienstliche Notwendigkeiten, meist aber auch die Möglichkeit, preiswert bzw. kostenlos Gegenstände zu erwerben, führten beinahe alle Besatzer irgendwann in das jüdische Wohnviertel.

Es ist nicht überraschend, dass der erste Spaziergang von zahllosen Neulingen in der Stadt „natürlich" in das Ghetto ging, über das sie schon so viel gehört hatten[52]. Selbst für Wehrmachtssoldaten, die sich auf der Durchreise an die Front oder in die Heimat nur kurz in der Stadt aufhielten, gehörte der Besuch zum Besichtigungsprogramm, und sogar mit Bussen der DAF-Organisation „Kraft durch Freude" fuhren zivile wie militärische Okkupanten durch den Wohnbezirk[53]. Das Erlebte wurde den Angehörigen in der Heimat in vielen Feldpostbriefen ausführlich geschildert – versehen mit Wertungen von genereller Ablehnung bis hin zur Zustimmung, dass die Juden nun bekämen, was sie verdienten[54]. Es erscheint in diesem Zusammenhang nicht übertrieben, von einem regelrechten Ghettotourismus zu sprechen. Die Besucher konnten sich noch Jahre später in ihren Aussagen in Nachkriegsverfahren daran erinnern, selbst wenn sie nur aus reiner Neugier mehrmals mit der Straßenbahn durch den Bezirk gefahren waren[55].

Viele Besatzer, die das Ghetto besuchten, schilderten die dort herrschenden katastrophalen Zustände und die auf den Straßen liegenden Leichen verhungerter Kinder in ihren Briefen in die Heimat[56]. Ärzte wie Wolfgang Lieschke oder Wilhelm Hagen berichteten darüber – gleichwohl mit verschiedenen Ansichten über die Krankheiten, ihre Ursachen

---

[49] Z.B. in AAN, T 501-228, Kommandanturbefehl Warschau Nr. 229 vom 16.12.1940; oder in RGVA [Rossijskij gosudarstvennyj voennyj archiv; Russisches staatliches Militärarchiv], 1323-2-302a, Bl. 42, Kommandanturbefehl Warschau Nr. 107 vom 10.5.1943.
[50] BAL, B 162/3664, S. 40ff., Vernehmung von Ehrhard S. am 18.1.1960; Die Bundesbeauftragte für die Unterlagen der Staatssicherheit der ehemaligen Deutschen Demokratischen Republik, Berlin (BStU), ZUV 53/7, S. 129ff., Aussage von Walter H. zum Einsatz des Polizeibataillons 304 in Warschau 1940-1941, vom 2.1.1975.
[51] Z.B. Hosenfeld, Retten, S. 452, Tagebucheintrag vom 3.3.1941; andere Besuche etwa in Deutsches Tagebucharchiv, Emmendingen (DTA), 280/I, Tagebuch Franz Jonas, oder ebenda, 141, Tagebuch Dr. Max Rohrweder/4. Vgl. Franz Blättler [eigentlich Franz Mawick], Warschau 1942. Tatsachenbericht eines Motorfahrers der zweiten schweizerischen Ärztemission 1942 in Warschau, Zürich 1945, S. 27ff.
[52] Das Zitat in Staatsarchiv Münster (StAM), Polizeipräsidien, Slg. Primavesi/270, Kriegserinnerungen des Oberwachtmeisters der Schutzpolizei Otto Nahlmann. Die Neugier als Bewegrund für einen Ghettobesuch benennt z.B. BAL, B 162/AR 179/71, Bd.6, S. 938ff., Vernehmung von Werner S. am 9.9.1971.
[53] Vgl. Szarota, Warschau, S. 46.
[54] Neutral-deskriptive Schilderungen in Bibliothek für Zeitgeschichte, Stuttgart (BfZg), Sammlung Sterz, Brief des Majors C.H. Bein vom 21.8.1941; ebenda, Brief der Krankenschwester Anna Weber vom 20.5.1941. Zustimmung zum Schicksal der Juden wird geäußert z.B. in ebenda, Brief des Unteroffiziers Heinrich Zils vom 30.6.1941. Das Elend wird abgelehnt in ebenda, Brief des Unteroffiziers Gottard Eiermann vom 24.6.1941. Angesichts der doch geringen Anzahl der Briefe können hier jedoch keine repräsentativen Zustimmungs- bzw. Ablehnungsquoten genannt werden.
[55] BAL, B 162/3709, S. 215ff., Vernehmung von Thekla B. am 25.7.1965.
[56] Z.B. BfZg, Sammlung Sterz, Brief des Majors C.H. Bein vom 21.8.1941; ebenda, Brief des Unteroffiziers Gottard Eiermann vom 24.6.1941; ebenda, Brief der Krankenschwester Anna Weber vom 20.5.1941.

und Heilungschancen⁵⁷. Die Mangelernährung und der ständige Hunger zeigten sich so offensichtlich auf den Straßen, dass vereinzelt Deutsche bei ihren Fahrten bzw. Spaziergängen durch das Warschauer Ghetto en passant Brot für Kinder und Bettler fallen ließen⁵⁸; doch diese humanitären Akte mussten in gewisser Heimlichkeit stattfinden, denn solcherart Mitleid gegenüber den Juden war streng verboten. Deutlich verbreiteter war die stillschweigende Zustimmung zu diesem Elend, dessen Beobachtung in die Heimat mit Formulierungen wie „täglich verhungert eine Anzahl dieses Gesindels" gemeldet werden konnte⁵⁹.

Dabei war der Tod im jüdischen Wohnviertel in den Augen der allermeisten Besatzer eine alltägliche Begebenheit, die ihr Leben kaum betraf. Der Bekanntheitsgrad selbst von Details wie den monatlichen Sterbeziffern war so groß, dass sich der Geschäftsführer der Ghetto-Textilfirma Walter C. Toebbens, Rudolf Neumann, noch 1962 bei einer Vernehmung durch die Polizei daran erinnerte, im Februar 1942 gemeinsam mit einem Freund Berechnungen zur Sterberate der Juden angestellt zu haben. Sie kamen damals zu dem Ergebnis, dass „das Ghetto ohne jede gewaltsame Einwirkung bei diesen Todesziffern innerhalb von sechs Jahren restlos ausgestorben sein würde"⁶⁰. Doch diese schockierende Feststellung tangierte ihn weder 1942 noch 20 Jahre später, denn obwohl viele Menschen „selbstverständlich starben", meinte er, viele Reiche gesehen zu haben, die leben konnten, wie sie es wollten. Dieser Interpretation hingen viele Besatzer an, und die deutschen Behörden glaubten, dass auch die Polen so empfanden⁶¹. Unbewusst folgten die Okkupanten damit der von der Propaganda vorgegebenen Linie des selbstverschuldeten jüdischen Elends, das nur deshalb existiere, weil so viele Profithaie sich nicht um ihre Mitbürger scherten⁶². Die Deutschen machten den angeblichen Wohlstand des Ghettos beispielsweise an eintreffenden Mietzahlungen oder am umfassenden Schmuggel fest, der in ihren Augen nur deshalb stattfinden konnte, weil das Ghetto angeblich noch so reich war⁶³. Zudem ließen Beobachtungen von Schmutz, Elend, Apathie und sogar offen herumliegenden Leichen eventuell vorhandenes Mitgefühl schnell in Ekel und Verachtung umschlagen⁶⁴.

Am spektakulärsten war derlei auf dem Warschauer Ghettofriedhof zu beobachten, der gewissermaßen den Höhepunkt jeder Besichtigung darstellte⁶⁵. Gerne machten die Besatzer hier trotz des strengen Verbots Fotos der Leichen, die nackt aufgestapelt mit Schubkarren angefahren und in Massengräbern bestattet wurden. Joe Heydecker, damals bei einer Propagandakompanie beschäftigt, berichtet von einem Kameraden, dessen Fotografien in Umlauf gerieten, woraufhin ein Offizier die Negative konfiszierte und den Soldaten eine

---

⁵⁷ Privatsammlung Gerhard Lieschke, Brief Wolfgang Lieschkes an die Ehefrau vom 21.6.1941; IfZA, ED 66-I, Nachlass Wilhelm Hagen.
⁵⁸ Vgl. Jacob Sloan (Hrsg.), Notes from the Warsaw Ghetto. The Journal of Emmanuel Ringelblum, New York 1958, S. 204, Tagebucheintrag vom 30.8.1941.
⁵⁹ BfZg, Sammlung Sterz, Brief des Unteroffiziers Heinrich Zils vom 30.6.1941.
⁶⁰ Bayerisches Hauptstaatsarchiv, München (BayHStA), Staatsanwaltschaften 34865/18, Vernehmung von Rudolf Neumann am 20.9.1962. Eine ähnliche „mathematische" Überlegung auch in DTA Emmendingen, 280/I, Tagebuch Franz Jonas, Eintrag vom 3.8.1941.
⁶¹ APW, 1357/1, NSDAP-Lagebericht des Standorts Warschau-Land für Dezember 1940, ohne Datum.
⁶² Vgl. grundlegend Browning, Ghettoisierungspolitik.
⁶³ IfZA, MA 679 – 3/645ff., Monatsbericht der Kommandantur Warschau für den 16.7.-15.8.1941, vom 21.8.1941; ebenda, Fb 105/12/2812ff., Besprechung in Warschau am 3.4.1941.
⁶⁴ Vgl. Caumanns/Esch, Fleckfieber, S. 256.
⁶⁵ Vgl. Ringelblum, Notes, S. 294, Aufzeichnung vom Juni 1942; Sakowska, Menschen, S. 166; sowie Blättler, Warschau, S. 81 ff.

Ansprache darüber hielt, welchen Schaden die Fotos in den Händen des Feindes hätten anrichten können[66].

Wer in Warschau aufmerksam hinsah, konnte auch Erschießungen beobachten. Gerade Exekutionen von nur wenigen Personen waren in den deutsch besetzten Städten Osteuropas aufgrund ihrer Häufigkeit ein ständiges Element des Alltagslebens, das sich nahtlos an ähnliche Formen der Gewalt anschloss. Wilm Hosenfeld etwa berichtete von einem Gestapo-Mann, der in einem Hauseingang wahllos auf die dort versammelten Menschen schoss[67]; ein Werkluftschutzführer erlebte, wie in seinem Betrieb die jüdischen Beschäftigten „von laufenden Maschinen weggeholt, auf einen Haufen getrieben und mit Maschinengewehren niedergeschossen wurden"[68]; ein an die Ostfront durchreisender Soldat notierte in seinem Tagebuch, dass jeder Jude, der „nach einer bestimmten Stunde abends auf der Straße angetroffen wurde, [...] rücksichtslos umgelegt" wurde[69]; ein in Warschau arbeitender Zivilist erzählte, dass die Polizeistreife, die um das Ghetto patrouillierte, ohne Vorwarnung auf die Juden schoss, die sich im Bereich der Mauer befanden. Die Besatzer sprachen von „Abschüssen"[70]. Jeder Deutsche, der sich in Warschau im jüdischen Wohnbezirk aufhielt, musste also „feststellen, dass im Ghetto viel geschossen wurde"[71] – und identifizierte fast immer korrekt die SS- und Polizeieinheiten als Täter[72].

III.

Die staatliche Gewalt ermöglichte es den Besatzern auch, ihre privaten Bedürfnisse auf Kosten der Ghettobewohner zu befriedigen. Das geschah zunächst über den Wohnungsmarkt, für den die jüdische Bevölkerung gezielt enteignet wurde. Die zivilen Besatzungsbehörden konfiszierten offiziell deren Besitz[73], neben Wohnungseinrichtungen, Wertsachen

---

[66] Vgl. Joe Heydecker, Das Warschauer Ghetto. Foto-Dokumente eines deutschen Soldaten aus dem Jahr 1941, München 1983, S. 33. Andere Fotos des Warschauer Ghettos von deutschen Soldaten etwa bei Günther Schwarberg, Im Ghetto von Warschau. Heinrich Jösts Fotografien, Göttingen 2001; Rafael F. Scharf (Hrsg.), In the Warsaw Ghetto Summer 1941. Photographs by Willy Georg. With Passages from Warsaw Ghetto Diaries, New York 1993; Ulrich Keller (Hrsg.), Fotografien aus dem Warschauer Getto, Berlin 1987. Vgl. grundlegend Miriam Yegane Arani, Aus den Augen, aus dem Sinn? Publizierte Fotografien aus dem besetzten Warschau 1939 bis 1945, in: Fotogeschichte 17 (1997), Heft 65 und 66, S. 33–58 und S. 33–50.
[67] Vgl. Hosenfeld, Retten, S. 640f., Tagebucheintrag vom 13.8.1942.
[68] BALAA, Ost.Dok. 8/842, S. 1ff., Bericht von Raimund Warth vom 5.3.1956.
[69] DTA Emmendingen, 280/I, Tagebuch Franz Jonas, Eintrag vom 3.8.1941.
[70] BAL, B 162/1898, S. 215ff., Vernehmung von Martin P. am 2.5.1963.
[71] BAL, B 162/3667, S. 88ff., Vernehmung von Rudolf B. am 17.5.1961.
[72] Z. B. BAL, B 162/3667, S. 113ff., Vernehmung von Curt R. am 16.5.1961.
[73] Zum staatlichen Raub und zu den Unterschieden in den einzelnen besetzten Gebieten vgl. Ralf Banken, Edelmetall und Großraubwirtschaft. Die Entwicklung des deutschen Edelmetallsektors im „Dritten Reich" 1933–1945, Berlin 2008. Einen vergleichenden Überblick für Osteuropa gibt Dieter Pohl, Der Raub an den Juden im besetzten Osteuropa 1939–1942, in: Constantin Goschler/Philipp Ther (Hrsg.), Raub und Restitution. „Arisierung" und Rückerstattung des jüdischen Eigentums in Europa, Frankfurt a. M. 2003, S. 58–72, hier S. 62ff. Zur „Verwertung" polnischen und jüdischen Vermögens im Generalgouvernement mit Hilfe deutscher Banken vgl. Ingo Loose, Kredite für NS-Verbrechen. Die deutschen Kreditinstitute in Polen und die Ausraubung der polnischen und jüdischen Bevölkerung 1939–1945, München 2007, S. 322–373, zum Warschauer Ghetto besonders S. 350–360.

und Geld auch Kleidungsstücke[74]. In hohem Maße profitierten die Besatzer von der faktischen Rechtlosigkeit der Ghettobewohner, denen in großem Umfang Möbel und Einrichtungsgegenstände geraubt wurden, die dann in deutschen Wohnungen wieder Verwendung fanden. Für ihr Quartier konnten selbst einfache Angestellte aus den Beständen der euphemistisch „Treuhandstelle" genannten Einrichtung des Distrikts Warschau Gegenstände beziehen[75]. Da die für das Ghetto zuständige Abteilung Umsiedlung seit Juli 1940 nach Belieben beschlagnahmt hatte[76], konnten die Deutschen das Angebot weidlich ausnutzen; in zahlreichen Anträgen war wörtlich von einer „Überlassung von Möbeln aus dem Ghetto" die Rede. Die Nachfrage nach Möbelzuteilung riss bis Mitte 1944 nicht ab, obwohl der für die Niederschlagung des Ghettoaufstandes verantwortliche SS- und Polizeiführer Jürgen Stroop der Nationalsozialistischen Volkswohlfahrt schon im Mai 1943 mitgeteilt hatte, dass mit einem Versorgungsengpass zu rechnen sei: „Der Grund ist darin zu suchen, dass wahrscheinlich ein Großteil der noch im Ghetto vorhandenen Möbel bei der jetzigen Aktion mit [sic!] vernichtet wird."[77]

Bei den Deutschen beliebt war auch Kleidung aus jüdischem Besitz, vor allem hochwertige Pelze, die in den Wintermonaten gute Dienste leisteten. Die besonderen Verhältnisse des Ostens ermöglichten die Abgabe solcher Luxusgüter sogar ohne oder zumindest mit erheblich weniger Bezugsscheinen als im Reich. Die Anspruchshaltung mancher Besatzer ging so weit, dass sie sich persönlich bei Gouverneur Fischer beschwerten, wenn ihnen kein derartiger Mantel – in einem Fall sogar für die in Deutschland wohnende Tochter – mehr zugeteilt werden konnte, weil zunächst Beamte und Angestellte des öffentlichen Dienstes berücksichtigt wurden[78]. Um die eigenen Lager aufzufüllen, beschlagnahmte der Distrikt Warschau auch die für Juden eintreffenden Pakete, im September 1941 alleine 15 000 Stück im Wert von mehreren Millionen Złoty. Diese kamen hauptsächlich aus dem Ausland und enthielten oftmals Waren wie Leder, Mehl oder Fette, an denen die Deutschen ebenfalls Bedarf hatten[79].

Die Gewalt und die alltägliche Ausplünderung gingen in allen diesen Fällen von den Institutionen aus. Die Vorschriften ließen zumindest offiziell nicht zu, dass die einzelnen Deutschen die einheimische Bevölkerung, auch nicht die jüdische, ausraubten. Doch die Okkupanten gelangten bald zu der Erkenntnis, dass ein großer Unterschied zwischen der offiziellen Linie und den tatsächlich sanktionierten Übertretungen bestand. Der gesetzte Rahmen erlaubte es etwa, Juden das Eigentum wegzunehmen, solange ihnen dabei kein körperlicher Schaden zugefügt wurde. Die Androhung von Gewalt und Misshandlung war allerdings kaum nachzuweisen und daher auch nicht zu ahnden. Gelang es, sich zu bereichern, ohne dass der Beraubte verletzt wurde, blieb das Vergehen fast immer unbestraft, da in den seltenen Ermittlungsverfahren die Aussagen der Besatzer weit mehr zählten als die der Besetzten, die zudem Angst hatten, eine Anzeige bei der Polizei zu machen.

---

[74] Vgl. Martin Dean, Die Enteignung „jüdischen Eigentums" im Reichskommissariat Ostland 1941–1944, in: Jahrbuch des Fritz-Bauer-Instituts (2000), S. 201–218, besonders S. 202f.
[75] Instytut Pamięci Narodowej [Institut des nationalen Gedenkens], Warschau (IPN), 101/19, Quittung über Wohnungsgegenstände des Leopold Winkler vom 25. 11. 1941.
[76] APW, 486/63, Anordnung des Distriktchefs Warschau vom 26. 7. 1940.
[77] APW, 1357/88, Rundschreiben Nr. 13 der NSDAP-Distriktführung Warschau – Hauptabteilung Volkswohlfahrt, vom 4. 5. 1943.
[78] APW, 482/111, Schreiben an den Gouverneur des Distrikts Warschau vom 17. 1. 1943.
[79] Vgl. Marian Fuks (Hrsg.), Im Warschauer Getto. Das Tagebuch des Adam Czerniaków 1939–1942, München 1986, S. 192f., Eintrag vom 8. 10. 1941.

Die jüdische Bevölkerung war so einer Rechtlosigkeit unterworfen, die sie der individuellen Willkür beinahe schutzlos auslieferte. Solange die Deutschen nur halbwegs vorsichtig vorgingen, hatten sie beim Ausplündern der Einheimischen kaum etwas zu befürchten. In der Form des „Organisierens" war der Diebstahl weit verbreitet und akzeptiert. Üblich war ferner, in Geschäften die Preise selbst festzusetzen und so verbilligt einzukaufen[80]. Ein weiteres häufiges Vorgehen zur Bereicherung bestand darin, einen Juden zu beschuldigen, er habe Geld gestohlen. Um dem Zugriff der Besatzungsorgane zu entgehen, waren selbst Institutionen wie der Judenrat bereit, eine „Entschädigung" zu zahlen[81]. Auch die Methode, die Übergabe eines bestimmten teuren Objekts als eine Art Schutzgeld vor dem angedrohten Zugriff der Behörden zu verlangen, war weit verbreitet[82]. Dieses Vorgehen fand seine Fortsetzung in angeblichen Kontrollen, die bewaffnete Deutsche durchführten, um das aufgefundene Geld zu „beschlagnahmen" und für sich zu behalten[83].

Wenn diese Diebstähle ohne großes Aufsehen geschahen, waren die Behörden bereit, darüber hinwegzusehen; solange nicht darüber geredet wurde, hatte niemand etwas dagegen einzuwenden. Wer in der Öffentlichkeit mit seinen Raubzügen prahlte oder Diebesgut herumzeigte, wurde angewiesen, dergleichen nicht vor aller Augen zu tun und es generell besser zu unterlassen[84]. „Kameradschaft" wurde so verstanden, dass eine Anzeige als Denunziation und Verrat ausgelegt worden wäre, so dass sie unter allen Umständen zu unterbleiben hatte[85]. Auch dies trug dazu bei, dass die Beraubung der Einheimischen eine alltägliche Akzeptanz in der Besatzergesellschaft erfuhr. Die von Deutschen verübte Kriminalität war daher, wie die Abteilung Justiz des Distrikts Warschau 1943 feststellte, sehr hoch[86].

Die Beraubung der Juden ging oftmals mit Handel auf dem Warschauer Schwarzmarkt einher, der in ganz Europa seinesgleichen suchte[87]. Gerade hier, wo die offiziellen Preise kaum den Vorkriegsstand überschritten, bestimmte das krasse Missverhältnis zwischen Angebot und Nachfrage die tatsächlichen Preise für eine Ware, die es nur auf dem Schwarzmarkt gab – immense Steigerungen waren die Folge. Die ständige Lebensmittelknappheit und Unterernährung besonders im Ghetto[88] zwangen dessen Bewohner zum Zwecke des bloßen Überlebens, alles zu verkaufen, was nicht unbedingt benötigt wurde. So erfüllten sie

---

[80] U.S. National Archives and Records Administration (NARA), RG 242, T 312, Reel 42/2471f., Schreiben des Warschauer Stadtkommandanten an die Kommandeure der 18. und 19. Infanteriedivision vom 6.10.1939. Für die Überlassung einer Kopie danke ich Mathias Irlinger. Vgl. ferner IPN, 106/63, Vernehmung des SS-Oberscharführers Kriminalassistent Wilhelm Jansen vom 4.6.1941.
[81] Vgl. Czerniaków, Getto, S. 111, Eintrag vom 7.9.1940.
[82] BStU, MfS – HA XX/3109, S. 1ff., Vernehmung von Josef B. am 16.1.1967. Vgl. ferner Isaiah Trunk, Judenrat. The Jewish Councils in Eastern Europe under Nazi Occupation, Lincoln 1996 [zuerst 1972], S. 394ff.
[83] AAN, T 501-228, Kommandanturbefehl Warschau Nr. 29 vom 7.2.1940. Siehe ferner APW, 643/577 (neu: 300), Strafbefehl der Staatsanwaltschaft bei dem Sondergericht Warschau gegen den Reichsdeutschen Horst G. vom 23.10.1941; ebenda, 643/44 (neu: 7), Urteil des Sondergerichts Warschau gegen die Reichsdeutschen Theodor-August B., Franz H. und Hubert G. vom 18.5.1942.
[84] BAL, B 162/3696, S. 65ff., Vernehmung von Rolf H. am 17.5.1963.
[85] Vgl. Thomas Kühne, Kameradschaft. Die Soldaten des nationalsozialistischen Krieges und das 20. Jahrhundert, Göttingen 2006, S. 117ff.
[86] APW, 482/35, Schreiben der Abt. Justiz im Amt des Gouverneurs des Distrikts Warschau an den Gouverneur, vom 29.9.1943.
[87] Vgl. Szarota, Warschau, S. 118.
[88] Vgl. Sakowska, Menschen, S. 101–109; für das Generalgouvernement allgemein vgl. Christian Gerlach, Krieg, Ernährung, Völkermord. Deutsche Vernichtungspolitik im Zweiten Weltkrieg, Zürich 2001, S. 156ff.

das vor allem bei den Besatzern große Bedürfnis nach Luxusgütern, die zu großen Teilen aus den Paketen stammten, die die Juden von Verwandten und von amerikanischen Hilfsorganisationen erhielten[89]. Die Deutschen bedienten sich reichlich aus dem Angebot, teilweise mit Hilfe der erzwungenen Preisreduktion[90]. Diese stellte ein beliebtes Verhandlungsinstrument dar, obwohl die Okkupanten inoffiziell sogar deutlich mehr Valuta für ihre Währung erhielten als nur 2 Zloty für 1 Reichsmark: Spätestens 1942 hatte sich auf dem Schwarzmarkt ein Verhältnis von 10 Zloty für 1 Reichsmark etabliert, also das Fünffache des amtlichen Wechselkurses. Das bedeutete einen erheblichen Kaufkraftzuwachs für die Besatzer, die zwar ihre Bezahlung weitgehend in einheimischer Währung erhielten, aber von Verwandten aus der Heimat häufig Reichsmark zugeschickt bekamen[91].

Trotz der stillschweigenden Duldung des Schwarzhandels sollte das Ghetto eine den Besatzern verbotene Zone bleiben, doch diese Norm konnte nie auch nur annähernd durchgesetzt werden. Infolge des Elends seiner Bewohner waren gerade dort überaus vorteilhafte Geschäfte zu machen. Für die Besatzer blieb es entscheidend, dass die Preise enorm niedrig waren. So konnte etwa der Reichsdeutsche Kurt Schäfer 1941 im Ghetto für 50 kg Mehl und 1150 Zloty Daunenkissen, einen Ledermantel und einen Pelz eintauschen. Angesichts des inoffiziellen Kurses war das eine geringe Summe, die anschaulich zeigt, wie die Not der Ghettobewohner ausgenutzt wurde[92].

Zu den materiellen Bedürfnissen der Besatzer traten ihre sexuellen. Sie waren nicht selten der Überzeugung, dass die einheimischen Frauen sich ihnen hinzugeben hätten. Waren diese nicht willig, wurden sie dazu gezwungen. Dieses Verhalten führte zu zahlreichen Vergewaltigungen und sexuellen Misshandlungen, auch und gerade an jüdischen Frauen im Ghetto[93]. Die deutschen Gerichte griffen in diesen Fällen zu harten Strafen, was aber weniger dem Schutz bzw. dem Vergeltungsbedürfnis der Opfer zugutekam, sondern vor allem wegen der Disziplin unter den Deutschen notwendig war. Das oberste Ziel der Verurteilungen war die Aufrechterhaltung von Zucht und Ordnung in den eigenen Reihen, und deshalb stand es einem Okkupanten nicht zu, das Ansehen des Deutschtums und damit indirekt die Volksgemeinschaft durch derlei verwerfliche Handlungen zu beschädigen[94].

Für die Betroffenen war es schwer, ihr erlittenes Unrecht zu Gehör zu bringen. Den Richtern galten besonders jüdische Frauen als wenig glaubwürdig. Solange nicht mehrere Zeugen die Tat bestätigten, womit auch eine Öffentlichkeit der Verfehlung hergestellt wurde, hatte der Vergewaltiger kaum etwas zu befürchten, zumal er aus dem Kameradenkreis oft Deckung erhielt. In den offiziellen Anweisungen für die Richter hieß es explizit, dass sie möglichst ohne einheimische Zeugen auskommen sollten[95]. Als typisch für diese Einstellung, die die Besatzer schnell internalisiert hatten, kann die Einlassung eines Reichsdeutschen während einer Ermittlung der Warschauer Sicherheitspolizei gelten: „Ich bin der Meinung, dass mei-

---

[89] BALAA, Ost.Dok. 8/842, S. 1 ff., Bericht von Raimund Warth vom 5.3.1956.
[90] IPN, NTN 257, Bericht über Warschau (eingereicht durch SS-Standartenführer von Korzowski), o.D. [Mitte 1943].
[91] IfZA, Fa 91/4, S. 983 ff., Bericht Nr. 1 des Beauftragten des Reichsleiters Bormann im Oberkommando der Wehrmacht (OKW), Albert Hoffmann, über Warschau vom 9.8.1942.
[92] APW, 643/877 (neu: 926), Urteil des Sondergerichts Warschau gegen den Reichsdeutschen Kurt S. vom 3.11.1942.
[93] IPN, 106/46, Ermittlungsbericht des KdS Warschau vom 20.3.1941.
[94] Vgl. Birgit Beck, Wehrmacht und sexuelle Gewalt. Sexualverbrechen vor deutschen Militärgerichten 1939–1945, Paderborn 2004, S. 129 f. und S. 154 ff.
[95] Vgl. ebenda, S. 186 ff.

nen Entlastungszeugen und mir als altem SS-Angehörigen mehr geglaubt werden müsste, als polnischen oder volksdeutschen Zeugen, die das Gegenteil bekundet haben sollen."[96]

Nur selten griffen die Gerichte ernsthaft gegen die Besatzer durch, denn sie waren nur allzu gerne bereit, mildernde Umstände zu attestieren. Bemerkenswerterweise hatte Alkoholkonsum, der sonst strafverschärfend wirkte, hier eine exkulpierende Funktion und führte zu milden Urteilen[97]; in anderen Fällen bagatellisierten die Richter das Vergehen, indem sie dem Vergewaltiger „Geschlechtsnot" zubilligten[98]. Damit tatsächlich einmal der Strafrahmen ausgeschöpft wurde, der in besonders schweren Fällen sogar die Todesstrafe vorsah, mussten mehrere Delikte zusammenkommen. Keine Rolle bei der Bewertung der Vergewaltigung spielten indes rassische Kriterien, denn hierbei ging es nicht um partnerschaftliche Beziehungen[99]. Ganz im Gegenteil äußerte sich in der Gewalt gegen die einheimischen Frauen eine Einstellung gegenüber den Besetzten, die der nationalsozialistischen Ideologie entsprach: Gerade Juden hatten keinen Anspruch auf die Wahrung ihrer Würde. Opfer unter der weiblichen Bevölkerung waren nicht schützenswert, da ihnen kaum menschliche Seiten zugebilligt wurden.

IV.

Die systematische Ermordung der Warschauer Juden fand hauptsächlich im gut 60 Kilometer nordöstlich der Stadt gelegenen Vernichtungslager Treblinka statt. Die Deportationen begannen am 22. Juli 1942 und dauerten bis zum 21. September an. In dieser kurzen Zeitspanne, zu deren Beginn die SS die Hoheit über das Ghetto von der Zivilverwaltung übernahm, wurden beinahe 254 000 Menschen in das Lager transportiert und dort umgebracht, weitere 5500 noch in der Stadt selbst erschossen und 11 000 in andere Arbeitslager verschickt[100]. Gemeinsam mit Kollegen aus dem Distrikt Lublin organisierten die SS- und Polizeieinheiten mit brutaler Präzision die Zusammentreibung, die Verladung in die Viehwaggons der Ostbahn und die Fahrt nach Treblinka – zwischen 5000 und 6000 Menschen pro Tag[101]. Ende Oktober 1942 lebten noch rund 60 000 Menschen im Ghetto[102].

Die Deportationen im Sommer 1942 waren nur der erste, größere Teil der Vernichtung der Warschauer Juden. Die überlebenden Juden, die danach noch im stark verkleinerten Ghetto lebten, sollten ursprünglich schon im Januar 1943 nach Treblinka verschleppt werden. Doch der Wohnbezirk leistete Widerstand, so dass die SS zwischen dem 18. und dem 22. Januar trotz größeren Personalaufwands nur rund 5000 Mann für eine Deportation zusammentreiben konnte. Die Aktion war ein Fehlschlag und wurde daraufhin eingestellt, aber die Besatzer lernten aus ihrer Niederlage: SS und Polizei bereiteten sich in den nächsten Monaten auf die geplante Vernichtung des Ghettos akribisch vor, und es standen zusätzliche Männer bereit, um die Pläne in die Tat umzusetzen. Dennoch rechneten die deutschen Behörden nicht mit dem offenen Aufstand, der am 19. April ausbrach. Was damals begann, war ein ungleicher Kampf, in dem etwa 750 kaum ausgebildete, unterernährte und

---

[96] IPN, 106/8, Vernehmung von Wilhelm Wolle am 2.2.1940.
[97] Vgl. Beck, Wehrmacht, S. 266 ff.
[98] Vgl. ebenda, S. 272 f.
[99] Vgl. ebenda, S. 277 ff.
[100] Vgl. Sakowska, Menschen, S. 244.
[101] Vgl. Gutman, Jews, S. 197 ff.; und Sakowska, Menschen, S. 238 ff.
[102] Vgl. Sakowska, Menschen, S. 252 f.

völlig mangelhaft ausgerüstete Menschen mit dem Mut der Verzweiflung gegen ihre schwer bewaffneten Peiniger vorgingen und ihnen bis Mitte Mai widerstanden. Mehr als 2000 Soldaten, die extra für den Fall einer Widerstandsaktion in der Stadt zusammengezogen waren, reagierten sofort auf die ersten Feindseligkeiten und drangen mit Panzerunterstützung in den Bezirk vor. Größere Erfolge konnten sie jedoch erst erzielen, als sie Haus für Haus eroberten und in die Luft sprengten, so dass Stroop in seinem berüchtigten Abschlussbericht vom 15. Mai den Satz „Es gibt keinen jüdischen Wohnbezirk in Warschau mehr"[103] durchaus wörtlich meinte: Nicht nur waren – bis auf einige, die sich noch versteckten – alle Juden deportiert bzw. weit über 12000 von ihnen an Ort und Stelle erschossen worden, sondern in dem Gebiet stand auch kein einziges Gebäude mehr, dafür bedeckten Schutt und Steine die Erde bis zu zwei Meter hoch. Die deutschen Verluste betrugen nach Stroops Angaben im Abschlussbericht nur 16 Tote und 85 Verwundete, aber seinen eigenen Tagesmeldungen ist zu entnehmen, dass es wohl deutlich über 200 Tote gab[104].

Der Mord an der jüdischen Bevölkerung war im Osten eine Angelegenheit, die weithin akzeptierter Bestandteil des Besatzeralltags war. Schon vor Beginn der Deportationen nach Treblinka bzw. dem Aufstand 1943 waren den meisten Deutschen die Folgen und Ziele der nationalsozialistischen Politik zumindest teilweise bekannt. Den Okkupanten in der Stadt blieben die Deportationen nicht verborgen. Es war die stets um Diskretion im Sinne des Besatzungshabitus bemühte Zivilverwaltung, die bereits gut drei Wochen nach Beginn der Aktion, am 15. August 1942, feststellte, dass diese „der breiten Öffentlichkeit nach und nach bekannt geworden" sei – obwohl erst ein Viertel der Juden abtransportiert worden war[105]. Angehörige der Zivilverwaltung hatten die Pläne zur Auflösung des Ghettos bereits Ende 1941 im Haushaltsplan des Generalgouvernements in gedruckter Form nachlesen können, in dem die Rede davon war, dass der Wohnbezirk „im Laufe des Rechnungsjahres 1942 aufgehoben" und die Dienststelle des Kommissars für den jüdischen Wohnbezirk aufgelöst werden solle[106].

Dass damit tatsächlich die physische Vernichtung der Juden gemeint war, nahmen zunächst nur die wenigsten Deutschen an, denn die offiziellen Stellen sprachen noch zu Beginn der Aktion von einer Umsiedlung in russische Gebiete[107]. Die Einsicht, einen Massenmord zu beobachten, setzte sich aber spätestens Anfang August 1942 durch, als immer mehr Besatzer von Treblinka als Vernichtungslager sprachen und sich das dortige Geschehen nicht mehr verbergen ließ[108], obwohl beispielsweise Personenzüge nicht mehr im Bahnhof Treblinka hielten[109]. Bezeichnenderweise war dies der Zeitpunkt, zu dem auch die im Wohnbezirk verbliebenen Insassen genaue Kenntnisse über die Vorgänge in dem Vernichtungslager erlangten[110] und begannen, ihre deutschen Ausbeuter in den Betrieben darüber zu unterrichten[111]. Gut informiert waren neben den Dienststellen der Ghettoverwaltung, der

---

[103] So der Titel und die Kernaussage des Berichts, der im Nachdruck vorliegt: Jürgen Stroop, Es gibt keinen jüdischen Wohnbezirk in Warschau mehr, Neuwied 1960.
[104] Vgl. zu den Zerstörungen Engelking/Leociak, Getto.
[105] IfZA, Fb 63/110, Zweimonatsbericht des Distrikts Warschau für Juni und Juli 1942, vom 15.8.1942.
[106] Haushaltsplan des Generalgouvernements 1942, S. 61.
[107] Vgl. Sakowska, Menschen, S. 237
[108] BayHStA, Staatsanwaltschaften 34865/18, Vernehmung von Rudolf N. am 20.9.1962.
[109] IPN, NTN/70, Fahrplananordnung Nr. 243 vom 27.8.1942.
[110] Vgl. Sakowska, Menschen, S. 246f.
[111] BAL, B 162/3667, S. 88ff., Vernehmung von Rudolf B. am 17.5.1961; ebenda, B 162/3720, S. 100ff., Vernehmung von Hans B. am 11.8.1969.

SS und Polizei auch die Eisenbahner, die die Züge zusammenstellten und begleiteten – und die Zugpapiere vielfach ohne jeden Geheimhaltungsvermerk ausfertigten[112]. Zumindest in Einzelfällen sind für diese Berufsgruppe auch psychische Probleme überliefert, die das deutsche Gesundheitswesen mit sofortigem Heimaturlaub zu lösen versuchte[113] und damit für eine weitere Verbreitung der Kenntnis über das Geschehen im Reich sorgte.

Andererseits hatten auch an der direkten Vernichtung Unbeteiligte wie etwa Friedrich Haßler, Major des Wehrmacht-Rüstungskommandos, sehr genaue Kenntnisse über den Genozid: „Es wurde aber z. B. beobachtet, dass immer dieselbe Zuggarnitur fuhr, und aus der Schnelligkeit, mit der die Züge nach Warschau zurückkehrten, konnte man feststellen, dass sie unmöglich bis nach Russland gefahren sein konnten."[114] Haßler erkundigte sich daraufhin nach den Fahrtzielen und über den Ort Treblinka – und erfuhr, dass die Juden dort vergast wurden. Ein deutscher Angestellter aus dem Ghettobetrieb Toebbens reiste sogar nach Treblinka, um einen irrtümlich dorthin verschleppten polnischen Mitarbeiter zurückzuholen, konnte aber nur noch dessen Tod konstatieren; er informierte seine Kollegen ausführlich über Vergasungen und die anschließende Einäscherung der Leichen[115]. Ähnliche Wege der Informationsbeschaffung über Bekannte und Vertraute gingen etwa der Arzt Wilhelm Hagen[116] oder Wilm Hosenfeld, der bereits im April 1942 von Vergasungen in Auschwitz berichtet hatte[117] und am 23. Juli 1942, mithin also nur einen Tag nach Beginn der Deportationen, schon von einer „Vernichtungsaktion" sprach[118]. Seine Zahlenangaben sind erstaunlich präzise; er gibt für die erste Woche 30000 abtransportierte Menschen an[119] und vertraute seinem Tagebuch grausame Details über die Vorgänge in Treblinka, die sein Gewährsmann von einem dort entflohenen Juden gehört hatte[120].

Hosenfeld war nicht unbedingt typisch für die Mehrheit der Besatzer, denn ihn interessierte das Schicksal der Unterdrückten, er nahm Anteil daran und war bestrebt, über deren Vernichtung möglichst genau unterrichtet zu sein. Exakte Kenntnis des Ablaufs der Vernichtung interessierte die Deutschen nur wenig; gleichwohl versuchten sie doch, sich ein Bild über die Lage in „ihrer" Stadt zu machen. Über die Nachrichtenblätter war ihnen das nicht möglich, denn die Krakauer Zeitung verlor kein Wort über die Aktion: Lediglich am 23. Dezember 1942, also gut drei Monate nach dem Ende der ersten Vernichtungswelle, wurden in einem Bericht über eine Vortragsveranstaltung die „Aussiedlung der Juden als letzte Rettung" und die „Ostjudenfrage als Verwaltungsproblem" bezeichnet; ein konkretes Eingehen auf die Vorgänge im Sommer war das jedoch nicht[121].

---

[112] Vgl. Raul Hilberg, Die Quellen des Holocaust. Entschlüsseln und Interpretieren, Frankfurt a. M. ²2003, S. 71f. Selten waren Zugpapiere mit der niedrigsten Geheimhaltungsstufe „nur für den Dienstgebrauch" gekennzeichnet. Vgl. allgemein: Ders., Sonderzüge nach Auschwitz, Mainz 1981. Einige Fahrpläne in IPN, NTN/70, Fahrplananordnung Nr. 548 vom 3. 8. 1942.
[113] BAL, B 162/3696, S. 65 ff., Vernehmung von Rolf H. am 17. 5. 1963.
[114] BayHStA, Staatsanwaltschaften 34865/18, Vernehmung von Friedrich Haßler am 28. 7. 1964 (Zitat); ebenda, 34865/13, Vernehmung von Friedrich Haßler am 8. 6. 1962. Von dieser Feststellung wird auch berichtet in BAL, B 162/3696, S. 65 ff., Vernehmung von Rolf H. am 17. 5. 1963.
[115] BAL, B 162/3694, S. 77 ff., Vernehmung von Hans B. am 25. 4. 1963.
[116] Vgl. Wilhelm Hagen, Auftrag und Wirklichkeit. Sozialarzt im 20. Jahrhundert, München 1978, S. 174 f.
[117] Vgl. Hosenfeld, Retten, S. 606 f., Tagebucheintrag vom 17. 4. 1942.
[118] Vgl. ebenda, S. 626 f., Tagebucheintrag vom 23. 7. 1942.
[119] Vgl. ebenda, S. 630 f., Tagebucheintrag vom 25. 7. 1942.
[120] Vgl. ebenda, S. 653 ff., Tagebucheintrag vom 6. 9. 1942.
[121] Krakauer Zeitung Nr. 303 vom 23. 12. 1942: „Die Aussiedlung der Juden als letzte Rettung".

Allerdings waren gerade die Deportationen so spektakulär, dass sie in den Monaten August und September 1942 zum wesentlichen Bestandteil der Gespräche der Deutschen wurden. Die Besatzer tauschten sich über ihre Beobachtungen, ihre eigenen Handlungen und über die weit verbreiteten Gerüchte aus und waren problemlos in der Lage, die Dimension der Vernichtung der Warschauer Juden und die Art der Tötung durch Autoabgase zu erkennen[122], selbst wenn sie zunächst eher skeptisch waren und nicht an den Genozid glauben wollten[123]. Bezeichnenderweise kam in dieser Kommunikation das Wort „Mord" nur selten vor und wurde durch zahlreiche andere Begriffe umschrieben[124] – von Euphemismen bis hin zu bei der SS verbreiteten Sprüchen wie „aus ihnen Seife machen"[125]. Dennoch kam ein Deutscher, der sich in der zweiten Hälfte des Jahre 1942 in Warschau aufhielt, gar nicht umhin, das Geschehen zu bemerken bzw. darüber informiert zu werden – und sei es nur, weil ihm die deutliche Verkleinerung des Ghettos nach der Ermordung der meisten seiner Bewohner auffiel[126]. Und auch nach 1942 erhielten neugierige Besucher, die den Touristenmagnet Ghetto vermissten, schnell präzise Auskunft über die Vorgänge von Deportation und Vernichtung, so dass viele Hunderttausende von Landsern, die auf ihrer Durchreise an die Front in der Stadt Aufenthalt hatten, von der systematischen und industriellen Ermordung der Warschauer Juden Kenntnis erhalten konnten.

Auch die Vorgänge im Ghetto selbst waren schnell Stadtgespräch unter den Okkupanten. Die „erschütternden Szenen"[127] der Exzesse wie das brutale Zusammentreiben der Insassen sowie deren massenweise Erschießung ließen sich kaum verheimlichen. Viele Deutsche, die damals den Wohnbezirk besuchten, berichteten noch 15 Jahre später von den „laufenden Erschießungen" und den „vielen Leichen auf den Straßen"[128]. Ein damals zwölfjähriger Junge, der mit seinen Eltern nach Warschau gezogen war, hatte so viel über die Vorgänge im Ghetto gehört, dass er gemeinsam mit einigen Klassenkameraden die Schule schwänzte und sich in ein höheres Wohnhaus mit direktem Blick auf den Verladeplatz begab, um mit eigenen Augen die spektakuläre und blutrünstige Aktion zu beobachten[129]. Die Faszination der Gewalt[130], die Jugendliche zum Zuschauen verführte, war bei allen Besatzern ausgeprägt – ein Einsatz im Osten ohne Kenntnis der Judenvernichtung, selbst wenn das Gesamtbild unklar blieb, ist nicht denkbar.

Die Frage, ob die Deutschen den Vorgängen in Warschau zustimmten oder sie ablehnten, ist nicht leicht zu beantworten. Es liegen keine repräsentativen Meinungsbilder vor, aber

---

[122] Das wird z.B. ausgesagt in BAL, B 162/3720, S. 93 ff., Vernehmung von Wilfried J. am 31.7.1969; ebenda, B 162/6268, S. 1386 ff., Vernehmung von Karl K. am 27.6.1978; ebenda, B 162/3667, S. 88 ff., Vernehmung von Rudolf B. am 17.5.1961.
[123] Siehe z.B. BAL, B 162/3696, S. 65 ff., Vernehmung von Rolf H. am 17.5.1963; ebenda, B 162/3660, S. 35 ff., Vernehmung von Alfred C. am 22.4.1960.
[124] Vgl. Musial, Zivilverwaltung, S. 324 f.
[125] BAL, B 162/3720, S. 100 ff., Vernehmung von Hans B. am 11.8.1969.
[126] APW, 485/333, Bericht des Wohnungsamtes Warschau vom 15.7.1942.
[127] BAL, B 162/3682, S. 199 ff., Vernehmung von Wilhelm G. am 12.3.1963.
[128] BAL, B 162/3667, S. 88 ff., Vernehmung von Rudolf B. am 17.5.1961 (Zitat); ebenda, S. 65 ff., Vernehmung von Rolf H. am 17.5.1963; BayHStA, Staatsanwaltschaften 34865/08, Vernehmung von Otto H. am 27.2.1962; ebenda, Vernehmung von Hermann R. am 26.3.1962; ebenda, Vernehmung von Arthur T. am 14.2.1963.
[129] BAL, B 162/3660, S. 145 ff., Vernehmung von Wilhelm H. am 22. und 23.8.1960.
[130] Vgl. zum soziologischen Phänomen der „Faszination der Gewalt" den grundlegenden Sammelband von Reiner Steinweg (Hrsg.), Faszination der Gewalt. Politische Strategie und Alltagserfahrung, Frankfurt a. M. 1983.

die Berichte von Zivilverwaltung und Militär fingen die Stimmung der Besatzer bis 1942 recht treffend ein[131]. So heißt es in einer für Generalgouverneur Frank durch den Distrikt erstellten Schrift: „Die Evakuierung der Juden hat in der Öffentlichkeit großes Aufsehen erregt. Es kann aber festgestellt werden, dass auch bei der polnischen Bevölkerung diese Evakuierung der Juden letzten Endes begrüßt worden ist."[132] Während der erste Satz unstrittig ist, scheinen die Aussagen des letzteren trotz des virulenten Antisemitismus in großen Teilen der Bevölkerung[133] wohl vor allem dem Wunschdenken der Okkupationsbehörden zu entspringen. Das gilt ebenso für die implizite Aussage, dass die Deutschen selbstverständlich dafür gewesen seien – das Wort „auch" in Bezug auf die Polen deutet es an. Die überlieferten Zeugnisse der Wahrnehmungen von den Besetzten und besonders vom Ghetto lassen jedoch darauf schließen, dass die überwiegende Mehrzahl der Besatzer für die Auflösung des jüdischen Wohnbezirks war, ohne zunächst die Konsequenz der Vernichtung zu gewärtigen oder gar zu wünschen. Als sie im Laufe der Aktion mitbekamen, dass die jüdische Bevölkerung tatsächlich ermordet wurde, schwiegen sie zu diesem Aspekt der Ghettoräumung, da er für viele von ihnen letztendlich die Konsequenz ihrer Vorstellung von einer Lösung der Judenfrage darstellte[134].

Natürlich gab es auch ablehnende Stimmen von Deutschen, die nicht durch Passivität zu Unterstützern der nationalsozialistischen Politik wurden, doch sie blieben deutlich in der Minderzahl. Das lag auch daran, dass offene Abweichung schnell Sanktionen von Kameraden und der Staatsmacht nach sich ziehen konnte. Dennoch ist wohl die Stellungnahme der meist relativ kritischen Oberfeldkommandantur zutreffend, die Mitte August 1942 feststellte: „Die Umsiedlung der Juden wird vom größten Teil der [deutschen und polnischen] Bevölkerung mit einer gewissen Befriedigung aufgenommen. Es sind nur verhältnismäßig geringe Teile, die daran Anstoß nehmen. Allerdings kursieren über die Art der Durchführung der Umsiedlung Greuelgeschichten, die zum Teil übertrieben sind."[135] Mit dieser Formulierung gestand die Kommandantur ein – stellvertretend für die Besatzergesellschaft –, dass sie von den monströsen Verbrechen wusste und sie zumindest „zum Teil" billigte.

Wie die Deportationen betraf auch der Aufstand nur einen geringen Teil der Besatzer direkt. Die kämpfende Truppe war zum Großteil erst kurz vorher in die Stadt gekommen, und die meisten Deutschen, die vorher dort gelebt hatten, waren nicht in die Bekämpfung involviert. Die Aktion selbst jedoch konnte niemandem entgehen, denn die Rauchsäule über dem Ghetto war kilometerweit zu sehen, Explosionen und Schüsse waren auch außerhalb zu hören, das Geschehen war – obwohl nicht in den Zeitungen erwähnt – in aller Munde. Wilm Hosenfeld schrieb seiner Frau trotz der Briefzensur über die „schwarzen Rauchwolken aus dem seit 3 Wochen brennenden Ghetto" und das „unablässige Geschieße"

---

[131] Vgl. Tomasz Szarota, Die Luftangriffe auf Warschau im Zweiten Weltkrieg, in: Acta Poloniae Historica (1994), Heft 69, S. 121–133, hier S. 130ff. Darin auch Ausführungen über die Qualität der Beobachtung der deutschen und polnischen Stimmungen.
[132] IfZA, Fb 63/144, Zweimonatsbericht des Distrikts Warschau für August und September 1942 vom 15.10.1942.
[133] Vgl. Klaus-Peter Friedrich, Kollaboration und Antisemitismus in Polen unter deutscher Besatzung (1939–1944/45). Zu verdrängten Aspekten eines schwierigen deutsch-polnisch-jüdischen Verhältnisses, in: Zeitschrift für Geschichtswissenschaft 45 (1997), S. 818–834.
[134] So sprach etwa Wolfgang Lieschke schon im November 1941 vom „Kampf gegen alles Jüdische", in dem „uns kein anderer Weg mehr" als die Gewalt bleibt: Privatsammlung Gerhard Lieschke, Brief Wolfgang Lieschkes an die Ehefrau vom 13.11.1941.
[135] IfZA, MA 679 – 5/1282ff., Monatsbericht der Oberfeldkommandantur Warschau für die Zeit vom 16.7.–15.8.1942, vom 21.8.1942.

in der Nacht. In seiner Ablehnung der „entsetzlichen Szenen" fand er klare Worte: „Ein neuer, unauslöschbarer Schandfleck für die, die es zu verantworten haben, und eine riesige Blamage dazu."[136]

Wieder war es die Faszination der Gewalt, die Auswüchse von Sensationsgier hervorbrachte; die eingangs zitierte Aussage einer Beschäftigten des Kommandeurs der Sicherheitspolizei belegt es deutlich. Ganz offensichtlich war der Aufstand für viele Besatzer ein Aufsehen erregendes Spektakel, dem sie mit großer Begeisterung zusahen, ohne sich selbst in Gefahr begeben zu müssen. Trotz der harten Kämpfe, die die SS mit den Aufständischen ausfocht, und trotz des anfangs nur zähen Vorankommens betrachteten selbst Angestellte der deutschen Ghetto-Firmen die Revolte als „Bagatelle". Keinesfalls wollten sie „von kriegsmäßigen Kämpfen sprechen" – die Deutschen sahen keinen geplanten Aufstand, sondern lediglich Widerstandsaktionen[137]. Das Kriegstagebuch des Wehrmacht-Rüstungskommandos etwa verzeichnete für die Monate April und Mai 1943 viele Überfälle mit getöteten Deutschen und auch die Sprengung von Gebäuden, sprach jedoch nicht von einer Revolte oder zusammenhängenden Aktionen, sondern schritt in der Berichterstattung fort wie vor dem Aufstand[138]. In der Wahrnehmung der meisten Besatzer dominierte die auch von der Propaganda behauptete Sichtweise „einzelner Feuerüberfälle von jüdischen Partisanen, die aus dem Hinterhalt schossen"[139], was auch mit dem Selbstverständnis übereinstimmte, Herren einer Stadt zu sein, die im Grunde bis auf wenige Ausnahmen vollständig unter Kontrolle war[140]. In diesem Sinne konnten sie keinen Aufstand konstatieren, weil es ihn nicht geben durfte; zudem hätten auch die Juden als „unterlegene Rasse" gar nicht in der Lage sein dürfen, den Deutschen etwas entgegenzusetzen.

V.

Die Besatzer in Warschau waren über den Massenmord an der jüdischen Bevölkerung gut informiert, schon 1940 setzte der Verständigungsprozess über die Gewalt ein. Der Austausch über die Verbrechen begann unmittelbar nach deren Ausführung, doch meist wurde die Diskretion gewahrt und nicht mit Außenstehenden – etwa in der Heimat – darüber gesprochen. Ein Beispiel dafür geben Angehörige der Widerstandsgruppe „Weiße Rose", deren Sanitätszug vom 26. Juli 1942 an, also kurz nach Beginn der Deportationen, für einige Tage in Warschau auf dem Bahnhof stand. Die jungen Männer versuchten, Informationen über das Ghetto zu erhalten, konnten aber außer selbst beobachteten Misshandlungen und Zwangsarbeitern nur wenig Konkretes in Erfahrung bringen, und auch der Beginn der Ghettoräumung blieb ihnen wohl verborgen[141]. Allerdings genügten ihnen, gerade weil sie

---

[136] Hosenfeld, Retten, S. 714f., Brief an die Ehefrau vom 9.5.1943.
[137] BAL, B 162/3682, S. 199ff., Vernehmung von Wilhelm G. am 12.3.1963.
[138] BayHStA, Staatsanwaltschaften 34865/18, Kriegstagebuch des Rüstungskommandos Warschau für das erste Halbjahr 1943.
[139] BAL, B 162/3682, S. 199ff., Vernehmung von Wilhelm G. am 12.3.1963.
[140] IPN, NTN 257, Bericht über Warschau (eingereicht durch SS-Standartenführer von Korzowski), o. D. [Mitte 1943].
[141] Sönke Zankel, Mit Flugblättern gegen Hitler. Der Widerstandskreis um Hans Scholl und Alexander Schmorell, Köln 2008, S. 294. Vgl. Detlef Bald, Die „Weiße Rose". Von der Front in den Widerstand, Berlin 2004, S. 70ff. Die von Bald postulierten Deportationszüge auf dem Bahnhof werden die Angehörigen der „Weißen Rose" nicht beobachtet haben, denn während der Zugverkehr an die Ostfront

nicht der Besatzergesellschaft angehörten, schon diese wenigen Eindrücke, um vom Elend und Grauen des Ghettos überzeugt zu sein und diese Ansicht brieflich nach München an Professor Kurt Huber zu berichten[142].

Sicherlich war den Okkupanten die Dimension des Genozids nicht in der Gesamtheit ersichtlich, dafür fehlten komplementäre Informationen aus anderen Teilen Europas. Doch schon die Auslöschung des jüdischen Teils der Stadt, die die Besatzer beobachten konnten, erlaubte ihnen Rückschlüsse auf die nationalsozialistische Politik und ihre Ziele. Die Judenvernichtung war innerhalb der Besatzergesellschaft erst ab 1942 – in den Worten der Stenotypistin Friedel Mayer – „seinerzeit Stadtgespräch"[143] und eine öffentlich zugängliche Nachricht, die in vielen Lokalen als alltägliche Information ohne besonderes Aufsehen oder gar moralische Empörung ausgetauscht wurde[144]. Andere Arten der Kommunikation gab es bei den SS- und Polizeidienststellen, die die Zusammenstellung der Transporte organisierten. Hier waren das Ziel und das Schicksal der Juden von Anfang an bekannt[145] und wurden entsprechend höhnisch kommentiert – das Wort von der „Seife", zu der die Deportierten verarbeitet würden, machte die Runde[146].

Für diese Männer waren die Erschießungen, die sie ausführten, ein alltägliches Ereignis. Allerdings war mit dem schlichten Aussprechen der Tatsachen nur selten eine Stellungnahme verbunden, und nur wenige Deutsche in Warschau standen den Verbrechen grundsätzlich ablehnend gegenüber. Das Interesse für die reinen Gewalttaten war deutlich größer als das Mitleid oder gar die Identifikation mit den Opfern. Nicht der Genozid war grundsätzlich umstritten, sondern höchstens seine Ausführung.

Wieso aber war die Gewalt ein Alltagsphänomen, das keiner Rechtfertigung bedurfte? Aus ihrer schieren Quantität, ihrer ständigen Wahrnehmbarkeit und ihrer Präsenz in der täglichen Kommunikation folgerten die meisten Besatzer, dass die Ermordung der jüdischen Bevölkerung nicht moralisch verwerflich sei, sondern ein normales, übliches oder sogar notwendiges Geschehen. Je mehr Zeit sie im Osten verbrachten, desto selbstverständlicher wurde diese Auffassung.

In einem falsch verstandenen Pflicht- und Kameradschaftsgefühl hatten die Besatzer keine Bedenken gegen die vorgeblichen „Notwendigkeiten" des Genozids zu haben, und wenn es sie doch gab, geriet man in einen unausgesprochenen moralischen Konflikt mit den Kameraden, weil deren vermutete Interessen in Zweifel gezogen wurden[147]. Wer sich daher an der Gewalt in Warschau beteiligte, wusste sich mit der Masse der Besatzer einig[148]. Zur Übereinstimmung mit dem staatlichen Handeln kam die Gemeinsamkeit mit Kollegen und Kameraden, die die gleichen Handlungen begingen, ermöglichten oder stillschweigend

---

über den Hauptbahnhof abgewickelt wurde, fuhren die Deportationszüge vom Danziger Bahnhof ab, der etwa vier Kilometer nördlich des Stadtzentrums gelegen ist. Bald dramatisiert an dieser Stelle seine Schilderung, denn auch das Aufkommen von Militärpatrouillen und Polizeistreifen war in jenen Tagen nicht außergewöhnlich hoch. Für Hinweise zur „Weißen Rose" danke ich Christine Hikel, Bielefeld.

[142] Vgl. Zankel, Mit Flugblättern, S. 294.
[143] BAL, B 162/3666, S. 30f., Vernehmung von Friedel M. am 20.2.1960.
[144] BAL, B 162/AR 179/71, Bd. 6, S. 938ff., Vernehmung von Werner S. am 9.9.1971.
[145] BAL, B 162/6268, S. 1386ff., Vernehmung von Karl K. am 27.6.1978.
[146] BAL, B 162/3720, S. 100ff., Vernehmung von Hans B. am 11.8.1969.
[147] Vgl. Herbert Jäger, Verbrechen unter totalitärer Herrschaft. Studien zur nationalsozialistischen Gewaltkriminalität, Frankfurt a. M. 1997, S. 274f.
[148] Vgl. Thomas Blass, Psychological Perspectives on the Perpetrators of the Holocaust. The Role of Situational Pressures, Personal Dispositions, and their Interactions, in: Holocaust and Genocide Studies 7 (1993), S. 30–50, hier S. 42ff.

gutheißen, denn natürlich konnte auch im Osten das Schweigen zu einer Tat nur schwer als Ablehnung interpretiert werden – besonders wenn sie der offiziellen Politik entsprach: Wer mit den Zielen der Mehrheit übereinstimmte, brauchte sich für seine Ansichten nicht zu rechtfertigen, sondern gehörte zur Gemeinschaft.

Im Zusammenhang damit stand ein Bewusstsein der Kollektivkausalität, das ebenfalls half, die Gewalt als normal und rechtmäßig zu sehen. Gerade weil alle Besatzer ihren Teil zum Massenmord beitrugen, war der Einzelne individuell nicht dafür verantwortlich zu machen, solange er eine Tat nicht selbst beging. Genauso wenig konnte er aber die Morde verhindern, denn er war funktionell auswechselbar und letztlich nur ein kleines Rädchen innerhalb der Okkupationsherrschaft. Die Bedeutung dieser Sichtweise verdeutlicht die Tatsache, dass Morde in Egodokumenten beinahe ausschließlich aus der Sicht eines unbeteiligten Beobachters geschildert wurden, während ungleich belanglosere Ereignisse aus dem zwischenmenschlichen Bereich durchaus für Aufregung sorgen konnten; diese Art der Aufzeichnung verringerte zudem den Schrecken der Erinnerung und entlastete so das Gewissen.

Unter den Besatzern war die Ansicht weit verbreitet, nur mit brutalen Machtmitteln die Eroberungen im Osten verteidigen zu können. Verstärkt wurde diese Haltung durch die zahlreichen eigenen Opfer, die der Krieg – und die Widerstandsaktionen – bisher gefordert hatten. Deren Andenken schien zu erfordern, dass die Anstrengungen, die Herrschaft zu sichern und zu errichten, nicht vermindert wurden und man den vorgeblich einzig möglichen Weg der Gewaltherrschaft weiter beschritt[149]. Ein Nachlassen dieser Anstrengungen oder auch nur Erbarmen mit dem Schicksal der Einheimischen hätten von diesen als Zeichen der Schwäche ausgelegt werden können und zudem die eigene Wahrnehmung als starker Besatzer bedroht. So war für die meisten Deutschen genau wie für ihren Staat die Gewalt auch eine Abschreckungsmaßnahme[150] zur Vorbeugung gegen Widerstandsaktionen – wobei sie ihre eigene „Angst" allerdings kaum zugeben konnten.

Diese Sicht der Dinge hatte eine stark entlastende Funktion, denn die Schuld für die eskalierende Brutalität wurde den Einheimischen zugeschoben, die als Provokateure und Banditen nichts anderes als den Tod verdient hätten. Auf diese Weise kamen sogar der Judenvernichtung scheinrationale Gründe zu, die mit den traditionellen Vorstellungen der Vernunft in Einklang zu bringen waren[151]. Die Vernichtung der Bevölkerung war nur eine Strafaktion gegen „Schuldige", „Feinde" oder die „jüdische Gefahr" bzw. stellte eine Maßnahme zum Schutz vor Seuchen dar.

Angesichts der alltäglichen Gewalt in Warschau ist es nicht übertrieben, sie als habituelle Ausdrucksform zu bezeichnen[152], denn sie verlief weitgehend repetitiv und stetig und erfuhr eine weitgehend emotionslose Rezeption durch die Besatzer. Die meisten Deutschen gewöhnten sich nach kurzer Zeit daran, ständig verschiedenste Formen direkter oder struktureller Gewalt in ihrem Alltag wahrzunehmen, etwa Deportationen zur Zwangsarbeit, Ghetto, Hunger und Betteleien, aber auch Hinrichtungen oder zumindest deren öffent-

---

[149] Vgl. Alexander Rossino, Hitler Strikes Poland. Blitzkrieg, Ideology, and Atrocity, Kansas City 2003, S. 193 ff.
[150] Vgl. Lars Jockheck, „Banditen" – „Terroristen" – „Agenten" – „Opfer". Der polnische Widerstand und die Heimatarmee in der Presse-Propaganda des „Generalgouvernements", in: Bernhard Chiari (Hrsg.), Die polnische Heimatarmee. Geschichte und Mythos der Armia Krajowa seit dem Zweiten Weltkrieg, München 2003, S. 431–472, hier S. 448 f.
[151] Vgl. Jäger, Verbrechen, S. 273 f.
[152] Vgl. Wolfgang Sofsky, Traktat über die Gewalt, Frankfurt a. M. ³2001, S. 54 ff.

liche Bekanntmachungen. In einer Art Gewöhnungsprozess betrachteten die Deutschen diese ständigen Angriffe auf das Leben der Besetzten als Normalität. Die kontinuierliche Steigerung der Gewaltformen bis hin zur Niederschlagung des Ghettoaufstandes sorgte zudem dafür, dass ein gradueller Anpassungsprozess stattfinden konnte, der letztlich sogar die Exzesstaten von 1943 akzeptabel erscheinen ließ.

Das Bewusstsein der Rechtmäßigkeit, das mit den Verbrechen einherging, beruhte auf der Stabilität der Besatzergesellschaft, die Straflosigkeit garantierte[153]. So war die Gewalt auch und vor allem ein Mittel, um die eigene, vorteilhaft bewertete Existenz als Besatzer zu schützen. Sie selbst standen über allen und nahmen eine privilegierte Position ein, die es schon aus Gründen der Selbsterhaltung mit allen Mitteln zu verteidigen galt. Die Selbstwahrnehmung der Deutschen, die Rezeption der Juden und die Erlebnisse des Besatzeralltags ließen in der Gesamtheit vor allem einen Schluss zu: Im Kontakt mit den Einheimischen war Gewalt eine legitime – und meist auch angemessene Umgangsform.

---

[153] Vgl. Jäger, Verbrechen, S. 284.

Joachim Tauber
Die litauische Verwaltung und die Juden in Vilnius, 1941-1943

Am 3. Februar 1943 hielt der damals 54-jährige jüdische Journalist Grigorij Schur aus Vilnius in seinen Aufzeichnungen folgende Beobachtung fest: „Die Litauer, die den Deutschen bisher bei der Vernichtung der Juden und anderer ‚schädlicher Elemente' geholfen haben, sollen jetzt als Gehilfen an die Front geschickt werden, um gegen die Bolschewiken zu kämpfen. Doch die heldenhaften Räuber und Mörder von wehrlosen Menschen haben überhaupt keine Lust zu kämpfen, weder für die Deutschen noch für ‚ihr Vaterland' [...]. Die Litauer und Polen fühlen nun wenigstens einiges von der Angst, in welcher die Juden, die nach all den ‚Säuberungen' bisher noch am Leben geblieben sind, schon fast zwei Jahre verbracht haben."[1] Die tiefe Verbitterung über die Menschen in Vilnius, die aus diesen Zeilen spricht, weist auf einen Sachverhalt hin, der in den letzten Jahren immer größere Beachtung fand: das Verhalten der einheimischen Bevölkerung während des Holocaust[2]. Im Folgenden soll es um einen Ausschnitt dieses komplexen Beziehungsgeflechts, nämlich um die Interaktion zwischen der lokalen Verwaltung in Vilnius und der jüdischen Bevölkerung der Stadt gehen.

Am Vorabend des deutschen Überfalls auf die Sowjetunion befanden sich schätzungsweise 60 000 Juden in der Stadt. Eine exakte Angabe ist so gut wie unmöglich, weil seit Herbst 1939 viele Juden aus dem Generalgouvernement nach Vilnius geflohen waren, um der deutschen Besatzungsherrschaft und ihren antisemitischen Verfolgungsmaßnahmen zu entgehen[3]. Doch nur wenigen Juden aus Vilnius gelang 1941 die Flucht vor den deutschen Verbänden, da bereits am 24. Juni gegen 8 Uhr morgens die 7. Panzerdivision die Stadt einnahm. Bereits zuvor, in den Abendstunden des 23. Juni, war es zu ersten Aktionen gegen die Sowjetmacht gekommen, die schließlich zur Übernahme der Stadtverwaltung durch ein litauisches Bürgerkomitee führten[4], das nun auch den Kontakt zur Wehrmacht herstellte und aufrechterhielt. Von Anfang an gab es eine antisemitisch grundierte Affinität zwischen dem Komitee und den deutschen militärischen Machthabern[5], denn das in ganz Litauen

---
[1] Grigorij Schur, Die Juden von Wilna. Die Aufzeichnungen des Grigorij Schur, München 1999, S. 134.
[2] Insbesondere in den baltischen Staaten besaß (und besitzt) das Thema auch eine aktuelle politische Komponente; nicht zuletzt wegen der Verhandlungen über einen EU-Beitritt wurden in der zweiten Hälfte der 90er Jahre in allen drei Ländern internationale Kommissionen zur Erforschung des Mordes an der jüdischen Bevölkerung gegründet. In Litauen lautet der offizielle Titel: Internationale Kommission zur Erforschung der nationalsozialistischen und sowjetischen Verbrechen in Litauen beim Präsidenten der Republik Litauen. Der Autor ist Mitglied der Kommission.
[3] Vgl. Yitzhak Arad, Ghetto in Flames. The Struggle and Destruction of the Jews in Vilna during the Holocaust, Jerusalem 1980, S. 27f.
[4] Zur Zusammensetzung des Komitees vgl. Arūnas Bubnys, Vokiečių okupuota Lietuva (1941-1944) [Das von den Deutschen besetzte Litauen 1941-1944], Vilnius 1998, S. 62; allgemein zu den Vorfällen Valentinas Brandišauskas, Siekiai atkurti Lietuvos valstybingumą (1940 06-1941 09) [Versuche zur Wiedergründung der Staatlichkeit Litauens, Juni 1940 – September 1941], Vilnius 1996, S. 69f. und S. 101-108.
[5] In der Soldatenzeitung „Panzerfaust – Feldzeitung für Soldaten einer Panzergruppe" erschien am 29. Juni 1941 ein Bericht des Kriegsberichterstatters Wilhelm Wacker über den „GPU-Terror in Wilna": „Hinter dem Sowjetstern lauerte die Fratze des ewigen Juden östlicher Prägung. Seine Glanzzeit war gekommen, als die Bolschewiki kamen. In den staatlichen Verkaufsstellen war er stets als Leiter anzu-

verbreitete Stereotyp des jüdischen „Verrates"[6] war auch in Vilnius verbreitet, obwohl die Mitglieder des Komitees vor allem in der polnischen Bevölkerung der multiethnischen Stadt potentielle Widersacher sahen[7]. Am 29. Juni 1941 beschuldigte der Vorsitzende des Komitees, der Dozent der Universität Vilnius Žakevičius, in einer Radioansprache die Juden der Kollaboration mit dem Bolschewismus und kündigte ihre Entfernung aus dem politischen, wirtschaftlichen und kulturellen Leben an, wobei für dieses Vorgehen eine gesetzliche Grundlage geschaffen werden sollte[8].

So überrascht es nicht, dass das Einsatzkommando 9 der Einsatzgruppe A, das als erste Einheit der Sicherheitspolizei in die Stadt gelangte, sich sofort litauischer Unterstützung versicherte: „Die dem Einsatzkommando unterstellten litauischen Polizeisparten in Wilna sind beauftragt worden, laufend Namenslisten der Wilnaer Juden, zuerst die Intelligenzschicht, politische Aktivisten und wohlhabende Juden, aufzustellen. Daraufhin sind laufend Durchsuchungs- und Festnahmeaktionen durchgeführt und am 4.7. wurden 54, am 5.7. 93 Juden liquidiert, das greifbare Judenvermögen wurde sichergestellt."[9]

---

treffen. Wo leitende Wirtschaftsposten zu vergeben waren, besetzte der Jude sie. Viele tausend dieser Parasiten wohnen in Wilna. Wir haben ihre Wohnhöhlen kurz besichtigt. Es ist wie immer ein Bild entsetzlicher Unsauberkeit, eines unbegreiflichen Durcheinanders in diesen Wohnungen, die eher Ställen denn menschlichen Behausungen gleichen. Ineinander und übereinander geschachtelt sind diese Brutstätten, in denen sie hausen. Im Nu füllen sich die Hinterhöfe mit den fragwürdigsten gestalten [sic!], sobald man eine solche Judenwohnburg betritt. Schmutz und widerwärtigster Gestank haben hier den engsten Bund miteinander geschlossen. Parasitenhart [sic! -haft] haust diese Sippschaft dort, um sich bei allen für sie günstigen Gelegenheiten wie Ungeziefer nach allen Seiten auszubreiten." Vgl. Bundesarchiv-Militärarchiv, Freiburg i. Br., RHD 53-58/2, Die Panzerfaust – Feldzeitung einer Panzergruppe, Ausgabe Nr. 5, S. 1f.

[6] Vgl. Joachim Tauber, 14 Tage im Juni. Zur kollektiven Erinnerung von Litauern und Juden, in: Vincas Bartusevičius/Joachim Tauber/Wolfram Wette (Hrsg.), Holocaust in Litauen. Krieg, Judenmorde und Kollaboration im Jahre 1941, Köln u. a. 2003, S. 40-50, hier S. 45f. Zur Entstehung dieses Feindbildes Alfonsas Eidintas, Das Stereotyp des „jüdischen Kommunisten" in Litauen, in: Vincas Bartusevičius/Joachim Tauber/Wolfram Wette (Hrsg.), Holocaust in Litauen. Krieg, Judenmorde und Kollaboration im Jahre 1941, Köln u. a. 2003, S. 13-25.

[7] In den Tages- und Wochenberichten der Polizeireviere wird in vielen Stimmungsanalysen darauf hingewiesen, dass die Polen im Gegensatz zu den Litauern nicht auf einen deutschen Sieg hoffen. Im Bestand R-689 (Polizeichef Vilnius) finden sich mehrere derartige Berichte, vgl. etwa LCVA (Litauisches Zentrales Staatsarchiv), R-689, ap. 4, b. 917, passim. Vilnius stellte aber auch aus litauischer Sicht einen Sonderfall dar: Die territoriale Zugehörigkeit war in der Zwischenkriegszeit umstritten, denn Litauen hatte seinen Anspruch auf die zu Polen gehörende Stadt nie aufgegeben. Beim Einmarsch der Sowjetunion in Ostpolen im September 1939 war Vilnius in sowjetische Hände geraten. In Abstimmung mit dem deutschen Partner überließ Stalin die Stadt im Oktober 1939 der Republik Litauen. Die Mehrheit der Bevölkerung sprach Polnisch, Jiddisch, teilweise auch Russisch, aber nicht Litauisch, so dass sich das litauische Element mehr oder weniger auf die Verwaltung und die staatlichen Exekutivorgane beschränkte, die aus Litauen nach Vilnius versetzt worden waren. Die kurze litauische Herrschaft wurde bereits im Juni 1940 durch die sowjetische Okkupation des Landes beendet. Aufgrund dieser Geschehnisse beschränkte sich auch 1941-1944 die litauische Komponente in der Stadt mehr oder weniger auf Administration und Polizeieinheiten. Zur Priorität der „polnischen Frage" aus litauischer Sicht vgl. auch Brandišauskas, Siekiai, S. 104f.

[8] Vgl. Arūnas Bubnys, Vilniaus žydų žudynės ir Vilniaus getas (1941-1941) [Die Ermordung der Juden von Vilnius und das Ghetto von Vilnius 1941-1944], in: Genocidas ir Rezistencija 14 (2003), H. 2, S. 7-43, hier S. 9. Wörtlich sagte Žakevičius: „Juden, die den blutigen Terror der Bolschewisten unterstützt haben [...], werden aus dem politischen, wirtschaftlichen und kulturellen Leben Litauens ausgeschlossen [...]. Allerdings wird dies durch Rechtsakte der Regierung durchgeführt werden." (Alle Übersetzungen aus dem Litauischen durch den Verfasser)

[9] Ereignismeldung Nr. 17 vom 9.7.1941, S. 14, U.S. National Archives and Records Administration (NARA), Microcopy T 175, Roll 233.

In den Akten der Stadtverwaltung findet sich ein Dokument, das auf diese ganz besondere Zusammenarbeit verweist. Es handelt sich um eine „Liste derjenigen Juden, welche schaetzungsweise ueber Rbl. 5.000.- resp. Gold und Pelze verfuegen koennen"[10]. Da die Liste neben den Namen auch die Anschriften der betreffenden Personen enthält, lässt sie sich auf die Zeit vor der Ghettoisierung Anfang September 1941 datieren. Ob diese Liste in Zusammenhang mit den „Kontributionen" zu sehen ist, die der jüdischen Gemeinde von Franz Murer[11] am 6. August 1941 auferlegt wurden[12], oder ob ein Zusammenhang mit der „Umsiedlung" ins Ghetto[13] besteht, oder ob es sich um eine der für das Einsatzkommando erstellten Listen handelt, muss offenbleiben. Fest steht jedenfalls, dass diese Liste nur von litauischer Seite erstellt worden sein kann, weil den neuen Herren in den ersten Tagen ihrer Herrschaft die lokalen Kenntnisse fehlten, um „reiche" Juden zu identifizieren. Im Übrigen lagerten die bis 21. August 1941 „beschlagnahmten" Gold- und Wertgegenstände in einem Banksafe in Vilnius, bevor sie dann im März 1942 den Weg nach Riga zum Reichskommissariat Ostland und von dort schließlich im Sommer 1942 in die Städtische Pfandleihanstalt in Berlin fanden. Dort allerdings kam sicherlich nur noch ein kleiner Teil des jüdischen Vermögens an, denn die ausgezahlte Summe belief sich auf lediglich knapp 20 000 RM[14].

Obwohl die Juden Lebensmittel bereits nur noch in bestimmten Läden erhalten konnten[15], stellte K. Kalendra, der im Bürgerkomitee für innere Angelegenheiten zuständig war und vor der sowjetischen Besatzung als Verwaltungschef des Landkreises Vilnius fungiert hatte, in einem Schreiben an die Stadtverwaltung fest, dass die Juden mit dieser Einkaufsmöglichkeit nicht „zufrieden" seien und auf Märkten und auf den Straßen zusätzliche Lebensmittel kauften, was zu einer Demoralisierung des schlechter gestellten Teils der Bevölkerung und zu einem Ansteigen der Preise führe. Kalendra schlug daher eine Verordnung vor, die den Juden den Erwerb von und den Handel mit landwirtschaftlichen Produkten verbot[16].

---

[10] LCVA R-643, ap. 3, b. 194, Bl. 261-266.
[11] Als Adjutant des Gebietskommissars von Vilnius, Hans Hingst, war der gebürtige Österreicher Leiter des Lebensmittel- und Landwirtschaftsreferates sowie des Preisüberwachungsreferates und zugleich für die jüdischen Angelegenheiten zuständig. Berüchtigt waren seine Kontrollen am Ghettotor. Vgl. Arad, Ghetto in Flames, S. 89. Zu Murers Nachkriegskarriere vgl. vor allem Doron Rabinovic, „Jidn, sogt, wer schtejt bajm tojer?" Der Fall Franz Murer – ein österreichischer Schauprozeß gegen die Opfer, in: Florian Freund/Franz Ruttner/Hans Safrian (Hrsg.), Ess firt kejn weg zurik ... Geschichte und Lieder des Ghettos in Wilna 1941-1943, Wien 1992, S. 97-122.
[12] Murer forderte die Übergabe von 5 Millionen innerhalb von 24 Stunden. Vgl. Arad, Ghetto in Flames, S. 95-97.
[13] Sowohl die Wohnungen als auch die auf der Liste erwähnten Menschen dürften einer ganz besonders genauen Untersuchung ausgesetzt gewesen sein.
[14] LCVA R-614, ap. 1, b. 750, Bl. 13, 15 und 17. Die folgende Wertung der Berliner Pfandleihe spricht für sich: „110 wertlose Uhrwerke aus ausgebrochenen Uhren haben wir ohne Entschädigung der Metallspende gegeben." Eine teilweise Bewertungsliste der Pfandleihe in LCVA R-614, ap. 1, b. 750, Bl. 57-72. Ein „Verzeichnis der bei Juden beschlagnahmten und in der Litauischen Bank hinterlegt gewesenen Goldgegenstände" ebd., Bl. 75 (Vorder- und Rückseite).
[15] Dazu Schur, Juden, S. 42 f.: „Da sich sofort mit Kriegsausbruch die Lebensmittelversorgung verschlechterte, bildeten sich vor den Läden, Bäckereien und Buden lange Schlangen. Zunächst standen die Juden dort mit den übrigen Einwohnern der Stadt zusammen. Doch bald begannen die Litauer und Polen sie unter Geschimpfe aus der Schlange zu stoßen: ‚Dreckjude!', ‚Kommunist!', ‚Hol dir dein Brot bei Stalin!' Die Beschimpfungen gingen häufig mit Prügeln einher. Ab dem 5. Juli durften Juden nur noch in gesonderten Läden einkaufen."
[16] K. Kalendra, Vorsitzender für innere Angelegenheiten des Bürgerkomitees, an das Bürgerkomitee, 26. 7. 1941, LCVA R-643, ap. 3, b. 4152, Bl. 30.

In den ersten Monaten der deutschen Besatzung spielte das deutsch-litauische Beziehungsgeflecht eine besondere Rolle bei der Ghettoisierung und beim Massenmord an den Juden. Auf Befehl des deutschen Feldkommandanten erteilte Kalendra noch im Sommer 1941 dem Bürgermeister der Stadt Vilnius die Anweisung, alle „arischen" Bewohner aus dem zukünftigen Ghettobezirk zu evakuieren und die Juden unter Aufsicht der Hilfspolizeieinheiten in das Ghetto zu verbringen. Für die Durchsuchung der von den Juden verlassenen Häuser und Wohnungen nach Wertgegenständen sollten auch reguläre Polizeikräfte zum Einsatz kommen[17]. Die Ghettoisierung brachte der litauischen Verwaltung ein ganzes Bündel von neuen Aufgaben. Schon unmittelbar nach der Zernierung der Juden Anfang September 1941 gab der Judenreferent in der Stadtverwaltung, Petras Buragas[18], Anweisungen an den Polizeichef von Vilnius weiter, die sich darauf bezogen, dass Juden in Gruppen oder einzeln das Ghetto nur mit einem entsprechenden Nachweis verlassen durften[19].

In Vilnius existierten zunächst zwei Ghettos; das sogenannte Ghetto II wurde am 24. Oktober 1941 liquidiert, mehr als 5000 Menschen fielen den verschiedenen „Aktionen" in diesem Ghetto zum Opfer[20]. Wenige Wochen später wurde die Stadtverwaltung für das Gebiet zuständig: „Der Judenrat hat durch Stellung der entsprechenden Arbeitskräfte dafür zu sorgen, dass das Ghetto II in ordentlichem und sauberem Zustand, vor allem die Wohnungen, übergeben wird."[21] Schließlich wurden die zum ehemaligen Ghetto II gehörenden Häuser und deren Inventar dem Wohnungsamt der Stadt übergeben, „um die zurueckgebliebenen Vermoegenswerte zu ordnen und die Haeuser fuer regelmaessige Ausbeutung und Besetzung instandzusetzen"[22].

Bereits durch die Ghettoisierung waren im ganzen Stadtgebiet Liegenschaften „frei" geworden, für die sich Interessenten fanden. Diese spezielle Form der „Arisierung" lief über das Liegenschaftsamt der Stadt Vilnius, das akribisch Listen über die Objekte, deren Inventar und die neuen Nutzer bzw. Anwärter führte. Insgesamt 206 Fabriken, Restaurants, Läden, Werkstätten oder Verkaufsbuden wurden erfasst und wechselten auf diese Weise den Besitzer[23]. Die außerhalb des Ghettos befindlichen „Judenhäuser" wurden von den

---

[17] K. Kalendra, Vorsitzender für innere Angelegenheiten des Bürgerkomitees, an den Bürgermeister der Stadt Vilnius, undatiert [August 1941?], LCVA R-643, ap. 3, b. 4152, Bl. 17.
[18] Buragas war nicht der erste Judenreferent der Stadtverwaltung. Eine Anordnung an den Judenrat vom 21. Juli 1941, in der es um die Verwendung jüdischer Arbeiter geht, ist mit J. Ciuberkis unterzeichnet. Žydų Reikalams Referentas [Referent für Judenangelegenheiten] Vilniaus žydų komitetui [an das Komitee der Juden von Vilnius], 21.7.1941, LCVA R-643, ap. 3, b. 300, Bl. 47.
[19] P. Buragas, Žydų Reikalams Referentas [Referent für Judenangelegenheiten] Ponui Policijos Vadui [an den Polizeichef], undatierter Entwurf, LCVA R-643, ap. 3, b. 194, Bl. 238.
[20] Vgl. Arad, Ghetto in Flames, S. 133–142.
[21] Der Gebietskommissar der Stadt Wilna an die Stadtverwaltung Wilna, Herrn Buragas, Betr.: Ghetto II, jüdische Altkleider im Ghetto, 18.11.1941, LCVA R-643, ap. 2, b. 194, Bl. 171.
[22] Stadtverwaltung Wilna, Referent für Judenangelegenheiten, an den Gebietskommissar der Stadt Wilna, 19.12.1941, LCVA R-643, ap. 2, b. 194, Bl. 157.
[23] Die relevanten Listen und Aufzeichnungen in: LCVA R-643, ap. 3, b. 11, Bl. 133–138. Hierzu auch Gebietskommissar der Stadt Wilna, i. A. Murer, an die Stadtverwaltung Wilna, 14.10.1941, LCVA ap. 3, b. 11, Bl. 180 (in litauischer Übersetzung): „Soweit die jüdischen Werkstätten, vom wirtschaftlichen Gesichtspunkt aus gesehen, weiter betrieben werden sollen, sollen diese mit einheimischen Fachleuten kommissarisch besetzt werden. Dazu ist notwendig, dass von den Werkstätten eine Liste von dem vorhandenen Inventar vorliegt. Gleichzeitig kann mir ein Vorschlag über die Personen, die diese Werkstätten führen sollen, gemacht werden."

Wohnungsämtern verwaltet und sollten vermietet werden; die Miete ging an das Gebietskommissariat[24].

Die Stadtverwaltung blieb nicht untätig, was die Geltendmachung von Ansprüchen an die jüdische Bevölkerung anbelangte. Die im Rathaus in Vilnius aufgestellten „Juden-Schulden bei der Stadtverwaltung Wilna", die sich vor allem aus Steuern für Liegenschaften und Häuser, aber auch aus Nebenkosten errechneten, beliefen sich gemäß einer ersten vorläufigen Aufstellung auf mehr als 132 000 RM[25]. Mit Schreiben vom 8. September 1941 bat die Abteilung Finanz- und Steuerwesen des Gebietskommissariats Wilna-Stadt den Reichskommissar Ostland um die Genehmigung, die bei der jüdischen Bevölkerung durchgeführten Beschlagnahmen in Höhe von RM 107 238 „zur Deckung der Juden-Schulden bei der Stadtverwaltung" verwenden zu dürfen[26]. Doch erst im Frühjahr 1942 hatte die litauische Verwaltung die Erfassung aller jüdischen Außenstände (darunter auch die Hunde- und die Gaststättengewerbesteuer) abgeschlossen und kam nun auf eine Summe von mehr als 522 000 RM[27]. Im Oktober 1942 mahnte der Bürgermeister von Vilnius diese Summe bei den deutschen Behörden an, musste sich allerdings mit einer dilatorischen Antwort zufriedengeben[28].

Obwohl aus der bisherigen Darstellung bereits hervorgeht, dass die Stadtverwaltung direkt in Judenangelegenheiten involviert war und auch Eigeninitiative entfaltete, ist für ihre Einbindung in die Ghettoaufsicht ein Schreiben von Franz Murer[29], den im Gebietskommissariat zuständigen Judenreferenten, an seinen litauischen Gegenpart, den Referenten für Judenangelegenheiten in der Stadtverwaltung, Buragas, von besonderer Bedeutung: „In der Anlage überreiche ich Ihnen zuständigkeitshalber eine Bestellung des Judenrates mit dem Bemerken, mir in Zukunft solche Schreiben des Judenrates nicht zuleiten zu wollen, da nicht ich, sondern Sie in erster Linie zuständig sind. Angelegenheiten, die das Ghetto betreffen, haben Sie entgegen zu nehmen und nach meinen Weisungen durchzuführen. Ich verhandle daher nur mit Ihnen und nicht mit den einzelnen Juden und dem Judenrat."[30]

---

[24] Der Generalkommissar in Kauen, 14.11.1941, LCVA R-614, ap. 1, b. 750, Bl. 9 (Vorder- und Rückseite), betrifft: „Verwaltung der Judenhäuser".
[25] „Juden-Schulden bei der Stadtverwaltung Wilna", undatiert [Anfang September 1941], LCVA R-614, ap. 1, b. 249, Bl. 2f. Die Forderungen betrafen 2049 Juden. Dazu auch Stadtverwaltung Wilna, Sekretariat, an den Gebietskommissar der Stadt Wilna, 6.9.1941, LCVA R-614, ap. 1, b. 750, Bl. 1: „Listen ueber die Verschuldung der Juden an die Stadtverwaltung Wilna". Interessanterweise stützte sich die Verwaltung bei ihrer Kalkulation auf keinerlei Angaben zur ethnischen Zugehörigkeit: „Ob eine Person juedisch ist, konnten wir nur nach dem Namen und Vornamen urteilen, da in Besteuerungsbuechern der Stadtverwaltung die Volkszugehoerigkeit nicht vermerkt wurde."
[26] Abteilung Finanz- und Steuerwesen des Gebietskommissariats Wilna-Stadt an den Reichskommissar Ostland, Abt. II g, 8.9.1941, LCVA R-614, ap. 1, b. 249, Bl. 4.
[27] Stadtverwaltung Wilna, Finanzamt, an den Gebietskommissar der Stadt Wilna, 5.3.1942, LCVA R-614, ap. 1. b. 750, Bl. 12.
[28] Stadtverwaltung Wilna, Finanzamt, an den Gebietskommissar der Stadt Wilna, 26.10.1942, LCVA R-614, ap. 1, b. 750, Bl. 20f.: „[...] bitte ich Sie, Herr Kommissar, die entsprechenden Maßnahmen zu treffen, da das Geld in möglichst kürzerer Zeit an die Stadtverwaltung ausgezahlt wäre." Der Generalkommissar in Kauen an den Gebietskommissar in Wilna-Stadt, 16.11.1942, LCVA R-614, ap. 1, b. 750, Bl. 23: „Die Frage, ob alte Steuerschulden der litauischen Juden den Selbstverwaltungen vergütet werden können, ist noch nicht geklärt. Ich kann deshalb Ihrem Antrag, an Sie einen Betrag in Höhe der Gesamtsteuerschuld der Juden auszuzahlen, nicht stattgeben."
[29] Im Gegensatz zu Buragas trug Murer keinen Titel, der ihn offiziell mit dem Ghetto in Verbindung gebracht hätte.
[30] Der Gebietskommissar der Stadt Wilna, i.A. Murer, an die Stadtverwaltung Wilna, Herrn Burogas [sic!], 16.10.1941, LCVA R-643, ap. 2, b. 194, Bl. 191.

Damit wurde ein bereits bestehender Zustand mehr oder weniger festgeschrieben; die Stadtverwaltung blieb weiterhin mit dem Ghetto beschäftigt: Im Dezember 1941 regte man z. B. an, um das Ghetto herum wieder Streifen laufen zu lassen, da „etliche Einbrüche ins Ghetto und Beraubungen der Ghetto-Einwohner zu verzeichnen" seien[31].

Auch im Bereich der Ghettowerkstätten verfügte die Stadtverwaltung über einen gewissen Spielraum. Hintergrund war das in Vilnius praktizierte Abrechnungssystem für die Leistungen der im Ghetto vollbrachten Arbeit. Im Archivbestand des Gebietskommissars Vilnius finden sich mehrfach Kalkulationen der Ghettowerkstätten. So wurde z. B. im Juli 1943 für das Reparieren von Filzstiefeln eine Arbeitszeit von sechs Stunden mit einem Stundenlohn von 0,44 RM angesetzt, zu dem noch Kleinmaterial und Produktionsunkosten in Höhe von 0,50 RM hinzugerechnet wurden, so dass der Gesamtpreis 3,14 RM betrug. Davon gingen 1,32 RM an den Gebietskommissar (also wie in verschiedenen Erlassen zur Verwendung jüdischer Arbeitskräfte angeordnet 50 Prozent des Arbeitslohnes[32]), während der „Ghettoanteil" 1,82 RM betrug[33]. Die Kalkulation trägt den Briefkopf der Ghetto-Lohn- und Auftragsstelle des Gebietskommissars Wilna-Stadt, also der zentralen Einrichtung für die Kommunikation der Ghettowerkstätten nach außen und der Auftragsabwicklung, stammt aber natürlich direkt von der „Ghettoindustrie", so die Bezeichnung in einem Schreiben an die Ghetto-Lohn- und Auftragsstelle[34]. Es liegen ganze Kataloge von derartigen Kalkulationen vor, so z. B. für das Waschen von Uniformteilen[35], für die Herstellung von Tonwaren[36] oder für Reparaturen an Uhren[37].

Die Ghettowerkstätten stellten Lieferscheine und Rechnungen aus, auf denen auch der Arbeitslohn und der 50-prozentige Abzug an den Gebietskommissar vermerkt waren[38]. Die Ghetto-Lohn- und Auftragsstelle ihrerseits verwaltete die Aufträge[39] und überwies den Lohnanteil des Gebietskommissars. So kamen allein Anfang März 1943 in der „Aufstellung 7/43 von Rechnungen fuer diverse Auftraege, die in die Ghettoindustrie eingeflossen sind", 1903,03 RM zusammen[40].

In einem konkreten Fall hatte die Blindenanstalt der Stadt Vilnius einen Auftrag für die Anfertigung von Pinseln von der Eisenbahnverwaltung angenommen, konnte aber aus nicht näher spezifizierten Gründen die Herstellung nicht selbst übernehmen. Die Leitung der Blindenanstalt wandte sich daher an Buragas mit der Anfrage, ob nicht die Ghettowerkstätten den Auftrag für die Blindenanstalt erledigen könnten. Murer erteilte der Anfrage von Buragas eine positive Antwort und wies in seinem Schreiben vom 16. Mai 1942 zugleich darauf hin, dass derartige Kleinaufträge auch ohne seine Zustimmung in Auftrag gegeben

---

[31] Stadtverwaltung Wilna, Referent für Judenangelegenheiten, an den Gebietskommissar der Stadt Wilna, 13.12.1941, LCVA R-643, ap. 3, b. 194, Bl. 167.
[32] Vgl. etwa: Der Gebietskommissar der Stadt Wilna, i. A. Murer: „Richtlinien und Merkblatt für den Einsatz der jüdischen Arbeitskräfte" (Vertraulich! Für den Arbeitgeber), 7.4.1942; LCVA R-643, ap. 3, b. 300, Bl. 100.
[33] LCVA R-614, ap. 1, b. 708, Bl. 2.
[34] Vgl. LCVA R-614, ap. 1, b. 708, Bl. 20.
[35] Vgl. LCVA R-614, ap. 1, b. 708, Bl. 17f.
[36] Vgl. LCVA R-614, ap. 1, b. 708, Bl. 22; LCVA R-614, ap. 1, b. 750, Bl. 30ff.
[37] Vgl. LCVA R-614, ap. 1, b. 708, Bl. 29f.
[38] Eine derartige Blankorechnung findet sich beispielsweise in LCVA R-614, ap. 1, b. 272, Bl. 62.
[39] Vgl. das handschriftliche Auftragsbuch der Ghetto-Lohn- und Auftragsstelle in LCVA R-614, ap. 1, b. 555, Bl. 1ff. sowie in LCVA R-1421, ap. 1, b. 128, passim.
[40] Vgl. LCVA R-626, ap. 1, b. 173, Bl. 8f.

werden könnten[41]. Aus einem „Verzeichnis der Auftraege" der Ghettowerkstätten vom Sommer 1942, in dem auch die anordnende Dienststelle Erwähnung findet, geht hervor, dass sich das System offenbar schnell eingespielt hatte, denn fast die Hälfte der Arbeiten wurde durch Buragas genehmigt[42]. Andererseits zeigen sich die Grenzen der litauischen Selbständigkeit in deutlicher Weise an folgendem Beispiel. Im März 1942 schrieb Buragas an Murer und fragte an, ob dem Vorsitzenden des Judenrates Fried wegen eines Beinbruches eine schriftliche Genehmigung zum „Betreten der Bürgersteige" erteilt werden könne, da es dem alten Mann schwerfalle, sich auf dem Straßenpflaster zu bewegen[43].

Eine weitere Schnittstelle zwischen der lokalen Verwaltung und dem Ghetto stellte die Versorgung dar. Das Ghetto war nicht nur auf Lebensmittel angewiesen, sondern auch auf Werk- und Rohstoffe. Die deutsche Zivilverwaltung wälzte diese Aufgaben ab, wie aus einem Schreiben der Stadtverwaltung Vilnius vom 7. Januar 1942 hervorgeht: „Auf Anordnung des Herrn Gebietskommissars sind die Ghettobewohner mit Brennholz von der Stadtverwaltung gegen Entrichtung des Kaufpreises zu beliefern[44], aber nur nachdem die arische Bevoelkerung schon versorgt ist. Wegen der Transportschwierigkeiten keine groesseren Holzmengen erhalten [sic!] und die meisten Einwohner sind gezwungen, sich auf eigene Faust mit Holz zu versorgen [...]. Unter diesen Umstaenden konnte den Juden bisher nur etwa 1/10 Raummeter pro Person zugeteilt werden [...]. Die Ghettoeinwohner muessen sich damit begnuegen, was ihnen unter den jetzigen Umstaenden zugeteilt werden kann." Mit diesen Ausführungen weigerte sich die litauische Verwaltung, der mehrmaligen Aufforderung aus dem Stab des SS- und Polizeistandortführers Wilna und Wilna-Land nachzukommen, für die bei der Dienststelle beschäftigten Juden Holz ins Ghetto zu liefern[45]. Auch gegenüber dem Verhalten von Wehrmachtangehörigen hatte Buragas Einwände: „Bei Kontrollierung einzelner in der Stadt herumgehender Juden hat sich herausgestellt, dass die leitenden Stellen der Arbeitsstaetten und die Geleitwachen der Judenkolonnen den Verkehr der Juden mit der Bevölkerung bewußt beguenstigen, in dem [sic!] einzelne Juden in die Stadt zum Einkauf der Lebensmittel herauslassen oder die Trennung der Juden von

---

[41] Vgl. LCVA R-643, ap. 3, b. 194, Bl. 59–64.
[42] Wilnaer Ghetto-Administration, Verzeichnis der Aufträge, LCVA R-643, ap. 3, b. 195, Bl. 20. Die Aufträge umfassen die Monate April bis August; der in Rechnung gestellte Gesamtbetrag belief sich auf 18 870,10 RM.
[43] Stadtverwaltung Wilna, Referent für Judenangelegenheiten, an Gebietskommissar der Stadt Wilna, 23.3.1941, LCVA R-643, ap. 3, b. 195, Bl. 110. Murer antwortete umgehend: „zurück mit dem Bemerken, dass derartige Anträge nicht bewilligt werden können".
[44] Vgl. Gebietskommissar der Stadt Wilna, i.A. Murer, an die Abteilung Finanzverwaltung, z.Hd. des Pg. Kromm, 13.3.1942, LCVA R-614, ap. 1, b. 750, Bl. 11. Murer führt aus, die Juden seien nicht steuerpflichtig, weil dies mit der 50%igen Lohnabgabe abgegolten sei: „Alle anderen Leistungen von Behörden und Geschäften an das Ghetto wie Wohnung, Holz, Wasser, Licht, Lebensmittel usw. sind von den Juden an den Lieferanten zu den festgesetzten Preisen zu bezahlen."
[45] Stadtverwaltung Wilna, Referent für Judenangelegenheiten, an den SS- und Polizeistandortführer Wilna u. Wilna-Land, 7.1.1942, LCVA R-643, ap. 3, b. 194, Bl. 196; Der SS- und Polizeistandortführer Wilna u. Wilna-Land an die Stadtverwaltung Wilna, Referent für Judenbetreuung, 29.12.1941, LCVA R-643, ap. 3, b. 194, Bl. 197; Der SS- und Polizeistandortführer an die Stadtverwaltung in Wilna, Referent für Juden Betreuung [sic!] vom 11.11.1941, LCVA R-643, ap. 3, b. 194, Bl. 173: „Die bei mir beschäftigten jüdischen Arbeitskräfte führen Klage, dass ihnen bisher kein Brennholz zugeteilt worden ist. Aus hygienischen Gründen halte ich die sofortige Zuteilung einer angemässigen [sic!] Menge Brennholz für dringend erforderlich. Ich lege besonderen Wert darauf, dass die Juden in sauberer Wäsche und reinem Zustand ihre Arbeit versehen, damit die Einschleppung von Infektionskrankheiten in mein Dienstgebäude unter allen Umständen vermieden wird."

den nach der Arbeit ins Ghetto zurueckmarschierenden Kolonnen gestatten [...]. Unverantwortliche, zur Wehrmacht angehörige [sic!] Angestellte der Arbeitsstaetten (Gefreite, Feldwebel, manchmal jedoch auch Offiziere) pflegen sogar den einzelnen Juden Bescheinigungen auszustellen, dass diese naemlich berechtigt sind, allein in der Stadt herumzugehen [...]. Wenn die zur Wehrmacht angehörenden [sic!] Geleitwachen mit Lebensmittelvorraeten beladene Judenkolonnen ins Ghetto zurueckfuehren und die Torwache die Besichtigung vornehmen will, so kommen oefters Missverstaendnisse vor, waehrend welcher sogar die Waffen zum Vorschein kommen und die Torwache mit Handlungen [sic!] beleidigt wird. Solange kein Vertreter der deutschen Polizei am Ghettoeingang anwesend ist, werden alle Bemuehungen der litauischen Schutzleute erfolglos bleiben; auch mein persoenliches Eingreifen und Anweisungen an die Torwache haben nicht zur Wiederherstellung der Ordnung beigetragen."[46] In den Akten des Polizeichefs von Vilnius hat sich ein Fall aus dem Dezember 1941 erhalten, der ein Schlaglicht auf den Alltag in Vilnius wirft: Der 1899 geborene Juozas Surdokas wurde zu einer Ordnungsstrafe von 15 RM (ersatzweise drei Tage Haft) verurteilt, weil er Juden, die sich auf dem Weg zur Arbeit befanden, geschlagen hatte. Der Vorfall war von einem Gefreiten namens Schneider, der die Kolonne zum Arbeitsplatz führte, ins Rollen gebracht worden, der einen litauischen Polizisten aufgefordert hatte, Surdokas festzunehmen[47].

Eine klare litauische Initiative lag auch im Fall derjenigen Juden vor, die im Sommer 1941 zu Torfarbeiten in den Vorort Baltoji Vokė gebracht worden waren. Da sich die Familien der rund 200 Männer ihnen angeschlossen hatten, lebten „wohl etwa 300–400 Juden" bei Bauern in der Umgebung von Baltoji Vokė, offenbar zum Missfallen der litauischen Verwaltung, denn die Saisonarbeiten in dem Torfbetrieb waren abgeschlossen. Buragas reichte einen ausführlichen Bericht zur Situation bei Murer ein und bat „um die entsprechende Anweisung", worunter zweifellos der Abtransport der Juden ins Ghetto nach Vilnius zu verstehen war[48].

Für das Ghetto stellte neben der bereits erwähnten Ghetto-Lohn- und Auftragsstelle, die für die Abrechnung der Leistungen der Ghettowerkstätten und die Abrechnung der Arbeitsleistungen der Arbeitskolonnen zuständig war, die litauische Stadtverwaltung den Hauptansprechpartner dar[49]. Allerdings erschöpfte sich der Kontakt zwischen dem Ghetto und der litauischen Außenwelt nicht nur auf die Verwaltungsebene. Zwar ist seit langem bekannt,

---

[46] Stadtverwaltung Wilna, Referent für Judenangelegenheiten, an den Gebietskommissar der Stadt Wilna, 6.1.1942, LCVA R-643, ap. 3, b. 195, Bl. 143 (Vorder- und Rückseite). Buragas schlug unter anderem vor, dass ab 15.00 Uhr (Beginn der Rückführung der Arbeitskolonnen) ein Vertreter der SS am Ghettotor anwesend sein solle und die litauische Stadtpolizei Anweisung erhalten solle, Juden ohne Bescheinigung sofort sämtliche Dokumente abzunehmen. Eine Reaktion Murers auf dieses Schreiben ist nicht überliefert.
[47] Vilniaus Miesto Policijos Vado Administracinės Baudos Byla Nr. 194: Surdoko Juozo [Polizeichef Vilnius, Verwaltungsstrafakte Nr. 194: Surdokas Juozas], LCVA R-689, ap. 3, b. 596, 12.12.1941.
[48] Stadtverwaltung Wilna, Referent für Judenangelegenheiten, an den Gebietskommissar der Stadt Wilna, 27.11.1941, LCVA R-643, ap. 3, b. 195, Bl. 187.
[49] Zuständig für die Verteilung der jüdischen Arbeitskräfte war im Übrigen das Arbeitsamt bzw. Sozialamt (mit Verfügung vom 30. Dezember 1941 wurde das Arbeitsamt in Sozialamt umbenannt, jedoch findet sich in den Akten auch später noch oft die Bezeichnung Arbeitsamt, vgl. LCVA R-614, ap. 1, b. 4, Bl. 14). Ein Geschäftsverteilungsplan vom Herbst 1941 zeigt, dass es ein spezielles Referat für den jüdischen Arbeitseinsatz gab, als dessen einziger Angestellter ein 1907 geborener Litauer namens Vilius Šikauga tätig war (Referat i „Kriegsgefangene und Judeneinsatz"). Vgl. LCVA R-626, ap. 2, b. 3, Bl. 1–7: Geschäftsverteilungsplan des Arbeitsamtes Wilna nach dem Stande vom 31. Oktober 1941.

dass die Juden zu Arbeiten außerhalb des Ghettos herangezogen wurden, doch erst eine Einsichtnahme in die Auflistungen[50] verdeutlicht das wahre Ausmaß der jüdischen Arbeitsleistung. Auch wenn deutsche Dienststellen, vor allem der Wehrmacht und der Organisation Todt, die meisten jüdischen Arbeiter beschäftigten, bleibt der litauische Anteil nicht unbedeutend. Im Dezember 1942 sandte der Ghettovorsteher Jakob Gens beispielsweise eine „Aufstellung der nichtdeutschen zivilen Dienststellen und privaten Betriebe mit Angabe der Zahl der dort beschäftigten jüdischen Arbeitskräfte sowie der Zahl der Arbeitsstunden und des Lohnes für die Zeit vom 16. bis 30. November 1942 aufgrund der Mitteilungen der Arbeitsstellen resp. der Kolonnenführer" an das Arbeitsamt[51]. Allein bei den aufgeführten 150 litauischen Einrichtungen belief sich der Lohn der jüdischen Arbeiter in 14 Tagen auf 49 523,22 RM, wovon 24 761,60 RM an den Gebietskommissar gingen[52]. Ein weiteres Beispiel ist eine Aufstellung des Vilniuser Lebensmittelhandels (bei dem von Januar bis November 1942 gelegentlich Juden zum Holzausladen, für Lagerarbeiten und dergleichen mehr benötigt wurden), in der ebenfalls akribisch die „Auszahlung an Juden" und der dem Gebietskommissar zustehende Anteil vermerkt wurden[53]. Noch deutlicher wird das Bild aufgrund einer Anordnung des Gebietskommissariats vom Oktober 1941. Da, wie bereits erwähnt, 50 Prozent des Lohnes für die Juden als „jüdischer Lohnanteil" an die Amtskasse des Gebietskommissars von den Arbeitgebern gezahlt werden mussten und die deutschen Behörden Wert darauf legten, „die richtige und rechtzeitige Ablieferung der jüdischen Lohnanteile durch die Arbeitgeber überwachen zu können", finden sich viele Quellen zu den Einsatzstellen der Arbeiter aus dem Ghetto[54]. So listet z. B. ein „Verzeichnis der zivilen Arbeitsstellen und Zahl der arbeitenden Juden am 15. September 1942" 116 Betriebe auf, die insgesamt 3376 Juden beschäftigen (2166 Männer und 1810 Frauen). Auch wenn einige deutsche Einrichtungen wie etwa die Ostland Faser GmbH[55] genannt werden, bilden Firmen wie die Kofferfabrik Lagaminas (10 Juden), die Fleischgenossenschaft Maistas (50 Juden und 29 Jüdinnen) oder die Gärtnerei J. Palevitsch (3 Juden und 13 Jüdinnen) keines-

---

[50] Vor allem im Bestand des Arbeitsamtes Vilnius, LCVA R-626, ap. 1, b. 209, finden sich viele monatliche Aufstellungen über die Arbeitsplätze außerhalb des Ghettos, die insbesondere aus dem Jahre 1942 stammen.
[51] LCVA R-626, ap. 1, b. 209, Bl. 14.
[52] Vgl. LCVA R-626, ap. 1, b. 209, Bl. 17.
[53] LCVA R-1421, ap. 1, b. 7, Bl. 10: „Aufstellung über abgeführte jüdische Lohnanteile für die Zeit vom 1.I. 42–30.XI. 42" vom 1. Dezember 1942.
[54] Es „wird gebeten, wochentlich [sic!] eine Nachweisung derjenigen Arbeitgeber einzureichen, denen jüdische Arbeitskräfte vermittelt worden sind". Durchschlag eines Schreibens an das Arbeitsamt in Wilna vom 30.10.1941, betr.: Überwachung der abzuführenden jüdischen Lohnanteile, LCVA R-614, ap. 1, b. 277, Bl. 39. Offenbar war die Meldungs- und Zahlungsmoral nicht besonders ausgeprägt, jedenfalls finden sich in diesem Aktenband mehrere Mahnungen, in denen mit Entzug der jüdischen Arbeitskräfte gedroht wird, falls nicht umgehend die ausstehenden Lohnanteile angewiesen würden. Eine weitere Mahnung in LCVA R-614, ap. 1, b. 249, Bl. 25. Selbst nach der Liquidierung des Ghettos ging es noch um fehlende Lohnanteile: „Das Wilnaer Ghetto und somit auch die Ghetto-Lohn- und Auftragsstelle sind am 23.9. aufgelöst worden. Ich bitte daher alle rueckstaendigen Betraege fuer juedische Arbeitskraefte laut ihren Lohnlisten bis einschließlich 1.9.1943 an die Amtskasse sofort zu bezahlen." LCVA R-614, ap. 1, b. 269, Bl. 45. Das Eisenbahnbetriebsamt von Vilnius zahlte am 24. September 1943 die gesamten Löhne von fünf Juden an die Kasse des Gebietskommissars, denn „dieser Lohn ist jetzt unmöglich auszuzahlen". LCVA R-614, ap. 1, b. 245, Bl. 9.
[55] Die Gesellschaft wurde am 30. September 1941 mit Sitz in Riga gegründet. Vgl. den Abschlussbericht des Wirtschaftsstabes Ost bei Rolf-Dieter Müller (Hrsg.), Die deutsche Wirtschaftspolitik in den besetzten sowjetischen Gebieten 1941–1943. Der Abschlußbericht des Wirtschaftsstabes Ost und die Aufzeichnungen eines Angehörigen des Wirtschaftskommandos Kiew, Boppard am Rhein 1991, S. 263.

wegs eine Ausnahme, sondern belegen den bedeutsamen Anteil einheimischer Unternehmen bei der Ausnutzung der jüdischen Arbeitsleistung[56]. Selbst in Dienstleistungsbetrieben wie dem Hotel „Europa" wurden jüdische Arbeitskräfte eingesetzt[57]. Litauische Behörden und Betriebe profitierten somit von der billigen jüdischen Arbeitskraft ebenso wie die Wehrmacht oder deutsche Wirtschaftsbetriebe. Bereits im Juli 1941 gab es Nachfragen nach jüdischen Arbeitern wie diejenige der litauischen Eisenbahn, deren Direktion mit Ausnahme des Sonntags täglich 60 Juden und 30 Jüdinnen für Lagerarbeiten in einem Depot in Vilnius anforderte[58]. Auch die Ghettowerkstätten waren mit ihrem Warenangebot durchaus nicht nur für deutsche Kunden interessant. Im August 1943 zählte die Genossenschaft Lietukis mit einem Auftrag zur Fertigung von 2000 Sensenwetzsteinen ebenso zu den Großkunden wie die chemische Fabrik „Daiva" aus Vilnius, die 43 000 Kartonagen in Auftrag gegeben hatte[59].

Doch dachte die Verwaltung durchaus in größeren Maßstäben. Nach einem undatierten, sicherlich aber aus dem Hochsommer 1941 stammenden „Plan der Stadtverwaltung Wilna fuer Versorgung der Juden mit Arbeit" sollten mehr als 8000 Menschen für Aufgaben im Bauwesen, in Kies- und Steinbrüchen sowie in Gärtnereien und anderen Wirtschaftsbetrieben Verwendung finden[60].

Weitaus bekannter als die deutsch-litauischen Beziehungen auf Verwaltungs- und Wirtschaftsebene ist die Kooperation im sicherheitspolizeilichen Bereich. Die Meldungen der Polizeireviere der Stadt geben vor allem für die ersten Kriegstage einen interessanten Einblick, wie auf unterer Ebene agiert wurde. So erstellte das 4. Revier eine Liste der bis zum 4. Juli von den Polizisten festgenommenen Personen, bei der nicht nur auffällt, dass als Festnahmegrund sehr häufig pauschal „Kommunist" angegeben wurde, sondern auch, dass Juden weit überproportional vertreten waren, während sich unter den 42 Inhaftierten nur ein Litauer befand. Die meisten der von den Polizisten des 4. Reviers festgesetzten Personen wurden in ein Gefängnis überführt und dort der deutschen Sicherheitspolizei übergeben[61]. Die Kollegen vom 3. Revier brachten Anfang August 1941 viele Juden in das berüchtigte Lukiškės-Gefängnis, weil sie gegen die Sperrstunden für Juden oder andere Anweisungen des Stadtkommandanten verstoßen hatten und deswegen den Streifen aufgefallen waren[62]. Nur die wichtigsten Angelegenheiten wurden den Deutschen gemeldet, darunter auch der folgende Vorfall vom 1. September 1941: „[...] hat der Polizist Vabuolis Julius mitgeteilt,

---

[56] LCVA R-614, ap. 1, b. 277, Bl. 4–6 (Rückseite).
[57] „Verzeichnis der privaten Arbeitsstellen und Zahl der arbeitenden Juden am 14. Mai 1942", LCVA R-614, ap. 1, b. 277, Bl. 28 (Rückseite).
[58] Lietuvos Geležinkelių valdyba, Tiekimų Tarnyba [Direktion der Eisenbahnen Litauens, Versorgungsabteilung] Vilniaus Miesto Policijos Vadui [an den Polizeichef der Stadt Vilnius], 23.7.1941, LCVA R-643, ap. 3, b. 4152, Bl. 60.
[59] Ghettolohn- und Auftragsstelle des Gebietskommissars Wilna-Stadt: Stand der Wehrmachtbestellungen in den Werkstaetten der Ghettoindustrie zum 20. August 1943, LCVA R-614, ap.1, b. 272, Bl. 3.
[60] LCVA R-643, ap. 3, b. 4152, Bl. 202. Der Plan trägt die Unterschrift des Referenten für jüdische Angelegenheiten, Buragas, und des Bürgermeisters von Vilnius, Karolis Dabulevičius.
[61] LCVA R-689, ap. 4, b. 916, Paginierung unleserlich. Im Bezirk des 4. Reviers sollte sich später auch das Ghetto befinden. Das Polizeirevier befand sich nur ca. 150 Meter vom Haupteingangstor des Ghettos entfernt. Vgl. die Aussage des stellvertretenden Revierleiters Vygantas in B. Baranauskas (Hrsg.), Masinės Žudynės Lietuvoje (1941–1944). Dokumentų Rinkinys, I dalis [Massenmorde in Litauen 1941–1944. Eine Dokumentenauswahl, Teil 1], Vilnius 1965, Bd. 1, S. 159.
[62] LCVA R-689, ap. 4, b. 917, Bl. 3. Die Anordnung des Kommandanten, gegen die Juden verstießen, war entweder das Nichttragen des Judensterns an der Kleidung oder das Benutzen des Gehsteiges. Auch im 5. Revier wurden Juden wegen derartiger „Verstöße" festgenommen. Vgl. den Bericht des Leiters des 5. Reviers an den Polizeichef vom 26.8.1941 in LCVA R-689, ap. 4, b. 917, Bl. 398.

dass, als er an der Wache in der Gedimino Str. stand, etwa um 23 Uhr 30 min. die deutschen Krieger verlangten, soll er ihnen helfen, die Juden ins Gefaengnis Lukischkiai zu treiben. Unterwegs einer von den Juden wollte nicht gehen. Dann der deutsche Offizier hat dem Polizisten Vabuolis befohlen, diesen Juden zu erschießen. Gemaeß dem Befehl der Polizist Vabuolis hat den Juden erschossen."[63]

Neben der Ortspolizei gab es noch litauische Hilfspolizeibataillone, die in Vilnius eingesetzt waren. Das 1. Bataillon war an der Ghettoisierung der Juden aus der Stadt und Umgebung im August/September 1941 und im Herbst 1943 an der Liquidierung des Ghettos in Vilnius und von jüdischen Arbeitslagern in der näheren Umgebung beteiligt. Das 2. Bataillon entstand aus dem sogenannten Ordnungsdienst, der in den ersten Tagen des deutsch-sowjetischen Krieges unter Ägide des Bürgerkomitees gebildet worden war. Auch Kompanien dieses Bataillons dürften an der Ghettoisierung der Juden teilgenommen haben, außerdem waren Angehörige dieser Einheit mehrmals beim Transport zur Mordstätte Paneriai bei Vilnius und der Bewachung von Juden tätig. Ebenfalls zum Transport der Opfer, aber auch zur Bewachung des Ghettos war das 3. Bataillon bis zu seiner Verlegung nach Minsk am 12. November 1941 eingesetzt[64].

In Vilnius existierte auch eine litauische Sicherheitspolizei, die im Spätherbst 1941 eine Stärke von rund 130 Mann aufwies. Die Bedeutung des litauischen SD erschließt sich schon daraus, dass die Hauptaußenstelle der deutschen Sicherheitspolizei aus nur rund 40 Gestapo- und SD-Männern bestand. Die litauische Sicherheitspolizei war in vielfältiger Weise mit dem Holocaust verbunden: Im berüchtigten Lukiškės-Gefängnis, von dem aus viele Menschen zur Ermordung nach Paneriai gebracht wurden, verhörten Mitarbeiter der litauischen Sicherheitspolizei die inhaftierten Juden und trafen offenbar auch selbständig die Entscheidung über Leben oder Tod. Mike MacQueen, der über den litauischen SD in Vilnius gearbeitet hat, spricht in diesem Zusammenhang von einer „unabhängige[n] exekutive[n] Befugnis der SP gegenüber Juden"[65].

Unter diesen Umständen kann es nicht überraschen, dass Litauer aus der Perspektive der Opfer einen besonderen Platz einnehmen. Die erste Terrorwelle gegen die Judenheit von Vilnius bestand im Verschwinden von Männern, die auf den Straßen gekidnappt wurden. Die „Fänger" stammten aus der einheimischen Bevölkerung[66]. Im September 1941 waren es fast ausschließlich Menschen in litauischen Polizeiuniformen, die die Juden ins Ghetto trieben und ihre Wohnungen durchsuchten[67]. Bei den verschiedenen „Aktionen" im Herbst

---

[63] Polizeichef der Stadt Wilna an den SS-Brigadeführer Wilna-Land, 1.9.1941, LCVA R-689, ap. 4, b. 917, Bl. 485.
[64] Zu den litauischen Polizeibataillonen vgl. vor allem die verschiedenen Beiträge von Arūnas Bubnys, hier ders., Die litauischen Hilfspolizeibataillone und der Holocaust, in: Bartusevičius/Tauber/Wette (Hrsg.), Holocaust in Litauen, S. 117-131, hier S. 123-126. Das 2. Bataillon wurde übrigens im November 1941 nach Lublin verlegt und dort im Wachdienst des Vernichtungslagers Majdanek eingesetzt.
[65] Mike MacQueen, Einheimische Gehilfin der Gestapo. Die litauische Sicherheitspolizei in Vilnius 1941-1944, in: Bartusevičius/Tauber/Wette (Hrsg.), Holocaust in Litauen, S. 103-116, hier S. 108
[66] Noah N. Shneidman, Jerusalem of Lithuania: The Rise and Fall of Jewish Vilnius. A Personal Perspective, Oakville/Buffalo 1998, S. 47f., berichtet, er habe einige der „Fänger" persönlich gekannt, bei ihnen habe es sich um Studenten der Universität gehandelt. Im Bestand der Stadtverwaltung Vilnius sind einige Bittbriefe von Jüdinnen überliefert, die sich an das Bürgerkomitee wandten und um Freilassung ihrer Männer bzw. Söhne baten. Vgl. LCVA R-643, ap. 3, b. 4152, Bl. 107 und Bl. 111.
[67] Eingesetzt waren nicht nur Hilfspolizeibataillone, sondern auch Polizisten der jeweiligen Polizeireviere. Vgl. Bubnys, Vilniaus žydų žudynės, S. 13; vgl. auch die Aussagen von F. Dondesas vom Oktober 1944 in Baranauskas, Masinės Žudynės, S. 174.

1941, denen Tausende von Juden zum Opfer fielen, waren litauische Einheiten für die Razzien und die Kontrollen eingesetzt[68].

Deutlich wird die litauische Präsenz auch, wenn man einen Blick auf die Ghettoisierung im Landkreis Vilnius richtet, die unmittelbar nach der Schaffung des Ghettos in Vilnius durch den Gebietskommissar Wilna-Land, Wulff, angeordnet wurde. Die Ausführung der Anordnung unterlag nämlich allein der litauischen Verwaltung und der örtlichen Polizei sowie den Hilfspolizeieinheiten[69]. Sarkastisch schilderte der Chronist des Ghettos Vilnius, Herman Kruk, die Berichte von Juden aus dem Ghetto Ašmena und anderen Ghettos aus dem Landkreis, die im März 1943 aufgelöst wurden: „Sie sagen, dass die Litauer in den betreffenden Städten sehr enttäuscht sind: für sie war das Ghetto ein ‚koscherer' Topf mit einem ‚koscheren' Löffel, ein perfektes Arrangement. Sie konnten über die Juden herrschen, sie nahmen ihnen all das ab, was sie wollten, und vor allem […] machten sie Geschäfte und verdienten viel Geld. Sie werden das Ghetto wirklich vermissen."[70]

Abschließend bleibt festzuhalten, dass das Beziehungsgeflecht zwischen deutschen Besatzern, litauischer Verwaltung bzw. Exekutive und dem Ghetto vielschichtiger und komplexer war als bisher angenommen. Das Ghetto stellte in der örtlichen Infrastruktur einen Wirtschaftsfaktor ersten Ranges dar, von dessen billiger Arbeitskraft sowohl die Deutschen als auch die Litauer profitierten; nicht nur militärische Einrichtungen oder große Kombinate, sondern auch kleine Wirtschafts- und Dienstleistungsbetriebe nutzten die billigen Arbeitskräfte. Da der „Instanzenweg" zwischen Ghetto und Gebietskommissariat über die litauische Stadtverwaltung ging, war diese nicht nur „formal" in Ghettoangelegenheiten eingebunden, sondern die eigentliche Schnittstelle für die Außenbeziehungen des Ghettos. Im Rahmen dieser Funktion verfügte die litauische Verwaltung über eine begrenzte Selbständigkeit in ihren Entscheidungen oder konnte zumindest mit eigenen Vorschlägen an das Gebietskommissariat herantreten. Verbunden mit dem häufigen Einsatz von litauischen uniformierten Polizeiverbänden blieben in jüdischen Zeugnissen weniger Deutsche als vielmehr Litauer als Täter in Erinnerung, die den Alltag der Opfer entscheidend mitprägten.

Die institutionelle Einbindung von Litauern in den Judenmord in Vilnius sollte allerdings nicht den Blick dafür verstellen, dass ohne die rassistisch-antisemitische Ideologie des Nationalsozialismus, ohne die deutschen Tätergruppen – mithin: ohne deutsche Initiative, Planung und Durchführung – es auch in Vilnius nicht zum Mord an Zehntausenden von Menschen gekommen wäre.

---

[68] Vgl. z. B. die Schilderung von Mascha Rolnikaite, Ich muss erzählen. Mein Tagebuch 1941–1945, Berlin 2002, S. 92f. und S. 97.
[69] Die diesbezüglichen Anordnungen des (litauischen) Verwaltungschefs Wilna-Land und des Chefs der litauischen Polizei in Wilna-Land an die Polizeireviere in Baranauskas, Masinės Žudynės, S. 209–211.
[70] Hermann Kruk, The Last Days of the Jerusalem of Lithuania. Chronicles from the Vilna Ghetto and the Camps, 1939–1944, New Haven/London 2002, S. 489. Übersetzung aus dem Englischen.

Franz Sz. Horváth
Volkstumspolitik, soziale Kompensation und wirtschaftliche Wiedergutmachung
Der Holocaust in Nordsiebenbürgen

Einleitung

„Die Erforschung des NS-Judenmords in Osteuropa [ist] noch keineswegs abgeschlossen", resümierte Dieter Pohl vor über einem Jahrzehnt in einem Aufsatz über den „nationalsozialistischen Judenmord als Problem von osteuropäischer Geschichte"[1]. Als besondere Desiderata bezeichnete er – nicht zuletzt im Hinblick auf den Holocaust in Ungarn – das Fehlen von Regionalstudien, die Berücksichtigung wirtschaftspolitischer Aspekte und die Einbeziehung der Rolle lokaler Gesellschaften[2]. Ulrich Herbert betonte in einem Überblick über die nationalsozialistische Vernichtungspolitik und die sie behandelnde Historiographie ebenfalls, wie wichtig es sei, „nach den Zusammenhängen zwischen der deutschen Besatzungsverwaltung in West- und Osteuropa, den vielfältigen Konzepten zur ‚Neuordnung' Europas, den dabei verfolgten unterschiedlichen Zielsetzungen und der Vernichtungspolitik gegenüber den Juden"[3] zu fragen. Im Kontext der strukturalistischen Interpretation des Holocaust verwies er zudem darauf, dass dabei „die Bedeutung rassistischer und gerade antisemitischer Ideologien für das Denken und Handeln großer Bevölkerungsgruppen wie für die spezifisch nationalsozialistischen Weltanschauungseliten"[4] ausgeblendet blieb.

Der vorliegende Aufsatz untersucht vor dem Hintergrund solcher Forschungslücken und Interpretationsmuster den Holocaust in einer Region Ungarns, im sogenannten Nordsiebenbürgen. Im Mai und Juni 1944 gelang es der ungarischen Gendarmerie, die dortige jüdische Bevölkerung binnen weniger Wochen ohne nennenswerten Widerstand seitens der christlichen Bevölkerung zu ghettoisieren und zu deportieren. Dieses „letzte Kapitel"[5] des nationalsozialistischen Völkermords an den Juden Europas gehört durch die Forschungsergebnisse der letzten Jahre zu den mittlerweile relativ gut erforschten Abschnitten des Holocaust[6]. Dieser Aufsatz versucht, die vorliegenden Forschungen um einen bislang vernachlässigten Aspekt zu ergänzen. Diese bisherigen Studien behandelten den Holocaust in Ungarn auf der gesamtstaatlichen Ebene, obwohl die meisten der rund 437 000 depor-

---

[1] Vgl. Dieter Pohl, Nationalsozialistischer Judenmord als Problem von osteuropäischer Geschichte und Geschichtsschreibung, in: Jahrbücher für die Geschichte Osteuropas, NF 40 (1992), S. 96–119.
[2] Vgl. Pohl, Nationalsozialistischer Judenmord, S. 116–118.
[3] Vgl. Ulrich Herbert, Vernichtungspolitik. Neue Antworten und Fragen zur Geschichte des „Holocaust", in: Ders. (Hrsg.), Nationalsozialistische Vernichtungspolitik 1939-1945. Neue Forschungen und Kontroversen, Frankfurt a. M. ²1998, S. 16f.
[4] Vgl. Herbert, Vernichtungspolitik, S. 21.
[5] Christian Gerlach/Götz Aly, Das letzte Kapitel. Der Mord an den ungarischen Juden 1944-1945, Frankfurt a. M. 2004.
[6] Neben der Darstellung von Gerlach/Aly grundlegend: Randolph Braham, The Politics of Genocide. The Holocaust in Hungary, 2 Bde., New York 1981 (bzw. ²1991); außerdem Brigitte Mihok (Hrsg.), Ungarn und der Holocaust. Kollaboration, Rettung und Trauma, Berlin 2005; Gábor Kádár/Zoltán Vági, Self-financing Genocide. The Gold Train, the Becher Case and the Wealth of the Hungarian Jews, Budapest/New York 2004; John Conway, Der Holocaust in Ungarn. Neue Kontroversen und Überlegungen, in: Vierteljahrshefte für Zeitgeschichte 32 (1984), S. 179–212. Jetzt neu: Randolph L. Braham (Szerk.), A magyarországi holokauszt földrajzi enciklopédiája, Bd. I.–III., Budapest 2007.

tierten ungarischen Juden aus den 1938–41 wieder an Ungarn gefallenen Gebieten stammten (Teile Oberungarns, Nordsiebenbürgen, Batschka)[7]. In diesem Aufsatz wird der Schwerpunkt auf die regionale Vorgeschichte gelegt, und damit verbunden sollen die lokalen antisemitischen Wurzeln aufgezeigt werden. Denn erst die Kenntnis solcher Traditionen, die allmählich entstanden und die Bevölkerung nachhaltig beeinflussten, erklärt ansatzweise, so die Überzeugung des Autors, warum die Ereignisse vom Frühling 1944 so rasch ablaufen konnten. Als die Besonderheit des Holocaust in Ungarn gilt schließlich die reibungslose Zusammenarbeit der ungarischen Lokalbehörden mit den wenigen deutschen Spezialisten noch kurz vor dem absehbaren Kriegsende und das von den Ungarn dabei vorgegebene Tempo[8]. Der Interpretationsansatz des vorliegenden Aufsatzes will auf regionaler Ebene das zuerst von Gerlach/Aly entworfene und später von Kádár/Vági ergänzte Erklärungsmuster überprüfen und ergänzen. Dies ist auch deshalb notwendig, weil sich die bisherigen Darstellungen vorrangig auf die Ereignisgeschichte beschränkt haben. In ihnen ist zwar wiederholt vom örtlichen Antisemitismus die Rede, doch dessen Genese wird nicht dargestellt und er wird nicht in der politisch-ideologischen Ideenwelt der lokalen Eliten verankert. Im Gegensatz zu den bisherigen einschlägigen Arbeiten möchte der Autor die Zusammenhänge des Holocaust in Ungarn mit den teils parallel verlaufenen und teils geplanten ungarischen Umsiedlungsaktionen betonen, deren völkischer Hintergrund Gemeinsamkeiten mit den kurz zuvor abgelaufenen deutschen Bevölkerungsverschiebungen aufweist[9]. Der Verfasser versucht schließlich auch darauf einzugehen, welche Gemeinsamkeiten und Differenzen bezüglich der Einstellung gegenüber den Juden zwischen dem sogenannten „Trianon-Ungarn", also Ungarn in den Grenzen von 1920, und Nordsiebenbürgen bestanden haben. Deshalb ist es unerlässlich, auf die ungarisch-jüdischen Beziehungen in der Zwischenkriegszeit einzugehen, um nachher die Entwicklungen in den 1940er Jahren darzustellen.

I. Die Beziehungen zwischen Ungarn und Juden in Siebenbürgen (1918–1940)

Geographische und demographische Bemerkungen

Siebenbürgen bildete seit dem 10. Jahrhundert einen Teil des historischen Ungarn. Nach mehreren tiefen Zäsuren im Laufe der Jahrhunderte gehörte es seit dem österreichisch-

---

[7] Ausnahmen: Béla Vágó, The Destruction of the Jews of Transylvania, in: Randolph L. Braham (Ed.), Hungarian Jewish Studies I, New York 1966, S. 171–222, und Randolph L. Braham, The Destruction of the Jews of Carpatho-Ruthenia, in: Ebenda, S. 222–235. Überholt und fehlerbehaftet: Hans Holzträger, Ghettoisierung und Deportation der jüdischen Bevölkerung Nordsiebenbürgens April bis Juni 1944, in: Siebenbürgisch-sächsischer Hauskalender. Jahrbuch 1979, S. 57–68.
[8] Aus gegensätzlicher Perspektive argumentiert Jörg Ganzenmüller, der die Motivation für den Holocaust in Ungarn ausschließlich bei den deutschen Akteuren sucht, vgl. Jörg Ganzenmüller, Die Motivation zur Vernichtung der ungarischen Juden. Zwischen konstruierten Sachzwängen und europäischen Neuordnungsplänen, in: Ungarn Jahrbuch 25 (2000/2001), S. 117–139.
[9] Erst nachdem dieser Aufsatz abgeschlossen war, erlangte der Verfasser Kenntnis vom Beitrag Krisztián Ungvárys: Die „Judenfrage" in der Sozial- und Siedlungspolitik: Zur Genese antisemitischer Politik in Ungarn, in: Dittmar Dahlmann/Anke Hilbrenner (Hrsg.), Zwischen großen Erwartungen und bösem Erwachen. Juden, Politik und Antisemitismus in Ost- und Südosteuropa 1918–1945, Paderborn u.a. 2007, S. 287–304. Darin betont auch Ungváry (v.a. S. 303f.) den Zusammenhang zwischen den ungarischen (Rück-)Siedlungsplänen und dem Holocaust, ohne jedoch ihren spezifischen Siebenbürgenbezug zu berücksichtigen.

ungarischen Ausgleich (1867) zur ungarischen Reichshälfte. Der Begriff „Siebenbürgen" bezeichnete im 19. Jahrhundert allerdings ein engeres Gebiet, als das, was heute darunter verstanden wird. Nach dem Ende des Ersten Weltkriegs musste Ungarn nämlich zugunsten Rumäniens auf das historische Siebenbürgen, auf einen Teil des Banats und auf das sogenannte Partium verzichten. Diese Gebiete werden seither (wie auch in diesem Aufsatz) Siebenbürgen (bzw. Transsylvanien) genannt[10]. Da sie bis 1918/20 zu Ungarn gehörten, bestimmte bis dahin die ungarische Gesetzgebung das Schicksal der in den erwähnten Gebieten ansässigen Juden. Ihre Zahl stieg in Ungarn in den anderthalb Jahrhunderten von 1780 bis 1918 rapide an: 1780 zählte man 81 000 (0,9 Prozent der Gesamtbevölkerung), 1860 gab es 450 000 (3,3 Prozent) und 1900 schließlich 850 000 Juden (5,0 Prozent)[11]. Sie hatten in diesem Zeitraum einen entscheidenden Anteil an der Modernisierung des Landes und prägten (zumal nach dem Emanzipationsgesetz von 1867) die ungarische Gesellschaft. Die Stichworte *Emanzipation* und *Assimilation* beschreiben diese Entwicklung am präzisesten: Die Juden wurden in die ungarische Gesellschaft integriert, konnten die gerade entstehenden freien Berufe (Anwälte, Journalisten, Ärzte usw.) ausüben oder auf dem Sektor der Finanzen tätig werden. Sie übernahmen die ungarische Sprache, magyarisierten ihre Namen und die Sprache der religiösen Liturgie, welche selbst gleichfalls reformiert wurde. Diese Assimilation war selbstverständlich ein langsamer Prozess, der sehr zeitintensiv und vielschichtig war: 1918 gab es sowohl Juden, die bereits in den Adelsstand aufgestiegen waren, als auch arme Juden, die ihren aus Galizien mitgebrachten Lebenswelten und orthodoxen Anschauungen verhaftet blieben. Diese siedelten vor allem im Osten des Landes.[12]

Diese für Ungarn allgemein geltende Entwicklung verlief auch in Siebenbürgen ähnlich. Lokalstudien weisen etwa den Zuzug von Juden aus der Moldau, der Bukowina und aus Galizien in der zweiten Hälfte des 19. Jahrhunderts insbesondere in Ost- und Nordsiebenbürgen nach[13]. Sie arbeiteten dort zunächst in der Holz verarbeitenden Industrie, waren Wanderhändler, Wirte, Pächter usw. Parallel zu ihrer Integration erlernten sie die ungarische Sprache, ließen sich zunehmend in den Städten nieder und ergriffen auch in Siebenbürgen intellektuelle Berufe[14]. Trotz aller negativen Begleitumstände wie des Entstehens eines ungarischen Antisemitismus[15] waren die Juden in Ungarn also weitgehend integriert

---

[10] Grundlegend: Béla Köpeczi (Hrsg.), Kurze Geschichte Siebenbürgens, Budapest 1990.
[11] Vgl. Victor Karady, Gewalterfahrung und Utopie. Juden in der europäischen Moderne, Frankfurt a. M. 1999, S. 282.
[12] Zur Assimilation und zu den religiösen Reformbewegungen im 19. Jahrhundert vgl. Walter Pietsch, Zwischen Reform und Orthodoxie. Der Eintritt des ungarischen Judentums in die moderne Welt, Berlin 1999. Zur Wirtschafts- und Gesellschaftsgeschichte der ungarischen Juden: Jehuda Don, A magyarországi zsidóság társadalom- és gazdaságtörténete a 19–20. században, Budapest 2006.
[13] Vgl. Zoltán Tibori Szabó, Csík vármegye zsidósága. I. A betelepüléstől a megsemmisítésig, in: Hét, 2, 28. 10. 2004. Besonders empfehlenswert ist die leider nur auf Ungarisch erschienene Studie über die Wirtschafts- und Gesellschaftsgeschichte der Juden in den Städten Miskolc, Kaschau, Großwardein, Szatmárnémeti und Sátoraljaújhely von Tamás Csíki, Városi zsidóság Északkelet- és Keletmagyarországon, Budapest 1999.
[14] Vgl. die Quellenedition von Zoltán Féder, Zsidók Háromszéken. Történelmi adat- és szöveggyűjtemény 1690–2004. Második kiadás, Sepsiszentgyörgy 2006.
[15] Zum Begriff und zu seinen Erscheinungsformen vgl. Rolf Fischer, Entwicklungsstufen des Antisemitismus in Ungarn 1867–1939. Die Zerstörung der magyarisch-jüdischen Symbiose, München 1988. Speziell auf Siebenbürgen bezogen ist Eugen Glück, Contribuții privind istoria antisemitismului din Transilvania (sec. XI–1918), in: Studia et Acta Historiae Iudeorum Romaniae V (2000), S. 128–147.

(im Unterschied etwa zu Rumänien und Polen, aber analog zu Frankreich und Deutschland)[16].

Im Vertrag von Trianon (4. Juni 1920) musste Ungarn auf 67 Prozent des Territoriums und 58 Prozent der Bevölkerung verzichten. Die anfangs aufgezählten Gebiete (Siebenbürgen im engeren Sinn, Teile des Banats und des Kreischgebietes) machten 32 Prozent des ehemaligen Ungarn aus und gehörten nunmehr zu Rumänien. Die Rumänen bildeten in diesen Regionen 1930 mit 57,8 Prozent der Bevölkerung die Mehrheit. Die an Ort und Stelle verbliebenen Ungarn machten davon 24,4 Prozent, die Deutschen 9,8 Prozent und die Juden, die als Nationalität galten, 3,2 Prozent aus. In absoluten Zahlen ausgedrückt lebten insgesamt 5,5 Millionen Menschen in Siebenbürgen, wovon rund 3,2 Millionen Rumänen, 1,3 Millionen Ungarn, 550 000 Deutsche und rund 180 000 Juden waren[17]. Die überwiegende Mehrheit dieser Juden definierte sich allerdings als Ungarn, benutzte in der Zwischenkriegszeit weiterhin die ungarische Sprache, nahm am ungarischen Kulturleben teil und wählte zumindest teilweise die Ungarische Partei. Das zu wissen, ist wichtig, weil die rumänischen Statistiken die Juden als eigene Ethnie herausstellten, um so den prozentualen Anteil der Ungarn an der Bevölkerung zu verringern.

Die Entwicklung der ungarisch-jüdischen Beziehungen nach 1918 in Ungarn

Die Niederlage im Ersten Weltkrieg führte in Budapest im Herbst 1918 zum Zusammenbruch der bisherigen Herrschaftsstrukturen. Zunächst übernahm eine bürgerlich-demokratische Regierung unter dem Grafen Mihály Károlyi in der sogenannten „Asternrevolution" die Macht. Sie versuchte, die unter anderem von der russischen Front mit revolutionärem Gedankengut heimkehrenden Soldaten durch eine Bodenreform zu beruhigen. Außenpolitisch musste sie aber machtlos dem Zerfall des Königreichs Ungarn zusehen, da die einzelnen Nationalitäten des Landes (Slowaken, Serben und Rumänen) sich mit Unterstützung der Entente von Ungarn lossagten. Die Károlyi-Regierung übergab die Macht daher am 21.3.1919 den Sozialdemokraten, da sie eine neue, für Ungarn ungünstige Demarkationslinie der Siegermächte, die bereits weitgehend mit den späteren Landesgrenzen Trianon-Ungarns übereinstimmte, nicht annehmen wollte[18]. Die Sozialdemokraten vereinigten sich allerdings am selben Tag mit den Kommunisten und errichteten eine kommunistische Räterepublik, die bis August 1919 dauerte. Die Schreckensherrschaft der Räterepublik richtete sich gegen den Adel und die Landbevölkerung. Die kommunistischen Volkskommissare machten letztere für die Versorgungsschwierigkeiten verantwortlich, ob-

---

[16] 1880 gaben 58,5 % der Juden die ungarische Sprache als Muttersprache an, 1890 bereits 63,8 % und 1910 77 %, vgl. Fischer, Entwicklungsstufen, S. 38; detailliertere Angaben in Csíki, Városi zsidóság, S. 52-58. Der Autor möchte hierbei in Anlehnung an die Studie van Rahdens über die jüdische Gemeinde in Breslau (Till van Rahden, Juden und andere Breslauer. Die Beziehungen zwischen Juden, Protestanten und Katholiken in einer deutschen Großstadt von 1860 bis 1925, Göttingen 2000) und nach eigenen Forschungen über die Juden in der Stadt Temeswar den situativen Charakter der jüdischen ethnischen Identität hervorheben.

[17] Zahlen übernommen aus: Othmar Kolar, Rumänien und seine nationalen Minderheiten 1918 bis heute, Wien/Köln/Weimar 1997, S. 554. Andere Autoren geben für die Juden leicht höhere Zahlen an, so etwa Attila Gidó, der für die Mitte der 1920er von rund 203 000 Juden ausgeht, vgl. Attila Gidó, Az erdélyi magyar zsidóság önszerveződése és önazonosságtudata az első világháborút követően, in: Székelyföld 6 (2002), S. 82-109.

[18] Holger Fischer, Eine kleine Geschichte Ungarns. Unter Mitarbeit von Konrad Gündisch, Frankfurt a. M. 1999, S. 168.

wohl diese eher darauf zurückzuführen waren, dass das Zentrum des Landes von den lebensnotwendigen Lieferungen aus der Peripherie (Siebenbürgen, Oberungarn, Südungarn) abgeschnitten war. Für die Juden der ungarischsprachigen Gebiete sollte es sich später als verhängnisvoll erweisen, dass ein Großteil dieser Kommissare jüdischer Abstammung war, weshalb sich im Laufe der Zeit die antikommunistische Einstellung vieler Ungarn mit einer antijüdischen Haltung verband[19]. Nach dem Sturz der Räterepublik (1. August 1919) etablierte sich im Herbst 1919 unter Leitung des Admirals Miklós Horthy eine gegenrevolutionäre politische Richtung. Sie war von einem „christlich-nationalen" Kurs getragen, der einen Antisemitismus verbreitete, der nach 1920 theoretische und praktische Folgen hatte, denn der Terror seiner unkontrollierbaren paramilitärischen Einheiten forderte rund 5000 Menschenleben, wovon 3000 Juden gewesen sein sollen[20]. Nachdem die liberal und demokratisch ausgerichteten Intellektuellen das Land zumeist verlassen hatten, entfaltete sich die antisemitische Propaganda der verbliebenen Eliten umso ungehemmter. Träger dieser antisemitischen Einstellung waren nicht unbekannte Journalisten, sondern in der ungarischen Gesellschaft anerkannte und geachtete Intellektuelle. Sie beschuldigten die Juden in ihren Werken, durch ihren „zersetzenden" Geist, ihre rücksichtslose „Ausbreitung" auf verschiedenen gesellschaftlichen Feldern und ihre kapitalistische Tätigkeit direkt oder indirekt den Zerfall des Königreichs verursacht zu haben. Die antisemitischen Autoren legitimierten damit den „christlich-nationalen" Kurs, der bereits mit dieser Bezeichnung die Juden aus der ungarischen Gesellschaft ausschloss. Die Symbiose zwischen den christlichen Kirchen und dem Staat verdeutlicht etwa die Person des katholischen Bischofs Ottokár Prohászka (1858–1927), der in unzähligen Vorträgen und Artikeln eine angeblich existierende „Judenfrage" thematisierte, die für ihn nicht nur eine soziale Frage, sondern zunehmend eine Rassenfrage war[21]. Der von ihm geprägte Begriff „Hungarismus" sollte in den 1930er Jahren von der äußersten Rechten aufgegriffen werden. Darunter verstand er die Zielsetzung, der christlichen ungarischen Mittelschicht zu ihrem angenommenen „Recht" zu verhelfen. Dieses sei dadurch verletzt worden, dass sie von den „rücksichtslosen" Juden aus der Wirtschaft, der Presse usw. verdrängt worden sei. Der Historiker Gyula Szekfű (1883–1955) interpretierte in seinem 1920 erschienenen Werk „Három nemzedék" („Drei Generationen") die Geschichte Ungarns als eine Verfallsgeschichte. Die Generationen, die nach der Revolution von 1848 die politische Bühne betraten, hätten durch die Judenemanzipation und den Liberalismus den Niedergang Ungarns eingeläutet, der mit der Übernahme der wirtschaftlichen und kulturellen Macht durch die Juden einherging. Ähnliche Positionen vertrat der siebenbürgischstämmige Schriftsteller Dezső Szabó in einem Roman, der latenten Antisemitismus transportierte[22].

Diese Darstellung des ungarischen Antisemitismus ist wichtig, denn er schlug sich im ersten Numerus-clausus-Gesetz Europas nieder, mit dem 1920 der Zugang der Juden zu den

---

[19] Laut Fischer, Entwicklungsstufen, S. 128, waren rund 60% der Kommissare jüdischer Abstammung. Dies spielte für die meisten selbst allerdings keine Rolle; vgl. auch Kádár/Vági, Self-financing Genocide, S. 8.
[20] Vgl. Fischer, Entwicklungsstufen, S. 134.
[21] Eine Reihe seiner einschlägigen Beiträge sind in den 1990er Jahren erneut veröffentlicht worden: Ottokár Prohászka, Kultúra és terror, Budapest 1997.
[22] Zu Prohászka, Szekfű und Szabó vgl. Fischer, Entwicklungsstufen, S. 151–155; außerdem: Árpád von Klimó, Nation, Konfession, Geschichte. Zur nationalen Geschichtskultur Ungarns im europäischen Kontext (1860–1948), München 2003, S. 212–277.

Universitäten gesetzlich beschränkt wurde[23]. Die ungarische Regierung hob zwar 1928 das Gesetz weitgehend auf, die dahinterstehende antisemitische Stimmung charakterisierte aber neben der Forderung nach Grenzrevisionen die ungarische Zwischenkriegszeit. Im Laufe der 1930er Jahre sollte sich der Antisemitismus zudem verstärken, als Ungarn sich ideologisch immer mehr dem „Dritten Reich" annäherte und 1938 sowie 1939 zwei „Judengesetze" erließ[24]. Die ungarischen Ministerpräsidenten begründeten die Gesetze damit, dass sie notwendig seien, um den überproportionalen jüdischen Anteil in einigen Berufen zurückzudrängen. Auf diese Weise wollten sie ein an den Ungarn vermeintlich begangenes Unrecht, ihre wirtschaftliche Marginalisierung, rückgängig machen und zudem der extremen politischen Rechten die Argumentationsbasis entziehen[25]. Die ungarischen Regierungen instrumentalisierten die Frage allerdings, denn sie konnten dadurch von der anachronistischen Gesellschaftsstruktur des Landes ablenken und etwa eine überfällige Bodenreform aufschieben. Die Gesetze setzten also einerseits die Wünsche weiter Teile der antisemitisch eingestellten ungarischen Öffentlichkeit um, andererseits dienten sie der jeweiligen Regierung dazu, um von den tatsächlichen innenpolitischen Problemen des Landes abzulenken. Die beiden Gesetze entstanden daher keineswegs unter deutschem Einfluss[26]. Die Pfeilkreuzler, also die äußerste ungarische Rechte[27], lehnten sie sogar ab, weil sie ihr nicht weit genug gingen.

Die ungarisch-jüdischen Beziehungen in Siebenbürgen

Die Verschlechterung des ungarisch-jüdischen Verhältnisses in Budapest registrierten auch die ungarischen Juden Siebenbürgens aufmerksam. So warnte der Publizist Ernö Ligeti bereits 1921 vor dem Ausschließlichkeitsanspruch des Terminus „christlich" und davor, dass die Budapester nationalistische Welle nach Siebenbürgen hinüberschwappen könnte[28]. Durch die zentrifugalen Kräfte der Nationalitäten (Rumänen, Slowaken usw.) und durch den sich entfaltenden ungarischen Antisemitismus bedingt, erfuhr nach 1918 auch der Zionismus, der in Siebenbürgen vorher kaum bekannt war, vermehrt Zulauf. Die Mehrheit der jüdischen Gemeinden Siebenbürgens hing der orthodoxen Richtung an, nur eine Minderheit war neolog. Rund 80 Prozent der siebenbürgischen Juden benutzte 1918 ungarisch als Muttersprache. Bereits Ende 1918 kam es zur Gründung einer zionistischen Tageszeitung in Klausenburg (*Új Kelet*) und des *Siebenbürgisch-jüdischen Nationalen Bundes*[29]. Beide

---

[23] Einer der wichtigsten Befürworter war dabei der katholische Bischof Prohászka, vgl. Fischer, Entwicklungsstufen, S. 163; János Gyurgyák, A zsidókérdés Magyarországon. Politikai eszmetörténet, Budapest 2001, S. 117-123.
[24] Die antijüdischen Verordnungen und Gesetze zwischen 1938 und 1945 sind von Róbert Vértes herausgegeben worden: Magyarországi zsidótörvények és rendeletek 1938-1945, Budapest 1997. Die beiden Gesetze (1938/XV. und 1939/IV.) sind auf den Seiten 19-33 bzw. 44-67.
[25] Vgl. Gyurgyák, Zsidókérdés, S. 135-153; Braham, Politics of Genocide, S. 122-127 und S. 147-156.
[26] Dies steht etwa in Péter Hanák (Hrsg.), Die Geschichte Ungarns. Von den Anfängen bis zur Gegenwart, Bonn 1988, S. 243.
[27] Zu den Pfeilkreuzlern, die erst nach Oktober 1944 die Geschicke des Landes bestimmen sollten, vgl. Margit Szöllösi-Janze, Die Pfeilkreuzlerbewegung in Ungarn. Historischer Kontext, Entwicklung und Herrschaft, München 1989.
[28] Vgl. Ernö Ligeti, A zsidó kérdés Erdélyben?!, in: Ders., Erdély vallatása, Cluj/Kolozsvár 1922, S. 75-87. Der Artikel erschien zuerst 1921 in der Zeitschrift „Napkelet".
[29] Vgl. Gidó, Erdélyi magyar zsidóság, S. 86. Außerdem: Hildrun Glass, Zerbrochene Nachbarschaft. Das deutsch-jüdische Verhältnis in Rumänien (1918-1938), München 1996, sowie Ladislau Gyémánt, Evreii din Transilvania. Destin istoric. The Jews of Transylvania. A Historical Destiny, Cluj/Napoca 2004.

versuchten in den Folgejahren, jüdische Interessen zu vertreten und die zionistische Bewegung zu unterstützen.

Innerhalb der ungarischen Minderheit entstand 1922 die „Ungarische Landespartei"[30]. Sie vereinigte die beiden wichtigsten politischen Richtungen, die Konservativen und die Linken. Letztere konnten 1924 als ihren Erfolg verbuchen, dass die Partei in ihrer Satzung die Zugehörigkeit derjenigen zur ungarischen Minderheit aussprach, die sich zur ungarischen Sprache und Kultur bekannten[31]. Das implizierte einerseits, dass die Partei die Juden Siebenbürgens weiterhin als Ungarn betrachtete, andererseits distanzierte sie sich hierdurch von der oben dargestellten Budapester Politik, die zur selben Zeit begann, die Juden aus dem öffentlichen Leben zu entfernen. Als weitere Anzeichen der zwischen Budapest und Klausenburg, dem geistig-politischen Zentrum der siebenbürgischen Ungarn, existierenden Differenz können die Entsendung mehrerer Ungarn jüdischer Konfession ins rumänische Parlament und die 1928 erfolgte Bestätigung des obigen Satzungspunktes gelten.

Doch unterhalb der Oberfläche und jenseits des weitgehend spannungsfreien Alltags gab es bereits Mitte der 1920er Jahre einige Äußerungen, die verraten, dass die Juden für viele Christen suspekt waren. Nach den ersten Jahren der durch die Abtrennung vom Mutterland verursachten Sprachlosigkeit begann auch in Kreisen der Ungarn Rumäniens[32] die Suche nach einem Sündenbock, der für den Zerfall des ungarischen Staates verantwortlich sein sollte. Der Brief eines katholischen Geistlichen an die Redaktion einer ungarischen Zeitschrift zeigt, dass für manche Ungarn die Juden diese Rolle zu übernehmen hatten. Sie würden zudem den Kommunismus verbreiten, weshalb sich die Ungarn von ihnen abgrenzen müssten, um nicht von der rumänischen Mehrheit des Kommunismus verdächtigt zu werden, lautete die Forderung des katholischen Priesters[33]. Der Chefredakteur der Zeitschrift, Elemér Jakabffy, war zugleich Vizevorsitzender der Ungarischen Partei. Er lehnte das Verlangen des Geistlichen ab, den Juden weniger Platz auf den Seiten der Zeitschrift einzuräumen und bekräftigte damit einmal mehr die Haltung der Partei in den 1920er Jahren. Zugleich ist im Zusammenhang mit Jakabffy darauf hinzuweisen, dass er vor 1918 in einem typisch ungarisch-kleinadligen Milieu sozialisiert wurde und Mitglied des ungarischen Parlaments gewesen war. Seine ideologische Grundhaltung war von einem Wertkonservativismus geprägt, der dazu führte, dass für ihn (im Gegensatz zum Großteil seiner in Budapest gebliebenen ehemaligen Politikerkollegen) der plötzliche Ausschluss der Juden aus der Gesellschaft und die Rücknahme der Emanzipation undenkbar waren. Dieses Festhalten an der vor 1918 stattgefundenen Ausweitung von Rechten zugunsten der Juden charakterisierte aber neben einer gewissen Empfindlichkeit für die soziale Frage die Mehrheit der wertkonservativen ungarischen Führungsschicht in Rumänien.

---

[30] Hierzu grundlegend: Nándor Bárdi, Die minderheitenpolitischen Strategien der ungarischen Bevölkerung in Rumänien zwischen den Weltkriegen, in: Südostforschungen 58 (1999), S. 267–312 und Zsolt K. Lengyel, Auf der Suche nach dem Kompromiß. Ursprünge und Gestalten des frühen Transsylvanismus 1918–1923, München 1993.
[31] Vgl. neben Bárdi, Minderheitspolitische Strategien auch Franz Sz. Horváth, Die Ungarische Landespartei im politischen Leben Rumäniens 1930–1938. Selbstverständnis und politische Strategien, in: Ralph Tuchtenhagen/Christoph Gassenschmidt (Hrsg.), Ethnische und soziale Konflikte im neuzeitlichen Osteuropa. Festschrift. Heinz-Dietrich Löwe zum 60. Geburtstag, Hamburg 2004, S. 247–275.
[32] In Ungarn selbst formulierte diese Sündenbocktheorie bereits im Januar 1921 ein führender Politiker, vgl. von Klimó, Nation, S. 227.
[33] Vgl. Elemér Jakabffy, Nyílt levél Főtisztelendő Kovács Lajos r.k. lelkész úrhoz, in: Magyar Kisebbség 4 (1925), S. 285–289.

Die Forderung des Geistlichen beweist jedoch, dass die in Budapest gängigen antisemitischen Parolen auch in Siebenbürgen verbreitet waren. Immer wieder berichtete die siebenbürgisch-ungarische Presse über Vorkommnisse und Aussagen, die das Vorhandensein einer lokalen antisemitischen Einstellung belegen. So kursierten in einem ungarischen Dorf Mitte 1923 wochenlang Gerüchte über einen bevorstehenden jüdischen Ritualmord, und 1926-1927 agitierte ein Jesuitenpater wiederholt in Predigten und Interviews gegen die Juden und jüdischen Ungarn, die er aus dem Kreis der ungarischen Minderheit und Nation ausschließen wollte[34].

Ende der 1920er Jahre begann in der ungarischen Minderheit Siebenbürgens eine Entwicklung, die in den 1930er Jahren immer stärker wurde und schließlich in eine völkische und offen antisemitische Richtung münden sollte. Diese Entwicklung hatte vor allem wirtschaftliche und gesellschaftspolitische Ursachen, weshalb kurz auf die Lage der ungarischen Minderheit zu verweisen ist. Sie war nach 1918 genauso wie die anderen Minderheiten des Landes (Deutsche, Ukrainer usw.) der Rumänisierungspolitik der Mehrheit ausgesetzt[35]. Das Ziel dieser Politik war, das von den ethnischen Minderheiten geprägte Gesicht der nach 1918 Rumänien angeschlossenen Gebiete (und in erster Linie der dortigen Städte) national zu homogenisieren. Die Bodenreform von 1921 etwa betraf die Minderheiten stärker, da sie z. B. in Siebenbürgen von anderen Bemessungsgrundlagen ausging, als im Altreich (Rumänien vor 1918). Im Laufe der 1920er kam es zur allmählichen Verdrängung der Angehörigen ethnischer Minderheiten aus den lokalen Verwaltungen. Die Regierung ersetzte sie zumeist durch ethnisch rumänische Universitätsabsolventen, auch um auf diese Weise die rumänische Studentenschaft, deren antisemitische Ausschreitungen international für Aufsehen sorgten[36], zu besänftigen. Den Ausweg aus der hierdurch verursachten Verarmung ungarischer Bevölkerungskreise, die nach 1930 auch unter den Folgen der Weltwirtschaftskrise litten, erblickten ihre Politiker immer mehr darin, eine „geschlossene" Minderheitengesellschaft zu propagieren. Diese sollte zunächst wirtschaftspolitische Aspekte abdecken, indem sich die Ungarn möglichst abschotten und nur einander Aufträge erteilen, nur voneinander kaufen und Arbeitsplätze nur den Angehörigen der eigenen Ethnie anbieten sollten[37]. Die zugleich ausgesprochene Forderung, die Ungarn sollten nicht länger „Fremde" ernähren, richtete sich im Kontext der rumänischen Regierungspraxis vorerst gegen die ethnischen Rumänen, deren Niederlassung und Bodenkauf in den von Minderheiten demographisch dominierten Landstrichen staatlich begünstigt wurde. Sie zeigt, dass unter dem politischen und wirtschaftlichen Druck der rumänischen Mehrheit die Ungarn

---

[34] Imre Mikes, „Kísért a vérvád Érmihályfalván", in: Keleti Újság (KÚ), 17.7.1923, S. 3; „Az elsodort falu", in: KÚ, 24.7.1923, S. 6; „Olasz páter a 'destrukció'-ról", in: KÚ, 7.11.1926, S. 6; „Az erdélyi római katholikus Státus …", in: KÚ, 27.11.1926, S. 5; „Augusztusi verseny", in: KÚ, 6.8.1927, S. 1.
[35] Vgl. Irina Livezeanu, Cultural Politics in Greater Romania. Regionalism, Nation Building & Ethnic Struggle 1918–1930, Ithaca/London 1995; Mariana Hausleitner, Die Rumänisierung der Bukowina. Die Durchsetzung des nationalstaatlichen Anspruchs Großrumäniens 1918–1944, München 2001; dies., Deutsche und Juden in Bessarabien 1814–1941. Zur Minderheitenpolitik Russlands und Großrumäniens, München 2005, S. 98–168; Konrad Gündisch (unter Mitarbeit von Mathias Beer), Siebenbürgen und die Siebenbürger Sachsen, München 1998, S. 180–190; Johann Böhm, Die Deutschen in Rumänien und das Dritte Reich 1933–1940, Frankfurt a. M. 1999, S. 119, 168–172 und S. 223.
[36] Vgl. Lucian Nastasă, Die Unmöglichkeit des Andersseins. Überlegungen zum universitären Antisemitismus in Rumänien 1920–1940, in: Jahrbuch für Universitätsgeschichte 4 (2001), S. 54–68.
[37] Vgl. Árpád Paál, Kivezető út az összeomlásból, in: KÚ, 1.10.1928, S. 1; ders., Visszatérés önmagunkba, in: KÚ, 15.10.1930, S. 1 f.; István Sulyok, A kisebbségi kérdés szociológiai oldala, Cluj/Kolozsvár 1931.

ihrerseits xenophobe Meinungen vertraten. Diese sollten sich in der ersten Hälfte der 1930er Jahre zu antisemitischen Vorurteilen und Forderungen weiterentwickeln.

1932 erschien in Großwardein mit finanzieller Unterstützung der katholischen Kirche die Tageszeitung *Erdélyi Lapok*, die als Hauptträger des siebenbürgisch-ungarischen Antisemitismus der 1930er Jahre anzusehen ist. Sie bezeichnete sich als eine „christlich-ungarische Tageszeitung"[38]. Ihre Bedeutung geht daraus hervor, dass sie eines von vier landesweit vertriebenen ungarischen Periodika war. Der gesellschaftlichen und ideologischen Heterogenität der Ungarn entsprechend, gab es auch innerhalb der Ungarischen Partei Politiker, die eher links, eher liberal oder konservativ waren oder sogar ganz links bzw. ganz rechts standen. Die *Erdélyi Lapok* repräsentierte die letztere politische Richtung; ihr Chefredakteur und mehrere ihrer Mitarbeiter bekleideten zugleich als Senatoren und Abgeordnete wichtige Führungspositionen innerhalb der Partei. Es ist noch darauf hinzuweisen, dass sie annähernd parallel zur Machtergreifung Hitlers ihr Erscheinen aufnahm, was deshalb belangvoll ist, weil sie jene Zeitung der Ungarn war, die nach 1933 die revisionistischen Wünsche der Minorität am eindeutigsten zum Ausdruck brachte. Diese außenpolitischen Zielsetzungen stellte der Chefredakteur der Zeitung, Árpád Paál, heraus, als er im Herbst 1933 dem Parteivorsitzenden gegenüber begründete, warum seine Zeitung antijüdisch sei. Sie könne doch unmöglich für die Juden sein, da es im Interesse dieser sei, die „momentanen Freiheitskämpfe" der Deutschen, von welchen die Ungarn eine für sie günstige Veränderung der europäischen Grenzen erwarten könnten, niederzuschlagen[39]. Das in der Argumentation der ungarischen Rechten immer größeren Raum einnehmende Motiv, weshalb der Ausschluss der Juden aus der ungarischen Minderheit zu betreiben sei, war allerdings wirtschaftlicher Art. Paál gehörte zu denjenigen, die 1928 allgemein die Zurückdrängung der „Fremden" aus der Wirtschaft der Ungarn verlangten. Damit bezog er, wie erwähnt, gegen die Rumänisierung der siebenbürgisch-ungarischen Städte (ihrer Verwaltungen und ihres Wirtschaftslebens) Stellung. 1933 forderte er jedoch den Ausschluss der Juden aus dem Leben seiner Minorität, denn „für die ungarische Minderheit hängen wirtschaftliche Positionen davon ab"[40]. Paál (und mit ihm immer größere Kreise der Minderheit) betrieben also, nachdem ihre Landsleute von der rumänischen Mehrheit der wirtschaftlichen Entfaltung beraubt waren, aus ähnlichen Motiven heraus die Entfernung der Juden aus der ungarischen Minderheit. Solche Forderungen konnten 1933 leichter die rumänische Zensur passieren als noch so versteckte, gegen die Rumänen gerichtete Wünsche. Sie legen aber zugleich nahe, dass die jüdischen Ungarn, die statistisch gesehen besser ausgebildet und in höheren gesellschaftlichen Positionen waren[41], die Jahre der Wirtschaftskrise etwas leichter überwunden hatten als die Mehrzahl der christlichen Ungarn.

Im Laufe der 1930er kamen zu dieser wirtschaftlich motivierten Judenfeindschaft immer mehr „klassisch" antisemitische Aspekte hinzu: Den letzten ungarischen Ritualmordvorwurf (1882) stellte die Redaktion der *Erdélyi Lapok* als wahr dar; sie beklagte die angebliche „Verjudung" der ungarischen Presse; sie beschuldigte die Juden, nicht mehr Teil der ungarischen Minderheit sein zu wollen; sie übernahm völkisch-rassistische Positionen und be-

---

[38] Zur Ideologie der Zeitung vgl. Ferenc Sz. Horváth, Az Erdélyi Lapok ideológiája. Zsidókérdés, katolikus antiszemitizmus és nemzetiszocializmus Erdélyben, in: Regio – Minorities, Politics, Society 15 (2004), 3, S. 101-143.
[39] Brief von Árpád Paál an György Bethlen, den Parteivorsitzenden, 19.11.1933, im Nachlass von Paál (Oderhellen, Museum Rezső Haáz, MS 7651/423/3).
[40] Vgl. Árpád Paál, A fogalomzavar ellen, in: Erdélyi Lapok, 28.9.1933., S. 1f.
[41] Vgl. Csíki, Városi zsidóság, S. 62-68.

hauptete, dass eine Vermischung von Juden und Ungarn unmöglich sei. Die Juden waren für die Zeitung wie selbstverständlich Kommunisten, Kosmopoliten, Freimaurer, sie strebten die Weltherrschaft an usw. Ihre Anwesenheit habe, so das Blatt, eine „zersetzende" und die Ungarn schwächende Wirkung. Mehrfach bemühte die Zeitung biologistische Vergleiche: Die Juden seien „Geschwüre" am Körper der ungarischen Nation, hieß es etwa[42]. Jenseits dieser Behauptungen, die die gesamte Bandbreite der traditionellen christlichen Judenfeindschaft wie auch des modernen biologistisch-rassistischen Antisemitismus abdeckten, kam die Zeitung aber nach 1935 immer wieder darauf zurück, dass die Ungarn eine „christliche Volksgemeinschaft" bilden müssten. Diese war in abgewandelter Form jene „geschlossene Gesellschaft", die manche Ungarn seit Ende der 1920er Jahre errichten wollten. Nur eine autarke Volksgemeinschaft könne dem Zerfall und der wirtschaftlichen Misere der Minorität ein Ende bereiten, wiederholten die Mitarbeiter der Zeitung in unzähligen Beiträgen. Die Lösung der sozialen Frage beinhaltete demnach die Ausgrenzung der Juden aus wirtschaftlichen Motiven heraus, denn diese sollten keinesfalls in die nur Christen umfassende Volksgemeinschaft einbezogen werden. Hier sind allerdings zwei wichtige Punkte festzuhalten: Die meisten der aufgezählten Forderungen erhob das Blatt nach seiner 1935 erfolgten ideologischen Radikalisierung, die mit dem Besuch eines seiner Redakteure (István Sulyok) im „Dritten Reich" zu erklären ist. Die parallel dazu stattgefundene völkische Ausrichtung der Zeitung, die dem „Ungarischsein", „der ungarischen Seele" und der „Treue zum Ungarntum" immer größere Bedeutung zumaß, befand sich zudem im Einklang mit der Rechtsverschiebung der politischen Landschaft in Ungarn nach 1932. Hier können also nicht nur die genuin siebenbürgisch-ungarischen Wurzeln des propagierten Antisemitismus nachvollzogen werden, sondern die Koordinaten der internationalen Politik müssen gleichfalls Berücksichtigung finden[43].

Die Entwicklungen auf internationaler Ebene bildeten den Hintergrund der allmählichen völkischen Ausrichtung weiter Teile der ungarischen Minderheit. Die Zeitung *Erdélyi Lapok* war zwar die radikalste, doch antisemitische und zunehmend völkische Positionen lassen sich auch in anderen ungarischen Periodika nachweisen. Eine stark rechtskonservative Strömung, die teilweise aus Mitgliedern der jüngeren Generation bestand, kritisierte seit Anfang der 1930er Jahre immer stärker den wirtschaftlichen Liberalismus und die ehemaligen ungarischen politischen Eliten. Diese hätten es zugelassen, dass die kapitalistischen Prinzipien, die dem „ungarischen Wesen" fernstünden, von den „Fremden" und „Wurzellosen" des 19. Jahrhunderts in Ungarn heimisch hatten gemacht werden können[44]. Diesen

---

[42] Vgl. Horváth, Az Erdélyi Lapok ideológiája, S. 125–133.
[43] Die Komplexität der politischen Meinungsbildung, die Verschränkung der vielfältigsten Ursachen (innenpolitische und internationale Entwicklungen, geopolitische Lage Ungarns, wirtschaftliche, ideologische und soziale Fragen) und die ideologische Rechtsverschiebung verdeutlicht (natürlich auf die Sicht einer einzigen Person reduziert) das Tagebuch von Árpád Paál aus der Zwischenkriegszeit, das bis Ende 2006 in Budapest in der Bibliothek des László Teleki Instituts einsehbar war (Signatur: K 1951/97). Nach der Schließung des Instituts (am 1. Januar 2007) wurde dessen Archivbestand in die Ungarische Nationalbibliothek überführt (Országos Széchényi Könyvtár, Budapest), wo er seit September 2008 einsehbar ist.
[44] Anstelle einer langen Reihe von Nachweisen vgl.: Franz Sz. Horváth, Zwischen Ablehnung und Anpassung. Die politischen Strategien der ungarischen Minderheitselite in Rumänien 1931–1940, München 2007; sowie ders., Die Einstellung der ungarischen Minderheit Rumäniens zum Faschismus und Nationalsozialismus (1922–1940), in: Mariana Hausleitner/Harald Roth (Hrsg.), Der Einfluss von Faschismus und Nationalsozialismus auf Minderheiten in Ostmittel- und Südosteuropa, München 2006, S. 85–133.

Antisemitismus, der verglichen mit dem der Großwardeiner katholischen Zeitung als latent zu bezeichnen ist, verbanden die einschlägigen rechtskonservativen Kreise mit einer Kritik des Individualismus und der demokratischen Prinzipien sowie einer Vorliebe für autoritäre Herrschaftsformen. Es kann also davon gesprochen werden, dass die ungarische Minderheit im Laufe der 1930er Jahre insgesamt eine Rechtsverschiebung erfuhr. Es hat zwar bis 1940 Splittergruppen gegeben, die liberalen, sozialdemokratischen und sogar kommunistischen Idealen anhingen, doch die Mehrheit der Ungarn erwartete ihr Heil von Italien und Deutschland. Nichts verdeutlicht diese Radikalisierung mehr als die Tatsache, dass 1938 selbst die offizielle Parteizeitung einen ersten antisemitischen Artikel veröffentlichte. Er hing allerdings mit den Verhandlungen zusammen, die die Ungarische Partei zur selben Zeit mit der antisemitischen und rechtsorientierten rumänischen Regierungspartei über ein Wahlabkommen führte und dem das Exekutivkomitee am 10. Februar 1938 auch zustimmte[45]. Das Abkommen trat schließlich nicht in Kraft, weil die Regierung demissionierte. Die Bereitschaft der Ungarischen Partei, mit dieser Regierung überhaupt eines zu schließen, verdeutlicht jedoch erneut, dass für einen Teil der ungarischen Politiker deren Antisemitismus nicht hinderlich wirkte[46].

Im Zusammenhang mit ihrem im Laufe der 1930er Jahre immer stärker gewordenen Wunsch nach einer Grenzrevision diskutierte die ungarische Minderheit auch, wie eine für Ungarn günstige Grenzveränderung auszusehen hätte und wie zerstreut lebende ungarische Gemeinschaften vor dem assimilatorischen Druck der rumänischen Mehrheit bewahrt werden könnten. Dabei stand im Hintergrund solcher Sorgen stets das Bewusstsein, dass die Lösung der sogenannten Siebenbürgenfrage, also der staatsrechtlichen Zugehörigkeit Siebenbürgens, sich einfacher gestalten ließe, wenn die Ungarn in ethnisch homogenen, kompakten Blöcken siedeln würden. Auch deshalb wollten ungarische Minderheitenpolitiker die sogenannten Streugruppen im rumänischen Altreich durch ihre Umsiedlung in Grenzgebiete vor der Assimilation bewahren[47]. Diesen Vorgang konzipierten sie in Denkschriften, die sie mitunter an die ungarische Regierung in Budapest richteten, als ungarisch-rumänischen Bevölkerungstausch[48]. Auch die nationalsozialistischen Umsiedlungsaktionen der Jahre 1939/40 aus dem Baltikum und Bessarabien fanden das Interesse der Ungarn und manche ihrer Politiker sahen darin durchaus einen legitimen Weg, in ihrer Identität gefährdete ethnische Minderheiten vor der Assimilation zu retten[49].

---

[45] Vgl. Bárdi, Minderheitspolitische Strategien, S. 289f.
[46] Bevor der Eindruck einer einheitlich völkischen und antisemitischen Minderheit entsteht, soll hier erneut der Hinweis erfolgen, dass hier zwar von einer Hauptströmung gesprochen wird, die der Meinung des Verfassers nach Ende der 1930er Jahre die wichtigste ideologische Strömung der Ungarn war, jedoch nicht die einzige. So war auch der Entscheidungsprozess des Parteikomitees für das Abkommen mit der antisemitischen Regierungspartei von einer hitzigen Debatte begleitet, vgl. Béla György (Hrsg.), Iratok a romániai Országos Magyar Párt történetéhez. I. A vezető testületek jegyzőkönyvei, Csíkszereda/Kolozsvár 2003, S. 210–213.
[47] Zum Aspekt der Umsiedlungen aus dem Altreich vgl. die Diskussion, die am 30. Mai 1937 in der Minderheitenabteilung der Ungarischen Landespartei stattfand (v. a. die Beiträge von Árpád Paál und Dezső Albrecht), in: Magyar Kisebbség 16 (1937), 17, S. 443–453 (v. a. S. 448–450).
[48] Zum Aspekt des mit einer Grenzrevision verbundenen Bevölkerungstausches zwischen Rumänien und Ungarn vgl. die Entwürfe Paáls in seinem Nachlass (Oderhellen, Museum Rezső Haáz, MS 7651/28, 7651/29, 7651/33, 7651/276) und die Denkschrift „Békés revízió Románia fele" („Eine friedliche Grenzrevision Richtung Rumänien") des siebenbürgisch-ungarischen Prälaten András Balázs im Ungarischen Nationalarchiv: MOL K64-77-1938-27, Nr. 1516.
[49] Vgl. die Artikelserie von Elemér Jakabffy in der Zeitschrift „Magyar Kisebbség" 1938/39.

Die Ungarn Siebenbürgens – aus jüdischer Sicht

Selbst in den nichtzionistischen jüdischen Zeitungen lässt sich in der zweiten Hälfte der 1930er Jahre eine allmähliche Entfremdung von den Ungarn feststellen. Den aufmerksamen Beobachtern der Vorgänge in Ungarn bzw. innerhalb der ungarischen Minderheit entging es nicht, dass immer größere Teile der Ungarn die Juden aus ihrer Gesellschaft ausschließen wollten. Die jüdischen Ungarn befanden sich in einer „doppelten Minderheitenlage": als Ungarn in einem angeblichen rumänischen Nationalstaat und als Juden innerhalb einer ungarischen Minderheitengesellschaft[50]. Sie meinten daher, dass die jüdisch-ungarischen Beziehungen eine „einseitige Liebe" geworden seien und fürchteten bereits nach den ersten antisemitischen Ausfällen der *Erdélyi Lapok*, dass später „mit noch drastischeren Methoden vermittelt wird, was der Weg des Judentums"[51] sein werde. Die Zionisten widmeten sich in den 1930er Jahren vor diesem Hintergrund verstärkt der „Palästinaarbeit", also der handwerklichen Ausbildung der Juden, um diese in die Lage zu versetzen, nach ihrer Auswanderung in Palästina überleben zu können[52].

Obwohl es 1932/33 noch mehrere Pressepolemiken zwischen der *Erdélyi Lapok* und anderen siebenbürgisch-ungarischen (vor allem den sich an ein jüdisches Publikum richtenden) Organen gab, verstummte nach 1936 die innerungarische Auseinandersetzung mit der nationalsozialistisch inspirierten Propaganda der Großwardeiner katholischen Tageszeitung. Dabei verstärkte diese ihre antisemitische Kampagne noch und wünschte die Umsetzung des ersten ungarischen Judengesetzes (1938) auch in Siebenbürgen herbei und war die einzige ungarische Zeitung, die die rumänischen Judengesetze vom Juli 1940 begrüßte[53]. Ihrer Meinung nach gab es keine ungarische Mittelschicht, da Juden und andere „fremdvölkische Elemente" jene Positionen besetzt hatten. Dieses Unrecht müsste korrigiert werden, denn ansonsten drohe der ungarischen Nation der Tod[54]. Sie befand sich damit auf einer Wellenlänge mit breiten Teilen der Gesellschaft Ungarns, die nach 1938 im Zuge der beiden „Judengesetze" in einem immer nationalistischeren und antisemitischeren Diskurs über das Wesen des Ungarntums versank[55]. Die ungarische Minderheit Rumäniens konnte gegen die in Ungarn vorherrschende Atmosphäre kaum argumentieren, denn gerade die Entwicklungen der Jahre nach 1938 (Anschluss Österreichs, Münchener Abkommen, Erster Wiener Schiedsspruch usw.) verdeutlichten, dass die revisionistische Außenpolitik Ungarns erfolgreiche Schritte unternahm, um auch sie selbst dem Minderheitendasein zu entreißen. Obwohl also ein sicherlich nicht unerheblicher Teil mit den in Ungarn herrschenden Ansichten in Bezug auf die Behandlung der ungarischen Juden nicht einverstanden war, konnten die Ungarn Rumäniens ihr Mutterland diesbezüglich kaum kritisieren, weil sie in dieses Land zurückkehren wollten. Sie öffneten demnach eine Art mentale Schere, der die jüdischen Angehörigen der Minderheit bereits vor 1940 zum Opfer fielen.

---

[50] Vgl. hierzu die hervorragende Analyse von Ernő Gáll, Kisebbség a kisebbségben, in: Regio – Minorities, Politics, Society 4 (1993), 2, S. 91–99; außerdem Attila Gidó, Az erdélyi zsidó intézmények identitásformáló szerepe a két világháború között, in: Korunk 15 (2004), 8, S. 63–76.
[51] Vgl. Zoltán Leitner, A disszonáns visszhang, in: Nagyváradi Napló, 26. 4. 1933, S. 1 f.; Miklós Kepes, Ghettó-pad és az erdélyi zsidóság, in: Nagyváradi Napló, 30. 12. 1933, S. 1.
[52] Vgl. Az erdélyi zsidó árvagondozó átrétegződési osztálya (Hrsg.), Tíz év a zsidóság átrétegződésének szolgálatában, Cluj 1936.
[53] Horváth, Zwischen Ablehnung und Anpassung, Kap. 7. 3. 4.
[54] Vgl. Horváth, Az *Erdélyi Lapok* ideológiája, S. 124 f.
[55] Vgl. Gyula Juhász, Uralkodó eszmék Magyarországon 1939–1944, Budapest 1983; János Pelle, A gyűlölet vetése. A zsidótörvények és a magyar közvélemény (1938–1944), Budapest 2001.

Die prekäre Lage der ungarischen Juden Siebenbürgens wird noch deutlicher, wenn neben dem ungarischen an den zeitgleichen rumänischen Antisemitismus erinnert wird, der die rumänische Öffentlichkeit in den 1930er Jahren zunehmend beherrschte[56]. Auf der politischen Ebene wuchs der Einfluss der faschistischen Organisation „Eiserne Garde" auf die rumänischen Politiker, von welchen viele antisemitische Positionen übernahmen[57]. Die Regierung Octavian Goga erließ Ende 1937/38 erste antisemitische Judengesetze, die unter dem Vorwand, nach 1918 seien massenhaft Juden illegal ins Land eingewandert, die Überprüfung der Staatsangehörigkeit der Juden vorsah. Die Regierung verbot außerdem eine Reihe jüdischer Zeitungen, entließ jüdische Ärzte und Anwälte aus dem Staatsdienst usw.[58] Die Proteste westlicher Regierungen (Frankreich, Großbritannien) und eine Finanzkrise des Landes, hervorgerufen durch den Geldtransfer rumänisch-jüdischer Banken ins Ausland, führte zum Rücktritt der Regierung. König Carol errichtete eine autoritäre Diktatur, die bis September 1940 andauerte. Die Diktatur war genauso antisemitisch eingestellt, wie die Regierung Goga: Die 1938 verabschiedete Verfassung stellte faktisch die bürgerlichen Rechte der Juden außer Kraft, die Regierung versuchte, die Juden zur Auswanderung zu bewegen und die am 10. August 1940 erlassenen „Judengesetze", die die Nürnberger Rassengesetze imitierten, schränkten die Beziehungen der Juden zu den Christen ein[59].

II. Die Juden in Nordsiebenbürgen (1940-1944)

Am 30. August 1940 verkündeten Italien und Deutschland den sogenannten Zweiten Wiener Schiedsspruch, wodurch Ungarn eines der Ziele seiner Außenpolitik, die Wiedergewinnung Siebenbürgens, wenigstens partiell erreichte. Das Land bekam rund 40 Prozent jener Gebiete zurück, die seit 1920 zu Rumänien gehört hatten. In Zahlen ausgedrückt waren das 43 104 Quadratkilometer mit rund 2 577 000 Menschen, wovon nach der ungarischen Volkszählung von 1941 rund 1 343 000 (52,1 Prozent) Ungarn und 1 069 000 (41,5 Prozent) Rumänen waren[60]. Für die nunmehr zu Ungarn gehörenden Gebiete hat sich die Bezeichnung „Nordsiebenbürgen" etabliert. Die Zahl der dortigen Juden lag bei 164 052, was vier Fünftel der vorher in Gesamtsiebenbürgen lebenden Juden entsprach[61]. Obwohl die jüdischen Ungarn der zunehmend intoleranten und antisemitischen Gesell-

---

[56] Vgl. Leon Volovici, Nationalist Ideology and Antisemitism. The Case of Romanian Intellectuals in the 1930s, Oxford 1991; Zigu Ornea, Anii treizeci. Extrema dreaptă românească, București 1996.
[57] Zur „Eisernen Garde" vgl. Armin Heinen, Die Legion „Erzengel Michael" in Rumänien. Soziale Bewegung und politische Organisation. Ein Beitrag zum Problem des internationalen Faschismus, München 1986; allg.: Carol Iancu, Evreii din România. De la emancipare la marginalizare 1919-1938, București 2000.
[58] Vgl. Iancu, Evreii din România, S. 256-265.
[59] Vgl. Jean Ancel, Contribuții la istoria României. Problema evreiască 1933-1944, București 2001, Bd. I., S. 65-130 und S. 199-260.
[60] Vor der Zählung fanden größere Bevölkerungsbewegungen statt: Rumänen gingen nach „Südsiebenbürgen", das weiterhin zu Rumänien gehörte, und Ungarn in die ungarisch gewordenen Landstriche. Zahlenangaben hierzu im Text weiter unten. Vgl. Béni L. Balogh, A magyar-román kapcsolatok 1939-1940-ben és a második bécsi döntés, Csíkszereda 2002, S. 310-312; Friedrich Christoph, Befriedung im Donauraum. Der Zweite Wiener Schiedsspruch und die deutsch-ungarischen diplomatischen Beziehungen 1939-1942, Frankfurt a. M. 1998; Martin Broszat, Deutschland – Ungarn – Rumänien. Entwicklung und Grundfaktoren nationalsozialistischer Hegemonial- und Bündnispolitik 1938-1941, in: Historische Zeitschrift 206 (1968), S. 45-96.
[61] Randolph L. Braham, Genocide and Retribution. The Holocaust in Hungarian Ruled Northern Transylvania, Boston u. a. 1983, S. 10; ders., Politics of Genocide, Bd. I., S. 167-172.

schaft Ungarns seit Jahren misstrauisch gegenüberstanden, begrüßte ihr überwiegender Teil den Zweiten Wiener Schiedsspruch. Viele zogen sogar aus dem rumänisch gebliebenen Südsiebenbürgen in die ungarisch gewordenen Gebiete um[62]. Der rumänische Antisemitismus war schließlich kaum schwächer als der ungarische, und 1940 verabschiedete, wie erwähnt, auch Bukarest erste antijüdische Gesetze. Die Juden Nordsiebenbürgens hofften dagegen, für ihre die gesamte Zwischenkriegszeit hindurch gezeigte Treue zur ungarischen Kultur von der Geltung der beiden ungarischen Judengesetze ausgenommen zu werden.

Für die Ungarn war die Rückkehr zum Mutterland eine Befreiung, woran sie weitgehende Hoffnungen knüpften. Diese richteten sich auf die frei gewordenen Stellen in den kommunalen Verwaltungen, den administrativen Ämtern und in staatlichen Händen sich befindlichen Dienstleistungsbereichen[63]. Diese waren vorher überwiegend von Rumänen besetzt gewesen, die entweder Nordsiebenbürgen verlassen hatten oder nun (wie vorher die Ungarn) verdrängt wurden.

Die siebenbürgischen Ungarn mussten jedoch zusehen, wie an die von ihnen anvisierten Plätze zumeist Beamte aus Budapest versetzt wurden. Auch wenn diese manchmal aus Siebenbürgen stammten und erst vor zehn bis zwanzig Jahren nach Budapest gegangen waren, hatten sie mittlerweile eine andere, überhebliche und ethnozentrische Mentalität. Diese sorgte in Nordsiebenbürgen – zusätzlich dazu, dass nicht die Ansässigen die Stellen erhielten –, für Spannungen[64], die durch den bevölkerungspolitischen Druck verstärkt wurden. Dieser entstand in den nordsiebenbürgischen Städten, nachdem die ungarische Bevölkerung des Gebietes auf einen Schlag um rund 200 000 Personen anwuchs: 100 000 Ungarn zogen aus Trianon-Ungarn nach Nordsiebenbürgen, und die gleiche Anzahl flüchtete aus Südsiebenbürgen dorthin[65]. Zwar verließen auch rund 100 000 Rumänen Nordsiebenbürgen und siedelten sich in Rumänien an. Doch die in Nordsiebenbürgen ankommenden Ungarn bevorzugten (um der Arbeitsmöglichkeiten willen) eher die Städte. Diese Entwicklungen beeinflussten auch die ungarisch-jüdischen Beziehungen, wohnte doch die Mehrheit der ungarischen Juden in den Städten als Inhaber kleiner Geschäfte, als Handwerker, Ärzte, Anwälte usw.

Siebenbürgen-Konferenz und Siebenbürgische Partei

Die siebenbürgisch-ungarische politische Elite verkündete rasch Forderungen, gegen die sie vorher zwanzig Jahre lang angekämpft hatte, als sie in ähnlicher Form von der rumä-

---

[62] Vgl. Dániel Löwy, A Kálváriától a tragédiáig. Kolozsvár zsidó lakosságának története, Kolozsvár 2005, S. 119f.; Juliska Salamon, Levelek Nagyváradról 1935–1944, Bukarest 1996, S. 151–153; zu den Umzügen: Vágó, Destruction, S. 178.
[63] Vgl. L. Balogh, A magyar-román kapcsolatok, S. 379.
[64] Generell hierzu Sándor Oláh, Gyakorlati gondolkozásmód és megmerevedett etatizmus (1940–1944), in: Korall 6 (2004), S. 98–113; interessant im Zusammenhang der erfolgten Grenzrevision und der Versetzung von Beamten aus Budapest nach Siebenbürgen ist auch das Tagebuch des sozialdemokratischen ungarischen Politikers Lajos Jordáky (Klausenburg, im Privatbesitz), etwa die Eintragungen zwischen Juni und Oktober 1940. Laut Edit Csilléry gab es in Nordsiebenbürgen allerdings auch kaum geeignete ungarische Fachkräfte. Vgl. Edit Csilléry, Közalkalmazottak és köztisztviselők Erdélyben a második bécsi döntést követően, in: Limes 19 (2006), 2, S. 73–93, v. a. S. 78f.
[65] Vgl. Árpád E. Varga, Az erdélyi magyarság asszimilációs mérlege a XX. század folyamán, in: Regio – Minorities, Politics, Society 13 (2002), 1, S. 171–205, hier S. 188–191. Die Frage, wie sich das Sozialsystem Nordsiebenbürgens nach der Rückkehr zu Ungarn veränderte, lässt sich bislang kaum beantworten. In Oberungarn und dem südlichen Teil der Karpato-Ukraine, die seit dem Ersten Wiener Schiedsspruch von 1938 wieder zu Ungarn gehörten, hat es sich verschlechtert, vgl. Kádár/Vági, Self-financing Genocide, S. 91.

nischen Mehrheit kamen und gegen die Ungarn gerichtet waren. Die dahinter stehende Grundüberzeugung war, dass die liberale ungarische Gesetzgebung vor 1918 zu weit ging und den damaligen Nationalitäten zu viele Freiheiten gewährte. Diese Einstellung kam etwa auf der sogenannten Siebenbürgen-Konferenz vom 18./19. Oktober 1940 in Klausenburg zutage[66]. Hier sollen nicht die Unterschiede in der Haltung der ungarischen Politiker in ihrem gesamten Umfang und verglichen mit ihrer Politik von vor 1940 herausgearbeitet[67], sondern nur die für den Gegenstand der Untersuchung relevanten ungarischen Pläne aufgeführt werden. Die Leitung der Konferenz hatte der ungarische Ministerpräsident Pál Teleki inne, an ihr nahmen neben einer Reihe von siebenbürgisch-ungarischen Politikern, die kurz vorher zu Parlamentsabgeordneten ernannt worden waren, eine Vielzahl Budapester Staatssekretäre und politischer Persönlichkeiten teil (z. B. István Bethlen, der ehemalige Ministerpräsident). Die Konferenz hatte die Aufgabe, sich wirtschaftlichen, schulischen, kulturellen und sozialen Fragen sowie prinzipiellen Problemen zu widmen, die „perspektivisch überblickbar und bei der Regelung der späteren, dauerhaften Einrichtung fruchtbar gemacht"[68] werden könnten. Diese, etwas kryptisch klingende Formulierung des ungarischen Ministerpräsidenten bedeutete letztlich nichts anderes, als dass sich die ungarischen Politiker um all das kümmern sollten, was zur endgültigen Inbesitznahme Siebenbürgens getan werden müsste. Manche der Beiträge enthielten dementsprechend konkrete Vorschläge, wie die wirtschaftliche Lage oder die Schulsituation in Siebenbürgen verbessert werden könnte. Im Zusammenhang dieses Aufsatzes ist aber von Interesse, welche bevölkerungspolitischen Maßnahmen die ungarischen Politiker zur Erhöhung des demographischen Anteils der Ungarn machten: Besondere Bedeutung erlangte im Laufe der Konferenz die Frage der Umsiedlung. Der Ausgangspunkt dafür war die günstige demographische Situation bei den Szeklern, einer ungarischen Volksgruppe in Ostsiebenbürgen. Den dortigen Bevölkerungsüberschuss wollten manche siebenbürgisch-ungarischen Politiker bewusst in bestimmte Regionen lenken[69]. Der ungarische Ministerpräsident Pál Teleki griff den Problemkomplex auf und erweiterte den Kreis der Betroffenen, als er im Zusammenhang einer notwendigen Landreform von der „Heimführung" der Moldauer Csángós[70]

---

[66] Der Verfasser möchte Nándor Bárdi (Budapest) auch auf diesem Weg seinen Dank ausdrücken, weil er ihn auf die Konferenz aufmerksam machte und ihm das Protokoll zur Verfügung stellte. Die Konferenz behandelt kurz auch Balázs Ablonczy in seiner Pál Teleki Biographie, vgl. ders., Teleki Pál, Budapest 2005, S. 469–473.
[67] Siehe hierzu: Nándor Bárdi, A múlt, mint tapasztalat. A kisebbségből többségbe kerűlt erdélyi magyar politika szemléletváltása 1940–1944 között, in: Limes 19 (2006), 2, S. 43–72. Außerdem: Gábor Egry, Az erdélyiség „színeváltozása". Kísérlet az Erdélyi Párt ideológiájának és identitáspolitikájának elemzésére 1940–1944, Budapest 2008.
[68] Das Zitat ist aus der Einleitung Telekis übernommen, vgl.: Erdélyi értekezlet jegyzőkönyve, MOL K 28–267, f. 6 (bzw. die Einleitung: f. 1–8).
[69] Vgl. Erdélyi értekezlet, MOL K 28–267, f. 126 (an Namen wären etwa István Vásárhelyi und János Abrudbányai zu nennen).
[70] Die Csángós in der Moldau sind eine ein archaisches Ungarisch sprechende Volksgruppe katholischer Konfessionszugehörigkeit, deren Angehörige zumeist über kein modernes (ungarisches oder rumänisches) Nationalbewusstsein verfügen, vgl. Meinolf Arens/Daniel Bein, Katholische Ungarn in der Moldau. Eine Minderheit im historischen Kontext einer ethnisch und konfessionell gemischten Region, in: Saeculum. Jahrbuch für Universalgeschichte 54 (2003), 2, S. 213–269; Ernst Wagner, Ungarn (Csangonen) in der Moldau und Bukowina im Spiegel neuerer rumänischer Quelleneditionen, in: Zeitschrift für Siebenbürgische Landeskunde 3 (1980), 1, S. 27–47; László Diószegi (Ed.), Hungarian Csángós in Moldavia. Essays on the Past and Present of the Hungarian Csángós in Moldavia, Budapest 2002.

sprach, was er als sehr schwierig durchführbar ansah. Hier sei jede Hilfe willkommen, meinte er und erwähnte, dass die Rückholung der Ungarn aus der Bukowina bereits im Gange und die aus den rumänischen Städten im Altreich so gut wie abgeschlossen sei[71]. Die Notwendigkeit der Umsiedlung obiger Bevölkerungsgruppen unterstrich auch Imre Mikó[72]. In seiner Antwort auf Mikó erläuterte Teleki die Grundsätze, nach welchen die Regierung in dieser Frage vorzugehen beabsichtigte und gab als möglichen Ort der Ansiedlung unter anderem Siebenbürgen an. Das fand wiederum die Unterstützung des calvinistischen Bischofs László Ravasz, der eine Ansiedlung mit der bevorstehenden Landreform verknüpft wissen wollte, um so eine breite ethnische Brücke zwischen den Ungarn in Ostsiebenbürgen (den Szeklern) und jenen an der Theißgegend zu schaffen[73]. Die Überbrückung der fehlenden Verbindung durch eine Ansiedlungspolitik sei „die existenziellste Frage" und eine „große ungarische Aufgabe"[74].

Die Siebenbürgen-Konferenz legte somit die Grundlagen für eine in Siebenbürgen zu verfolgende Bevölkerungspolitik, die wegen ihrer Komplexität weitreichende Folgen haben sollte. Denn sie berührte wirtschaftliche und soziale Aspekte und griff dabei auf tief verwurzelte Ängste der ungarischen Bevölkerung zurück, die immer noch unter dem Eindruck der Maßnahmen stand, die Rumänien vor 1940 seinerseits zur nationalen Homogenisierung des Landes ergriffen hatte. Es war daher kein Zufall, dass gerade der siebenbürgisch-ungarische Ethnologe Pál Péter Domokos kaum einen Monat nach dieser Konferenz am 25. November 1940 eine Denkschrift verfasste, in der auch er die Rücksiedlung der Csángós forderte. Sie sollte auf dem Weg des Bevölkerungstausches stattfinden und der ungarische Staat sollte dabei gegenüber der rumänischen Regierung Anspruch auf alle Csángós erheben, ohne diese zu fragen, d. h. ohne sich um ihr nationales Bekenntnis zu kümmern[75]. In seiner Denkschrift betonte Domokos, der die Csángós bereits in den 1930er Jahren als einen Teil der ungarischen Nation ansah[76], dass vor der Umsiedlungsaktion die dazu notwendigen Wohnungen und Agrarflächen bereitgestellt werden müssten. Wo diese liegen und woher sie kommen sollten, erörterte er nicht. In einem an den ungarischen Außenminister adressierten Brief drängte Domokos aber einen Monat später erneut darauf, die in Ungarn verbliebenen Rumänen gegen die Csángós auszutauschen und diese auf ihre Optionsmöglichkeit hinzuweisen[77].

Die Frage, wie mit den Juden umzugehen sei, stand auf der Siebenbürgen-Konferenz eher im Hintergrund. Ihren Anteil am Handel thematisierten zwar kurz mehrere Beiträge,

---

[71] Vgl. Erdélyi értekezlet, MOL K 28-267, f. 134.
[72] Vgl. Erdélyi értekezlet, MOL K 28-267, f. 145-147.
[73] Vgl. Erdélyi értekezlet, MOL K 28-267, f. 150-152. Zwischen beiden erwähnten Gebieten gab es viele Regionen, die eine überwiegend rumänische Mehrheit aufwiesen oder gar ausschließlich von Rumänen bewohnt waren.
[74] Erdélyi értekezlet, MOL K 28-267, f. 151-152.
[75] Vgl. Quelle Nr. 38 „Domokos Pál Péter tanulmányai a csángómagyarok ügyével kapcsolatban", in: Gábor Vincze (Hrsg.), Asszimiláció vagy kivándorlás? Források a moldvai magyar etnikai csoport, a csángók modernkori történelmének tanulmányozásához (1860-1989), Budapest/Kolozsvár 2004, S. 220-226.
[76] Vgl. Pál Péter Domokos, A Moldvai Magyarság. A csángómagyarok multja és jelene. 68 csángómagyar népdal, Cluj/Kolozsvár ²1934, S. 160.
[77] Die (im II. Wiener Schiedsspruch gegebene) Optionsmöglichkeit erlaubte es der in Rumänien verbliebenen ungarischen Bevölkerung, innerhalb von sechs Monaten nach Ungarn umzusiedeln; den Brief von Domokos vom 8. Dezember 1940 veröffentlichte Vincze (Hrsg.), Asszimiláció vagy kivándorlás?, S. 226f.

doch letztlich gaben sich die Anwesenden mit den Ausführungen des Ministerpräsidenten zufrieden. Er wies auf die von der Regierung finanzierten Umschulungsmaßnahmen zugunsten christlicher Ungarn hin und betonte, dass auch die „Judengesetze mittlerweile zu einem Prozess geworden sind, genauso wie die Landreform"[78].

Später widmeten sich die ungarischen Politiker umso ausführlicher dieser Frage. Sie schlossen sich Anfang 1941 in einer „Siebenbürgischen Partei" zusammen, die in ihre Satzung einen antisemitischen Punkt aufnahm[79]. Demnach sollten die Juden bis zur „allgemeinen europäischen Regelung der Judenfrage"[80] aus den Bereichen der Erziehung, Medien und Rechtsprechung gänzlich entfernt werden. Auf wirtschaftlichem Gebiet sollten ungarische Fachleute ihre Stellen einnehmen. Die „Lenkung des Kapitals und der Produktion" durfte ebenfalls nicht in „jüdischen Händen" verbleiben, weil sie als „zum nationalen Vermögen"[81] gehörig angesehen wurden. Ähnliche Forderungen stellten in einem Memorandum, das sie dem ungarischen Ministerpräsidenten überreichten, Angehörige der jüngeren Generation (Politiker und Intellektuelle)[82]. Die Zitate und die geäußerten Wünsche verdeutlichen, dass die Juden, deren Zugehörigkeit zu den Ungarn nicht mehr akzeptiert wurde, aus ideologischen, aber auch aus wirtschaftlich-sozialen Motiven ausgegrenzt werden sollten. Ihre gesellschaftlichen Positionen sollten wiederum von „national verlässlichen" Personen eingenommen werden. Außerdem fiel das Stichwort von der „europäischen Regelung der Judenfrage"[83], dessen Bedeutung in der Suggestion an das Publikum zu suchen ist, dass eine solche Fragestellung existiere und in einem größeren, internationalen Rahmen gelöst werde. Festzuhalten ist allerdings, dass bei dieser „Lösung" noch nicht an die nationalsozialistische „Endlösung" zu denken ist, denn diese war im Herbst 1940 weder beschlossen noch angelaufen[84]. Die ungarischen Politiker aus Siebenbürgen fanden mit dem Begriff allerdings Anschluss an die binnenungarische Terminologie, die seit Jahren über diese Problematik stritt. Wie nahtlos sie Budapester Positionen übernahmen, verdeutlichen ihre Auftritte im ungarischen Parlament, etwa als dieses 1941 das sogenannte Dritte Judengesetz[85] erörterte. Im Namen der Siebenbürgischen Partei begrüßte Árpád Paál, weiterhin Chefredakteur der *Erdélyi Lapok*, den Gesetzentwurf, der, wie er meinte, das Ende einer „zersetzenden Periode" bedeutete, in der jüdisch-christliche Heiraten möglich waren[86]. Diese zu beenden sei nicht nur aus Gründen des Rassenschutzes notwendig, mein-

---

[78] Erdélyi értekezlet, MOL K 28–267, Anhang, f. 16.
[79] Der landesweiten Gründungsversammlung im Mai 1941 ging seit Januar 1941 die Gründung von Ortsverbänden voraus. Zur ersteren vgl. KÚ, 28.5.1941, S. 1 und S. 3, und 29.5.1941, S. 1–4. Zur Ideologie der Partei: Gábor Egry, Az Erdélyi Párt ideológiája és az erdélyiség, in: A Hét 3 (2005), 48; ders., Az erdélyiség „színeváltozása".
[80] Das Programm der Siebenbürgischen Partei veröffentlichte die Klausenburger Zeitschrift Hitel 6 (1940/41), S. 216–222.
[81] Alle drei Zitate ebenda, S. 220.
[82] Ebenda, S. 211.
[83] Ebenda, S. 220.
[84] Vgl. Christian Gerlach, Die Wannsee-Konferenz, das Schicksal der deutschen Juden und Hitlers politische Grundsatzentscheidung, alle Juden Europas zu ermorden, in: Ders., Krieg, Ernährung, Völkermord. Forschungen zur deutschen Vernichtungspolitik im Zweiten Weltkrieg, Hamburg 1998, S. 85–167; Götz Aly, „Endlösung". Völkerverschiebung und der Mord an den europäischen Juden, Frankfurt a. M. 1998, S. 12; Christopher Browning, Judenmord. NS-Politik, Zwangsarbeit und das Verhalten der Täter, Frankfurt a. M. 2001, S. 47–93.
[85] Vgl. Vértes, Magyarországi zsidótörvények, S. 149–153.
[86] Vgl. „Dr. Árpád Paál beszéde a házassági törvényjavaslat képviselőházi vitája alkalmával" I.–III., Magyar Lapok (vormals Erdélyi Lapok), 5., 7. und 8.7.1941, jeweils S. 5.

te Paál, der zugleich ausführte, dass die Anwesenheit von „Gemischtrassigen" zu gesellschaftlichen Unruhen führen könne. Solche Vermischungen auf dem Wege des Verbotes zu beenden, sei auch deshalb nötig, weil gleichzeitig bestimmt werde, wer Jude sei und wer nicht. Das wiederum sei wichtig, um noch vor der großen „europäischen Dissimilation", bei der „dem deutschen Geist, dem deutschen Willen und der deutschen Vorstellung […] eine führende […] Rolle" zukommen werde, zu wissen, wen man „dem entstehenden, neuen, unabhängigen nationalen Judenstaat"[87] überantwortet. Die Quintessenz von Paáls Beitrag war demnach, wie bereits im Falle des oben zitierten Programmpunktes seiner Partei, dass die Absonderung der Juden nötig und Teil einer gesamteuropäischen Lösung sei, der sich Ungarn nicht entziehen könne. Das Land müsse vielmehr auf „eine bevorstehende internationale politische und wirtschaftliche Regelung"[88] der Dissimilationsfrage vorbereitet sein. Dezső Albrecht, Paáls Abgeordnetenkollege, argumentierte im ungarischen Parlament Ende 1941 nicht aus gesamteuropäischer Sicht, sondern setzte die „Judenfrage" in ihrer Dringlichkeit und Bedeutung ebenfalls mit der sozialen Frage gleich. Man könne gar nicht genug dahingehend unternehmen, dass „adäquate christliche Elemente die leer gewordenen Judenplätze besetzten"[89]. Er sähe insbesondere, bereitete Albrecht seine Zuhörer auf eine mögliche Entfernung der Juden aus dem Bild der Städte vor, gerne eine Verordnung, die festlege, wo überall Juden keine Geschäfte besitzen dürften. In seiner Argumentation bewies er die wirtschaftspolitische, demographische und ideologische Komponente seines Antisemitismus. Albrecht, der ein 1907 geborener Angehöriger jener ungarischen Generation war, die immer radikalere Forderungen erhebend in den 1930er Jahren die politische Bühne betrat[90], verdeutlichte seinen Hass auf die Juden, als er begründete, warum er keine gelben Sterne für sie einführen wolle: Ohne die Kennzeichnung könne er zumindest glauben, in einer christlichen Stadt zu leben[91].

Die neue Verwaltung verbot 1940 eine Reihe linker, liberal, demokratisch und sozialdemokratisch eingestellter Zeitungen und Zeitschriften. Die verbliebenen ungarischen Zeitungen versuchten erst gar nicht, deren Stelle einzunehmen und die gesamtungarische Presselandschaft mit jener vermeintlich typischen siebenbürgischen Toleranz zu bereichern, die sie vor 1940 in Absonderung von der homogenisierenden rumänischen Staatspolitik als die vermeintliche Besonderheit Siebenbürgens behauptet hatten. Stattdessen änderten die meisten in kurzer Zeit ihre gemäßigt konservative Einstellung in eine rechtsorientierte und antisemitische[92]. Damit entstand die paradox erscheinende Situation, dass es an der östlichen Peripherie Ungarns keine demokratische Presse mehr gab, wohl aber im Zentrum des Landes, in Budapest. Hierauf ist auch der Umzug mehrerer liberaler Journalisten aus Siebenbürgen nach Budapest zurückzuführen, die vor 1940 in der siebenbürgisch-ungarischen Presse ein Gegengewicht zur Rechten gebildet hatten.

Die ungarische Rechte begann 1941 sich auch in Nordsiebenbürgen auszubreiten. So verfügten dort mehrere rechtsorientierte Parteien über gut ausgebaute Ortsverbände, die

---

[87] Zitate aus dem am 7.7.1941, S.5 abgedruckten Abschnitt.
[88] Zitat aus dem am 8.7.1941, S.5 abgedruckten Abschnitt.
[89] Vgl. Erdély a magyar képviselőházban. Az Erdélyi Párt kiadása, Kolozsvár 1942, S. 102; vgl. auch Löwy, A Kálváriától, S. 125f.
[90] Die Unterschiede in der politischen Vorstellungswelt der verschiedenen ungarischen Minderheitengenerationen untersucht Nándor Bárdi, Generation Groups in the History of Hungarian Minority Elites, in: Regio – Minorities, Politics, Society 8 (2005), S. 109–125, v.a. S. 116–118.
[91] Erdély a magyar képviselőházban. Az Erdélyi Párt kiadása, Kolozsvár 1942, S. 102.
[92] Vgl. Vágó, Destruction, S. 184 und S. 215 (Fn. 26); Braham, Genocide and Retribution, S. 13.

Pfeilkreuzler etwa alleine im Komitat Kolozs über acht Ortsvereine mit 2500 Mitgliedern[93]. Der Klausenburger Lokalverein der Siebenbürgischen Partei schloss sich im März 1942 der Initiative des Komitats Bihar[94] an, wohl deshalb, damit sie in ihrer Region nicht von rechts „überholt" wird. Diese Initiative forderte von der Regierung die sofortige Aufstellung einer Organisation, deren Aufgabe die praktische Vorbereitung und Durchführung der Aussiedlung der Juden sein sollte[95]. Die Zugehörigkeit zum Judentum sollte auf Grund rassistischer Kriterien festgelegt, die Juden selbst bis zur endgültigen Aussiedlung „räumlich und zeitlich vom christlichen Wirtschafts- und Gesellschaftsleben getrennt werden"[96]. Von besonderer Bedeutung ist dieser Vorstoß wegen seiner umfassenden Begründung. Ihr Kernsatz lautete: „Der ungarische Soldat, der ungarische Handwerker, der ungarische Bauer und auch die gesamte arbeitende ungarische Gesellschaft erwartet im Gegenzug für ihre im Krieg erbrachten Blut- und Geldopfer die Verbesserung ihres Schicksals."[97] Die Initiative verstand unter diesem „Schicksal" in erster Linie das wirtschaftliche Wohlergehen der Ungarn: „Wir bleiben nur dann siegreich, wenn den Gewinn der Produktion und des Handels nicht der gierige Wunsch nach Gold, sondern die soziale Gerechtigkeit bestimmt."[98] Jenseits dieser Ziele, die die Entfernung der Juden wegen der damit einhergehenden Möglichkeiten der wirtschaftlichen Bereicherung bezweckten, bot die Initiative aber auch ideologische Begründungen. Sie stellte die Lösung der als ein Problem von weltweiter Bedeutung aufgefassten „Judenfrage" auch deshalb als notwendig dar, damit so dem hergebrachten „ansteckenden jüdischen Geist"[99] ein Ende gesetzt werden könnte. Die politische Führung der siebenbürgischen Ungarn fand so Anschluss an den antisemitischen Kurs Ungarns und ihre Forderungen waren an Radikalität bereits vor 1944 kaum zu übertreffen[100].

In der siebenbürgisch-ungarischen Presse[101] nach 1940 lassen sich beide Ebenen des antijüdischen und antisemitischen Diskurses nachweisen. Die Presse hat sowohl Vorstellungen über die Lösung einer vermeintlich existierenden „Judenfrage" im gesamteuropäischen Rahmen kolportiert als auch Sozialneid geschürt und die Lösung derselben Frage aus wirtschaftlichen Gründen gefordert. Der allgemeine Tenor einer Reihe von Beiträgen, Reden und Stellungnahmen, die von ungarischen Journalisten und Politikern (etwa dem Vorsitzenden der Siebenbürgischen Partei, Béla Teleki) stammten, war, dass nach zwei Jahrzehnten des Minderheitendaseins die Ungarn eine historische und soziale Wiedergutmachung nötig

---

[93] Vgl. Szöllösi-Janze, Die Pfeilkreuzlerbewegung, S. 130–132 und S. 268f.
[94] Der Begriff „Komitat" bezeichnet eine aus dem Spätmittelalter stammende Verwaltungseinheit, die mit den heutigen Kreisen zu vergleichen ist. Das Komitat „Bihar" liegt an der heutigen ungarisch-rumänischen Grenze, der Verwaltungssitz ist (heute wie damals) Großwardein.
[95] Vgl. I. P., Humanizmus és kereszténi szeretet, in: ML, 20. 3. 1942, S. 1f.; „Báthory-Szűcs Sándor tábornok indítványát …", in: ML, 19. 3. 1942, S. 5.
[96] Vgl. „Báthory-Szűcs Sándor tábornok indítványát …", in: ML, 19. 3. 1942, S. 5.
[97] Ebenda.
[98] Ebenda.
[99] Ebenda.
[100] Vgl. „Az Erdélyi Párt kolozsvári tagozata csatlakozik Bihar vármegye törvényhatósági bizottságának a zsidókérdésben felterjesztett javaslatához", in: KÚ, 15. 4. 1942, S. 8.
[101] Die nordsiebenbürgisch-sächsische Presse (in Klausenburg oder Bistritz) ist diesbezüglich nach Kenntnis des Autors noch nicht aufgearbeitet. Bekannt ist, dass die dortigen Sachsen nicht nur ihre eigenen Presseerzeugnisse hatten, sondern auch die reichsdeutsche Presse rezipierten, so etwa den „Stürmer", vgl. Holzträger, Ghettoisierung und Deportation, S. 63. Einige Angehörige der Sachsen scheinen aktiv an der Ghettoisierung der Juden im Mai 1944 mitgewirkt zu haben, vgl. den Artikel zur Stadt Bistritz (erwähnt wird ein Gustav Orend) und Klausenburg (Karl Krausz, Kreisleiter der Thorenburger Volksgruppe) in: Braham (Szerk.), A magyarországi holokauszt enciklopédiája, S. 289 und 611.

hätten[102]. Als eine solche stellte Árpád Paál etwa die Enteignung jüdischer Landbesitzer dar, obwohl diese kaum 10 Prozent der genutzten Agrarflächen besaßen[103]. Auf diese Weise konnte jedoch die Kritik an der tatsächlich ungerechten Bodenverteilung in Ungarn, die für die große Armut einer großen Anzahl ausgebeuteter Landarbeiter und Knechte verantwortlich war, in eine Richtung kanalisiert werden, die eine echte Bodenreform unnötig machte. Diese hätte nämlich zu Lasten des katholischen Klerus und der Hocharistokratie gehen und eine Umverteilung von deren Besitz nach sich ziehen müssen. So konnten aber die Juden, die „ungarischen" Boden besaßen, obwohl sie nach Meinung der Rechten keine Ungarn waren, für die Misere jener Bevölkerungsschichten angeklagt werden. Die Juden mussten in der Folgezeit für beinahe alle knappen Güter herhalten, deren Mangel die Presse auf ihre Anwesenheit zurückführte: Waren, Wohnfläche, Transportkapazitäten in den Zügen usw. „Die Judenfrage ist eine wirtschaftliche Frage"[104], fasste die Großwardeiner Tageszeitung ihre Einstellung zusammen. Die Presse unterrichtete die Leser daher bevorzugt über den „wirtschaftlichen Raumgewinn", den die Ungarn für sich zuungunsten der Juden in den Innenstädten verbuchen konnten und gab Ratschläge, wie sie zu verfahren hätten, wenn sie ihre berechtigten Ansprüche nicht durchsetzen konnten[105]. Diese Vorgehensweise gegen die Juden, die als „Magyarisierung" das ungarische Pendant zur Arisierung war, bildete jene „Wiedergutmachung", die im allgemeinen ungarischen Bewusstsein im gesamtungarischen Maßstab erfolgte und letztlich, um einen Begriff von Gerlach und Aly aufzugreifen, eine „Gerechtigkeitslücke"[106] schloss. Die erwähnten Forderungen nach einer Wiedergutmachung zugunsten der Ungarn und die wiederholten Artikel über die verschiedenen Wirtschaftszweige, aus welchen die Juden verdrängt werden müssten, betteten ihre Autoren zumeist in Formulierungen, die klarmachten, dass diese Vorgänge nur vorbereitenden und vorläufigen Charakter hätten. Sie seien Teil einer umfassenderen Entwicklung, die ihren Abschluss womöglich erst nach Ende des Krieges finden würde, wenn alle Juden aus Europa weggebracht würden[107]. Die in der siebenbürgisch-ungarischen Öffentlichkeit seit den 1930er Jahren diskutierten Pläne zur Bevölkerungsumsiedlung und -verschiebung, damals noch auf die Lösung der eigenen Minderheitenlage gemünzt, wandte man demnach auf die jüdischen Ungarn an. Solche Äußerungen gab die siebenbürgisch-ungarische Presse aber nicht nur als die Wünsche ihrer eigenen Politiker wieder, sondern sie zitierte in diesem Sinne auch den ungarischen Ministerpräsidenten, Miklós Kállay[108].

---

[102] Vgl. „A kiegyenlítődés aranyhídja", in: KÚ, 25.1.1941, S.1; „Gróf Teleki Béla programbeszéde", in: KÚ, 29.5.1941, S.3f.
[103] Vgl. Árpád Paál, Földkérdés a parlamentben. I–III, in: ML, 30.5., 3.6., 5.6.1942, S.1f.; zur Zahl der jüdischen Landbesitzer vgl. László Csősz, Antisemitismus und Agrarpolitik: Die Landreformen von 1942, in: Mihok (Hrsg.), Ungarn, S. 73–89.
[104] Vgl. „A zsidókérdés gazdasági kérdés", in: ML, 23.6.1942, S.3; „Magyar kereskedelmet!", in: KÚ, 21.2.1941, S.2; János Bíró, Akik nősülnek és akik nem nősülhetnek, in: KÚ, 20.9.1941, S.4.
[105] Vgl. Kiskun, „Új magyar honfoglaló kapott helyett a nagyváradi főutcán", in: ML, 24.10.1942, S.7; „Hogyan kell eljárni …?, in: ML, 7.4.1943, S.5; „Tizennyolc zsidó üzlet kerül keresztény kézbe …", in: KÚ, 30.1.1942, S.5.
[106] Vgl. Gerlach/Aly, Das letzte Kapitel, S. 422.
[107] Die Berichterstattung ungarischer Medien über antisemitische Restriktionen und Aussiedlungen im Ausland (Bulgarien, Frankreich usw.) erzeugte nach Meinung des Verfassers ebenfalls den Eindruck, dass die „Judenfrage" (wie Paál meinte: im „deutschen Geiste") auf gesamteuropäischer Ebene gelöst werde.
[108] Vgl. „Kállai Miklós miniszterelnök nagyfontosságú beszéde", in: ML, 31.5.1943, S.5f.; „Teleki Béla gróf …", in: Keleti Újság, 20.3.1942., S.3; „A zsidókérdésben nincs más megoldás …", in: Keleti Újság, 21.4.1942, S.1. Hierbei erscheint es unerheblich, dass der ungarische Ministerpräsident mit seinen

Den Zusammenhang zwischen der Bevölkerungsumsiedlung und der „Judenfrage" verdeutlicht eine weitere Etappe ungarischer Machtpolitik. Sie fand 1941 im Rahmen ungarischer Homogenisierungspolitik statt, als die Regierung die auf der Siebenbürgen-Konferenz erörterten Pläne wahr machte und rund 13 500 Ungarn (sogenannte Szekler) aus der südlichen Bukowina, die weiter zu Rumänien gehörte, „heimholte"[109]. Sie wurden in der gerade von Jugoslawien annektierten Batschka angesiedelt, um die Zahl der dortigen Ungarn zu erhöhen. Zu den treibenden Kräften hinter dieser Aktion, die mit der Vertreibung von (teils alteingesessenen, doch mehrheitlich erst vor kurzem dort hingezogenen) Serben einherging, gehörten auch siebenbürgisch-ungarische Politiker. József Bálint, ein völkisch und antisemitisch ausgerichteter Abgeordneter der Siebenbürgischen Partei, hatte etwa bereits 1939 Umsiedlungspläne entwickelt[110]. Andere siebenbürgische Politiker (etwa Graf Béla Bethlen, Gespan eines Komitats, Béla Teleki, Vorsitzender der Partei, der Soziologe József Venczel) wollten die Szekler in Siebenbürgen ansiedeln, ebenfalls um das ungarische „Volkstum" zu stärken. Ein von der ungarischen Regierung eingesetzter Ausschuss prüfte in einer siebenbürgischen Gegend sogar die Möglichkeiten vor Ort, kam jedoch zum Schluss, dass zu wenig frei verfügbarer Boden vorhanden sei. Eine Lösung könne nur die Enteignung jüdischer und rumänischer Landbesitzer darstellen, was jedoch aus politischen Gründen nicht zu realisieren sei[111]. Die Konsequenz dieser (aus ungarischer Sicht negativen) Bodenverteilung drückte aber ein Mitglied jenes Ausschusses, Mihály Szabados, im Folgejahr bereits durch den Titel einer Schrift von ihm aus: „Heimführung der Magyaren – Aussiedlung der Juden"[112]. Szabados befasste sich zu dieser Zeit auch ausführlich in mehreren Denkschriften mit der Lage und möglichen Umsiedlung der Moldauer Csángós und den Lebensverhältnissen der bereits angesiedelten Szekler aus der Bukowina[113]. In diese Periode ungarischer Bevölkerungsverschiebungen fällt im August 1941 auch die Abschiebung von rund 16 000 staatenlosen Juden durch die ungarische Regierung ins ukrainische Kamenec-Podolskij, wo sie von SS- und Polizeieinheiten erschossen wurden. Hiervon wie auch von den antiserbischen und antijüdischen Massakern der ungarischen Militärs in der Batschka (Januar 1942) wusste die ungarische Öffentlichkeit. Daher kommt dem Zusammenhang zwischen den ungarischen Rücksiedlungsaktionen, die letztlich Teile einer nationalen Homogenisierungspolitik waren, und den antijüdischen Maßnahmen eine besondere Bedeutung zu. Als das nächste Objekt der Rücksiedlungsaktionen benannte der ungarische Staatssekretär Miklós Bonczos, der zugleich Regierungskommissar für Rücksiedlungen war, 1943 die Csángós aus der Moldau. Er sprach von der Heimholung von rund

---

Aussagen eher die ungarische Rechte beruhigen wollte und nicht tatsächliche politische Ziele verkündete. Denn die Leser erfuhren von den Aussagen in einem bestimmten Kontext, der ihrer Interpretation eine eindeutige Richtung gab, vgl. Gerlach/Aly, Das letzte Kapitel, S. 73 und S. 80.

[109] Zur Bevölkerungsgruppe siehe Daniel Hrenciuc, Maghiarii în Bucovina (1774–1941), Iași 2006.

[110] Zur Umsiedlung vgl. Gábor Vincze, A bukovinai székelyek és kisebb moldvai csángó-magyar csoportok áttelepedése Magyarországra (1940–1944), in: Pro Minoritate 2001, S. 141–187, hier S. 146; zur politischen Einstellung Bálints vgl. seine Rede über die „im Sold des internationalen Judentums stehende Freimaurerei", in: KÚ, 7.8. 1941, S. 2 oder KÚ, 11. 12. 1941, S. 3.

[111] Vgl. Vincze, A bukovinai székelyek, S. 149f.

[112] Vgl. Gerlach/Aly, Das letzte Kapitel, S. 72; zu Szabados' Tätigkeit: Vincze, A bukovinai székelyek, S. 149.

[113] Vgl. seine Denkschrift vom 25. Oktober 1941 über die Csángós und die vom 9. April 1942 über die Szekler, in: Vincze (Hrsg.), Asszimiláció vagy kivándorlás?, S. 253f. und S. 257–261; vgl. (ebenda, S. 254–256) auch den Bericht des ungarischen Botschafters aus Bukarest, der am 28. Oktober 1941 ebenfalls auf die Umsiedlung von Csángós drängte.

120 000 Csángós und der Rückführung von ca. einer Million Ungarn aus dem Ausland[114]. Mit ähnlichem Pathos wie die deutschen Umsiedlungsexperten auch (etwa Karl C. von Loesch[115]), sprach Bonczos von den Umsiedlungen als einer „nationalen Pflicht"[116]. Ihm war zugleich bewusst, dass die Voraussetzung erfolgreicher Rücksiedlungen „die auf alle Einzelheiten bedachten Vorarbeiten [sind], insbesondere die inneren Siedlungspläne",[117] die bereits während des Krieges erstellt werden müssten. Als Mitglied der Regierung muss Bonczos den Bericht des oben erwähnten Ausschusses gekannt haben, d. h. der in der ungarischen Gesellschaft offen diskutierte Zusammenhang zwischen den Rücksiedlungen ethnisch ungarischer Bevölkerungsgruppen aus dem Ausland und der Entfernung der Juden aus dem Land war ihm bestimmt geläufig.

Doch auch die siebenbürgisch-ungarische gesellschaftliche und politische Elite befasste sich mit Überlegungen, wie ein ethnisch einheitliches Ungarn geschaffen werden könnte. Árpád Paál verwies, wie erwähnt, bereits 1937 auf die unabdingbare Umsiedlung von ungarischen „Streuminoritäten". 1938 erstellte er mehrere Denkschriften über die Lage der Ungarn in Rumänien, in welchem Zusammenhang er sich positiv über Umsiedlungen und den Bevölkerungstausch äußerte[118]. Nachdem er 1939 eine Broschüre über die Lage der Szekler in der Bukowina veröffentlichte, rechtfertigte er 1942, bereits als Abgeordneter der Siebenbürgischen Partei in einer Artikelserie, warum „ungarischer" Boden keinesfalls in jüdischen Händen bleiben könne[119]. Auf einer anderen geo- und ethnopolitischen Ebene dachten der ungarische Generalstabschef Henrik Werth bereits 1941 und der Publizist Sándor Dessewffy 1943 gleich über die gänzliche Aussiedlung von Minderheiten nach, um so ein ethnisch homogenes Ungarn zu schaffen[120]. Werths Vorschlag vom Sommer 1941, Ungarn solle sich stärker im Krieg an deutscher Seite beteiligen, um dafür mit der Wiederherstellung der Landesgrenzen von vor 1920 und der Möglichkeit, die slawische, rumänische und jüdische Bevölkerung auszusiedeln, belohnt zu werden, fand den entschiedenen Widerspruch László Bárdossys, des ungarischen Ministerpräsidenten[121]. Bárdossy argumentierte gegen solche Vorstellungen damit, dass ein solcher Plan rund acht Millionen Menschen betreffen und ein 100 000 Quadratkilometer großes Gebiet innerhalb des künftigen Großungarns entleeren würde. Davon abgesehen, dass diese Menschen ihr Eigentum mitnehmen und ihre Abwesenheit die (land-)wirtschaftliche Produktion lahmlegen würde, bräuchte Ungarn über 100 Jahre, um das jeweilige Gebiet erneut zu bevölkern[122]. Denn

---

[114] Vgl. Nikolaus von Bonczos, Rücksiedlung der Auslandsmagyaren, in: Südostdeutsche Rundschau. Zeitschrift der deutschen Volksgruppe in Ungarn. 1943 (2. Jg.), 3, S. 166–172.
[115] Karl C. von Loesch, Die Umsiedlungsbewegung in Europa, in: F. A. Six (Hrsg.), Jahrbuch der Weltpolitik 1942, Berlin 1942, S. 36–69. Loesch thematisierte hier die Umsiedlung der Ungarn aus der Bukowina interessanterweise mit den nationalsozialistischen Vorgängen im selben Atemzug.
[116] von Bonczos, Rücksiedlung, S. 166.
[117] von Bonczos, Rücksiedlung, S. 172.
[118] Árpád Paál, Bethlen István Bukarestben? [28. März 1938], S. 4; Nachlass Árpád Paál in Oderhellen, MS 7651/276. Im größeren Kontext vgl. Horváth, Zwischen Ablehnung und Anpassung, S. 334–347.
[119] Die Broschüre ist etwa im Nachlass Paáls vorhanden (Oderhellen, Museum Rezső Haáz, MS 7651/30); die Artikelserie Paáls, die die hohe Zahl der Ungarn ohne Landbesitz auf den vermeintlichen Machtgewinn der Juden zurückführte, ist am 30.5., 3.6. und 6.6.1942 in „Magyar Lapok" erschienen. Der Auslöser der Artikelserie war die gleichzeitige Parlamentsdebatte über jüdischen Bodenbesitz. Das danach verabschiedete Gesetz teilt mit: Vértes, Magyarországi zsidótörvények, S. 176–200.
[120] Vgl. Tamás Stark, Migrációs folyamatok a második világháború alatt, in: Kisebbségkutatás, 2001, 4.
[121] Vgl. den Brief Bárdossys an Reichsverweser Miklós Horthy vom 26. August 1941, in: Miklós Szinai/László Szűcs (Hrsg.), Horthy Miklós titkos iratai, Budapest 1963, S. 300–308.
[122] Szinai/Szűcs (Hrsg.), Horthy, S. 307.

selbst wenn alle Auslandsungarn zurückkehrten, wären das nur rund eine Million Menschen, was das entstehende Problem nicht lösen könne. Bárdossys Brief zeigt, dass es zumindest einige nüchtern denkende Politiker gab, die nicht gewillt waren, den Weg der ethnischen Homogenisierung zu beschreiten. Die einschlägige Strömung in manchen Segmenten der ungarischen Gesellschaft blieb aber weiterhin stark. Der erwähnte Dessewffy verband seine, 1943 in einer siebenbürgisch-ungarischen Zeitschrift veröffentlichten Aussiedlungspläne für die Minderheiten mit der gleichzeitig zu bewerkstelligenden Umsiedlung von Juden und benannte bereits konkret die siebenbürgischen Regionen, aus welchen er die Nichtungarn und die Juden entfernen wollte[123]. Der ehemalige protestantische Bischof Sándor Makkai schrieb 1942 lapidar, dass die rumänische Minderheit Ungarn verlassen müsse, wenn sie sich nicht assimilieren wolle[124].

Die über die Umsiedlung der Szekler aus der Bukowina unterrichtete ungarische Leserschaft[125] der Periodika musste demnach im Laufe der 1940er Jahre allmählich zu der Überzeugung kommen, dass auch die „Judenfrage" auf eine noch unbekannte Art im internationalen Maßstab auf dem Wege der Umsiedlung „gelöst" werde[126]. Bis dahin könne sie aber selbst davon wirtschaftlich profitieren, indem sie die sich bietenden Möglichkeiten (die die Ungarn sich allerdings auch oft selbst schufen) zur Verdrängung der Juden aus dem Wirtschaftsleben nutzte. Dies geschah umso leichter, als die Ungarn diese Möglichkeiten als ein ihnen zukommendes, gebührendes Recht ansahen, denn schließlich hatten sie in Rumänien zwei Jahrzehnte lang ihr zweitrangiges Dasein erduldet.

Die Judenfeindschaft der neuen ungarischen Verwaltung bekamen die jüdischen Ungarn recht bald mit, denn ihre Lage wurde im Laufe der Jahre immer schlimmer. Ihre Zeitungen, Sportvereine und Organisationen verbot die neue ungarische Verwaltung nach 1940 ebenso wie sie die jüdischen Angestellten und Intellektuellen aus ihren Berufen verdrängte[127]. Jüdische Kinder durften keine christlichen Schulen mehr besuchen, in größeren Städten (Großwardein, Klausenburg) wurden für sie eigene Gymnasien eingerichtet (die ein sehr hohes Niveau hatten, unterrichteten doch an ihnen aus Budapest vertriebene Universitätsprofessoren). Die ungarischen Judengesetze wurden schnell auf Siebenbürgen ausgedehnt und zwischen den jüdischen und den christlichen Ungarn war die Entfremdung kaum mehr überbrückbar: „Wenn ich jene nicht so sehr liebte, die sich nun kühl von uns abwenden, litte ich viel weniger", fasste eine Jüdin aus Großwardein bereits Ende September 1940 ihre Erfahrungen zusammen[128]. Eine Klausenburger Jüdin beschrieb ihrem Mann, der zum Arbeitsdienst eingezogen worden war, Anfang Januar 1942 folgendermaßen ihr Verhältnis zu einer Bekannten bzw. zu ihrer Umwelt: „Diese Woche haben mich zwei Cousins besucht. Was habe ich mich gewundert! Jetzt warte ich nur noch darauf, wann Frau Ingenieur K. mich auf der Straße aufhält. Denn sie ist in der letzten Zeit so an mir vorbeigerauscht, wie im Mittelalter die Zeitgenossen an einer mit einer Ratsche bewaffneten Aussätzigen. Was

---

[123] Vgl. Gyula Juhász, Uralkodó eszmék Magyarországon 1939–1944, Budapest 1983, S. 171–173.
[124] Vgl. Zsolt K. Lengyel, A regionális öntudatosságtól a nemzeti öncélúságig – és vissza. Makkai Sándor transz-szilvanizmusáról, in: Korunk, 1997, 8, S. 110–121.
[125] Vgl. „Kétezer, Bukovinából hazatelepülő magyar utazott át eddig Kolozsváron", in: KÚ, 6.5.1941.
[126] Hierbei ist zu berücksichtigen, dass Termini wie „die endgültige Lösung der Judenfrage" durchaus als ein Codewort zu verstehen ist, dessen tarnender Charakter den meisten es Benutzenden klar war, vgl. hierzu Raul Hilberg, Die Quellen des Holocaust. Entschlüsseln und interpretieren, Frankfurt a. M. 2002, S. 131–139.
[127] Vgl. Vértes, Magyarországi zsidótörvények és rendeletek; Löwy, A Kálváriától, S. 126–131.
[128] Vgl. Salamon, Levelek, S. 157.

soll's, tempora mutantur, und das sogar in einem ziemlich hohen Tempo. Ach, wie abstoßend! Und wie sie noch sein werden!"[129]

Die Ausdehnung der Judengesetze bedeutete z.B. für die jüdischen Ärzte, dass ihr prozentualer Anteil an der Ärzteschaft maximal sechs Prozent betragen durfte. Diese Zahl sollte erreicht werden, indem man keine neuen jüdischen Ärzte mehr in die Ärztekammer aufnahm, was vor allem junge, vor kurzem approbierte Mediziner betraf. Die Dimensionen und Wirkung solcher Maßnahmen werden erst deutlich, wenn man sich vergegenwärtigt, dass in Ungarn Ende 1942 bereits akuter Ärztemangel herrschte[130].

Jenseits der Gesetzesebene sahen sich die Juden schnell mit den faktischen Auswirkungen des in der ungarischen Verwaltung herrschenden Antisemitismus konfrontiert. So versuchte der Militärkommandant der Stadt Csíkszereda ohne jegliche Begründung bereits am 7. November 1940, 24 jüdische Familien über die rumänische Grenze abzuschieben. Da die rumänischen Grenzer sich weigerten, sie ins Land zu lassen, irrten sie tagelang in den Wäldern herum, bevor sie wieder in ihre Stadt zurückkehren durften[131]. 1941 schoben ungarische Behörden, wie erwähnt, rund 16 000 staatenlose Juden in die Ukraine ab, wo sie von der SS und der Polizei erschossen wurden[132]. Eine Reihe antijüdischer Ausschreitungen trug etwa in Klausenburg zur Einschüchterung der wenigen noch verbliebenen jüdischen Studenten bei[133]. Die jüdischen Männer zwischen 20 und 48 Jahren zog die ungarische Regierung (sehr zur Freude der ungarischen Rechten[134]) zum Arbeitsdienst ein. Die Zahl der diesen Dienst Leistenden soll sich 1942 in Ungarn auf rund 100 000, im nördlichen Siebenbürgen auf 15 000 belaufen haben[135]. Einen Großteil dieser Juden setzte die ungarische Armee bei ihrem Vormarsch in der Sowjetunion an der Front ein, wo sie unter den schwierigen Bedingungen des Winterfeldzuges 1941/42 (Hunger, Kälte, Krankheit), mit dem Antisemitismus der ungarischen Offiziere und in ständiger Todesgefahr leben mussten[136]. Die ungarische politische Führung und eine Reihe vor allem zionistischer Gemeindevorsteher waren seit 1942 darüber informiert, dass die Aussiedlung der Juden nach Polen deren Tod bedeutete[137]. Die jüdischen Politiker verbreiteten ihre Auschwitz betreffenden

---

[129] Vgl. András Kovács (Hrsg.), Levelek a hitvestől. Heves Renée leveleiből (1941-1944), Csíkszereda 2003, S. 36f.
[130] Vgl. Gábor Kádár/Zoltán Vági, Theorie und Praxis. Die ökonomische Vernichtung der ungarischen Juden, in: Mihok (Hrsg.), Ungarn, S. 66f.
[131] Vgl. Tamás Majsai, The Deportation of Jews From Csíkszereda and Margit Slachta's Intervention on their Behalf, in: Randolph L. Braham (Ed.), Studies on the Holocaust in Hungary, New York 1990, S. 113-164; Tibori Szabó, Csík vármegye zsidósága, II, in: Hét, 2, 4.11.2004.
[132] Vgl. Braham, Politics of Genocide, S. 204-206; Gerlach/Aly, Das letzte Kapitel, S. 55.
[133] Vgl. Löwy, A Kálváriától, S. 134-139.
[134] Vgl. Béla Jávor, Látogatás a kamarási major munkatáborában, in: ML, 22.11.1940, S. 3.
[135] Vgl. den Artikel „Munkaszolgálat" (=Arbeitsdienst), in: Israel Gutman (Hrsg.), Enzyklopädie des Holocaust. Die Verfolgung und Ermordung der europäischen Juden, München/Zürich 1998, Bd. II., S. 970. Die Zahl zu Siebenbürgen nennen Gerlach/Aly, Das letzte Kapitel, S. 312, vgl. auch ebenda, S. 77-80; außerdem: Braham, Politics of Genocide, S. 285-330.
[136] Alleine in der Ukraine sollen die Verluste des Arbeitsdienstes rund 40 000 Menschen betragen haben, von denen 20 000 in sowjetische Gefangenschaft geraten waren, vgl. den Artikel „Munkaszolgálat"; außerdem: Krisztián Ungváry, Ungarische Besatzungskräfte in der Ukraine 1941/1942, in: Ungarn Jahrbuch 26 (2002/2003), S. 125-165, v. a. S. 144-147; anschauliche Erinnerungen an den Arbeitsdienst in der Ukraine bieten: Ödön Grossman, Munkaszolgálat, in: Dezső Schön (Hrsg.), A tegnap városa. A nagyváradi zsidóság emlékkönyve, Tel-Aviv 1981, S. 211-217 und Béla Zsolt, Neun Koffer, Frankfurt a. M. 1999.
[137] Vgl. Löwy, A Kálváriától, S. 192-198; Gerlach/Aly, Das letzte Kapitel, S. 7-10 und S. 55-61.

und zum Teil sehr detaillierten Informationen entweder gar nicht oder ihr Wirken hatte nur sehr beschränkten Einfluss auf das Verhalten ihrer Umwelt, die zumeist der Meinung war, dass die Ungarn allenfalls die nicht bzw. wenig assimilierten Juden aus dem Osten des Landes deportieren, den Rest aber in Ruhe lassen würden. Über die Wahrnehmung und die Mentalität vieler Juden sprechen jene Vorkommnisse Bände, als Juden, die 1943 und 1944 ihren Glaubensgenossen (etwa in Klausenburg) über Auschwitz berichteten, von diesen verprügelt und in psychiatrische Anstalten eingewiesen wurden[138].

Die Ghettoisierung und Deportierung in Siebenbürgen (März–Juni 1944)

Die Wehrmacht besetzte am 19. März 1944 Ungarn, um dessen angestrebten Bruch des Kriegsbündnisses mit Deutschland zu verhindern und die wirtschaftlichen sowie militärischen Reserven des Landes für die Kriegsführung zu mobilisieren. Hitler stellte Horthy bei dessen Besuch in Kleßheim (18.–19. März) vor vollendete Tatsachen und setzte ihn unter Druck, damit der ungarische Reichsverweser nach seiner Heimkehr eine neue, explizit deutschfreundliche Regierung einsetzte[139]. Der ehemalige ungarische Botschafter in Berlin, Döme Sztójay, übernahm daraufhin die Regierungsgeschäfte bis August 1944. Dadurch kam ein deutlich weiter rechts stehendes Regime an die Macht, als es das vorangegangene war, wenngleich Horthy es verhindern konnte, dass ungarische Nationalsozialisten bzw. Pfeilkreuzler hineingelangten. Bereits vor der Besetzung Ungarns versammelte sich in Mauthausen das Sonderkommando des SS-Obersturmbannführers Eichmann, das für die technische Durchführung der späteren Judentransporte verantwortlich sein sollte. Die wichtigsten Mitarbeiter Adolf Eichmanns (Dieter Wisliceny, Theodor Dannecker u.a.) verfügten – wie Eichmann selbst – bereits aus anderen Ländern über einschlägige Erfahrungen[140].

Die ungarische Regierung erließ in einem selbst für den Reichsbevollmächtigten Edmund Veesenmayer[141] überraschenden Tempo eine Reihe antisemitischer Maßnahmen. Die Sicherheitspolizei nahm nach der Besetzung des Landes mehrere Tausend politische Gegner der neuen Regierung fest, die meisten davon Juden. Obwohl die Maßnahmen zweifellos auch auf deutschen Einfluss hin zustande kamen, waren sie letztlich nichts anderes als der folgerichtige Ausdruck und der Kulminationspunkt des jahrzehntelangen ungarischen

---

[138] Vgl. Gerlach/Aly, Das letzte Kapitel, S. 289 und v. a. S. 304f.; Zsolt, Neun Koffer, schreibt im Zusammenhang mit seinem Aufenthalt im Großwardeiner Ghetto auch öfters darüber, dass er bereits 1941/42 über Auschwitz Informationen besaß. Dennoch sah er apathisch der Entwicklung seines Schicksals zu.
[139] Vgl. Braham, Politics of Genocide, S. 369f.; Gerlach/Aly, Das letzte Kapitel, S. 112. Die zwischen März 1942 und März 1944 herrschende Regierung von Ministerpräsident Miklós Kállay führte 1943 Verhandlungen mit den Alliierten über einen Sonderfrieden.
[140] Über die Größe des Eichmann-Kommandos gibt es unterschiedliche Angaben: Gerlach/Aly, Das letzte Kapitel, S. 128 sprechen von 60–80 Männern, während Kádár/Vági, Self-financing Genocide, S. XXIV von 150 bis 200 Personen ausgehen. In diese Zahl schließen sie aber alle Begleitpersonen wie Fahrer, Kuriere und Sekretärinnen ein, und den wahren Einsatzstab schätzen sie auf 20 Offiziere. Über mehrere dieser Offiziere liegen Monographien vor, die auch auf ihren Ungarneinsatz eingehen, vgl. Hans Safrian, Die Eichmann-Männer, Wien/Zürich 1993, S. 293–307; Claudia Steur, Theodor Dannecker. Ein Funktionär der „Endlösung", Essen 1997, S. 129–145; Kurt Pätzold/Erika Schwarz, „Auschwitz war für mich nur ein Bahnhof". Franz Novak – der Transportoffizier Adolf Eichmanns, Berlin 1993, S. 44–56.
[141] Zu ihm und seiner Tätigkeit in Ungarn vgl. Igor-Philip Matić, Edmund Veesenmayer. Agent und Diplomat der nationalsozialistischen Expansionspolitik, München 2002, v. a. S. 189–285.

Antisemitismus[142]. Die ungarischen Juden mussten sofort nach der Besetzung ihre Vermögenswerte anmelden und ab dem 5. April einen gelben Stern auf der Brust tragen[143]. Es ergingen Berufsverbote und eine Reihe von Einschränkungen gegen sie, ihre Reisefreiheit wurde auch eingeschränkt. Das ungarische Innenministerium arbeitete (wohl nach einer Absprache zwischen Eichmann und den beiden Staatssekretären László Baky und László Endre) am 4. April 1944 Richtlinien zur Einrichtung von Ghettos aus[144]. Die ersten Ghettos wurden am 13. April in der Karpato-Ukraine, eingerichtet[145].

Der Staatssekretär des Inneren, Endre, teilte der lokalen Verwaltung auf einer Rundreise am 26. April in Sathmar, am 28. in Neumarkt und am 30. in Großwardein mit, dass auch die siebenbürgischen Juden ghettoisiert würden[146]. Die einschlägigen Verordnungen der Bürgermeister erschienen am 2. Mai abends als Anschläge an den Häuserwänden und am Folgetag in den Zeitungen. Die Juden aus rund 1380 nordsiebenbürgischen Ortschaften wurden ab dem nächsten Tag innerhalb von sieben bis zehn Tagen in zwölf Ghettos überführt. Diese richteten die örtlichen Behörden in den jüdischen Vierteln der Städte, doch oft auch in Ziegelfabriken, in Synagogen oder unter freiem Himmel ein. In den kleineren waren ein paar Hundert Juden untergebracht, die man rasch in größere Ghettos transportierte, in die größten aber (in Klausenburg oder Großwardein) bis zu 20000[147].

Wie sich die ungarische Mehrheitsbevölkerung den Juden gegenüber in den Wochen seit den antisemitischen Maßnahmen der neuen Regierung verhielt, lässt sich kaum eindeutig bestimmen. Indem die Juden von allen gesellschaftlichen Positionen verdrängt wurden, schienen die kühnsten Wünsche der ungarischen Rechten in Erfüllung zu gehen. Parallel zu den ersten Schritten kündigte Staatssekretär Endre an, dass die neue Regierung zur „endgültigen Lösung der Judenfrage in Ungarn"[148] bereit sei. Er meinte, dies sei kein neuer Entschluss und hänge auch nicht mit der Besetzung des Landes zusammen, denn die ungarische Gesellschaft kämpfe seit Jahrzehnten um die Lösung jener Frage, die nunmehr anhand eines einheitlichen Plans radikal gelöst werde. Die ungarische Presse Nordsiebenbürgens flankierte die antisemitischen Maßnahmen mit einer Reihe von Beiträgen, die einerseits das jüdische Feindbild weiter aufrechthielten, andererseits aber ihr Publikum noch vor der Errichtung des Ghettos beruhigten, dass das von der deutschen Sicherheitspolizei enteignete jüdische Vermögen ungarischer Staatsbesitz bleiben und von den Deutschen nicht außer Landes gebracht werde[149]. Im selben Atemzug bereitete sie die Le-

---

[142] Vgl. in diese Richtung: Krisztián Ungváry, Der Getriebene und der Treiber. Das Verhältnis zwischen ungarischer Politik und deutschen Deportationsplänen, in: Mihok (Hrsg.), Ungarn, S. 41–55. Die Verordnungen im Einzelnen hat Vértes, Magyarországi zsidótörvények, S. 324–356 veröffentlicht.
[143] Die vom Ministerpräsidenten Döme Sztójay unterzeichnete Verordnung vom 31. März 1944 wurde publiziert von Ilona Benoschofsky und Elek Karsai: Vádirat a nácizmus ellen. Dokumentumok a magyarországi zsidóüldözés történetéhez I, Budapest 1958, S. 53f.
[144] Die Richtlinien wurden ab dem 7. April 1944 an alle Komitatsverwaltungen, Gendarmerie- und Polizeibezirke versandt, siehe Benoschofsky/Karsai, Vádirat, S. 124–126 und Vértes, Magyarországi zsidótörvények, S. 325–327.
[145] Vgl. Braham, Politics of Genocide, S. 538–549; Gerlach/Aly, Das letzte Kapitel, S. 138–140.
[146] Vgl. Braham, Genocide and Retribution, S. 18–21; Gerlach/Aly, Das letzte Kapitel, S. 265.
[147] Zum Ablauf der Gettoisierungen in den einzelnen Ortschaften und den lokalen Besonderheiten siehe jetzt: Randolph L. Braham, A magyarországi holokauszt földrajzi enciklopédiája. I.-III., Budapest 2007.
[148] Vgl. „Vitéz Endre László államtitkár nyilatkozata ...", in: ML., 31. 3. 1944, S. 1. Die Erklärung findet sich auch in Benoschofsky/Karsai, Vádirat, S. 88f.
[149] „A magyar kormány ...", in: ML, 15. 4. 1944, S. 2.

ser sogar auf die künftige Verschärfung der antijüdischen Repressalien vor: „Alles, was in Zukunft auf dem Wege der Lösung der Judenfrage geschehen wird, ist unter dem Gesichtspunkt des Sieges notwendig, um den die europäischen Völker in ihrem großen Selbstverteidigungskampf kämpfen, was auch im vitalen Interesse Ungarns liegt."[150] Vor allem die Bemerkung über den Verbleib des jüdischen Besitzes ist verräterisch, denn sie offenbart erneut jenen roten Faden, der im siebenbürgisch-ungarischen Diskurs seit Ende der 1920er Jahre nachweisbar ist und sich am prägnantesten mit dem Ausdruck Sozialneid beschreiben lässt. Es ging demnach einem Teil der Ungarn nicht alleine um die potentiell frei werdenden Stellen bei einer Entfernung der Juden, sondern (wie in den anderen europäischen Ländern[151]) auch um den Raub und die Plünderung jüdischen Eigentums[152]. Die Dimensionen dieser Einstellung verdeutlicht ein Artikel über die geschlossenen jüdischen Geschäfte in Großwardein, deren Zahl mit 650 angegeben wird. Der Artikel berichtet von der großen Zahl der Anträge, in denen Christen verlangten, oft ohne über eine ausreichende Qualifikation oder den finanziellen Hintergrund zu verfügen, ihnen das eine oder andere (öfters auch: mehrere) Geschäft(e) zu übergeben[153]. Ähnlich großes Interesse zeigten die christlichen Ungarn Großwardeins noch vor der Errichtung des Ghettos daran, wie sie in den Besitz jüdischer Wohnungen gelangen konnten, und die christlichen Händler der Stadt wachten aufmerksam darüber, dass alle jüdischen Geschäfte auch tatsächlich geschlossen blieben, also die Konkurrenz ausgeschaltet war[154]. Es gibt Berichte über ähnliche Verhaltensweisen in anderen Städten Nordsiebenbürgens (etwa aus Klausenburg, wo 1 500 Anträge für die 400 ehemals jüdischen Geschäfte abgegeben wurden, Neumarkt oder Csíkszereda), die nahe legen, dass das Phänomen der angestrebten sozial-wirtschaftlichen Vorteilsnahme aus der Entfernung der Juden in weiten ungarischen Bevölkerungsschichten verbreitet war[155]. Der Wert der den Juden abgenommenen und von ihnen mit Gewalt geraubten Gegenstände betrug zig Millionen ungarischer Pengő, alleine die Konfiskationen in Großwardein erbrachten rund 41 Millionen Pengő[156]. Der Ansturm der christlichen Ungarn auf die jüdischen Geschäfte, Wohnungen (in manchen Städten wurden rund 25 Prozent des Wohnraums frei[157]) und Einrichtungs- sowie persönlichen Gegenstände, die preisgünstig abgegeben werden sollten, und die Plünderung der Ghettos nach dem Abtransport

---

[150] Vgl. „A magyar kormány ...", in: ML, 15. 4. 1944, S. 2.
[151] Vgl. Tatjana Tönsmeyer, Der Raub des jüdischen Eigentums in Ungarn, Rumänien und der Slowakei, in: Constantin Goschler/Philipp Ther (Hrsg.), Raub und Restitution. „Arisierung" und Rückerstattung des jüdischen Eigentums in Europa, Frankfurt a. M. 2003, S. 73–92 und Martin Dean, Der Raub jüdischen Eigentums in Europa. Vergleichende Aspekte der nationalsozialistischen Methoden und der lokalen Reaktionen, in: Ebenda, S. 26–40.
[152] Eine Reihe von Belegen im gesamtungarischen Zusammenhang bringen etwa Kádár/Vági, Self-financing Genocide und Gerlach/Aly, Das letzte Kapitel (z. B. S. 207-211).
[153] Vgl. „Barangolás a bezárt nagyváradi üzletek között", in: ML, 24. 4. 1944, S. 2.
[154] Vgl. „Milyen esetben vehető igénybe a zsidók lakása?", in: ML, 28. 4. 1944, S. 4; „Nagyváradi kereskedők ...", in: ML, 2. 5. 1944, S. 5.
[155] Zu Klausenburg finden sich eine Reihe von Belegen in der Klausenburger Tageszeitung Keleti Újság; zu Neumarkt vgl. Gerlach/Aly, Das letzte Kapitel, S. 207; zur Stadt Csíkszereda vgl. Tibori Szabó, Csík vármegye, Teil III., in: A Hét, 11. 11. 2004; außerdem, über Siebenbürgen hinausgehend zum Verhalten der Budapester Bevölkerung: Tim Cole, Ebenen der „Kollaboration". Ungarn 1944, in: Kooperation und Verbrechen. Formen der „Kollaboration" im östlichen Europa 1939–1945. Beiträge zur Geschichte des Nationalsozialismus 19 (2003), S. 55–78.
[156] Vgl. Kádár/Vági, Self-financing Genocide, S. 108, dort auch mit Angaben zu Vorgängen in anderen Städten und Regionen (Kalotaszeg, Nagykároly, Gyergyószentmiklós usw.).
[157] Vgl. Kádár/Vági, Self-financing Genocide, S. 95.

der Juden macht es schwer, ihre Haltung als passiv oder neutral zu bewerten[158]. Auch die Tatsache, dass die lokale Verwaltung die ungarische Bevölkerung durch Aufrufe und Berichte in der Presse beruhigen und auf die langwierige Arbeit der Katalogisierung der verschiedenen Güter verweisen musste, die eine rasche Verteilung der Beute nicht zuließen, zeigt vielmehr die Komplizenschaft der Bevölkerungsmehrheit. Die Gendarmerie und die Verwaltung konnten die Bevölkerung hinter sich wissen. Zeitgleich mit der Ghettoisierung der Juden forderte auch die Siebenbürgische Partei, dass das Vermögen der Juden dem sozialen Ausgleich unter Berücksichtigung des ungarischen nationalen Interesses zu dienen habe[159].

Zu erwähnen sind aber auch jene Bittschriften um Ausnahmeregelungen, die siebenbürgisch-ungarische Politiker im Laufe der 1940er Jahre (teils noch im Mai 1944) nach Budapest schickten. Sie erreichten, dass einige jüdische Ungarn (mitunter ist die Rede von 70–80 Familien) von der Geltung der antijüdischen Gesetzgebung befreit wurden[160]. Viele von ihnen siedelten nach Budapest um und überlebten dort den Holocaust. Einige Ungarn versuchten, für ghettoisierte Juden Teile des Vermögens aufzubewahren. Dadurch brachten sie sich selbst in Gefahr und die ungarische Presse stellte ihr Handeln als „nicht ungarisch" an den Pranger[161]. Relativ großes Aufsehen erregte am 18. Mai eine Predigt des katholischen Bischofs Áron Márton, der, als die Deportation der Juden bereits angelaufen war, seine Stimme gegen die antisemitischen Maßnahmen und die Behandlung der Juden erhob[162].

Die Zustände in den Ghettos waren katastrophal: sie waren hoffnungslos überbelegt, die Ernährung, die hygienische und medizinische Versorgung nur in den seltensten Fällen ausreichend[163]. Die ungarische Gendarmerie ging bei der Ghettoisierung sehr brutal vor, vor allem aber während der Zeit im Ghetto, was den meisten Juden in traumatischer Erinnerung geblieben ist. Besonders berüchtigt waren die „Münze" genannten Zimmer und Häuser (ungarisch: „pénzverde"), wo die ungarischen Gendarmen die Juden unter Anwendung grausamster Folter und oft vor ihrer Familie (Frauen und Kinder) quälten, um so an angeblich versteckten Besitz zu kommen. Den Umfang dieser Folter verdeutlicht ansatzweise die Schätzung, wonach die ungarischen Gendarmen in Nordsiebenbürgen 30 Prozent

---

[158] Diese Passivität behaupten überraschenderweise Kádár/Vági, Self-financing Genocide, S. 100, obwohl sie gleichzeitig die aktive und initiative Vorgehensweise der Bevölkerung beim Raub und der Plünderung jüdischen Eigentums ausführlich beschreiben und den Kreis der Nutznießer im gesamtungarischen Maßstab auf mehrere Hunderttausend schätzen; ebenda, S. 111.
[159] Vgl. „Az Erdélyi Párt állásfoglalása az új helyzetben", in: ML, 11.5.1944, S. 5. Über die Haltung der Sachsen und Rumänen Nordsiebenbürgens gibt es kaum verlässliche Quellen, einige Anhaltspunkte bei Gerlach/Aly, Das letzte Kapitel, S. 148 und S. 307 und bei Holzträger, Ghettoisierung und Deportierung, S. 61–64.
[160] Vgl. Zoltán Tibori Szabó, Teleki Béla erdélyisége, Kolozsvár 1993, S. 30. Die Darstellung der Haltung der Siebenbürgischen Partei in dieser Publikation durch den damaligen Politiker Sándor Vita ist allerdings kaum aufrechtzuerhalten, da sie eindeutig apologetische Tendenzen aufweist (etwa auf S. 26 in Bezug auf die Behandlung der Juden). Die Grundlage der Verschonung von der Geltung der antijüdischen Gesetzgebung boten Ausnahmeregelungen derselben sowie einschlägige Verordnungen, vgl. Vértes, Magyarországi zsidótörvények, S. 293–297.
[161] Vgl. „Nagyváradi előkelőségeket büntettek meg zsidóvagyon rejtegetése miatt", in: Keleti Újság, 16.7.1944, S. 5. Viele der aus Auschwitz zurückgekehrten Juden hatten Schwierigkeiten, von ihren christlichen Nachbarn das diesen anvertraute Vermögen zurückzubekommen und waren oft gänzlich erfolglos.
[162] Die Rede von Áron Márton ist abgedruckt in Löwy, A Kálváriától, S. 402–405.
[163] Die Ghettoordnung von Großwardein ist abgedruckt in: Dezső Schön (Hrsg.), A tegnap városa. A nagyváradi zsidóság emlékkönyve, Tel-Aviv, S. 258–261.

der Männer und 10 Prozent der Frauen folterten und sie dabei allein in Großwardein 17 Menschen töteten[164]. Die Zahl derjenigen, die bevor oder nachdem sie gefoltert worden waren, Selbstmord begingen, lässt sich nicht einmal schätzen. Die meisten Juden vertrauten vor ihrer Ghettoisierung darauf, dass allenfalls den nicht assimilierten Juden in der Karpato-Ukraine etwas zustoßen würde. Nachdem sie in die Ghettos umziehen mussten, verbreitete sich etwa unter den Juden Klausenburgs das Gerücht, man siedele sie nach „Kenyérmező" im Osten des Landes um[165]. Die meisten Juden wussten nicht, was mit ihnen geschehen würde, und diejenigen, die es wussten, wollten es nicht wahrhaben. Einige wenige Ausnahmen gab es: Die Rolle der jüdischen Eliten und Funktionsträger (Gemeindevorsteher, Judenräte, Zionisten), die über Verbindungen nach Budapest und ins Ausland verfügten, steht seit dem Ende des Krieges in der Kritik[166]. Der Rabbiner der neologen Gemeinde in Klausenburg, Moshe Weinberger, etwa verließ am Vorabend der Ghettoisierung die Stadt, nach späteren eigenen Angaben, um eine „Rettungsaktion" in die Wege zu leiten. Seine Helfer und Mitwisser konnten sich freilich an solche Vorhaben überhaupt nicht erinnern, und auch überlebende Klausenburger Juden hielten ihm nach dem Krieg vor, seine Gemeinde zuerst beruhigt und dann im Stich gelassen zu haben[167]. Die von ihm in diesem Zusammenhang erst Jahrzehnte danach behauptete Rettung abertausender von ungarischen und ausländischen Juden, welchen bei der Flucht über die nahe gelegene ungarisch-rumänische Grenze geholfen worden sein soll, entlarven neuere Publikationen als maßlose Übertreibung[168]. Der Klausenburger Zionist Rezső Kasztner erreichte nach Verhandlungen mit der SS, dass 1684 Juden gegen Zahlung von Lösegeld in einem Zug Ungarn verlassen durften. Zwar ließ die SS auch diese Juden zunächst in ein KZ transportieren, doch später erreichten sie die Schweiz. Unter ihnen waren viele Juden aus Nordsiebenbürgen, alleine aus dem Klausenburger Ghetto entkamen so 388 Menschen (darunter freilich sehr viele Verwandte, Freunde und Bekannte von Kasztner)[169]. Jüdische Gemeindevorsteher, die mit Kasztner (der noch am 4./5. Mai in Klausenburg war) in Verbindung standen, sollen Mitglieder ihrer Gemeinden aufgefordert haben, keinerlei Fluchtversuche zu unternehmen und keine Wertgegenstände zu verstecken, sondern sich stattdessen in das Ghetto zu begeben. Dies führte auch im Falle Kasztners nach 1945 zu vielen Kontroversen,

---

[164] Zu den Zahlen vgl. Gerlach/Aly, Das letzte Kapitel, S. 143 und Vágó, Destruction, S. 191; eine Schilderung der Folter in: Zsolt, Neun Koffer, z. B. S. 47–49; Moshe Carmilly-Weinberger (Ed.), Memorial Volume for the Jews of Cluj/Kolozsvár, New York ²1988, S. 235–247; der Vorsteher der orthodoxen Gemeinde Großwardeins, Alexander Leitner, schildert die Folter in seinen Erinnerungen an die Zeit nach dem 19. März 1944, in: Schön (Hrsg.), A tegnap városa, S. 293–296; vgl. auch das Tagebuch von Éva Heyman, ebenda, S. 328–330; Löwy, A Kálváriától, S. 188–198.
[165] Es gab keinen Ort dieses Namens im damaligen Ungarn.
[166] Eine Zusammenfassung der wichtigsten Kontroversen: Conway, Holocaust in Ungarn, S. 192–209.
[167] Die Version von Weinberger in: Carmilly-Weinberger (Ed.), Memorial Volume for the Jews of Cluj/Kolozsvár, S. 227–235; kritisch dazu: Löwy, A Kálváriától, S. 173f. und Randolph Braham, Rettungsaktionen: Mythos und Realität, in: Mihok (Hrsg.), Ungarn, S. 15–41, v. a. S. 18 und S. 37–39.
[168] Vgl. Braham, Rettungsaktionen, S. 38f.; Randolph Braham, Romanian Nationalists and the Holocaust: The Political Exploitation of Unfounded Rescue Accounts, New York 1998; und Zoltán Tibori Szabó, Élet és halál mezsgyéjén. Zsidók menekülése és mentése a magyar-román határon 1940–1944 között, Kolozsvár 2001.
[169] Vgl. Kádár/Vági, Self-financing Genocide, S. 209–219; Braham, Rettungsaktionen, S. 32–35; Gerlach/Aly, Das letzte Kapitel, S. 285; über ihren Weg aus dem Großwardeiner Ghetto nach Budapest berichteten aus eigenem Erleben: Zsolt, Neun Koffer, S. 367–374 und Leitner, Erinnerungen, in: Schön (Hrsg.), A tegnap városa, S. 318f.

so etwa zur Einsetzung einer Untersuchungskommission der *Jüdischen Volksgemeinschaft* Klausenburgs, die ihn für schuldig befand[170].

Die restlichen Juden gehörten zu den 131 641 Deportierten, die nach dem 16. Mai (erster Transport aus Nordsiebenbürgen, aus der Stadt Máramarossziget) in 45 Transporten (der letzte Transport verließ am 27. Juni Großwardein) nach einer Fahrt von drei bis vier Tagen Auschwitz erreichten[171]. Das rasche Tempo des Abtransports (oftmals drei bis vier Züge am Tag mit je ca. 3000 Juden) hat selbst die Deutschen überrascht. Laut Eichmann war „das Tempo dermaßen scharf, daß Auschwitz große Mühe hatte […] diese vielen Transporte überhaupt entsprechend zu verkraften"[172]. Diese Hast ist nur damit zu erklären, dass die Ungarn die einmalige Gelegenheit des Krieges[173] noch schnell zur Lösung der als bedrohlich aufgefassten „Judenfrage" nutzen wollten. Teilweise über siebzig Juden wurden dabei in einen Waggon gepfercht, sie bekamen zwei Eimer (einen mit Wasser, einen für die Notdurft) und wurden (nach erneuter brutaler Durchsuchung durch die ungarischen Gendarmen) an der slowakisch-ungarischen Grenze den Deutschen übergeben. Hier ist erneut auf das sehr brutale Vorgehen der ungarischen Gendarmerie hinzuweisen, das viele Todesopfer forderte[174].

Von den rund 437 000 in Auschwitz angekommenen ungarischen Juden wurden etwa 100 000 (die Hälfte davon Frauen) zur Zwangsarbeit nach Deutschland geschickt. Zieht man in Betracht, dass ungefähr 15 Prozent der nordsiebenbürgischen Juden den Holocaust überlebt haben, so muss ein nicht unerheblicher Teil der Zwangsarbeiter aus Nordsiebenbürgen gewesen sein[175].

Im Zusammenhang mit der raschen Deportation der Juden kommt dem letzten im Krieg erfolgten Schritt der ungarischen Regierung zur ethnischen Homogenisierung des Landes eine besondere Bedeutung zu. Das Objekt der anvisierten Umsiedlungsaktion war 1944 die Gruppe der sogenannten Csángómagyaren. Diese siedelten teilweise seit dem Spätmittelalter in der Moldau, die Mehrheit von ihnen verfügte aber über kein modernes Nationalbewusstsein[176]. Zeitgenössische ungarische Quellen gaben die Zahl der Personen, die eventuell zur Umsiedlung bereit gewesen seien, mit 50 000 bis 70 000 an[177]. Pläne zu ihrer „Heimführung" gab es zwar bereits 1940, doch erst angesichts der drohenden Niederlage

---

[170] Vgl. Tibori Szabó, Élet és halál …, S. 50f.; Braham, Rettungsaktionen, S. 32-35; weitgehend positive Beurteilung findet Kasztner durch Yehuda Bauer, Conclusion: The Holocaust in Hungary: Was Rescue Possible?, in: David Cesarani, Genocide and Rescue. The Holocaust in Hungary 1944, Oxford/New York 1997, S. 193-210.

[171] Zu den Zahlen: Löwy, A Kálváriától, S. 325; Gerlach/Aly, Das letzte Kapitel, S. 275; „Siebenbürgen, Nördliches", in: Gutman (Hrsg.), Enzyklopädie des Holocaust, Bd. III, S. 1309f.

[172] Zitat nach Gerlach/Aly, Das letzte Kapitel, S. 257 und Lang, Das Eichmann-Protokoll. Tonbandaufzeichnungen der israelischen Verhöre, Berlin ²2001, S. 283.

[173] Hierüber waren sie sich sehr wohl im Klaren, wie es aus mehreren Zeitungsartikeln hervorgeht (z. B. „Teleki Béla gróf beszéde", in: KÚ, 29. 11. 1942, S. 3; „Teleki Béla gróf …", in: KÚ, 20. 3. 1942, S. 3). Diesen Ausnahmezustand des Krieges nahmen zur selben Zeit auch deutsche Nationalsozialisten wahr, vgl. Aly, Endlösung, S. 9f.

[174] Während Löwy, A Kálváriától, S. 165 von der „lokalen Polizei und Gendarmerie" spricht, ist in Gerlach/Aly, Das letzte Kapitel, S. 278 von aus Trianon-Ungarn nach Nordsiebenbürgen versetzten Einheiten die Rede.

[175] Zur Zahl der zur Zwangsarbeit ausgesonderten Juden vgl. Gerlach/Aly, Das letzte Kapitel, S. 286 und S. 294; zur Zahl der Überlebenden: Löwy, A Kálváriától, S. 167 sowie unten die Zusammenfassung.

[176] Vgl. Arens/Bein, Katholische Ungarn in der Moldau; Wagner, Ungarn in der Moldau und Bukowina.

[177] Vgl. Vincze, A bukovinai székelyek, S. 169f.

Deutschlands, als diese einmalige Gelegenheit des Krieges zur ethnischen Neuordnung Europas zu Ende zu gehen drohte, setzte in der ungarischen Regierung eine hektische Aktivität ein, die in ihrem Tempo nur mit dem der Judendeportationen vergleichbar ist. An der im Februar 1944 (also noch vor der Besetzung des Landes) eingeleiteten Aktion beteiligten sich mehrere Personen (etwa Miklós Bonczos[178]), die 1940/41 die Umsiedlung der Szekler aus der Bukowina abgewickelt haben. Eine personelle Kontinuität kann dabei nicht nur hinsichtlich der an beiden Umsiedlungsplänen (1940/41, 1944) beteiligten Politiker beobachtet werden, sondern auch bezüglich des Kreises, der sowohl für die Umsiedlung von Magyaren als auch für die Aussiedlung von Juden eintrat: Politiker wie Béla Teleki, Mihály Szabados oder József Bálint wären hier zu nennen. Andere Politiker wiederum, etwa Miklós Bonczos oder Béla Bethlen, waren nicht nur in die Umsiedlung der Bukowina-Ungarn 1941 involviert, sondern hatten auch während der Judendeportationen bedeutende Verwaltungsfunktionen inne[179]. Angesichts dessen, dass auch nationalsozialistische „Judenberater" wie Eichmann, Heydrich oder Krumey vor ihrer Mitwirkung am Holocaust mit der Umsiedlung von Volksdeutschen befasst waren, kommt die Forschung auch bei den ungarischen Politikern an der Erkenntnis nicht vorbei: „Es sind keine biographischen Zufälle ..."[180] Stattdessen walteten hier vielmehr miteinander eng verbundene bevölkerungspolitische Vorstellungen, die auf die Schaffung eines ethnisch möglichst homogenen Staates zielten und bei denen die Aussiedlung der Juden die Kehrseite der „Heimholung" vieler Ungarn aus dem Ausland war. Zwar sollen 1944 nach bisherigen Erkenntnissen nur transdanubische Regionen als Orte der Ansiedlung ins Auge gefasst worden sein, doch angesichts der allseits bekannten Ziele der „ethnischen Flurbereinigung"[181] kann angenommen werden, dass von diesen Plänen im Falle ihrer Verwirklichung Abstand genommen worden wäre[182]. Die Ansiedlung der Szekler aus der Bukowina in einer siebenbürgischen Region scheiterte 1941, wie dargestellt, daran, dass der vorgesehene Boden in jüdischen Händen war. In einer Kabinettsbesprechung über die Umsiedlung der Csángóbevölkerung schloß Béla Jurcsek[183], der Landwirtschaftsminister, am 11. April (nachdem die Maßnahmen zur Ghettoisierung der Juden bereits eingeleitet waren) diesbezügliche Sorgen immerhin aus. Er schlug vor, dass man doch die umgesiedelten Csángós in den freigewordenen jüdischen Wohnungen in der Karpatoukraine unterbringen könnte[184]. Ein Mitarbeiter des ungarischen Konsulats in der rumänischen Stadt Brașov schlug am 11. Juli 1944 vor, die Csángós auf ihrem siebenbürgischen Umsiedlungsweg in den Lagern unterzubringen, die vormals

---

[178] Zu Bonczos' Rolle bei der Umsiedlungsaktion von 1941 vgl. Vincze, A bukovinai székelyek, S. 149f. und S. 153. Er wurde im Juli 1944 als Nachfolger des notorischen Antisemiten Andor Jaross Innenminister und beruhigte (während er an der Umsiedlung der Csángós arbeitete) noch am 13. August Eichmann, dass die Deportation der Budapester Juden demnächst erfolgen werde, vgl. Kádár/Vági, Self-financing Genocide, S. 221.
[179] Zu Bethlens Aktivität 1941 vgl. Vincze, A bukovinai székelyek, S. 149f. und im Mai/Juni 1944 vgl. Gerlach/Aly, Das letzte Kapitel, S. 283.
[180] Zitat aus: Götz Aly, „Judenumsiedlung". Überlegungen zur politischen Vorgeschichte des Holocaust, in: Herbert (Hrsg.), Nationalsozialistische Vernichtungspolitik, S. 77; vgl. auch Aly, Endlösung.
[181] Begriff übernommen aus Gerlach/Aly, Das letzte Kapitel, S. 72; laut Aly, „Judenumsiedlung", S. 89 stammt er direkt von Hitler.
[182] Zu den Ansiedlungsorten vgl. Vincze, A bukovinai székelyek, S. 169.
[183] Jurcsek, ein ausgesprochener Antisemit, war einer der Vertrauensmänner Veesenmayers im ungarischen Kabinett, vgl. Matić, Veesenmayer, S. 221, 226, 266, 271f. und S. 274 und Braham, Politics of Genocide, S. 747.
[184] Vgl. Vincze, A bukovinai székelyek, S. 170.

militärischen Zwecken dienten, nunmehr aber „jüdische Arbeitslager" seien[185]. Die Juden müssten dann eben in Scheunen untergebracht werden, meinte der Mitarbeiter.

Um die Einstellung der Csángós zu sondieren, aber auch um unter ihnen für die Umsiedlung zu agitieren, sandte die ungarische Regierung heimlich mehrere Experten in die Moldau, so den Abgeordneten der Siebenbürgischen Partei József Bálint. Er hatte bereits an der Umsiedlung der Bukowinaungarn mitgewirkt. Die ungarische Regierung setzte freilich keine großen Hoffnungen darauf, dass sie die Frage der Csángós auf dem Wege der Verhandlungen mit Rumänien oder im Verlaufe von militärischen Räumungsaktivitäten in der Moldau würde lösen können. Der neu installierte Ministerpräsident Döme Sztójay soll die Umsiedlungsfrage deshalb – parallel zu den im Ministerrat besprochenen „Erfolgsmeldungen" über die Judendeportationen – auf seinem Treffen mit Hitler am 6. Juni 1944 vorgebracht haben[186]. Die grundsätzlich positive Aufnahme seines Vorhabens ließ ihn die diesbezüglichen Aktivitäten verstärken. Den engen Zusammenhang der ungarischen Umsiedlungspläne mit der „Judenfrage", die aus ungarischer Sicht kurz vor ihrer Lösung stand, verdeutlicht, dass Sztójay dem deutschen Bevollmächtigten in Ungarn, Veesenmayer, kurz vor und am 27. Juni 1944, also als der letzte Deportationszug Nordsiebenbürgen verließ, zwei Aufzeichnungen übergab. In der ersten Aufzeichnung ging die ungarische Regierung auf die Lage der Budapester Juden und die Bemühungen mehrerer neutraler Staaten (Schweden, Türkei) um deren Rettung ein[187]. In der zweiten Aufzeichnung begründete die Regierung die gewünschte deutsche Hilfe bei der Umsiedlung der Csángós damit, dass Rumänien seine eigenen Flüchtlinge, deren Zahl eine Million erreicht habe, kaum mehr aufnehmen und unterbringen könne. In Ungarn hingegen bestehe die Notwendigkeit, „auf dem den Juden enteigneten Grundbesitz Bauern anzusiedeln, wodurch nicht nur die wirtschaftliche, sondern auch die militärische Kraft des Landes gesteigert würde, denn die Moldauer Ungarn könnten in die gegen den Bolschewismus kämpfenden ungarischen Formationen eingereiht werden".[188] Der Haupthinderungsgrund des Jahres 1941 für die Ansiedlung der Bukowina-Ungarn in Siebenbürgen (Landbesitz von Juden) war demnach durch die kaum erst abgeschlossenen Judendeportationen nicht mehr gegeben. Vergeblich bemühte die ungarische Regierung jedoch gleichzeitig ideologische Gründe, warum die Umsiedlung der Csángós notwendig sei (Kampf gegen den Bolschewismus). Die in Wien ansässigen deutschen Volkstumsforscher für Südosteuropa (z. B. SS-Hauptsturmführer Winfried Krallert), die um eine Stellungnahme im Fall der Csángós gebeten wurden, waren sich dessen bewusst, dass es sich bei diesen „um ein schwebendes Volkstum"[189]

---

[185] Vgl. den Brief von Sándor Besenyö an den Regierungsbeauftragten Miklós Bonczos, in: Vincze (Hrsg.), Asszimiláció vagy kivándorlás?, S. 269–272.

[186] Zum Treffen vgl. Braham, Politics of Genocide, S. 744 f.; zur Thematisierung der Csángófrage vgl. Meinolf Arens/Daniel Bein, Die Moldauer Ungarn/Csángós im Rahmen der rumänisch-ungarisch-deutschen Beziehungen zwischen 1940 und 1944. Eine vornational strukturierte ethnische Gruppe im Spannungsfeld totalitärer Volkstumspolitik, in: Hausleitner/Roth (Hrsg.), Der Einfluss von Faschismus und Nationalsozialismus, S. 265–317, Quelle Nr. 15, S. 307 f. (Bericht von Edmund Veesenmayer an das Auswärtige Amt am 27. Juni 1944). Der Dank des Verfassers gehört Meinolf Arens für den Hinweis auf die Umsiedlungsproblematik und beiden Autoren für die Einsicht ins Manuskript.

[187] Vgl. Braham, Politics of Genocide, S. 756–759.

[188] Vgl. Arens/Bein, Die Moldauer Ungarn/Csángós, Quelle Nr. 16, S. 308 f.

[189] Vgl. Arens/Bein, Die Moldauer Ungarn/Csángós, Quelle Nr. 21, S. 315. Zu Krallert, seiner in die „Südostdeutsche Forschungsgemeinschaft Wien" integrierten „Publikationsstelle Wien" und deren Rolle und Bedeutung in der und für die NS-Volkstumsforschung vgl. die entsprechenden Abschnitte in Michael Fahlbusch, Wissenschaft im Dienst der nationalsozialistischen Politik? Die „Volksdeutschen Forschungsgemeinschaften" 1931–1945, Baden-Baden 1999, S. 247–297 und S. 622–661.

handelte, dessen nationale Zugehörigkeit die Ungarn legitimerweise nicht für sich beanspruchen konnten. Die in die Moldau ausgesandten Emissäre der ungarischen Regierung waren ebenfalls erfolglos, da die Csángóbevölkerung deren Ansinnen einer massenhaften Überquerung der ungarisch-rumänischen Grenze zurückwies. Die Begründung war, dass die meisten Männer im rumänischen Heer seien und ohne sie eine derart gravierende Entscheidung nicht getroffen werden könnte[190]. Der Frontwechsel Rumäniens an die Seite der Sowjetunion am 23. August 1944 machte sodann alle derartigen Bemühungen der Ungarn obsolet, nur rund 150 Familien sollen im Sommer 1944 zu Fuß nach Ungarn gegangen sein[191]. Dort erhielten sie später teilweise den Besitz von Ungarndeutschen, deren Vertreibung sich ebenfalls in den größeren Zusammenhang der ungarischen Pläne zur national-ethnischen Homogenisierung einfügt[192].

Zusammenfassung

Die jüdische Gemeinschaft Nordsiebenbürgens soll im November 1944 aus nur noch 7200 Personen bestanden haben. Innerhalb von etwa einem Jahr erhöhte sich diese Zahl infolge der Rückkehr mancher Deportierter und des Zuzugs aus anderen Teilen Rumäniens (Bessarabien, Bukowina) auf 23000 bis 30000. Auf 10000 wird die Zahl derjenigen geschätzt, die aus den Lagern nicht nach Siebenbürgen zurückkehrten[193]. Die endgültige und präzise Zahl der nordsiebenbürgischen Opfer des Holocausts lässt sich also nicht zweifelsfrei angeben: Die niedrigsten Schätzungen gehen von rund 90000 Opfern und 44000 Überlebenden aus, während die höchsten Angaben zwischen 105000 bis 121000 Opfern und nur 10000 bis 35000 Überlebenden schwanken[194].

Der vorliegende Aufsatz unternahm den Versuch, die ideologischen *und* ökonomischen Hintergründe und Motivationen aufzudecken, die dazu beitragen können, die Besonderheit des nordsiebenbürgischen[195] Holocaust (das Datum, das Tempo und die bereitwillige Mitarbeit der Ungarn bei der Ghettoisierung und Plünderung ihrer jüdischen Mitbürger) zu erklären. Die neuesten Ergebnisse der Ungarn betreffenden Holocaustforschung (Gerlach/Aly und Kádár/Vági) meint der Verfasser um einige Aspekte ergänzen zu können, die am präzisesten als *soziale Kompensation, wirtschaftliche Wiedergutmachung* und *demographische Eliminierung* benannt werden. Diese Ausdrücke beschreiben zwar Einstellungen, die es auch in der Gesellschaft Trianon-Ungarns gab, sie traten jedoch vehementer in der siebenbürgisch-ungarischen Gesellschaft auf. Denn diese verlor nach 1918 permanent eine Reihe wichtiger sozialer und wirtschaftlicher Positionen in den eigentlich von ihr

---

[190] Vgl. Vincze, A bukovinai székelyek, S. 171.
[191] Vgl. Vincze, A bukovinai székelyek, S. 174.
[192] Vgl. hierzu Gerlach/Aly, Das letzte Kapitel, S. 72 und S. 425–433 (v. a. S. 430–433).
[193] Alle bisherigen Angaben nach Zoltán Tibori Szabó, Az erdélyi zsidó közösség sorsa a második világháborút követő időszakban (1945–1948) I, in: Korunk 15 (2004), 8, S. 76–86.
[194] Die erste Zahl stammt aus Krista Zach, Rumänien, in: Wolfgang Benz (Hrsg.), Dimensionen des Völkermords. Die Zahl der jüdischen Opfer des Nationalsozialismus, München 1991, S. 381–411; die höchsten Zahlen: Löwy, A Kálváriától, S. 167 und Tibori Szabó, Erdélyi zsidó közösség, I. S. 77.
[195] Zu Südsiebenbürgen liegen kaum Darstellungen vor, vgl. jedoch den Aufsatz von Victor Neumann, Evreii din Banat şi Transilvania de Sud în anul celui de-al doilea război mondial, in: Viorel Achim/Constantin Iordachi (Hrsg.), România şi Transnistria: Problema Holocaustului. Perspective istorice şi comparative, Bucureşti 2004, S. 145–162.

dominierten Städten, als im Zuge der Rumänisierungsmaßnahmen Bukarest beinahe alle administrativen und Verwaltungsposten in der Exekutive, der Judikative, den staatlichen Behörden und ansatzweise auch in der Privatwirtschaft durch ethnische Rumänen zu ersetzen suchte. Das langsam angesammelte Frustrationspotential der Ungarn richtete sich in diesem Zusammenhang bereits in den 1930er Jahren gegen die Juden, die sich kaum dagegen wehren konnten, waren sie doch gleichzeitig auch dem rumänischen Antisemitismus ausgeliefert. Dieses Potential konnte sich auch nach der Rückgabe Siebenbürgens an Ungarn nicht auflösen, da die wenigen durch die Abwanderung der Rumänen frei gewordenen Stellen von der neuen politischen Zentrale (Budapest) selten mit Einheimischen besetzt worden sind. Der bereits vorher vorhandene Antisemitismus und manche völkischen Argumentationsmuster erlebten nach 1940 einen Aufschwung ohnegleichen, zumal Budapest inmitten des Krieges keine Wirtschaftswunder vollbringen und die aus der zwanzigjährigen wirtschaftlichen Benachteiligung resultierenden Schwierigkeiten nicht über Nacht beseitigen konnte. Der Kern der völkischen Ansichten bestand darin, dass den Ungarn ihre Positionen in der Wirtschaft zurückgegeben werden müssten, die die Juden ihnen ungerechterweise weggenommen hätten. Doch nicht nur wirtschaftlich müssten die Ungarn wieder Herren im eigenen Haus sein und zu ihrem legitimen Recht kommen, sondern (die einmalige Chance des Krieges nutzend) auch demographisch. Hierzu müssten die Juden am besten in ihrer physischen Existenz aus dem Land entfernt werden, wobei sie ihr Vermögen, das sie sich nur durch die hemmungslose Ausbeutung der christlichen Ungarn[196] zusammenraffen konnten, im Land lassen müssen. Um den demographischen Anteil der Ungarn zu erhöhen, müssten wiederum die in den an Siebenbürgen angrenzenden Gebieten lebenden Ungarn „heimgeholt" und sie möglichst in Siebenbürgen angesiedelt werden. Damit erklärt sich also das große Interesse der siebenbürgisch-ungarischen Eliten an jeglichen Umsiedlungsaktionen und den Möglichkeiten des Bevölkerungstausches. Diesen Aspekt, der insbesondere im hier erläuterten Zusammenhang der Umsiedlungen von 1941 und 1944 zutage tritt, ignorierte die einschlägige Forschung bislang völlig. Festzuhalten ist aber, dass das Augenmerk in den 1930er Jahren auf dem rumänisch-ungarischen Bevölkerungstausch lag, der damals dazu beitragen sollte, die verhasste Minderheitenexistenz (verbunden mit einer Grenzkorrektur) zu überwinden. In den 1940er Jahren war die Umsiedlung für die Ungarn aber ein Instrument der völkischen Majorisierung und ethnischen Homogenisierung, also der gleichen Politik, die vorher die rumänischen Regierungen mit entgegengesetztem Vorzeichen betrieben. Ähnlich völkisch motivierte Pläne gab es im zeitgenössischen Europa zuhauf und serbische, rumänische oder tschechische Vorhaben sahen ebenso die Umsiedlung von Millionen vor[197]. Im Zusammenhang der Umsiedlungen stan-

---

[196] Vgl. den Redebeitrag von János Szabó auf der Siebenbürgen-Konferenz, in: Erdélyi értekezlet, MOL. K 28-267, f. 93.
[197] Vgl. Stark, Migrációs folyamatok; ders., Népességmozgás Közép-Kelet Európában, in: História, 2004, 5; Viorel Achim, The Romanian Population Exchange Project Elaborated by Sabin Manuila in October 1941, in: Jahrbuch des italienisch-deutschen historischen Instituts in Trient, XXVII, 2001, S. 593-619; ders., Romanian-German Collaboration in Ethnopolitics. The Case of Sabin Manuila, in: Ingo Haar/ Michael Fahlbusch (Eds.), German Scholars and Ethnic Cleansing 1919-1945, New York/Oxford 2005, S. 139-155; Flavius Solomon, Verträge über Bevölkerungsaustausch und -verschiebungen in Mittel- und Südosteuropa in der ersten Hälfte des 20. Jahrhunderts, in: Krista Zach (Hrsg.), Migration im südöstlichen Mitteleuropa. Auswanderung, Flucht, Deportation, Exil im 20. Jahrhundert, München 2005, S. 69-87; Gerhard Seewann, Zwangsmigration von Minderheiten in Südosteuropa im 20. Jahrhundert, in: Flavius Solomon/Alexander Rubel/Alexandru Zub (Hrsg.), Südosteuropa im 20. Jahrhundert. Ethnostrukturen, Identitäten, Konflikte, Iasi/Konstanz 2004, S. 47-54.

den die Juden wiederum erneut „im Weg", besetzten sie doch Wohnungen in den Städten und besaßen „ungarischen" Boden, auf dem die bäuerlichen Szekler und Csángós angesiedelt werden sollten. Die ungarischen Nachkriegspläne hinsichtlich einer völkischen Bevölkerungspolitik betrafen nach 1944/45 einerseits die Donauschwaben, andererseits existierten aber weiterhin Pläne zur Umsiedlung der Csángós nach Ungarn. Diese Pläne wurden teils von den selben Personen (etwa im Jahre 1946 von Pál Péter Domokos) entworfen, die bereits 1940/41 unter anderen ideologischen Vorzeichen dafür arbeiteten[198].

Die 1945 aus den nationalsozialistischen Konzentrations- und Arbeitslagern zurückkehrenden Juden sahen sich einerseits dem sich langsam verfestigenden kommunistischen System gegenüber, andererseits dem Fortbestehen des ungarischen und rumänischen Antisemitismus. Die Ungarn und Rumänen erkannten nicht einmal den Wunsch der Rückkehrer, das von ihnen konfiszierte Eigentum zurückzuerhalten, als legitim an. Die den Juden von den Banken vorenthaltenen Guthaben auf ihren Konten und die Gesamtsumme verschiedener Wertpapiere und des Gold- oder Silberschmucks sollen Milliardenbeträge ausgemacht haben. Nicht nur ihre Häuser bekamen die meisten Juden nicht zurück, sondern sie mussten auch auf das darin befindliche Mobiliar verzichten. Dieses wurde teils vom ungarischen Militär, teils von der örtlichen Bevölkerung gestohlen: So tauchten in Klausenburg noch Jahrzehnte später wertvolle Gemälde aus der Sammlung eines jüdischen Fabrikanten auf, die 1944 verschwunden waren[199]. Die angemeldeten Ansprüche der Juden auf ihren Besitz führten schnell zu erneuten ungarisch-jüdischen Spannungen, wobei die Argumentation der Ungarn, dass die Besitztümer der Juden überwiegend an darauf angewiesene „christliche Kleinexistenzen"[200] verteilt worden seien, erneut die soziale Komponente des an den Juden 1944 verübten Raubes offenlegte. Im Zeichen des zunehmenden Klassenkampfes mussten die Juden erneut als Sündenböcke herhalten. Sie galten der linken Presse als Spekulanten, der rumänische Ministerpräsident, Petru Groza, prangerte ihren Lebenswandel an und sprach davon, dass die Juden Privilegien für sich beanspruchen würden[201]. Immerhin verurteilten 1945/46 sogenannte Volksgerichtshöfe eine Reihe von Personen, die mit dem nordsiebenbürgischen Holocaust in Verbindung gebracht werden konnten[202]. Es gehört bereits zu den Merkmalen der rumänischen Nachkriegsgeschichte, dass diese Gerichte nicht nur in den Holocaust verwickelte Ungarn, sondern auch viele wohlhabende und adlige Personen zu Unrecht verfolgten. Ein anderes (bis heute virulentes) Vorurteil betrifft den Anteil der Juden innerhalb der kommunistischen Partei. Neue Untersuchungen über die jüdische Minderheit Rumäniens belegen allerdings, dass, auch wenn die Zahl der Juden in der Partei 1944 hoch war, diese in den Folgejahren abnahm. Die Mehrheit der Juden stand dem Kommunismus eher distanziert gegenüber[203]. Die Errichtung des kommunistischen Regimes, die Verstaatlichung der Privatwirtschaft und die offizielle antisemitische sowie antizionistische Propaganda einerseits, die Gründung des Staates Israel

---

[198] Zu den Donauschwaben vgl. Gerlach/Aly, Das letzte Kapitel, S. 428 und S. 430–433; zu Domokos: Vincze (Hrsg.), Asszimiláció vagy kivándorlás?, S. 274–276.
[199] Vgl. Zoltán Tibori Szabó, Az erdélyi zsidó közösség sorsa a második világháborút követő időszakban (1945–1948) II, in: Korunk 15 (2004), 9, S. 77–88, hier S. 84f.
[200] Diese damalige Argumentation zitiert Tibori Szabó, Erdélyi zsidó közösség, I. S. 82.
[201] Vgl. Tibori Szabó, Erdélyi zsidó közösség, II. S. 80.
[202] Eine Reihe von Urteilen und die Namen von Verurteilten führt Braham, Genocide and Retribution an.
[203] Vgl. Tibori Szabó, Erdélyi zsidó közösség, II. S. 81; Hildrun Glass, Minderheit zwischen zwei Diktaturen. Zur Geschichte der Juden in Rumänien 1944–1949, München 2002.

andererseits führten Ende der 1940er Jahre zu einer ersten Auswanderungswelle[204]. In dieser Welle verließen zwischen 1948 und 1951 rund 116 000 Juden das Land. Nach einem zwischenzeitlichen Ausreiseverbot folgten ihnen von 1958 bis 1966 weitere 106 000. Die rumänische Volkszählung von 2002 registrierte nur noch 5870 Juden; es hat den Anschein, dass die Geschichte der Juden Rumäniens als abgeschlossen betrachtet werden muss[205].

---

[204] Zu den Identitätsfragen der nordsiebenbürgischen Juden nach dem Holocaust vgl. jetzt: Zoltán Tibori Szabó, Árnyékos oldal. Az északerdélyi zsidó közösség identitástudata 1945–1948, Kolozsvár 2007.
[205] Die Zahlen aus: Attila Gidó, Zsidó jelen-lét Romániában, in: Regio – Minorities, Politics, Society 15 (2004), 3, S. 3–22.

Shlomo Aronson
Die Schlacht um den Balkan und der Holocaust in Ungarn: Krieg, Rettungsbemühungen und das Überleben des Budapester Ghettos

Einleitung

In diesem Aufsatz soll das Schicksal der jüdischen Bevölkerung Ungarns vor dem größeren Hintergrund des Zweiten Weltkriegs an der Ostfront und zum Teil auch im Westen dargestellt werden, einschließlich der Rettungsbemühungen zur Vermeidung der Vernichtung mit verschiedensten Mitteln. Einige dieser Anstrengungen sind bereits ausführlich in der Literatur beschrieben worden, zum Verständnis ihres Ursprungs und Scheiterns erfordern sie aber den größeren Kontext des Kriegsverlaufs, sowie die Betrachtung einiger Ausnahmen, insbesondere der Geschichte des Budapester Ghettos, das weitgehend überlebt hat.

Es folgt ein Überblick über den Kriegsverlauf auf dem Balkan seit dem Frühjahr 1944, beginnend mit der Besetzung Ungarns durch die Deutschen im März und der fehlgeschlagenen sowjetischen Invasion in Rumänien im Mai sowie eine kurze Betrachtung der Deportation der ungarischen Juden aus der Provinz bis zum sowjetischen Sieg an der rumänischen Front im Juli, dem die Landung der westlichen Alliierten in Frankreich im Juni vorausging, was den Reichsverweser Miklós Horthy dazu veranlasste, die Deportationen einzustellen. Als jedoch die Sowjets ihren Vormarsch fortsetzten und im Herbst einen äußerst verlustreichen Kampf um Debrecen führten, wurde Horthy durch die von den Deutschen unterstützten ungarischen Faschisten abgesetzt. Es begann die Geschichte des Budapester Ghettos während der langen und (für die Rote Armee) extrem verlustreichen Belagerung Budapests zwischen Dezember 1944 und Februar 1945.

Nach einer Reihe von langanhaltenden, blutigen und (für die westlichen Alliierten) verlustreichen Kämpfen an der deutschen und holländischen Front und der großen Offensive in den Ardennen befand sich Hitlers letzte Offensivposition in Ungarn. Für unsere Betrachtung des letzten Kriegsjahres und des damit verknüpften Schicksals der Juden ist daher eine neue Perspektive erforderlich, die sich auf seit kurzem zugängliche, vor allem sowjetische Quellen, aber auch auf solche der westlichen Alliierten stützt[1].

Hinsichtlich der Zeit nach der Besetzung Ungarns im März wird die Rolle der Wehrmacht und die Zuständigkeit von Adolf Eichmanns „Sonderkommando" für die Deportation der Juden aus der ungarischen Provinz beleuchtet, wobei der Funktion seiner Vorgesetzten in der mörderischen Befehlskette der SS besondere Aufmerksamkeit gewidmet wird und Namen genannt werden, die bis jetzt unserer Aufmerksamkeit entgangen sind. Darüber hinaus werden die berühmt-berüchtigten Angebote Eichmanns an die westlichen Alliierten, die ungarischen Juden zu Tauschobjekten für die Lieferung alliierter LKWs und/oder Verhandlungen zwischen den Deutschen und den westlichen Alliierten über einen Separatfrieden zu machen, in den genannten Kontext gestellt.

---

[1] Zu den anhaltenden Kämpfen an der Westfront bei den Ardennen siehe Max Hastings, Armageddon: The Battle for Germany 1944-1945, London 2004.

Roter Sturm über dem Balkan[2]

Das Schicksal der Juden, die auf dem Balkan in mit Deutschland verbündeten Staaten, das heißt Rumänien, Ungarn, der Slowakei und Bulgarien, bis zum Juli 1944 überlebt hatten, hing weitgehend von den strategischen Schachzügen der Sowjetunion auf diesem Schauplatz und weniger von den militärischen Bestrebungen der westlichen Alliierten ab. Die Nähe der Sowjets beförderte daher die Eile bei der Vernichtung der noch verbliebenen Juden, und die Ankunft der Roten Armee erfolgte so spät, dass es für die meisten Juden in Ungarn und in der Slowakei keine Rettung mehr gab.

Stalins Strategie vom Frühjahr 1944, die in einer umfangreichen Serie von Offensivoperationen entlang der gesamten deutschen Frontlinie bestand, erwies sich im Sommer 1944 als teilweise erfolgreich; so wurde durch die „Operation Bagration" von Juni bis August 1944 die deutsche Heeresgruppe Mitte vollständig vernichtet und die Rote Armee bis an die Vorstädte von Warschau herangebracht. Jedoch endeten seine vorangegangenen Versuche vom Frühjahr 1944, in Rumänien und später in Ungarn einzumarschieren und damit die sowjetische Vorherrschaft auf dem Balkan zu sichern, in einer Serie von Niederlagen oder sehr verlustreichen Siegen, deren Erringung sehr viel mehr Zeit in Anspruch nahm, als das sowjetische Oberkommando erwartet hatte.

Die offizielle sowjetische Geschichtsschreibung tendierte zur Ignorierung dieser „vergessenen Schlachten", wie sie von David M. Glantz bezeichnet wurden, der sich sehr gründlich mit ihnen befasst hat. Sie vermittelte den Eindruck, die Rote Armee hätte sich seit Stalingrad den Weg nach Berlin freigekämpft, indem sie von Sieg zu Sieg geeilt sei. Das hat Holocaust-Forscher und viele Zeitgenossen, unter ihnen auch Rettungsaktivisten, dazu verleitet, das Schicksal der Juden während des letzten Kriegsjahrs – insbesondere die Tragödie der Ungarn – so zu betrachten, als könne dieser „letzte Augenblick" des Krieges und „das letzte Kapitel" des Holocaust von der eigentlichen Kriegssituation getrennt werden. Diese Phase erwies sich jedoch als sehr viel komplizierter und erstreckte sich sowohl im Osten also auch im Westen über einen sehr viel längeren Zeitraum, als es von den Führern und Befehlshabern der Alliierten erwartet worden war. Außerdem gab sie den Deutschen und ihren noch verbliebenen Verbündeten wesentlich mehr Handlungsspielraum als vorhergesehen – vor allem in Ungarn.

Stalins übliche Taktik bestand darin, den Feind auf möglichst breiter Front anzugreifen, wobei er sich auf seine zahlenmäßige Übermacht, seine Überlegenheit bei verschiedenen Waffensystemen, seine bessere Taktik und komplette Gleichgültigkeit gegenüber Verlusten verließ. Dieses hatte jedoch – zeitgleich mit dem Sieg in Stalingrad[3] – bereits zu einer schwerwiegenden sowjetischen Niederlage geführt, aber auch zu anderen „vergessenen Schlachten", die auf dem Balkan stattfanden, was den Vormarsch der Sowjets zumindest erheblich verzögerte oder sie in die extrem langen und blutigen Belagerungsoperationen vor Budapest und später auch die vor Breslau verwickelte.

Auf den Einmarsch der Sowjets in Rumänien folgte eine Reihe erfolgreicher sowjetischer Operationen, wodurch – neben anderen Einsätzen auf der Krim und im Abschnitt Leningrad – im Lauf des Winters und Frühjahrs 1944 der Großteil der Ukraine vom Feind gesäu-

---

[2] Dieser Teil basiert auf dem gleichnamigen Buch von David M. Glantz: Red Storm over the Balkans. The Failed Soviet Invasion of Romania, Spring 1944, Lawrence/Kansas 2007.
[3] Siehe David M. Glantz, Zhukov's Greatest Defeat. The Red Army's Epic Desaster in Operation Mars, 1942, Lawrence/Kansas 1999.

bert werden konnte. Mitte April 1944 befahl Stalin der 2. und 3. Ukrainischen Armeegruppe (in der offiziellen Sprache der Roten Armee „Front" genannt), unter den Generälen Ivan S. Konev und Rodion Ja. Malinovskij (beide später Marschälle der Sowjetunion) einen koordinierten Einmarsch in Rumänien einzuleiten. Nach den Worten des Historikers Glantz sollte die Invasion Stalins bewusste Strategie absichern, die militärische Stärke und den politischen Einfluss der Sowjetunion auf den Balkan zu projizieren, um eine für die UdSSR günstigere Nachkriegsregelung und Aufteilung der Kriegsbeute mit den westlichen Alliierten zu gewährleisten. Die deutsche 6. Armee unter General Maximilian de Angelis fügte den Sowjets nach ihrem Einmarsch in Rumänien im Laufe des Mai[4] mit rumänischer Unterstützung in einer Serie von Schlachten Niederlagen zu, wodurch weitere Versuche der Sowjetunion, den Balkan zu besetzen, relativ lange verzögert wurden. Allerdings wurden die Deutschen bereits im März durch das Eintreffen der Roten Armee an den Ausläufern der Karpaten und durch die nach einem Separatfrieden mit dem Westen zur Vermeidung einer sowjetischen Besatzung ausgestreckten ungarischen Friedensfühler dazu veranlasst[5], am 19. März 1944 die Macht in Ungarn zu übernehmen.

Die Deportationen aus der Provinz und Rettungsbemühungen

Schon sehr bald nach der Besetzung des Landes im März 1944 – faktisch ab Mai, als die Sowjets noch immer in Rumänien festsaßen – wurden die Juden aus der ungarischen Provinz von Ungarn und Deutschen gekennzeichnet, in improvisierte Ghettos getrieben und nach Auschwitz deportiert. Es handelte sich um die kürzeste und umfangreichste Deportation dieser Art seit Beginn der „Endlösung". Für diese Vehemenz mag es verschiedene Gründe gegeben haben, darunter das Beharren der Wehrmacht auf der Entfernung der Juden aus ihrem „Operationsgebiet" angesichts der anrückenden Roten Armee[6] sowie die aktive Rolle der beteiligten faschistischen ungarischen Minister und Gendarmen[7].

Der Besetzung Ungarns durch die Deutschen waren eine Reihe von Aktionen der ungarischen Regierung unter Miklós Kállay und der westlichen Alliierten vorausgegangen, die zu Hitlers Entscheidung beitrugen, in eine verbündete Nation einzumarschieren, die Seite an Seite mit ihm an der Ostfront gekämpft und dort zahlreiche Verluste erlitten hatte. Die Regierung Kállay und der ungarische Generalstabschef General Ferenc Szombathelyi glaubten, dass Ungarn bald von der Roten Armee besetzt werden könnte, während die westlichen Nachrichtendienste mit den Ungarn zu verhandeln versuchten. Die Deutschen erfuhren jedoch von den Friedensfühlern beider Seiten, was Hitler zur Intervention veranlasste. Auf den ersten Blick handelte es sich um eine „abgesprochene Besetzung". Diese war dem Reichsverweser Admiral Miklós Horthy jedoch aufgezwungen worden, wobei die Hauptstadt Budapest eine Ausnahme von der vollständigen Kontrolle durch die Deutschen bildete[8]. Horthy blieb Reichsverweser, wurde jedoch gezwungen, eine Pro-Nazi-Regierung

---
[4] Glantz, Red Storm, S. 317f.
[5] Siehe Shlomo Aronson, Hitler, the Allies, and the Jews, New York 2006 (Taschenbuchausgabe); zur Vernichtung der letzten großen jüdischen Bevölkerungsgruppe in Europa als einem von Hitlers Beweggründen siehe S. 232ff.
[6] Das Standardwerk zum Holocaust in Ungarn ist: Randolph L. Braham, The Politics of Genocide: The Holocaust in Hungary, New York 1993, siehe auch die weiteren Werke von Randolph L. Braham.
[7] Siehe Braham, The Politics of Genocide, Bd. II, S. 575, 580ff., 626ff.
[8] Siehe ebenda, Bd. I, S. 248–250.

zu ernennen, die – gemeinsam mit den Deutschen und insbesondere unter dem Druck der Wehrmacht – unverzüglich mit der Kennzeichnung und Ghettoisierung der Juden aus der Provinz sowie mit den Vorbereitungen zu deren Deportation begann.

Die Besetzung mit der Bezeichnung Operation „Margarethe 1" wurde von relativ wenigen deutschen Truppen durchgeführt, ohne auf ungarischen Widerstand zu stoßen. Kurz darauf wurde die Hoffnung der amerikanischen Nachrichtendienste enttäuscht, Ungarn könnte sich von Deutschland lossagen und damit die deutsche Ostfront während der Kämpfe mit der Roten Armee in zwei Teile zerbrechen. Allerdings verfügten sie über genügend zeitnahe Informationen über das Schicksal der Juden. Sie wussten auch über die Ankunft von Eichmanns „Sondereinsatzkommando" in Budapest Bescheid und befragten zusammen mit dem britischen Nachrichtendienst die Emissäre Eichmanns und des deutschen SD, Joel Brand und Bandi Grosz, die angeblich geschickt worden waren, um das Tauschgeschäft zwischen Gestapo/SD und den westlichen Nachrichtendiensten auszuhandeln, das seither als „LKWs gegen Blut" oder „Juden gegen Verhandlungen über einen Separatfrieden" bezeichnet wird[9]. Diese Missionen, namentlich jene von Joel Brand, waren nicht nur Gegenstand umfangreicher wissenschaftlicher Forschung, sondern auch Grund für anhaltende, erbitterte Kontroversen und politischen Aktionismus nach dem Krieg, insbesondere in der Folge eines Verleumdungsprozesses in Israel, der als „Kasztner-Prozess" bekannt wurde[10]. Es folgt daher eine kurze Darstellung der Ergebnisse der wissenschaftlichen Forschung zu beiden Tauschgeschäften, um die Absichten der Deutschen unmittelbar nach der Besetzung Ungarns zu untersuchen[11].

Die uns zur Verfügung stehenden neuen und bereits früher vorhandenen Unterlagen enthüllen die simple Tatsache, dass Adolf Eichmann – anscheinend Herr über das Schicksal der Juden seit der Besetzung – nicht dazu autorisiert war, einen umfassenden Tauschhandel vorzuschlagen und umzusetzen, bei dem das Leben der gesamten jüdischen Bevölkerung Ungarns gegen „ausschließlich an der Ostfront" (wie es Joel Brand formulierte) zu verwendende LKWs der westlichen Alliierten, andere strategische Güter oder Devisen eingetauscht werden sollte. Eichmann war in der Tat für die SS-Einheit verantwortlich, deren direkte Aufgabe es war, die „Endlösung" in Ungarn durchzuführen, aber er war die Nummer drei in der SS-Kommandostruktur in diesem Land, einer Hierarchie, die den zionistischen Führern, die mit ihm und seinen Gehilfen verhandelten, nicht unbedingt bekannt sein musste[12]. Diese Aktivisten, die 1943 vor der deutschen Besetzung das zionistische Rettungskomitee in Budapest gegründet hatten, waren Ottó Komoly, eine angesehene ungarisch-jüdische Persönlichkeit, Joel Brand, Resző Kasztner und einige andere, die ihr Bestes getan hatten, um mit zionistischem Geld aus dem Ausland die Ausreise von jüdischen Flüchtlingen aus dem besetzten Polen[13] und der angrenzenden Slowakei via Ungarn zu ermöglichen.

Die SS-Hierarchie im besetzten Ungarn wurde von Otto Winkelmann kontrolliert – Obergruppenführer bzw. General der SS und Höherer SS- und Polizeiführer in Ungarn, der dem Chef der SS, Heinrich Himmler, direkt unterstand. Nach dem Krieg sagte Winkelmann auf Antrag der israelischen Anklage im Eichmann-Prozess aus und teilte die Verant-

---

[9] Siehe Aronson, Hitler, the Allies, and the Jews, S. 237–277.
[10] Siehe ebenda, S. 322–334.
[11] Siehe diesbezüglich Richard Breitman/Shlomo Aronson, „The End of the Final Solution? Nazi-Plans to Ransom Jews in 1944", in: „Central European History", 25, Nr. 2 (1993), S. 177–203.
[12] Siehe diesbezüglich Christian Gerlach/Götz Aly, Das letzte Kapitel. Der Mord an den ungarischen Juden, Stuttgart/München 2003.
[13] Siehe diesbezüglich Aronson, Hitler, the Allies, and the Jews, S. 239, 249, 284.

wortung für die Deportationen der Juden zwischen dem ungarischen Staatssekretär László Endre, dem deutschen Bevollmächtigten in Ungarn Edmund Veesenmayer und Eichmann auf, wobei er sich selbst als unbeteiligten Zuschauer darstellte, der aufgrund seiner regulären Polizeikarriere angeblich nicht in „Judenangelegenheiten" involviert gewesen sei. Er erklärte ferner, dass ihm Himmler bei Antritt seines Kommandos in Ungarn gesagt habe, dass es sich bei der Besetzung Ungarns lediglich um einen militärischen Schachzug handle, der „mit Juden in keinerlei Beziehung" stehe. Wir verfügen jedoch über ein Telegramm Winkelmanns an Himmler, in dem es heißt, „dass es uns gelungen ist, wenn auch nicht ohne Schwierigkeiten, die Macht der Juden in Ungarn zu brechen"[14]. Winkelmann überlebte den Krieg und wurde nie strafrechtlich verfolgt.

Ihm unterstellt war Dr. Hans-Ulrich Geschke, SS-Standartenführer und später Oberführer und Befehlshaber der Sicherheitspolizei (Gestapo und Kriminalpolizei) und des SD (SS-Inlands- und Auslandsgeheimdienst) in Ungarn, der Ernst Kaltenbrunner, dem obersten Chef von Sicherheitspolizei und SD unterstand. Geschkes SD-Tätigkeit wurde außerdem von Walter Schellenberg kontrolliert, dem Chef des SD-Auslandsnachrichtendienstes in Berlin unter Kaltenbrunner. Ursprünglich Gestapo-Chef in Kiel, wurde er nach der Besetzung der heutigen Tschechischen Republik zum Leiter der Gestapo in Prag und später zum Befehlshaber des für Operationen im besetzten Ungarn verantwortlichen Einsatzkommandos von Sicherheitspolizei und SD ernannt[15]. Es folgte seine Beförderung zum Befehlshaber der Sicherheitspolizei und des SD in Ungarn[16]. Er war höchstwahrscheinlich Teilnehmer eines Treffens zwischen seinen Gestapo/SD-Agenten und den Emissären, die für das angebliche Angebot Eichmanns, die ungarischen Juden freizukaufen und/oder Verhandlungen mit den westlichen Alliierten über einen Separatfrieden zu beginnen, zuständig waren[17]. Die Geschke unterstellten Mitarbeiter von Gestapo und SD waren direkt am Staatsstreich der ungarischen Nazis beteiligt, der im Herbst zum Sturz des Reichsverwesers Horthy und zur Einsetzung einer faschistischen ungarischen Regierung führte, was wiederum seine Beförderung nach sich zog[18]. Geschke verschwand nach dem Krieg und wurde nie vor Gericht gestellt. Die Spitze der für die Juden zuständigen Besatzungsmaschinerie auf der politisch-diplomatischen Ebene bildete der Reichsbevollmächtigte in Ungarn, Edmund Veesenmayer, mit seinen unablässigen Aktivitäten, die auf die akkurate Umsetzung der „Endlösung" im Land ausgerichtet waren und von anderen höheren Beamten aus Ribbentrops Außenministerium unterstützt wurden. Auch dies dürfte den zionistischen Rettern zu diesem Zeitpunkt kaum bekannt gewesen sein, da sie Eichmanns „Kommando" ja völlig alleine gegenüberstanden.

---

[14] Siehe Winkelmanns SS-Personalakte, Berlin Document Center (BDC, Bundesarchiv Berlin), Kopie in NARA (National Archives and Records Administration), sowie The Testimony of Otto Winkelmann in two parts, given on request of the prosecution in the case of the State of Israel against Adolf Otto Eichmann on 29 May 1961 before the competent District Court of Bordensholm/Redensburg, Germany, www.nizkor.org/hweb/people/e/eichmann-adolf/transcripts/Testimony-Abroad/Otto_Winkelmann-01.html.
[15] Siehe eidesstattliche Erklärung von Eichmanns Helfer Dieter Wisliceny, Dokument UK-81, in: Nazi Conspiracy and Aggression, Volume VIII, Washington 1946, S. 606–619. Diese eidesstattliche Erklärung deckt sich im Wesentlichen mit der Aussage Wislicenys im direkten Verhör vor dem Internationalen Militärtribunal in Nürnberg am 3. Januar 1946.
[16] Siehe Geschkes BDC Personalakte, NARA.
[17] Siehe Befragung von Bandi Grosz durch den britischen Nachrichtendienst, Public Record Office, document FO 371 42811, file SIME/P. 7755, Datum der Befragung: 22. Juni 1944.
[18] Siehe Anm. 16.

Da es keine andere Wahl hatte, reagierte das von Ottó Komoly angeführte zionistische Rettungskomitee positiv auf die Angebote, die ihm von Dieter Wisliceny, einem der Gehilfen Eichmanns, unterbreitet wurden. Dieser hatte es nach seiner Ankunft in Budapest im Namen von Rabbi Michael Weissmandel, einem Rettungsaktivisten in Bratislava, kontaktiert und Verhandlungen über das Schicksal der jüdischen Bevölkerung Ungarns vorgeschlagen. Weissmandel und das ungarische Rettungskomitee nahmen – irrtümlich – an, der Holocaust in der Slowakei sei 1943 aufgrund von Bestechungszahlungen an Wisliceny gestoppt worden. An eben jenen Wisliceny, der später vorgab, er sei bereit gewesen, mit Weissmandel und seinen Kollegen eine generelle Beendigung des Holocaust in Europa auszuhandeln. Da seine finanziellen Forderungen nicht rechtzeitig erfüllt worden waren, hatte er die Verhandlungen auf einen späteren Zeitpunkt verschoben[19]. Dieser „spätere Zeitpunkt" schien nun gekommen zu sein, da Wisliceny selbst nach seiner Ankunft mit Eichmanns Team in Budapest dem zionistischen Rettungskomitee eine Art Wiederaufnahme der Gespräche über einen speziell auf die ungarischen Juden bezogenen Handel vorschlug.

Die Zionisten glaubten die Zeit auf ihrer Seite zu haben, da ja Deutschland den Krieg klar verloren hatte und die Fortsetzung der „Endlösung" ihnen zwecklos erschien; indes akzeptierten die Deutschen ihre Niederlage zu diesem Zeitpunkt nicht und setzten den Krieg dreizehn weitere lange und blutige Monate fort. Die Nazis, die die weitgehende Vernichtung der letzten, noch verbliebenen jüdischen Bevölkerungsgruppe anstrebten, hofften darüber hinaus, einen Keil zwischen die Alliierten treiben zu können, und die Juden – allerdings nur sehr wenige von ihnen – zu diesem Zweck benutzen zu können.

Das „Gestapo-Geschäft"

Parallel zu diesem angeblichen Angebot entfalteten Wisliceny und Eichmanns „Kommando" eine emsige Tätigkeit – zunächst im Bereich der Karpaten, die die Wehrmacht schon bald zum „Operationsgebiet" erklärte. Unterstützt wurde sie von Tausenden von ungarischen Gendarmeriebeamten, die die Juden aus der Provinz zusammentrieben, sie unter schrecklichen Bedingungen in improvisierte Ghettos pferchten, die Ghettos voneinander abtrennten und jüdisches Eigentum konfiszierten, wie es von den SS-Oberen in Berlin, aber auch von Winkelmann und Geschke in Ungarn erwartet wurde und wie es bereits in anderen Teilen des besetzten Europa als erster Schritt zur Deportation geschehen war. Hierbei sollte die Rolle der Wehrmacht betont werden, die erwartete, dass der Großteil der ungarischen Provinz so bald wie möglich „judenrein" sein werde[20]. Das zeugt nicht nur davon,

---

[19] Zu den Verhandlungen zwischen Wisliceny und dem Rettungskomitee in Bratislava sowie den wahren Absichten der Deutschen in dieser Angelegenheit siehe NARA, Microcopy T-175, Records of the Reich Leader of the S.S. and Chief of the German Police, Record Group (RG) 242, Role 584, SD-Leitabschnitt Wien (keine Rahmendaten), Brief von SS-Untersturmführer Urbantzke an die SD-LA Wien, Abteilung III B, z. Hd. S.S. Hauptsturmführer Herrmann, den 22.8.1942, Betr. Judenaussiedlung, z. B. Wiederansiedlung der Juden, ferner Yehuda Bauers Auseinandersetzung mit den slowakischen Bestechungszahlungen, insbesondere von Wislicenys Rolle in Jews for Sale? Nazi-Jewish Negotiations, 1933–1945, New Haven, 1994, S. 62–101.
[20] Siehe Percy Ernst Schramm (Hrsg.) Kriegstagebuch des Oberkommandos der Wehrmacht, Bd. 4, Teil I, Frankfurt a. M. 1961, S. 827–853. Die genaue Einteilung Ungarns in Gendarmeriezonen und die Deportation der Juden von dort wird in Braham, The Politics of Genocide, Bd. II, ausführlich beschrieben, einschließlich der im Vergleich weniger schrecklichen Geschichte der Juden in Zone V und VI aufgrund von „Glück" und einem neuen Faktor, den sogenannten „LKWs für Blut-Verhandlungen"

dass es sich bei der SS und der deutschen Armee um zwei Seiten ein und derselben Medaille handelte, wobei die Juden a priori als Feinde und Sicherheitsrisiko betrachtet wurden, sondern auch, dass Eichmanns Handlungsspielraum hinsichtlich des Überlebens der ungarischen Juden, d. h. eines diesbezüglichen Handels mit den westlichen Alliierten, äußerst eingeschränkt war. Ende Mai hielt Heinrich Himmler eine Rede vor hochrangigen Wehrmachtsoffizieren, in der er das Thema der Endlösung offen ansprach[21]. Er sagte, er sei kein blutrünstiger Mensch, müsse aber entsprechend den von ihm erhaltenen Befehlen entschlossen handeln, auch was jüdische Frauen und Kinder betreffe. Die Kinder würden groß werden und Rache nehmen, indem „sie uns umbringen". Daher sei *die Judenfrage gelöst worden* [Hervorhebung durch den Verf.], sagte er und wurde von seinen Zuhörern aus den Reihen der Wehrmacht mit warmem Applaus bedacht. Diese Aussage schloss allerdings das Überleben einiger weniger, die man für politische und wirtschaftliche Zwecke benutzen wollte, nicht aus[22]. So hatten einige Wochen zuvor die Deutschen in Budapest den zionistischen Rettungsaktivisten Joel Brand und einen ehemaligen OSS-Agenten namens Bandi Grosz, der unter anderem in den Diensten des ungarischen Geheimdiensts, der Abwehr und der zionistischen Rettungsmission in der Türkei gestanden hatte und nun in Budapest gestrandet war, in das neutrale Istanbul entsandt. Brand sollte mit Hilfe seiner zionistischen Kontakte in der Türkei in Eichmanns Namen das Leben der jüdischen Bevölkerung Ungarns im Austausch gegen LKWs der westlichen Alliierten und andere Schmuggelware anbieten. Grosz hatte die Aufgabe, den alliierten Nachrichtendiensten Gespräche zwischen dem SD und seinen alliierten Pendants über einen Separatfrieden vorzuschlagen[23].

Ein „Separatfriede" zwischen dem Dritten Reich und den westlichen Alliierten hätte die Große Allianz zwischen dem Westen und Stalins UdSSR zerstört, die bis dahin die Hauptlast des Landkriegs getragen hatte – auch nachdem die westlichen Alliierten auf dem europäischen Festland angekommen waren und praktisch in Italien steckengeblieben waren. Kurz vor der erwarteten Landung in Frankreich einen Keil zwischen die Mitglieder der Großen Allianz treiben zu können und die angeblichen Verhandlungen zwischen den Mitgliedern der Allianz und Nazi-Deutschland sogar für Propagandazwecke zu nutzen, war genau, was sich der Chef des SD-Ausland, Walter Schellenberg, erhoffte, als er und seine Vorgesetzen in Berlin die Abreise von Brand und Grosz in die Türkei autorisierten[24]. Nach seiner Ankunft nahm Brand Kontakt mit der zionistischen Rettungsmission in der Türkei und mit anderen jüdischen Aktivisten auf und bemühte sich, Laurence Steinhardt, den amerikanischen Botschafter in Ankara, zu erreichen[25]. Brand und Grosz wurden jedoch von den

---

zwischen Kasztner und Eichmann; siehe Braham, The Politics of Genocide, Bd. II, S. 733 ff. Laut dieser Quelle wurden mindestens etwa 30 000 Ungarn aus diesen Zonen nicht nach Auschwitz deportiert, sondern zur Arbeit nach Strasshof in Österreich gebracht. Andere haben allerdings die geringere Zahl von 18 000 genannt, ein Thema, das weiter unten noch zu behandeln sein wird.

[21] Heinrich Himmler: Geheimreden 1933 bis 1945 und andere Ansprachen, hrsg. von Bradley F. Smith. Frankfurt a. M. 1974, S. 203. Himmlers Stimme ertönt in einer Aufzeichnung von dem Treffen mit Wehrmachtsoffizieren am 24. Mai 1944 in Sonthofen, BBC Timewatch-Dokumentation 2001, Autor und Produzent: Detlef Siebert.

[22] Der General der Waffen-SS Pfeffer-Wildenbruch war bei der Zusammenkunft ebenfalls anwesend und wurde nachher von Himmler zurechtgewiesen, weil er bei einem Exklusivtreffen der Wehrmacht in einer Art und Weise in Erscheinung getreten sei, die das Verhältnis zwischen Wehrmacht und Waffen-SS belasten könne. Siehe Pfeffers BCD-Akte.

[23] Siehe Fußnote 20 sowie Aronson, Hitler, the Allies, and the Jews, S. 239–251.

[24] Siehe Aronson, Hitler, the Allies, and the Jews, S. 222–235, 305.

[25] Ebenda.

türkischen Behörden angewiesen, das Land zu verlassen, so dass sie versuchten, Palästina per Bahn über das von den Briten besetzte Syrien zu erreichen. Auf dem Weg wurden beide vom britischen Nachrichtendienst verhaftet und zur Vernehmung nach Kairo gebracht[26]. Dennoch gelang es Brand, die zionistischen Behörden und andere jüdische Aktivisten über seine „Mission" zu informieren; diese entschieden sich zunächst dafür, mit der SS zu verhandeln – weshalb Eichmanns angebliches LKW-Angebot in den Unterlagen der Alliierten[27] als „Handel mit der Gestapo" – „Gestapo-Geschäft" – bezeichnet wurde – oder das Angebot zumindest zu nutzen, um Zeit zu gewinnen, bevor die Deportation der jüdischen Bevölkerung Ungarns beginnen würde[28]. Bei der Vernehmung sagten sowohl Brand als auch Grosz den Briten – die sich beeilten, die Amerikaner darüber zu informieren –, dass die treibende Kraft hinter Eichmanns Angebot ein Gestapo-Doppelagent jüdischer Herkunft namens Fritz Laufer sei und dass das LKW-Geschäft in erster Linie dessen und ihrer beider Vorschlag an Eichmann gewesen sei, der im Gegenzug sein eigenes Angebot gemacht habe[29]. Die Verhandlungen über den Separatfrieden mit dem SD seien eine Idee von Bandi Grosz gewesen, die von SD und Eichmanns Gestapo in der offensichtlichen Hoffnung auf einen politischen und propagandistischen Gewinn gebilligt worden sei. Sobald alliierte Soldaten an Frankreichs Küste gelandet seien, sollten sie, je nach deutschem Ermessen, darüber informiert werden, dass – während sie kämpften und starben – Juden gegen strategische Güter eingetauscht würden oder dass es Verhandlungen über einen Separatfrieden gäbe. Nun, da der Holocaust in vollem Umfang in der westlichen Bevölkerung bekannt geworden war – insbesondere die laufenden Deportationen aus Ungarn – waren die sich über mehrere Wochen hinziehenden Vernehmungen Gegenstand alliierter Beratungen auf höchster Ebene. Ihre Debatten waren mit dem sogenannten Deal mit der Weiss-Familie verquickt, das der SS die Kontrolle über jüdische Rüstungsfirmen und andere Industrieanlagen im besetzten Ungarn ermöglichte[30].

Das Office of Strategic Services (OSS), der zentrale amerikanische Nachrichtendienst in dieser Zeit, hatte Kenntnis von einem Geschäft, bei dem Kurt Becher, Himmlers verantwortlicher Mann vor Ort, die Verfügung über in jüdischem Besitz befindliche Fabriken im Großraum Budapest durch die SS im Austausch gegen das Leben der Eigentümerfamilie Weiss-Horin erhielt. Mehrere Familienmitglieder durften in das neutrale Portugal ausreisen, während andere als Geiseln in Wien bleiben mussten, um die „gute Führung" der Ausge-

---

[26] Brand und Grosz wurden getrennt vernommen, beschrieben jedoch beide ihre Mission als eine von ihnen selbst und dem SD ausgehende Initiative, an der ein deutscher Doppelagent jüdischer Herkunft von Anfang an beteiligt gewesen sei. Dieser Agent, Fritz Laufer, stand zwar auch in den Diensten des OSS, entpuppte sich nun jedoch als richtiger Feindagent, der an strategischen Gütern oder Devisen interessiert war. Siehe Aronson, Hitler, the Allies, and the Jews, S. 254.
[27] Aronson, Hitler, the Allies, and the Jews, siehe ebenfalls Hagana-Archiv, Tel-Aviv, Akte Brand, Kurzprotokoll des Treffens vom Mittwoch, dem 28. Juni 1944 in der Russel Street 77, London W.C. 1, Geheim.
[28] Siehe Dina Porat, An Entangled Leadership: The Yishuv and the Holocaust 1942-1945 (Hebräisch), Tel Aviv 1986, S. 392-404, vgl. ebenfalls Tuvia Friling, Arrows in the Dark: David Ben-Gurion. The Yishuv's Leadership, and rescue Efforts during the Holocaust, Jerusalem/Sede Boker 1998 (Hebräisch) und Arrows in the Dark, Tel Aviv/Jerusalem 1989, S. 369-377.
[29] Zu Fritz Laufers Hintergrund, seiner möglichen Anwerbung als Gestapo/SD-Agent in Prag und seinen späteren Aktivitäten als Doppelagent in Budapest siehe Aronson, Hitler, the Allies, and the Jews, S. 191-204, 243-247.
[30] Zum Geschäft mit der Weiss-Familie siehe Richard Breitman/Shlomo Aronson, „The End of the Final Solution?" (s. Anm. 11).

reisten zu gewährleisten. Das OSS interpretierte das LKW-Geschäft so, als ob die LKWs im Austausch gegen die in Wien befindlichen Geiseln der Familie Weiss geliefert werden sollten, sah die ganze Sache jedoch als ein gegen Präsident Roosevelt gerichtetes Nazi-Komplott: „(Roosevelt) ist das Hauptziel, denn die Nazis behaupten, er behindere durch seine Bemühungen, Juden zu retten, die Kriegsanstrengungen"[31]. Beide westliche Alliierte gelangten zu dem Schluss, dass die Missionen von Brand und Grosz entweder von den Zionisten angeregt worden seien, wobei „der SD auf dem Fahrersitz" sitze[32], oder dass es sich dabei um eine List von Gestapo und SD handle, der man trotz der zionistischen Appelle, Brands Angebot zumindest als Auslöser für weitere Verhandlungen zu nutzen, aus dem Weg gehen sollte[33].

Die Briten machten Brands Mission Ende Juli öffentlich und es wurde ihm überlassen, entweder nach Palästina zu gehen oder mit leeren Händen nach Ungarn zurückzukehren, wenn er dies wolle. Brand zog es vor, in Palästina zu bleiben und begann ohne Zeitverlust die zionistische Führung zu bedrängen, „das Geschäft mit Eichmann" um jeden Preis zu verfolgen, weil die Tatsache, dass es ihm nicht gelungen war, mit Ergebnissen zurückzukehren, angeblich der Grund für die Ausweitung der Deportation ungarischer Juden nach Auschwitz war. Ungeachtet seiner Beweggründe und der gerechtfertigten Dringlichkeit seines Anliegens errichtete Brand hier eine doppelte Falle für die Zionisten und die westlichen Alliierten. Er machte sie beide – und nicht nur die Deutschen – für die Vernichtung der ungarischen Juden historisch verantwortlich, wobei die Deutschen niemals die Absicht hatten, diese auszutauschen, bis auf möglicherweise ganz wenige, wie wir noch sehen werden.

Darüber hinaus wurden die früheren Verbindungen von Brand und Grosz mit dem OSS – sowohl die direkten als auch die indirekten – als Mittler und Adressaten von zionistischer Post und zionistischem Geld, als ein Fall von Verrat amerikanischer Geheimnisse untersucht. Dies führte zu einer größeren Reorganisation der OSS-Stelle in Istanbul und zur Entlassung oder Entfernung der meisten ihrer jüdischen Mitarbeiter, aber auch von Nichtjuden, ganz so als sei der Standort vom Feind mithilfe von Juden oder Zionisten infiltriert worden, die sich hauptsächlich um die Rettung von Juden gekümmert hatten, nicht aber um die Kriegsziele der Alliierten[34].

Kasztners kontinuierliche Bemühungen und die „Auschwitz-Protokolle"

Während Brand in Palästina blieb, hielt sich sein Kollege Reszö Kasztner – abgesehen von einer Fahrt in seine transsylvanische Heimatstadt Cluj – in Budapest auf und war Zeuge der umfangreichen Deportationen aus der ungarischen Provinz nach Auschwitz. Allerdings griff Reichsverweser Horthy im Juli ein und verhinderte die Deportation der Budapester Juden. Dies geschah nach der neuerlichen und nunmehr erfolgreichen sowjetischen Inva-

---

[31] OSS-Telegramm 54324, Washington nach Kairo via SAINT, Kopien nach London und Istanbul, NARA, RG 226, entry 134, box 254.
[32] OSS-Bericht über den „Handel mit der Gestapo", NARA, RG 226, entry 120, box 20, X-2 (Abwehrdienst).
[33] Zu den internen britischen Überlegungen in diesem Zusammenhang siehe Martin Gilbert, Auschwitz and the Allies, Kapitel 24, „The Gestapo Offer, Unmanageable Numbers", Tel Aviv 1988, hebräische Übersetzung.
[34] Siehe OSS-Bericht oben, Anm. 32.

sion in Rumänien, die in dessen Entscheidung gipfelte, die Seiten zu wechseln und sich den Alliierten anzuschließen, sowie nach der erfolgreichen Landung der westlichen Alliierten in der Normandie im Juni. Der Reichsverweser ernannte ein neues Kabinett ohne die pronazistischen Minister, und zu diesem Zeitpunkt – im Juli/August 1944 – musste Adolf Eichmann Ungarn verlassen.

Auch auf dem Höhepunkt der Deportationen versuchten Kasztner und seine Kollegen vom zionistischen Rettungskomitee an Brands Mission festzuhalten und hegten die Hoffnung, dass es gelingen würde, irgendeine Art von Geschäft mit den Deutschen auszuhandeln, sogar hinsichtlich der nach Auschwitz Deportierten. Kasztner verhandelte weiterhin mit der SS, darunter auch mit Kurt Becher, Himmlers bevollmächtigtem Vertreter für wirtschaftliche Angelegenheiten[35]. Er informierte sowohl die zionistische Rettungsmission in Istanbul als auch das amerikanische War Refugee Board darüber, dass zunächst nicht alle Deportierten in den Tod geschickt werden würden[36], dies aber geschähe, wenn nicht unverzüglich Maßnahmen ergriffen würden. Als „Maßnahmen" schlug Kasztner seinen Gesprächspartnern die Bereitstellung von Geld und Lebensmittelpaketen vor, um die Einrichtung von speziellen Lagern für Alte, Frauen und Kinder zu ermöglichen, wofür arbeitsfähige Männer eingesetzt werden könnten. Kasztner kannte die „Auschwitz-Protokolle", das heißt die Berichte zweier aus Auschwitz entflohener Slowaken namens Vrba und Wetzler über diese Todesfabrik, und erwähnte in seinen Bitten um ausländische Hilfe auch die Verwendung von Giftgas[37]. Er vertrat dennoch die Auffassung, dass Geld und möglicherweise auch Warenlieferungen an die Deutschen eine Wirkung erzielen könnten. Er war zwar nicht besonders zuversichtlich, sah dies jedoch als eine Möglichkeit, die verfolgt werden müsse, wenn damit Menschenleben gerettet werden könnten.

Der Zug

Gleichzeitig verlangte Kasztner von Eichmann und Becher, das von der Gestapo gleich nach der Invasion gegebene Versprechen einzuhalten, die von den zionistischen Organisationen ausgestellten Einreisezertifikate nach Palästina anzuerkennen und deren Inhaber als Geste ernster Absichten an ihren Zielort ausreisen zu lassen. Sollte dies nicht der Fall sein, würde es keine weiteren Gespräche über Tauschgeschäfte geben. Diese „Geste ernster Absichten" tauchte später als sogenannter „Kasztner-Zug" wieder auf[38]. Als es schien, als würden die Deutschen dieses Versprechen einlösen, wurde die ursprüngliche Liste von Kasztner und den anderen Mitgliedern des zionistischen Rettungskomitees erweitert, so dass der Zug, der schließlich nach Portugal abfahren sollte, nicht in der alleinigen Verantwortung Kasztners lag. Die Anzahl der vom Komitee ausgewählten Passagiere betrug insgesamt 1684 Männer, Frauen und Kinder. Die Liste umfasste Yoel Titelbaum, den glühend anti-zionistischen

---

[35] Siehe Moladti-Akte, Hagana-Archiv, Depot 80/187f/32, Dokument Nr. 34.
[36] Ebenda.
[37] Ebenda.
[38] Siehe diesbezüglich Kasztners eigene Version: Der Bericht des jüdischen Rettungskomitees aus Budapest 1942-1945, o. O. 1946, vorgelegt von Dr. Reszö Kasztner; deutsche Publikation: Ders., Der Kastner-Bericht über Eichmanns Menschenhandel in Ungarn, München 1961, sowie Kasztners „Hebrew-Bericht", der 1946 von Dr. Reszö Kasztner dem Zionistenkongress vorgelegt wurde und in der Übersetzung von Binyamin Gat-Rimon unter dem Titel „Kasztner's Truth" von der „Association for the Commemoration of Dr. Israel Kasztner" publiziert wurde, o. O. o. J.

Rabbi von Szatmár, zionistische Pioniere und andere, die das notwendige Bestechungsgeld an die SS bezahlten, da aus dem Westen kein Geld für diesen Zweck eintraf. Die Bestechungssumme wurde von Becher als „Kaution"[39] anerkannt, die nach dem Krieg zurückgezahlt werden sollte. Sein Hauptinteresse galt nämlich nicht dem Vermögen der ungarischen Juden, sondern strategischen Gütern der Alliierten oder Devisen wegen deren Eigenwert, und um sie möglicherweise für politische Ziele oder Propagandazwecke zu nutzen, sobald es den Nazis beliebte, das Geschäft öffentlich zu machen[40]. Da jedoch vom Westen weder Waren noch Geld geliefert wurden, schickte Eichmann den Zug nicht nach Portugal, sondern in das Austauschlager Bergen-Belsen bei Hannover in Deutschland. Diese Filiale unterschied sich vom nahe gelegenen Konzentrationslager – die Gefangenen waren unter vergleichsweise zumutbaren Bedingungen inhaftiert, während sie auf ihren Austausch warteten. Im August 1944 gelang es Kasztner, Becher davon zu überzeugen, dass es ohne Freiheit für die Passagiere des Zuges keinen Austausch gegen Waren oder Geld geben könne, worauf Becher seinerseits Himmler überredete, die Hälfte von ihnen in die Schweiz ausreisen zu lassen. Daraufhin wurden Becher von Kasztner strategische Güter versprochen, die von den Alliierten geliefert werden sollten. Indessen waren die Verhandlungen von Roswell McClelland übernommen worden, einem engagierten und aufrichtigen Vertreter des amerikanischen War Refugee Board. McClelland hatte zwar keinerlei Erlaubnis, irgendetwas zu liefern, sollte jedoch die Gespräche mit der SS hinauszögern, um im Austausch gegen leere Versprechungen Zeit zu gewinnen[41]. Seine Überlegungen – und die seiner Vorgesetzten – gründeten sich auf die Furcht, die Deutschen könnten die von ihnen verlangten Waren oder das Geld dazu verwenden, den Krieg zu verlängern oder um daraus propagandistisches oder politisches Kapital zu schlagen bzw. sogar um eine Wiederauferstehung der Nazi-Partei nach dem Krieg zu ermöglichen[42].

In der Zwischenzeit erwies sich das letzte Kriegsjahr sowohl im Westen als auch im Osten als sehr viel komplizierter als erwartet. Ein Appell des amerikanischen War Refugee Board, die nach Auschwitz führenden Eisenbahnlinien und das Todeslager selbst zu bombardieren, wurde von der US-Regierung zurückgewiesen. Begründet wurde dies mit anderen Prioritäten, mit möglichen politischen Auswirkungen im Fall der Tötung von Insassen und einer etwaigen Ausnutzung dieser Auswirkungen durch den Feind, während die Abschlachtung von hilflosen Zivilisten mit anderen Mitteln unvermindert weiter gehe. Es scheint jedoch, als habe sich die Aufmerksamkeit der westlichen Alliierten vor allem auf den andauernden Krieg gerichtet, auf die schweren Verluste, die von allen – Briten, Amerikanern, und Kanadiern – auf dem Marsch nach Deutschland erlitten wurden, auf die Fixierung der Befehlshaber der Luftwaffen der westlichen Alliierten auf Flächenbombardierung oder

---

[39] Zu Bechers Versprechen, das Geld zurückzuerstatten, siehe seinen Brief an Dr. Chaim Posner, Direktor des Palästinabüros (einer Zweigstelle der Jewish Agency), in Genf vom 30. Mai 1948, Akte L 17/170, Zionistisches Zentralarchiv (CZA).
[40] Siehe Aronson, Hitler, the Allies, and the Jews, Kapitel 32, „The Train", S. 281ff.
[41] McClelland wurde von Kasztner über seine laufenden Verhandlungen mit Becher unterrichtet und gab die Informationen an das amerikanische Außenministerium weiter, obwohl er eigentlich der Emissär eines unabhängigen Organs – des War Refugee Board (WRB) – sein sollte. Siehe ebenfalls McClelland an das Außenministerium, Bern-Telegramm 5588, 8-26-1944, Franklin Delano Roosevelt Memorial Library, WRB, cont. 56, file Jews in Hungary (Aug. 44, 840 l). Der Telegrammverkehr des WRB, einschließlich McClellands Name und Zuständigkeit samt Gehalt, wurde von der Dechiffrierungsabteilung der deutschen Wehrmacht OKW/Chi bis mindestens November 1944 entschlüsselt, siehe NARA, RG 457, entry 1032, box 226.
[42] Siehe dazu Dwork/Ducker papers, NARA, box 29, folder 36.

Präzisionsbombardierung von militärischen Zielen – wobei entlegene Schienenwege ganz bewusst nicht einbezogen wurden – und auf die wachsenden Meinungsverschiedenheiten zwischen Briten und Amerikanern über die Kriegsstrategie, die schon vor der Invasion in Frankreich begonnen hatten und deren Behandlung den Rahmen dieses Aufsatzes sprengen würde.

Es soll hier angemerkt werden, dass die Amerikaner über ein mögliches letztes Nazi-Bollwerk in den Nordalpen, die sogenannte Alpenfestung, ernsthaft besorgt waren und dass beide westliche Alliierte aus Furcht vor Vergeltungsmaßnahmen Hitlers gegen ihre Kriegsgefangenen sehr vorsichtig waren, den Deutschen Bestrafung für ihre Verbrechen anzudrohen[43]. Die Amerikaner blieben weiterhin sehr interessiert an einer späteren Beteiligung der Sowjets am Krieg gegen Japan, weil sie nicht wussten, ob die Atombombe funktionieren würde[44].

Somit könnte Himmlers Entscheidung vom Dezember 1944, die noch verbliebenen Passagiere des „Kasztner-Zuges" in die Schweiz ausreisen zu lassen, und eine von ihm autorisierte ähnliche Geste in Bezug auf tausend Häftlinge in Theresienstadt als ein weiterer Schritt hin zu separaten Verhandlungen mit dem Westen gesehen werden, um die Große Allianz zu spalten. Dieser Schritt ging mit dem Überraschungsangriff an der Westfront einher, der als „Ardennen-Offensive" bekannt ist und die westlichen Alliierten sehr viel Blut kostete, so dass alliierte Soldaten es als Verrat auffassen konnten, wenn man sich mit den Juden beschäftigte, während Amerikaner, Briten und Kanadier in der Winterkälte ihr Leben riskierten[45].

Lediglich in den letzten Wochen des Krieges war Becher in der Lage, in vollem Umfang mit Kasztner zusammenzuarbeiten, um die Vernichtung der Juden, die zur Arbeit in deutsche Konzentrationslager und nach Theresienstadt eingeliefert worden waren, zu verhindern – was der Abwendung Himmlers von Hitler in dieser letzten Phase zu verdanken war[46].

---

[43] Siehe Public Record Office, Cabinet papers, CAB 65/50, WM 43 (45) War Cabinet, April 12, 1945, wo das Thema der Kriegsgefangenen als eines der Probleme in Hinblick auf die von den Amerikanern angeregten Kriegsverbrecherprozesse erwähnt wird. Siehe zum Einlenken des britischen Kriegskabinetts bezüglich der Prozesse CAB 57 (45), 3. Mai 1945. Vgl. NARA, RG 226, entry 146, General Counsel, der verschiedene Berichte über Kriegsverbrechen enthält, box 37, Telegramme, Furcht vor Vergeltungsmaßnahmen gegen alliierte Gefangene.

[44] Dies hinderte den Vertreter des OSS, Allen Dulles, keineswegs daran, die sogenannten „Sunrise"-Verhandlungen (Unternehmen Sonnenaufgang) mit den Deutschen über eine separate Kapitulation in Norditalien zu führen, die fast bis zum VE-Day andauerten. Siehe diesbezüglich und dazu, wie sich die Sowjets dies zunutze machten, nachdem ihnen die Teilnahme an den Gesprächen verwehrt worden war, Bradley F. Smith, The Shadow Warriors, New York 1983, S. 286f.

[45] Der Autor hat derartige Argumente von einem ehemaligen amerikanischen Nachrichtenoffizier gehört, der versuchte, nach dem Krieg an die Becher-Kautionen heranzukommen. Sein Argument war, dass Juden gegen Geld und strategische Güter eingetauscht wurden, während er in General Pattons 3. Armee gekämpft habe und seine Kameraden gestorben seien.

[46] Siehe diesbezüglich Aronson, Hitler, the Allies, and the Jews, S. 304f., sowie einen Bericht über Himmlers Benutzung des Ghettos Theresienstadt, um das Rote Kreuz in Bezug auf den Holocaust insgesamt zu täuschen, in Fritz Bauer Institut (Hrsg.), Auschwitz: Geschichte, Rezeption und Wirkung des Holocaust, Frankfurt a. M./New York 1996, S. 319-352. Der Artikel erzählt unter anderem die Geschichte der filmischen Darstellung des Ghettos im Sommer 1944, als würde es sich um eine Art jüdisches Paradies handeln und bringt sie in einen möglichen Zusammenhang mit anderen, von Himmler zu der Zeit unternommenen Aktivitäten, um den Holocaust zu leugnen und die diesbezüglichen Beweise zu zerstören, worauf sich die Holocaust-Leugner der Gegenwart bis zum heutigen Tag beziehen.

Die ungarische Front; „Horthys Angebot"

Nach der deutschen Niederlage an der rumänischen Front im Sommer 1944[47] und der rumänischen Entscheidung, die Seiten zu wechseln und sich den Alliierten anzuschließen, sowie der darauf folgenden sowjetischen Invasion in Ungarn im Oktober, versuchte Admiral Horthy seine eigenen Verbindungen mit den Russen aufzubauen, wurde jedoch im Herbst von den ungarischen „Pfeilkreuzlern" mit Unterstützung der Deutschen gestürzt[48]. Allerdings sahen sich die eindringenden Sowjets auf ihrem Weg nach Budapest mit beträchtlichem Widerstand konfrontiert, so dass sich Stalins anfänglicher Plan, die Wehrmacht auf breiter Front auf dem gesamten Balkan anzugreifen, um seine Interessen in Südosteuropa sicherzustellen – und dann auf dem ganzen Weg über Polen und Ostpreußen bis Berlin als endgültigem Ziel – nur teilweise erfolgreich war[49]. Stalins ursprünglicher Plan erforderte die Besetzung von Budapest im Sommer 1944 sowie die Errichtung einer Ablauflinie zwischen Graz, Wien, Brünn (Brno) und Olmütz (Olomouc) in Österreich und der heutigen Tschechischen Republik. Die Rote Armee traf auf ihrem Weg in die ungarische Hauptstadt jedoch auf erbitterten Widerstand. Die Armeegruppe von Marschall Malinovskij, nunmehr unterstützt von rumänischen Truppen, eroberte Debrecen, einen wichtigen ungarischen Knotenpunkt von strategischer Bedeutung, erlitt dabei jedoch erhebliche Verluste – eine Operation, von der weiter unten noch die Rede sein wird.

Zuvor hatte Admiral Horthy erneut sein Glück mit dem Westen versucht, und zwar in Bezug auf das Schicksal der noch verbliebenen ungarischen Juden, die in Budapest zusammengedrängt waren.

Ungefähr 120 000 in Budapest lebende Juden und solche, die aus der ungarischen Provinz in die Hauptstadt geflohen waren, blieben bis Juli 1944 unbehelligt, dem Zeitpunkt, zu dem der Reichsverweser Miklós Horthy die Deportationen stoppen ließ[50]. Seit der deutschen Besetzung im März übte Horthy weiterhin eine gewisse Kontrolle über Budapest aus, während die Provinz zur Gänze von den Deutschen und der dem Reichsverweser von den Invasoren aufgezwungenen pro-Nazi Regierung beherrscht wurde. Im Juli ersetzte der Reichsverweser das mit ungarischen Nazis besetzte Kabinett durch loyal zu ihm stehende Minister und unterbreitete den westlichen Alliierten nach seiner Entscheidung, weitere Deportationen zu verhindern, das offizielle Angebot, die Ausreise der Budapester Juden nach Palästina zu gestatten[51]. Adolf Eichmann war gezwungen, Ungarn zu verlassen, so dass Hitler selbst einschritt, um die Juden – im Austausch gegen das Leben einiger weniger, die dem Reichsverweser nahe genug zu stehen schienen – an ihn ausliefern zu lassen[52]. Aufgrund der zu erwartenden Niederlage des Dritten Reiches und seiner Hoffnung, wegen der sowjetischen Bedrohung aus dem Osten engere Beziehungen mit dem Westen eingehen zu

---

[47] Siehe zur sowjetischen Strategie auf dem Balkan seit der gescheiterten Invasion in Rumänien im Frühjahr 1944 bis zur erfolgreichen Offensive Ende August Glantz, Red Storm, S. 375–381.
[48] Siehe Braham, The Politics of Genocide, Bd. II, S. 878–880, 947–952.
[49] Die deutschen Unterlagen zu diesem Kapitel des Krieges an der Ostfront befinden sich in den Beständen RW5/600 und N 756/360 im Bundesarchiv-Militärarchiv, Freiburg i. Br. (BA-MA). Siehe ferner Will Fey, Armor Battles of the Waffen SS 1943–1945, Mechanicsburg, PA 1990, S. 226–234.
[50] Zu Horthys Entscheidung, die Deportationen im Juli 1944 zu stoppen und zu seinem weiter unten behandelten Angebot, die Budapester Juden nach Palästina ausreisen zu lassen, siehe Aronson, Hitler, the Allies, and the Jews, S. 267-287.
[51] Ebenda.
[52] Ebenda.

können, blieb Horthy standhaft. Die Nazis, in Budapest durch Ribbentrops Gesandten Edmund Veesenmayer vertreten, bedrängten ihn hart, so dass das Schicksal der Budapester Juden in der Luft zu hängen schien, während Briten und Amerikaner über Horthys Angebot berieten. Horthy war freilich der Annahme, die westlichen Alliierten seien stark am Schicksal der Juden interessiert und stünden unter starkem jüdischen Einfluss. Aber Horthy irrte sich. Die Briten lehnten sein Angebot ab, da sich eine massenhafte jüdische Einwanderung nach Palästina abzuzeichnen schien, die die im von der britischen Regierung im Mai 1939 erstellten „Weißbuch" festgelegte Gesamtquote überstieg, und ersuchten die Amerikaner, die Flüchtlinge aufzunehmen[53]. Durch ihre eigene restriktive Einwanderungsgesetzgebung gebunden und aus Furcht vor antisemitischen Auswirkungen spielten die Amerikaner den Ball an die Briten zurück, bis Horthy das Interesse verlor[54]. Sein Sinneswandel könnte auf der Erkenntnis beruhen haben, dass die starke deutsche Militärpräsenz in Ungarn derartige Bestrebungen ohnedies vereitelt hätte. Trotzdem waren zu diesem Zeitpunkt nicht wenige Budapester Juden in der Lage, sich Schutzbriefe von der schweizerischen und der schwedischen Gesandtschaft in der Hauptstadt zu besorgen, während Freiwillige der zionistischen Jugend ähnliche Dokumente fälschten[55].

Im Lauf des Herbstes stürzte die ungarische Nazi-Partei, bekannt als die „Pfeilkreuzler", Horthy und seine Regierung unter Mitwirkung der Deutschen, einschließlich ihrer Gestapo- und SD-Agenten vor Ort, die an den vorhergehenden „Lösegeld-Geschäften" für die ungarischen Juden beteiligt gewesen waren[56]. Die neue Regierung wies die Budapester Juden unter Anwendung von Zwang in zwei Ghettos ein, während Eichmann in die Hauptstadt zurückkam. Etwas später – im November – erreichte die Rote Armee Budapest und schloss es im Dezember 1944 ein. Zuvor hatte Eichmann mit voller Unterstützung des Nazi-Bevollmächtigten Veesenmayer möglichst viele Juden aus der Stadt zur Arbeit ausrücken lassen, um entlang der österreichischen Grenze Befestigungsanlagen zu bauen. Im Dezember war die Stadt vollständig von der Roten Armee unter dem Kommando der Marschälle Rodion Malinovskij und Fjodor Tolbuchin eingeschlossen, allerdings musste die Belagerung bis Februar 1945 fortgesetzt werden, bevor der deutsch-ungarische Widerstand gebrochen werden konnte. Während dieser Zeit wurden viele Juden aus den Ghettos geholt, erschossen und in die Donau geworfen. Die meisten von ihnen konnten jedoch den Mörderbanden der „Pfeilkreuzler" entrinnen. Wie war dies möglich? Die wissenschaftliche Forschung hat eine Reihe von Erklärungen für diese Rettung angeführt. Eine davon lautet, dass sich die Juden auf eingezäunten Schweizer Grundstücken oder aber in anderen ausländischen Gesandtschaften aufhielten, die vor der sowjetischen Belagerung Schutzdokumente für sie ausgestellt hatten. Eine andere Erklärung erscheint weniger plausibel: Sie seien von den Deutschen vor den „Pfeilkreuzlern" gerettet worden, deren Banden die Ghettos

---

[53] Siehe diesbezüglich den OSS Research and Analysis Report vom 19. Oktober 1944, über „The Jews in Hungary", NARA, RG 226, entry 191, box Nr. 1, file Jews in Hungary.
[54] Ebenda, zitiert in Aronson, Hitler, the Allies, and the Jews, S. 267.
[55] Zu den zionistischen Jugendbewegungen und ihren Rettungsbemühungen siehe Asher Cohen, The Pioneers Underground in Hungary 1942–1944, University of Haifa and Hakibbutz Hameuched Publishers, Tel Aviv 1984. Die grundlegende Publikation zur sowjetischen Belagerung von Budapest und den damit zusammenhängenden Angelegenheiten auf ungarischer Seite wurde von Krisztián Ungváry auf Deutsch veröffentlicht: Die Schlacht um Budapest, Stalingrad an der Donau, München 1999, die englische Version erschien 2007 bei Yale University Press.
[56] Zur Rolle der Gestapo/SD-Agenten beim Sturz Horthys siehe Aronson, Hitler, the Allies, and the Jews, S. 294f.

mit allen Juden, die sich darin befanden, auslöschen wollten. Auf Intervention des schwedischen Diplomaten Raoul Wallenberg habe General Gerhard Schmidhuber, Kommandeur der 13. Panzerdivision der Wehrmacht, seinen Soldaten befohlen, die Juden zu schützen. Wallenberg, der zuvor viele Schutzbriefe für Juden ausgestellt hatte, habe dem deutschen General angeblich direkt gedroht, dass er – der Wehrmachtsoffizier – gehängt würde, wenn es ihm nicht gelingen sollte, die Juden zu retten[57].

Der Schweizer Konsul Carl Lutz kam nach der deutschen Invasion als Vertreter westlicher Interessen nach Ungarn. Als solcher wurde er von zionistischen Funktionären in Budapest kontaktiert, nachdem Eichmann ihnen versprochen hatte, einige wenige Einwanderer mit den passenden Papieren könnten das Land Richtung Palästina verlassen[58]. Später stellten Lutz und Wallenberg, der sich ihm als Vertreter des amerikanischen War Refugee Board anschloss[59], Schutzbriefe für ganze Gruppen von Juden aus[60]. Diese wurden von der „Pfeilkreuzler"-Regierung akzeptiert, die sich dadurch einen gewissen Grad an internationaler Anerkennung in ihren Beziehungen mit der Schweiz und Schweden erhoffte. Vizekonsul Lutz wurde später als Wallenbergs höher gestellter Kollege beim Rettungseinsatz für die Juden betrachtet, die Zuflucht im sogenannten „Internationalen Ghetto" gefunden hatten. Trotzdem konnten nicht alle, die sich dort aufhielten, den ständigen Entführungen entgehen, die mit der brutalen Erschießung der Opfer endeten. Die Leichen wurden in die Donau geworfen. Viele Juden wurden in das sogenannte „Große Ghetto" im Stadtviertel Pest gebracht, das ebenfalls nicht gefeit vor wiederholten Fällen von Entführung und Mord war. Als die Russen eine begrenzte Belagerung verhängten und die Stadt schließlich einschlossen, überlebte die noch verbliebene jüdische Gemeinde in ständiger Angst inmitten der kämpfenden Armeen, während die Mörderbanden der „Pfeilkreuzler" – eine Anzahl völlig ungezügelter Jugendlicher und uniformierter Milizionäre – versuchten, sie alle auszulöschen[61]. Es hat den Anschein, dass das „Große Ghetto" dank der ringsherum postierten deutschen Soldaten weiterbestehen konnte und dass die meisten seiner Insassen aus diesem Grund nach der vier Monate währenden sowjetischen Belagerung noch am Leben waren.

Dies erfordert eine Untersuchung der Aktivitäten der Wehrmacht in dieser Phase als Schlüssel zu ihrem Verhalten während der Belagerung und als Anhaltspunkt dafür, ob es sich bei der Entscheidung, das Ghetto zu schützen, um eine vorübergehende und rein taktische Überlegung gehandelt hat.

---

[57] Siehe dazu Ungváry in der Budapester Zeitung vom 17. Januar 2005: „Verzweifelte Kesselschlacht in Budapest: Stalingrad an der Donau".
[58] Die Verbindung zwischen Vizekonsul Lutz und den Zionisten wurden von Miklós-Moshe Krausz, dem Direktor des Palästina-Einwanderungsbüros in Budapest, hergestellt, siehe Braham, The Politics of Genocide, Bd. II, S. 965-1263, zu Krausz – er war auch Repräsentant der zionistisch-orthodoxen Partei Mizrachi – und seiner gespannten Beziehung zum Vertreter der zionistischen Arbeiterpartei Mapai, Samu Springmann, zu Joel Brand und Reszö Kasztner siehe Moladti-Akten („My Homeland" – der Codenamen für die seit Frühjahr 1943 in Istanbul, Türkei, aktive Rettungsmission), im Hagana-Archiv, Tel Aviv, Depot 14/153.
[59] Zu Wallenbergs Rettungsbemühungen in Ungarn siehe Braham, The Politics of Genocide, Bd. II, S. 965-1006.
[60] Siehe auch www.raoul-wallenberg.de/retter/carl_Lutz/carl_lutz.html. Laut dieser deutschen Website, die jenen gewidmet ist, die Hilfe bei der Rettung von Juden geleistet haben, wurde Lutz von seinen Vorgesetzten in Bern nach dem Krieg getadelt, er habe mit der Ausstellung der Schutzbriefe seine Kompetenzen überschritten. Siehe auch meine Darstellung der Nachkriegsaktivitäten von Lutz weiter unten.
[61] Siehe Ungváry, „Verzweifelte Kesselschlacht in Budapest" (s. Anm. 57).

In der Tat: Unterzieht man die deutschen und ungarischen Unterlagen und die dazugehörige Sekundärliteratur bzw. die entsprechenden sowjetischen Unterlagen – sofern verfügbar – hinsichtlich der Operationen der Roten Armee und der Deutschen auf dem Kriegsschauplatz Balkan – also in Rumänien und Ungarn – einer genaueren Untersuchung, wird deutlich, wie schonungslos sich der Krieg auf diesem Schauplatz gestaltete, wie lange der Kampf andauerte und folglich wie sehr die Rettung der Juden in Ungarn vom Zeitplan der sich hinziehenden militärischen Operationen abhängig war. Wir neigen dazu, in der Besetzung Ungarns durch die Deutschen einen letzten, verzweifelten Versuch zu sehen, der zu einem Zeitpunkt unternommen wurde, als der Krieg schon fast vorbei war. Tatsächlich endete der Krieg erst mehr als dreizehn Monate nach der Besetzung Ungarns durch die Deutschen, wobei sich Ungarn als das letzte große Schlachtfeld des Dritten Reiches erwies. Hitler zog seine letzten Panzereinheiten in Ungarn zusammen und nicht im Westen oder irgendwo sonst. Die Deutschen waren auf diesem Kriegsschauplatz in der Lage, der Roten Armee schwere Schläge zu versetzen und hätten beinahe den Weg in das belagerte Budapest wieder freigemacht, um sich mit den in der Stadt befindlichen Truppen zu vereinigen – eine neue Situation, die das Ende der Juden dort hätte bedeuten können. Daher muss das militärische Panorama in Ungarn eine zentrale Rolle in unserer Untersuchung des Schicksals der jüdischen Bevölkerung Ungarns einnehmen – beginnend mit der deutschen Besetzung im März 1944 und der Deportation der Juden aus der ungarischen Provinz. Die Rote Armee erreichte die Außenbezirke von Budapest erst im November und begann im Dezember mit der Belagerung, die beinahe vier Monate andauerte. Im Oktober, nach dem Eintreffen der Sowjets an der slowakischen Grenze und dem darauf folgenden Aufstand der Slowaken gegen ihre deutschen Gebieter, wurde die Slowakei von den Nazis vollständig besetzt und die meisten der in dieser vorher semi-unabhängigen Nation verbliebenen Juden vernichtet[62]. Dieses besonders tragische Kapitel des Holocaust in einem Land, in dem die Deportationen mehr als ein Jahr zuvor gestoppt worden waren, zeigt, dass die Deutschen nicht bereit waren, die noch verbliebenen Juden der „Endlösung" entgehen zu lassen, mit Ausnahme von etwa zwei Dritteln der rumänischen Juden auf altrumänischen Gebiet, deren Leben seit den ersten Rückschlägen der Deutschen im Russland-Feldzug und den rumänischen Deportationen und Massakern der Jahre 1941/42 vom Antonescu-Regime unangetastet blieb, das auch deutschen Auslieferungsgesuchen nicht stattgab, sowie der Juden aus Bulgarien, das sich im Sommer 1944 Rumänien angeschlossen hatte und den Russen kampflos ergab. Die Juden, die sich weiterhin unter deutscher Kontrolle befanden, wurden bis Spätherbst 1944 nach Auschwitz gebracht bzw. in „Todesmärschen" aus Auschwitz und weiteren evakuierten Konzentrationslagern zur Sklavenarbeit nach Deutschland getrieben. Eine Ausnahme bildeten die wenigen, die in Budapest überlebt hatten, die kleine Anzahl derer, die im „Kasztner-Zug" gewesen waren und die ca. 18 000 Juden, die aus Ungarn zur Arbeit nach Strasshof in Österreich deportiert worden waren und möglicherweise am Leben gelassen wurden, um bei zukünftigen Geschäften mit den Alliierten eingesetzt zu werden.

Nach Horthys Sturz und der Machtübernahme durch die Pfeilkreuzler kehrte Eichmann nach Ungarn zurück und begann, Juden aus Budapest an die österreichische Grenze mar-

---

[62] Zur letzten „Aktion" gegen die noch verbliebenen slowakischen Juden siehe NARA, role T-175, roll 584, SD Pressburg, Aktenvermerk vom 29. September 1944: „Halb Pressburg war heute Morgen auf den Beinen, um die Darbietung der Judenevakuierung zu sehen [...] so wurde der Fußtritt, den ein SS-Mann einem langsamen Juden versetzte, von der zahleichen Menschenmenge mit Beifall und Ausrufen der Unterstützung und Ermunterung aufgenommen [...]."

schieren zu lassen. Hinter diesen „Todesmärschen", die von SS-Truppen bewacht wurden, die die Deportierten – unter ihnen viele Frauen und Kinder – mit äußerster Grausamkeit behandelten, stand die Absicht, entlang der österreichischen Grenze Befestigungen zu errichten. Eichmann konnte die bis dahin vergeblichen Verhandlungen zwischen Kasztner und Becher verfolgen und sagte Kasztner, dass die Märsche weiterhin zu Fuß erfolgen würden, da die versprochenen LKWs nicht angekommen seien[63]. Kurze Zeit später befahl SS-General Hans Jüttner, Chef des für die Waffen-SS zuständigen Führungshauptamtes, der zufällig unter noch genauer zu erforschenden Umständen mit Rudolf Höss, dem ehemaligen Kommandanten von Auschwitz, entlang ihrer Strecke unterwegs war, die Einstellung der Todesmärsche[64]. Ein Grund dafür könnte die sich verschlechternde Situation an der Front gewesen sein – bei den Teilnehmern des Marsches handelte es sich in der Mehrzahl um Frauen und Kinder, deren Arbeitsleistung gleich null war – sowie Himmlers Furcht, dass die Volksdeutschen in Rumänien den Preis für den fortgesetzten Völkermord an den Juden würden bezahlen müssen. Ideen, wie die, die Volksdeutschen in Rumänien als Geiseln zu nehmen, um das Leben der Budapester Juden zu garantieren, wurden tatsächlich zwischen Kasztner und dem zionistischen Rettungsaktivisten in Rumänien, Dr. Ernst Marton, erörtert, allerdings ohne greifbares Ergebnis[65].

Während die Sowjets im November/Dezember in heftige Kämpfe in und um Budapest verwickelt waren, begannen die Deutschen ihre Überraschungsoffensive in den Ardennen. Diese wird in der westlichen Literatur als Hitlers „letzte Offensive" bezeichnet, was jedoch nicht stimmt. Die unmittelbare Gefahr für die gesamte Westfront schien zunächst ziemlich gravierend zu sein, aber als Hitler schließlich gestoppt wurde, verlegte er den Großteil seiner Panzer ausgerechnet nach Ungarn. Dafür gab es einen recht prosaischen Grund: Die letzten Treibstoffreserven der Wehrmacht waren in Ungarn verblieben, und der Fortsetzung des Kampfes lag Hitlers Hoffnung zugrunde, die Große Allianz werde im Augenblick ihres bevorstehenden Triumphes auseinanderbrechen eben wegen dieses Triumphes[66].

Entgegen dem Rat von Generaloberst Heinz Guderian, dem Chef des Generalstabs des Heeres, der die letzten Reserven an der Oder-Linie zur Verteidigung von Berlin gegen die anrückende Armeegruppe von Marschall Georgij Žukov zusammenziehen wollte, gab Hitler die Anweisung, seine wichtigsten Panzertruppen nach Ungarn zu verlegen, die zu diesem Zeitpunkt von General Hermann Balck, dem Kommandeur der 6. Panzerarmee befehligt wurden. Sie wurden ergänzt durch die Waffen-SS-Einheiten unter SS-General Herbert Gille. Als Kommandeur der Waffen-SS-Division „Wiking", war es Gille gelungen, bei Čerkassy Anfang 1944 aus sowjetischer Einkesselung auszubrechen; im Sommer war er an der grausamen Zerstörung Warschaus beteiligt, und nun sollte er die sowjetischen Armeegruppen unter den Marschällen Malinovskij und Tolbuchin bekämpfen[67]. Gleichzeitig befahl Hitler anderen Einheiten, das Stadtzentrum von Budapest bis zum letzten Mann zu verteidigen, um Malinovskijs Armeen (zu diesem Zeitpunkt beteiligten sich auch Rumänen an der

---

[63] Zu den ungarischen Todesmärschen siehe Braham, The Politics of Genocide, Bd. II, S. 358, 963–969, und Aronson, Hitler, the Allies, and the Jews, S. 313
[64] Siehe Aronson, Hitler, the Allies, and the Jews, S. 311, 313.
[65] Ebenda, S. 313f.
[66] Siehe Helmut Heiber/David Glantz (Hrsg.), Hitler and his Generals. Military Conferences 1942-1945, New York 2003, S. 466f., 725f.
[67] Zu Herbert Otto Gille siehe Lexikon der Wehrmacht, www.lexikon-der-wehrmacht.de/Personenregister/GilleH.htm.

Belagerung) auf die Kampfhandlungen in der ungarischen Hauptstadt zu beschränken. Ziel war es, die Stadt Wien zu schützen.

Die sowjetischen Operationen, die dieser wahrhaft letzten Phase des Krieges vorausgingen – einschließlich des Falls von Wien und Berlin –, begannen mit dem katastrophalen Zusammenbruch der Heeresgruppe Mitte im August als Folge der sowjetischen Offensive „Bagration" unter den Marschällen Georgij Žukov, Konstantin Rokossovskij und Aleksandr Vassilevskij, die die Rote Armee an die Außenbezirke Warschaus heranbrachte. Nachdem sie die Front 500 Kilometer vorgeschoben hatte, kam die Rote Armee in der Nähe von Warschau zum Stehen und erlaubte es den Deutschen, einen polnischen Aufstand in der Hauptstadt niederzuschlagen. Die nächste Aktion der Sowjets war jedoch in Ungarn zu erwarten, wo Marschall Malinovskij mit Unterstützung von Marschall Tolbuchin, der nunmehr die 3. Ukrainische Armeegruppe befehligte, seinen erfolgreichen Feldzug auf dem Balkan seit August fortgesetzt hatte und über die südlichen Karpaten in das unter ungarischer Herrschaft stehende nördliche Transsylvanien vorgerückt war. Ende Oktober 1944 eroberte Malinovskij Debrecen, es gelang ihm jedoch nicht, die deutsche 6. und die deutsche 8. Armee in Ungarn zu vernichten. Der 6. Armee unter General Maximilian Fretter-Pico gelang es, drei sowjetische Panzerkorps in der Schlacht von Debrecen zu zerstören, wodurch sie – in Anbetracht der in Debrecen gewonnenen Zeit und der recht erfolgreichen Kooperation zwischen den Deutschen und der ungarischen Armee – den Staatsstreich der „Pfeilkreuzler" ermöglichte.

Anschließend – obwohl seine Truppen einer Ruhepause und Nachschubs bedurften – wurde Malinovskij von Stalin befohlen, Budapest zu besetzen, um Wien einnehmen zu können und so den westlichen Alliierten bei der Eroberung der österreichischen Hauptstadt zuvorzukommen. Daher konzentrierten die Deutschen den Großteil ihrer auf dem Balkan verbliebenen Truppen in der ungarischen Hauptstadt und in der ungarischen Tiefebene.

Im Dezember wurde SS-Obergruppenführer Karl Pfeffer-Wildenbruch zum Kommandanten von Budapest ernannt, nachdem er Otto Winkelmann als Höherer SS- und Polizeiführer abgelöst hatte[68]. Sobald es Pfeffer-Wildenbruch gelungen war, die anfänglichen Turbulenzen in den Randbezirken der Stadt nach dem Eintreffen der sowjetischen Angriffsspitzen unter Kontrolle zu bringen, standen ihm ca. 50 000 Mann deutscher und regulärer ungarischer Truppen zur Verfügung[69].

Pfeffer-Wildenbruch behauptete nach dem Krieg, dass er SS-Truppen befohlen habe, das Ghetto im Stadtteil Pest vor den Mörderbanden der Pfeilkreuzler zu schützen, die sich angeschickt hätten, es bis zum letzten Juden zu liquidieren.

Während Pfeffer-Wildenbruch in der belagerten Stadt kämpfte und sich im Januar 1945 von Pest nach Buda zurückziehen musste, befahl Hitler General Hermann Balck, dem neuen Kommandeur der 6. Armee, die anrückende Rote Armee anzugreifen und die belagerten Truppen in der ungarischen Hauptstadt zu entsetzen. Angeführt von General Gilles „Tiger"-Panzern wäre dies den Deutschen fast gelungen. Wir wissen also nicht, ob Pfeffer-Wildenbruch das Ghetto schützte, weil er ein Blutbad und die damit verbundenen Unruhen und das Durcheinander an seiner Front vermeiden wollte – zumindest bis ihn die anrückende 6. Armee entsetzen würde – mit der Begründung, dass man sich ja dann

---

[68] Biographische Details und Informationen zu Pfeffer-Wildenbruchs Einsätzen laut eigenen Angaben finden sich in seinem Nachlass im BA-MA, N 370/10.
[69] Siehe diesbezüglich Ungváry, „Verzweifelte Kesselschlacht in Budapest" (s. Anm. 57).

um das Ghetto kümmern könnte. Nach dem Krieg behauptete er einfach, dass er bei Übernahme des Kommandos im Dezember den Leiter der „Gestapo-Gruppe" in Budapest angewiesen habe, ihm über die „Judenfrage" in der Stadt Bericht zu erstatten. Er habe ihm darauf befohlen, das Ghetto in Pest mit seinen eigenen Leuten zu schützen, verstärkt durch weitere, von Pfeffer gestellte Patrouillen, um die ungarischen Nazis daran zu hindern, es zu liquidieren. So geschah es auch, bis Pest von der Roten Armee befreit wurde[70].

Wir wissen nicht, wer der Leiter der Gestapo-Gruppe war und was er dem Stadtkommandanten berichtet hat, das ihn zu dieser Entscheidung veranlasste. Er könnte Pfeffer gesagt haben, die Juden würden kämpfen, sollten die Pfeilkreuzler in das Ghetto eindringen, um es zu vernichten. In der Folge könne sich die Lage an der Pester Front chaotisch entwickeln und außer Kontrolle geraten. Schließlich wussten die Deutschen sehr genau über den Aufstand im Warschauer Ghetto Bescheid[71] und hatten möglicherweise auch Kenntnis von den zionistischen Kommandos, die in Jugoslawien mit dem Fallschirm abgesprungen waren und Ungarn im Sommer 1944 erreicht hatten, unter ihnen die legendäre Dichterin Hannah Szenes[72]. Gleichzeitig war Pfeffer-Wildenbruch wahrscheinlich sehr interessiert daran, die Pfeilkreuzler für den Kampf um ihre Hauptstadt zu mobilisieren, anstatt sie den Versuch unternehmen zu lassen, 120 000 Zivilisten vor den Augen des gemeinsamen Feindes zu ermorden. Für ihn war das Schicksal der Juden eine allenfalls zweitrangige Angelegenheit, die bis zum Entsatz durch die anrückenden deutschen Truppen warten konnte.

Und tatsächlich – mitten in der Zeit der sowjetischen Belagerung im Januar 1945 – gingen die Deutschen zum Gegenangriff über[73], überquerten die Donau und erreichten beinahe den Rücken der sowjetischen Armeen. Am 4. Januar dehnten die Deutschen ihre Brückenköpfe aus, während die Sowjets ihren eigenen Gegenangriff starteten, so dass beide Armeen parallel zueinander operierten. General Gilles Panzer setzten ihren Vorstoß in Richtung der Stadt Budapest fort und seine und auch andere Truppen erreichten deren nähere Umgebung, ungefähr 16 Kilometer westlich der Metropole. In der Stadt selbst wurde erbarmungslos gekämpft – von Haus zu Haus, von einer Straße zu einer Kirche, von dort zu einer Brücke und zu einem Boulevard, wo die verschiedenen Armeen sich miteinander vermischten. Während die Deutschen ziemlich erfolgreich aus der Luft versorgt wurden, erlitten die sowjetisch-rumänischen Truppen schwere Verluste. Die Deutschen konnten ungefähr 65 Kilometer weit in die sowjetischen Linien eindringen und drohten, sie in zwei Teile zu zerbrechen, wobei Budapest beinahe erreicht worden wäre. Dies bedeutete einen erheblichen Rückschlag, der Stalin in einem seltenen Anfall von Selbstzweifel dazu bewog, Marschall Tolbuchin zu erlauben, seine eigene Strategie zu wählen: sich entweder über die Donau zurückzuziehen oder den Angriff fortzusetzen. Tolbuchin entschied sich für den

---

[70] Siehe Pfeffers Brief an Konsul Carl Lutz, Nachlass Pfeffer-Wildenbruch, BA-MA.
[71] Ich habe dies von Hitlers Rüstungsminister Albert Speer in einem Interview in Heidelberg vom 11. bis 14. Juli 1972 gehört.
[72] Zu dieser von der „Hagana" und dem Britischen MI9 unternommenen Mission siehe Aronson, Hitler, the Allies, and the Jews, S. 234f. Nach dem Krieg wurde Kasztner beschuldigt, er habe nicht genug getan, um das Leben von Hannah Szenes zu retten. Dies war Teil einer Kampagne des Anwalts Shmuel Tamir, die darauf abzielte, Kasztner und seine politische Partei „Mapai" als „Kollaborateure" zu brandmarken. Siehe dazu Aronson, Hitler, the Allies, and the Jews, S. 322-334. Auch diese Verleumdung entbehrte jeder Grundlage.
[73] Siehe dazu die unten angegebenen Akten der 6. Armee, BA-MA, und die dazugehörigen Einträge in: Feldgrau.com – research on the German armed forces 1918–1945.

Angriff. Er weigerte sich, hinter die Donau zurückzuweichen, formierte seine Truppen neu und ging zum Gegenangriff auf die Flanke der Deutschen über. Malinovskij folgte ihm und erlitt zahlreiche Verluste[74]. Die Linien der Deutschen waren jedoch überdehnt und ihre Bewegungsfreiheit durch das schwierige Terrain eingeschränkt, während ihre Flanken infolge des tiefen Eindringens in die sowjetischen Linien entblößt waren. Daher waren sie letztendlich gezwungen, sich nach Zentralungarn zurückzuziehen. Die belagerten Truppen in Budapest – nunmehr auf kleine Einheiten reduziert – versuchten auszubrechen, die meisten von ihnen wurden jedoch von der Roten Armee vernichtet, darunter auch General Schmidhuber von der 13. Panzer-Division[75]. Daher gibt es keinen mündlichen oder schriftlichen Beweis für die Behauptung, dass er als Stadtkommandant das jüdische Ghetto geschützt habe[76]. General Pfeffer-Wildenbruch, der eigentliche Stadtkommandant, der bis zum Schluss in seinem Hauptquartier im Palais Hatvany in Buda verharrte, ergab sich Marschall Malinovskij, der ihm sagte, er würde ihn persönlich in Stücke reißen, wenn er befugt wäre, auf diese Art Rache für die enormen Verluste zu nehmen, die seine Truppen während der blutigen Belagerung von Budapest erlitten hätten. Pfeffer-Wildenbruch wurde in einem Lager für gefangene deutsche Generale inhaftiert und 1955 nach Westdeutschland entlassen. Seine Unterlagen wurden dem Deutschen Militärarchiv in Freiburg im Breisgau übergeben. Auszüge daraus werden weiter unten zitiert.

Den auf dem Rückzug befindlichen Deutschen und weiteren Einheiten unter SS-General Sepp Dietrich, die nach dem Scheitern der Ardennen-Offensive von der Westfront geschickt worden waren, wurde befohlen, in Zentralungarn die sogenannte Offensive „Frühlingserwachen" um den Balaton oder Plattensee zu beginnen. Diese wurden jedoch schließlich in Richtung Wien getrieben, wo zu wenige Truppen verblieben waren, um die Stadt zu verteidigen[77].

Während sich die Sowjets auf ihren letzten Angriff auf Berlin vorbereiteten und die amerikanische und die britische Armee nach West- und Norddeutschland vorstießen, versuchten der SD-Auslandschef Walter Schellenberg und schließlich auch Himmler selbst, die dem Holocaust bis dahin entgangenen Juden so gut wie möglich als Trumpfkarte einzusetzen, um Kontakt mit den westlichen Alliierten aufzunehmen und mit ihnen zu verhandeln. Damit sollte die Fortsetzung des Krieges an der Ostfront mit westlicher Unterstützung erreicht werden[78].

Dies führte zum endgültigen Bruch Himmlers mit Hitler, der seine Kampagne gegen die noch verbliebenen Juden bis zu seinem eigenen Ende fortsetzte. Er hatte gehofft, die Schlacht um Berlin – eine Millionenstadt – würde die Sowjets sogar noch mehr Blut kosten

---

[74] Siehe Ungváry, „Verzweifelte Kesselschlacht in Budapest" (s. Anm. 57).
[75] Siehe Eintrag Schmidhuber, Gerhard in: Feldgrau.com.
[76] Der ungarische Historiker Ungváry hat mir kürzlich geschrieben, dass es schließlich doch Schmidhuber gewesen sei und er in einer in Kürze erscheinenden Publikation den entsprechenden Nachweis erbringen werde.
[77] Siehe Eintrag Dietrich, Joseph in: Feldgrau.com. Dietrich und seinen Männern wurde vom enttäuschten Hitler befohlen, die Armbänder ihrer Einheit abzugeben. Er weigerte sich jedoch, den Befehl weiterzugeben Zu diesem Zeitpunkt wurden Juden, die sich versteckt hielten, aufgespürt und noch wenige Stunden vor der Ankunft der Sowjets erschossen. Siehe die am 6. April 2005 ausgestrahlte österreichische Fernsehsendung „Die Schlacht um Wien". Andere Juden wurden in Strasshof bis zum Ende des Krieges geschützt. Siehe auch Braham, The Politics of Genocide, Bd. II, S. 736.
[78] Zu dieser Phase der Verhandlungen zwischen Himmler, dem ehemaligen Schweizer Bundespräsidenten Jean-Marie Musy, Kurt Becher und Kasztner siehe Aronson, Hitler, the Allies, and the Jews, S. 312–321.

als der Kampf um Budapest mit seinen 800 000 Einwohnern, der sich als sehr verlustreich für die Rote Armee erwiesen hatte. Dies traf auch auf das belagerte Breslau zu[79]. Der Kampf in Ungarn hatte ihn jedoch seiner letzten mobilen Reserven beraubt und der Rest der Wehrmacht war hoffnungslos versprengt und weit weg von Berlin, dessen Fall sich als sehr verlustreich gestaltete, unter anderem, weil Stalin einen Wettstreit zwischen den Befehlshabern seiner eigenen Armeegruppen initiierte[80].

Das Schicksal der Juden lag in dieser letzten Phase weitgehend in den Händen Himmlers, so dass Kurt Becher, der jetzt in vollem Umfang mit Kasztner zusammenarbeitete, sowie einige Mitglieder von Eichmanns eigenem Team in der Lage waren, sich für das Überleben der Juden in verschiedenen Konzentrationslagern einzusetzen[81]. Himmler ging so weit, Mitte April den Vertreter des Jüdischen Weltkongresses, Norbert Masur, einzuladen, um mit ihm über das Los der verbliebenen Juden zu sprechen. Während er den Holocaust insgesamt abstritt und den Tod vieler Juden mit Typhusepidemien erklärte[82], versuchte der Architekt des Völkermordes an den Juden diese für einen Separatfrieden mit Deutschland – gegen die Sowjetunion – einzusetzen. Trotz seiner Besorgnis hinsichtlich Hitlers Reaktion waren die von Himmler ergriffenen Maßnahmen, um zumindest die Juden in den deutschen Konzentrationslagern zur möglichen Verwendung als Trumpfkarte am Leben zu lassen, sowie seine Anweisungen an Kurt Becher ausreichend, um diesem zu ermöglichen, in Begleitung von Kasztner in verschiedene Lager zu fahren und ihre friedliche Übergabe an die Briten und Amerikaner sicherzustellen. Andere Überlebende in süddeutschen Lagern hatten weniger Glück[83].

Auf Seiten der westlichen Alliierten waren jedoch keinerlei Transaktionen mit Deutschland erlaubt, insbesondere wenn sie mit Kriegsmaterial und Devisen verbunden waren. Die spezielle Aufgabe der „Operation Safehaven" war es, den Deutschen Devisen zu verweigern, um eine Wiederauferstehung der Nazi-Partei nach dem Krieg zu verhindern[84].

Trotzdem starben jüdische Sklavenarbeiter in anderen Lagern, vor allem im Bereich des Lagerkomplexes des KZ Dachau, als Folge lokaler deutscher Übergriffe, nach Bombenangriffen und Beschuss durch die Alliierten oder durch Unterernährung, Hunger und zu viel Nahrung nach der Befreiung[85].

---

[79] Die schreckliche Belagerung von Breslau und die enormen Verluste auf beiden Seiten sind – neben anderen einschlägigen Publikationen – in einem im „Stern" am 15. Februar 2005 erschienenen Artikel mit dem Titel: „Die Russen kommen!" von Augenzeugen beschrieben worden.
[80] Zur Schlacht um Berlin siehe Earle F. Ziemke, Die Schlacht um Berlin, Rastatt 1982, sowie Anthony Beevor, Berlin 1945. Das Ende, München 2005.
[81] Siehe Aronson, Hitler, the Allies, and the Jews, S. 304f, sowie Edith Raim, Die Dachauer KZ-Außenkommandos Kaufering und Mühldorf. Rüstungsbauten und Zwangsarbeit im letzten Kriegsjahr 1944/45, Landsberg am Lech 1992. Vgl. auch hinsichtlich der großen Anzahl von „AL" (Arbeitslager für Juden) als „Außenstellen" des Konzentrationslagers Dachau Ende 1944–45: Georg Tessin, Verbände und Truppen der deutschen Wehrmacht und Waffen-SS im Zweiten Weltkrieg 1939–1945, Osnabrück 1996, Bd. 16: Verzeichnis der Friedensgarnisonen 1932–1939 und Stationierungen im Kriege 1939–1945, bearbeitet von Christian Zweng, 3. Waffen SS, SS/Polizei, Teil 2, Wehrkreise VII–XIII.
[82] Zu Masurs Besuch siehe Aronson, Hitler, the Allies, and the Jews, S. 317–319.
[83] Siehe Edith Raim, Die Dachauer KZ-Außenkommandos, S. 270ff.
[84] Zu „Safehaven" siehe Aronson, Hitler, the Allies, and the Jews, S. 305f.
[85] Siehe Alexandra Wenck, Der Menschenhandel des Dritten Reiches, Diss. phil. Münster 1997, S. 250ff. Vgl. auch die publizierte Fassung: Zwischen Menschenhandel und „Endlösung": Das Konzentrationslager Bergen-Belsen, Paderborn/München 2000.

Konsul Carl Lutz

Nach seiner Rückkehr aus der Gefangenschaft in der Sowjetunion erhielt Pfeffer-Wildenbruch einen ziemlich schmeichelhaften Brief von Carl Lutz, mittlerweile Schweizer Generalkonsul im österreichischen Bregenz[86]. Am 14. Februar 1956 schrieb Lutz an Pfeffer-Wildenbruch im westdeutschen Bielefeld wie folgt:

„Mein sehr verehrter General,

Nach meiner Rückkehr nach Bregenz möchte ich Sie zuerst einmal fragen, wie es um Ihre Gesundheit steht, ob Sie während der harten Zeit in Russland zurechtgekommen sind und ob Ihre Gesundheit in irgendeiner Weise gelitten hat. Ohne zu wissen, ob man Deutschland jemals wiedersehen wird, müssen diese 12 Jahre der Gefangenschaft endlos lang gewesen sein. Konnten Sie Post empfangen und versenden [...]? Ich werde niemals [...] dieses letzte Kriegsjahr in Budapest vergessen. Am 2. Januar 1942 traf ich in der Schweizer Gesandtschaft in Budapest ein, wo ich als Abteilungsleiter für die gegen Deutschland kriegführenden Länder zuständig war[87]. [...] Bis März 1944 gestaltete sich das Leben normal. Nach dem Eintritt der deutschen Armee wurde klar, *dass auch Ungarn, an der Seite Deutschlands, seinen Beitrag zur Verteidigung seines Landes und Europas gemäß dem Vertrag zwischen den beiden Nationen, leisten würde müssen.*" [Hervorhebung durch den Verf.]

Es ist nicht klar, ob Lutz sich auf frühere Verpflichtungen bezog, für die Ungarn schon seit Stalingrad und der Zeit davor teuer bezahlt hatte, oder aber auf das Ungarn aufgezwungene deutsche Besatzungsregime, das sich so getarnt hatte, als sei es von Horthy aus freien Stücken gebilligt worden.

Lutz fuhr fort:

„Ich hatte meine Verbindungen mit der deutschen Gesandtschaft [...] da ich nach Kriegsausbruch die deutschen Interessen in Palästina vertreten habe und das Außenministerium in Berlin die deutsche Gesandtschaft in Budapest angewiesen hatte, so weit wie möglich mit mir zusammenzuarbeiten."

Dieser Satz bedarf der Klarstellung. In der Tat fungierte Lutz seit 1935 als nachgeordneter Konsularbeamter in Jaffa und wurde nach Ausbruch des Zweiten Weltkriegs zum Vertreter der deutschen Interessen in Palästina ernannt[88]. Er kam seinen Aufgaben für die deutsche Seite mit derartiger Ergebenheit nach, dass die britischen Mandatsbehörden Francos Spanisches Konsulat seinen Diensten vorzogen[89]. 1942 wurde Lutz als Vizekonsul

---

[86] Nachlass Pfeffer-Wildenbruch, BA-MA (Briefzitate a. d. Engl. rückübers.).
[87] Das heißt, Lutz war nur für die westlichen Interessen in Budapest zuständig.
[88] Lutz wurde 1895 in der Deutschschweiz geboren und wanderte in die Vereinigten Staaten aus. Nach seiner Einbürgerung studierte er an der George-Washington-Universität, trat jedoch später in den Schweizer Konsulardienst in den Vereinigten Staaten ein. Er diente in den Schweizer Konsulaten in Philadelphia und St. Louis, dachte allerdings daran, professioneller Fotograf zu werden, bevor er nach Jaffa in Britisch-Palästina versetzt wurde. Diese Informationen wurden am 19. September 2005 dem Archiv für Zeitgeschichte entnommen, siehe http://onlinearchives.ethz.ch/Index.aspx.
[89] Lutz korrespondierte mit Heinrich Rothmund, dem berüchtigten Chef der Eidgenössischen Fremdenpolizei bezüglich eines großangelegten, von Schweizer Juden angeregten Programms, das es jüdischen Flüchtlingen erlauben sollte, nach Palästina auszuwandern. Lutz erklärte Rothmund, dass dieses Programm für die britischen Behörden aufgrund ihrer derzeit restriktiven Einwanderungspolitik gegenüber jüdischen Flüchtlingen nicht akzeptabel sei. Rothmund erwiderte, dass gegen die Wünsche der Briten nichts unternommen werden sollte. Siehe diesbezüglich Heinz Roschewski, Rothmund und die Juden. Eine historische Fallstudie des Antisemitismus in der schweizerischen Flüchtlingspolitik

in das relativ ruhige Budapest geschickt, wo er die Interessen der westlichen Alliierten in Ungarn vertrat. Seine Gesandtschaft war daher die Anlaufstelle für Einwanderer aus Ungarn nach Britisch-Palästina. Sein Brief an Pfeffer-Wildenbruch zeugt von einigem diplomatischen Geschick, wie es ihm im Umgang mit einem ehemaligen SS-General geboten erschien. Allerdings scheint er – über seine Rechtfertigung der Nazi-Invasion in Ungarn hinaus – die Rolle der deutschen Gesandtschaft bei der „Endlösung" in Ungarn absichtlich ignoriert zu haben, die Teil des übergreifenden deutsch-ungarischen Deportationsprojekts war, das von Edmund Veesenmayer, dem Bevollmächtigten von Joachim von Ribbentrop, geleitet wurde[90].

Lutz setzt sein Schreiben mit einer Klage über die Behandlung seiner Person, aber auch anderer neutraler Diplomaten durch die Sowjets fort, die überall Zivilisten ermordet, vergewaltigt und ausgeraubt hätten. Zum Abschluss bemerkt er hinsichtlich des gegenwärtigen Kalten Krieges und der sowjetischen Kontrolle über halb Europa, dass ihn dies keineswegs überrasche. Schließlich hätten die westlichen Alliierten der UdSSR „törichterweise" zu diesem Sieg verholfen. Sie taten dies – könnte man fast interpretieren – anstatt sich mit den Deutschen gegen die Rote Armee zusammenzuschließen[91]. In der Tat – Konsul Lutz hatte mehrere Gesichter.

Am 6. März 1957 schrieb Lutz erneut an Pfeffer-Wildenbruch und legte seinem Brief einen Artikel über das Überleben des Budapester Ghettos bei, der drei Tage zuvor in der „Neuen Zürcher Zeitung" erschienen war. Laut diesem Artikel überlebte das Ghetto dank Raoul Wallenberg und einer diplomatischen Note, die dieser dem deutschen Stadtkommandanten übersandt habe. Darin hätte Wallenberg dem Kommandanten gedroht, sollte er das Ghetto nicht schützen, werde er (Wallenberg) „sich persönlich darum kümmern, dass er von den Alliierten aufgehängt würde". Eine ähnliche Version ist später von verschiedenen Historikern publiziert worden. Diese stützte sich auf ungarische Quellen[92], laut denen die Warnung von Wallenberg an den General der Wehrmacht Gerhard Schmidhuber geschickt wurde, so dass beide für das Überleben des Ghettos verantwortlich gewesen seien.

Pfeffer-Wildenbruch beantwortete das Schreiben, wobei seine Version eine wesentlich andere war[93].

Pfeffer-Wildenbruch, Becher und Kasztner

„Bedauerlicherweise habe ich Herrn Wallenberg nicht gekannt und er hat mir auch nie eine Note oder etwas Ähnliches zukommen lassen. Er hat auch nie Kontakt mit mir aufgenommen. Die Situation in Bezug auf das Ghetto stellte sich in kurzen Worten folgendermaßen dar: Als um Weihnachten 1944 der Befehl gegeben wurde, dass Budapest zu verteidigen sei, habe ich den Leiter der Gestapo-Gruppe, die in der Stadt geblieben war und mir nach erfolgter Einkesselung [durch die Sowjets, Verf.] unterstellt war, die Anweisung erteilt, mir über die Judenfrage in Budapest Bericht zu erstatten. Ich habe ihm daraufhin den strikten

---

1933–1957, Beiträge zur Geschichte und Kultur der Juden in der Schweiz, Bd. 6, Basel/Frankfurt a. M. 1997, S. 55f.
[90] Zu Veesenmayers umfassender Rolle bei der „Endlösung" in Ungarn siehe Braham, The Politics of Genocide, Bd. II, S. 407–409, 421–423, 946–952.
[91] Siehe Anm. 86.
[92] Siehe Braham, The Politics of Genocide, Bd. II, S. 1006.
[93] Siehe Anm. 86.

Befehl gegeben, dass den Juden kein Schaden zugefügt werden dürfe. Demzufolge schützte er das sogenannte ‚Ghetto in Pest' mit seinen Männern mit Unterstützung von mir bereitgestellter Verstärkungen, und dank Wachposten und Patrouillen wurden die Pfeilkreuzler und andere radikale Elemente daran gehindert, das Ghetto zu betreten und dort Verwüstungen anzurichten. Die letzten Schutzgruppen wurden in der Nacht vom 15. auf den 16. Januar von Pest nach Buda verlegt, als die Russen über die Donau vordrangen [...]."

Wer dieser Leiter der „Gestapo-Gruppe" war, ist, wie bereits erwähnt, nicht bekannt, da Adolf Eichmann die Stadt bereits vorher verlassen hatte[94]. Wir wissen auch nicht, was er dem Kommandanten gesagt hat, außer dass er ihn möglicherweise gewarnt hat – wie bereits weiter oben spekuliert – dass die Juden sich gegen die Mörder zur Wehr setzen könnten, was ein unkontrolliertes Chaos in einer Kampfzone nach sich ziehen würde. Pfeffer-Wildenbruch selbst hat seinen Befehl nicht erläutert, allerdings legte er seinem Schreiben an Konsul Lutz eine mit 26. November 1947 datierte, schriftliche eidesstattliche Erklärung eines Dr. Wolf von Gersdorf aus Stuttgart bei, die dieser während seiner Kriegsgefangenschaft in der Sowjetunion an seine Frau geschickt hatte[95].

„Von März 1944 bis Juli 1945 hielt ich mich in Bukarest auf. Von dort ging ich nach Budapest und blieb dort von Mitte Juli bis September 1945. So hatte ich die Gelegenheit, Einzelheiten über die Kämpfe dort zu hören [...]. Ich erfuhr etwas sehr Überraschendes. Ich traf in Budapest jüdische Bekannte wieder, die die Belagerung unbeschadet überlebt hatten. Auf die Frage, wie so etwas möglich sei, antworteten sie, sie seien von SS-Einheiten geschützt worden. Irgendwann vor der Belagerung seien jüdische Kreise verständigt worden, dass die SS bereit sei, einige Wohnblocks für Juden zur Verfügung zu stellen. Die Juden, die dort hingingen, würden von der SS geschützt. Viele hätten geglaubt, dass dies eine Falle sei und dass man sie an einem Ort konzentriere, um sie alle umzubringen. Sie seien draußen geblieben und wären tatsächlich von den Pfeilkreuzlern aufgegriffen und ermordet worden. Diejenigen, die das Angebot der SS angenommen hätten, hätten während der gesamten Belagerung unter dem Schutz der SS gestanden und ihnen wäre nichts passiert. Man sagte mir, der Grund hierfür sei eine Vereinbarung zwischen dem SS-Kommandanten und der jüdischen Gemeinde gewesen. Ich glaube, dass General-Pfeffer-Wildenbruch als derjenige genannt wurde, der für die deutsche Seite sein Einverständnis dazu gegeben habe."

Da Pfeffer-Wildenbruch derjenige war, der diese eidesstattliche Erklärung in einem Brief an Konsul Lutz ohne irgendwelche Erklärungen oder Kommentare seinerseits wiedergegeben hat, sieht es so aus, als habe er ihren Inhalt zwar bestätigt, es aber vorgezogen, es dabei bewenden zu lassen. Da Pfeffer auch noch Jahre nach Kriegsende davon abgesehen hat, seine Motive zu erklären, haben wir keine andere Wahl, als über sie zu spekulieren. Der Historiker Yehuda Bauer glaubt, dies sei einer von Kasztners Versuchen gewesen, sich wegen seiner damaligen Verhandlungen mit dem SS-Standartenführer Kurt Becher Glaubwürdigkeit zu verschaffen[96]. Da Becher dem Waffen-SS-Hauptamt im Berlin angehörte und Pfeffer-Wildenbruch ein General der Waffen-SS war, der formal demselben Hauptamt unterstand, war Becher angeblich derjenige, der hinter dem Befehl stand, die Budapester Juden wegen der laufenden Verhandlungen unbehelligt zu lassen. Dies könnte der Fall gewesen sein, aber Pfeffer-Wildenbruch stand in Wirklichkeit unter dem Kommando von Ge-

---

[94] Siehe Braham, The Politics of Genocide, Bd. II, S. 927, 956.
[95] Siehe Anm. 86.
[96] In dieser Weise interpretiert Bauer eine Phase während Bechers Befragung durch Kasztner in Nürnberg, als K. plötzlich den Stenographen stoppte und etwas unter vier Augen mit B. besprach, der sich nicht an irgendeine Intervention seinerseits, als Verbindungsmann der Waffen-SS zu den örtlichen Kampfeinheiten zu erinnern schien, wie von K. behauptet. Siehe dazu und zu Bauers Darstellung von Bechers Rolle in Hinblick auf das Schicksal der Budapester Juden Jews for Sale, S. 236f.

neral Balcks 6. Armee, hatte unmittelbaren Kontakt zu Himmler[97] und befand sich praktisch unter dem direkten operativen Kommando des OKH sowie von Hitler persönlich. Seine möglichen Motive wurden bereits oben erwähnt – er weigerte sich, den wilden Horden der Pfeilkreuzler zu erlauben, tausende Zivilisten abzuschlachten und wollte sich nicht mit durch ein derartiges Unterfangen hervorgerufenen Unruhen auseinandersetzen, anstatt die Rote Armee zu bekämpfen, während er auf die Truppen von General Balck und General Gille wartete, die ihn entsetzen sollten. Danach würden andere über das Schicksal des Ghettos entscheiden. Aus ähnlichen Gründen könnte er tatsächlich einige Wohnblocks für Juden bereitgestellt haben, die in Buda geblieben waren. Eine weitere Vermutung ergibt sich möglicherweise aus Pfeffers Vergangenheit als Berufsoffizier, der im Ersten Weltkrieg als junges Mitglied der Entourage des Feldmarschalls Colmar von der Goltz in Istanbul und Bagdad gedient hatte, später als Polizeichef in Chile und danach bis 1939 als Kommandeur im regulären Polizeischulsystem in Deutschland tätig war. Danach trat er in die SS ein und schuf die erste – nicht operative – SS-Polizeidivision, die 1940 an der französischen Grenze stationiert war. Später sollte er eine „Kolonialpolizei" aufbauen, allerdings mit wenig konkreten Ergebnissen, so dass er einige litauische Einheiten befehligte und schließlich das Kommando über Budapest erhielt, da viele seiner Untergebenen der Waffen-SS oder SS-Polizeieinheiten angehörten[98]. Ein weiteres Motiv könnte es gewesen sein, die im Ghetto lebenden Juden bewusst als Schutzschilde bei sowjetischen Angriffen in Pest und später in Buda zu verwenden, aber auch bei Luftangriffen auf diesen Bereich. Trotzdem erscheint seine wiederholte Argumentation glaubwürdig, er sei niemals von Wallenberg bedroht worden und habe ihn auch nie getroffen oder gekannt, auch wenn eine dechiffrierte amerikanische Mitteilung existiert, laut der „der schwedische Legationssekretär Wallenberg sich unter den Schutz der Waffen-SS begeben habe"[99]. Schließlich hätte eine derartige Verbindung – wenn nicht sogar sein Einlenken angesichts Wallenbergs angeblicher Drohungen – nach dem Krieg seine sonstigen Bemühungen unterstützt, sich als Polizeioffizier der alten Schule darzustellen und nicht als Produkt von Himmlers SS[100].

Sind die Unterlagen unvollständig und die mündlichen Aussagen widersprüchlich, stößt der Historiker an die Grenzen seiner Profession. Sogar das Verhalten von Carl Lutz selbst ist in letzter Zeit umstritten. Es wurde ihm vorgeworfen, für sich das Verdienst für die Rettungsbemühungen eines seiner Untergebenen in Budapest in Anspruch genommen zu haben, der aufgrund von Lutz' letztgültigem Status als Rettungsheld gezwungen war, den diplomatischen Dienst zu quittieren[101].

---

[97] Siehe dazu BA-MA, Bestand RS 2-9/1.
[98] Siehe Pfeffers biographische Details in seinem Nachlass, BA-MA.
[99] Siehe NARA, RG 226, entry 123, box 2, Bern-SI-INT-14–26, wo eine ganze Sammlung von amerikanischen diplomatischen Telegrammen in Bezug auf Ungarn seit 1943 enthalten ist, die von den Deutschen dechiffriert und von den Amerikanern Ende 1944 redechiffriert oder abgefangen worden sind. Einige über Harrison in Bern verschickte OSS-Telegramme wurden ebenfalls dechiffriert, wie ein Vergleich der in dieser „Sammlung" enthaltenen Telegramme mit den Originalen in anderen OSS-Akten ergibt. Siehe auch NARA, RG 226, entry 123, Bern-SI-INT-29-33 box 3, folder Ungarn; die Interpretation erfolgte entweder in Bern oder wurde vom amerikanischen Agenten im Deutschen Außenministerium Fritz Kolbe an Allen Dulles in Bern übermittelt, oder auch von der „Spezialabteilung" des G-2 in Washington besorgt; sie enthält die ursprüngliche handgeschriebene Übersetzung oder anderweitig erhaltene deutsche Version sowie eine Übersetzung ins Englische und deren getippte Version.
[100] Siehe eidesstattliche Erklärungen in Pfeffers Nachlass, BA-MA.
[101] Siehe dazu Hanna Zweig-Strauss: Zum Verhältnis von Juden zu „Judenrettern" unmittelbar nach Kriegsende. Loyalität um jeden Preis oder Rückkehr zur „gewöhnlichen Ethik"?, in: Schweizerische Zeitschrift für Geschichte (2004), Bd. 54, S. 306–313.

Fazit: Raoul Wallenberg, der Hatvany-Schatz und die Deutsch-Affäre

Ein weiteres, hier zu erwähnendes amerikanisches Dokument ist ein Telegramm, das während der Belagerung von Budapest vom amerikanischen Außenministerium über das OSS an Raoul Wallenberg gesandt wurde, der in der Tat für den amerikanischen War Refugee Board arbeitete[102], in dem er gebeten wird, zu versuchen, die Kunstsammlungen im Palais Hatvany zu bewahren.

Baron Ferenc von Hatvany war der ungarische Zuckerkönig und wahrscheinlich der bedeutendste Sammler impressionistischer Kunst in Europa, der auch nicht wenige Gemälde von Tizian und El Greco besaß. In Washington hatte man natürlich keine Ahnung von dem Palais, das zu diesem Zeitpunkt Pfeffer-Wildenbruch als Hauptquartier diente. Nach dem Krieg bestritt Pfeffer-Wildenbruch im Zuge einer Untersuchung gegen Hans Deutsch, einem schweizerisch-israelischen Wiedergutmachungsanwalt und entfernten Verwandten von Baron Hatvany, etwas von den im Haus befindlichen Kunstsammlungen gewusst zu haben[103]. Deutsch hatte behauptet, die Deutschen hätten die Gemälde gestohlen und erhielt einen geringfügigen Betrag als Wiedergutmachung. Später wurde er jedoch wegen des Vorwurfs verhaftet, die westdeutschen Wiedergutmachungsbehörden betrogen zu haben – nicht die Deutschen, sondern die Sowjets hätten die Schätze angeblich gestohlen. Eine derartige Beschuldigung bedurfte allerdings des Beweises der vorsätzlichen Verabredung zum Betrug und da es keinen entsprechenden Nachweis gab, wurde Deutsch nach 18 Monaten ohne Prozess wieder entlassen. Sein Sohn setzt den Kampf um die Gemälde fort, von denen einige in letzter Zeit bei Auktionen aufgetaucht sind. Dieser Fall ist bis heute nicht geklärt und stellt einen unvollendeten Epilog zum ungarischen Holocaust dar[104].

Indes war Wallenbergs Schicksal aufgrund seiner Verbindungen zum OSS und zum amerikanischen War Refugee Board wohl besiegelt. Er ist wohl nach dem Ende der Belagerung von den Russen aufgegriffen und durchsucht worden, wobei er möglicherweise Telegramme mit dem Briefkopf des OSS bei sich trug. Er könnte entweder bereits in Budapest oder auf seinem Weg nach Moskau von subalternen Mitarbeitern des sowjetischen Militärgeheimdienstes SMERŠ verhört und zu Tode gefoltert worden sein.

Aus dem Englischen übertragen von Verena Brunel

Erstmals in abweichender Fassung und mit anderem Schwerpunkt auf Hebräisch erschienen in: „Pages for Holocaust Research", Universität Haifa, April 2007

---

[102] OSS-Telegramm an Wallenberg, offiziell unterzeichnet von Außenminister Hull, NARA, RG 226, entry 123, box 2.
[103] Siehe Bundesministerium der Finanzen an den General der Polizei a. D. Pfeffer-Wildenbruch am 25. März 1969 mit einer Zusammenfassung der Untersuchung sowie Pfeffers endgültige eidesstattliche Erklärung vom 25. April 1970, in der er bestreitet, von der Plünderung des Palais Hatvany durch die Deutschen gewusst zu haben, in: Pfeffers Nachlass, BA-MA. Zur ursprünglichen Untersuchung gegen Deutsch siehe: Der Spiegel, 2.11.1964, „Ungarische Rhapsodie".
[104] Siehe Burkhart List, „Der Schatz, die Bank und die Gesetze", in: Die Welt, 5.4.2004.

Patrick Desbois/Edouard Husson
Neue Ergebnisse zur Geschichte des Holocaust in der Ukraine
Das „Oral History"-Projekt von Yahad-In Unum und seine wissenschaftliche Bewertung

Alles hat, wie so oft bei größeren Forschungsprojekten, eher zufällig begonnen. Im Jahr 2003 befand sich Pater Patrick Desbois, Leiter des Amts für die Beziehungen mit der jüdischen Religion bei der katholischen Bischofskonferenz in Frankreich, auf den Spuren seines Großvaters in der heutigen West-Ukraine[1]. Sein Großvater, der im Zweiten Weltkrieg als französischer Kriegsgefangener in einem deutschen Kriegsgefangenenlager in Rawa Ruska[2] (Stalag 325) untergebracht war, hatte ihm gegenüber einmal eine etwas rätselhafte Anspielung auf tragische Geschehnisse im Lager gemacht: „Für uns war das schlimm genug; aber für andere war das noch viel schlimmer." Bei dem Pater hatte sich im Laufe der Zeit die Vermutung verfestigt, es könne sich um Massenmord an den Juden gehandelt haben und daher habe sein Großvater – wie viele Menschen, die den Krieg erlebt hatten – nicht weiter darüber sprechen wollen. Schon 2002 war Patrick Desbois mit ehemaligen französischen Kriegsgefangenen nach Rawa Ruska gereist. Dort hatten sie ihm bestätigt, dass sie Zeugen vom Leiden der Juden gewesen seien. Im Jahr darauf benutzte er die Gelegenheit der Einweihung eines Denkmals für das ehemalige Stalag, um Menschen aus der Gegend über den Massenmord an den Juden zu fragen. Zu seiner großen Überraschung versammelte der Vize-Bürgermeister Rawa Ruskas zahlreiche ältere Menschen, die Zeitzeugen der letzten Erschießung von Juden aus dem Arbeitslager Rawa Ruska am 10. November 1943 waren. Sie waren in der Lage, genaue Details über die Ereignisse zu geben und das Massengrab zu lokalisieren.

Diese erste unerwartete Erfahrung brachte Patrick Desbois auf die Idee eines „Oral History"-Projekts. Der Vize-Bürgermeister von Rawa Ruska hatte ihm gesagt: Was in einem Dorf Erfolg habe, könne man in hundert Dörfern und Kleinstädten wiederholen. Das war keine Übertreibung. Nachdem er ein Untersuchungsteam aus einer Dolmetscherin, einem professionellen Kameramann, einem Fotografen und einem Ballistikexperten gebildet hatte, begann Patrick Desbois systematisch mit der Suche nach Zeitzeugen, der Sammlung von Interviews und der Lokalisierung von Massengräbern. Nach der 15. Untersuchungsreise Anfang 2008 sind ungefähr 800 Interviews in der Ukraine geführt und 900 Massengräber lokalisiert worden.

Seit 2005 arbeitet das Interview-Team der 2004 von Patrick Desbois und Kardinal Lustiger gegründeten Gruppe „Yahad-In Unum" mit Historikern zusammen. So leitet Edouard Husson, der zweite Autor dieses Aufsatzes, seit dem Herbst 2007 an der Universität Paris-Sorbonne ein Seminar über den „Holocaust in der ehemaligen Sowjetunion". Aus diesem

---

[1] Vgl. den Bericht über die Entstehung des „Oral History"-Projekts in: Patrick Desbois, Porteur de mémoires, Paris 2007.
[2] Die Schreibweise der Ortsnamen orientiert sich an den eingedeutschten Formen, die während der Besatzung gebräuchlich waren.

Seminar ist eine Forschungsgruppe hervorgegangen, die sich der systematischen Analyse der von Yahad-In Unum in der Ukraine gesammelten Interviews widmet.

Im folgenden Text wird am Beispiel der Kleinstadt Busk in Ostgalizien exemplarisch gezeigt, wie mit den Ergebnissen der Oral History gearbeitet wird. Die Interviews von Zeitzeugen in der Ukraine wären schwer zu bewerten, wenn deren Ergebnisse nicht systematisch mit anderen Quellen konfrontiert würden. Beim ersten Besuch in Busk war die Forschungsmethode noch nicht systematisch entwickelt. Der Fall Busk erschien aber von Anfang an so interessant, dass der Ort bei jeder neuen Reise wieder besucht wurde, um neue Interviews zu führen oder von den Informationen, die man anderswo gesammelt hatte, zu profitieren. Schließlich ist Busk zu einem Musterfall des Projekts geworden, weil dort eine systematische archäologische Untersuchung unternommen wurde, um die Zeugenaussagen zu prüfen.

Kurze Geschichte einer verschwundenen Welt

Busk ist eine kleine Stadt ungefähr 70 Kilometer von Lemberg/L'viv entfernt. Vor dem Krieg wohnten dort Polen, Ukrainer, Juden und Sinti nebeneinander. Die Juden bildeten 25% der Stadtbevölkerung – noch heute sieht man die Reste des ehemaligen jüdischen Friedhofs mit sehr alten Grabsteinen. 1920 besichtigte Georges Clemenceau die Stadt in Begleitung eines jüdischen Freundes, der auf der Suche des Grabes seines Vaters war. Auch wenn Clemenceaus Bericht von den Vorstellungen der Zeit geprägt ist, bietet er trotzdem eine interessante Beschreibung sowohl der ostgalizischen Landschaft wie der damaligen Vielfalt der Bevölkerung von Busk:

„Busk. Ein sehr armes Dorf ganz am Ende Galiziens an der Grenze mit dem russischen Polen. Das Holz ist überall Schlamm geworden. Wie vom Aussatz befallene Häuser aus zerplatztem Strohlehm, auseinandergehenden Brettern, aus Weißblech oder zerlumptem Zeug. Versumpfte Straßen mit einer Spur aus Knüppelholz, auf welcher der lange Wagen mühsam rüttelt und den leidenden Reisenden von seinem Strohsitz hin und her wirft. Lärmende hinausstürmende Enten und Gänse unter hin und her laufenden schlammigen Stiefeln, in ihnen magere Juden mit einem brennenden Blick unter ihren Talmud-Locken, Ruthenier, deren ungekämmte Frisur von dem Schafpelz, den sie tragen, nicht zu unterscheiden ist, Mongolen, rothaarige, blonde oder dunkle Kalmücken, Slawen unterschiedlicher Herkunft in ihren weißen Arbeitskitteln, mit ihren beiden scheinheiligen blauen Augensternen. Ein asiatisches Lager, das im Schlamm plötzlich steckengeblieben ist. Und der Aussicht würde noch etwas fehlen, wenn man die Zelte auf der Wiese nicht erwähnen würde, neben welchen ein Volk halbnackter Zigeuner im halben Schlaf liegt."[3]

Seit Beginn der Arbeit sammelt die Forschungsgruppe vor jeder Untersuchungsreise Informationen aus allen möglichen Quellen, aus jüdischen Gedenkbüchern[4], Erzählungen der Überlebenden[5], aus den NS-Quellen, aus den Akten der früheren Zentralstelle der bundesdeutschen Landesjustizverwaltungen in Ludwigsburg – und immer systematischer, wie noch gezeigt wird, aus den sowjetischen Quellen. Die Beschreibung Clemenceaus ist ein gutes Beispiel für die Entdeckungen, die dabei möglich sind. Der Bericht ist umso interessanter, weil er voll mit zeitgenössischen Klischees über die „Ostjuden" und die „asiatischen"

---

[3] Georges Clemenceau, Au pied du Sinaï, Paris 1920, S. 147f.
[4] Für Busk: Abraham Shayari (Hrsg.), Sefer Busk, le-zekher ha-kehila she-harva, Haifa 1965.
[5] Thomas T. Hecht, Life Death Memories, Charlotteville 2002.

Völker ist – obwohl er vom ersten großen Verteidiger von Dreyfus stammt. Der Text ist ein Beleg dafür, dass Hinweise auf antijüdische oder rassistische Vorurteile, wie sie im ersten Drittel des 20. Jahrhunderts gängig waren, nicht genügen, um die Dynamik einer genozidalen Mentalität zu erklären. Im Laufe der Untersuchung sind wir bei vielen unserer Zeitzeugen auf ähnliche Vorurteile gestoßen. Nur wenige Befragte sind überlebende Opfer; die meisten sind nichtjüdische Ukrainer, die entweder Zuschauer der Erschießungen waren oder von den Tätern für kleine Hilfsarbeiten bei der Vorbereitung eines Massenmordes requiriert wurden. Ihre Erzählungen sind nicht immer frei von (den damaligen) Vorurteilen gegenüber den Juden, was sie trotzdem nicht daran hindert, ein echtes Mitleid mit den Opfern zu empfinden. Auch bei Menschen, die unter dem Stalinismus oder dem Nationalsozialismus gelitten (aber überlebt) hatten, hörten wir Kommentare, die an die Äußerung des Großvaters von Patrick Desbois erinnern („Für andere war es noch schlimmer"). Die Zeitzeugen sind fast immer in der Lage, zwischen dem eigenen Leiden und demjenigen anderer Opfer zu unterscheiden. Und auch die nach dem Holocaust übrig gebliebenen Klischeevorstellungen über die Juden informieren uns über die „graue Zone", in welcher sich der Genozid an den Juden entfalten konnte.

Der von der Abneigung eines Voltaire gegenüber jedem von der Religion geprägten Milieu beeinflusste Mediziner und Politiker Clemenceau beschrieb nur einen Teil der Wahrheit über Busk vor dem deutsch-sowjetischen Krieg. Die Stadt war nicht ganz so arm, wie der ehemalige französische Président du Conseil sie schilderte: In Busk befand sich ein Schloss des Grafen Badeni. Schon seit Jahrhunderten lebten Juden in der Stadt[6]; die erste Synagoge wurde 1502 gebaut. Im 19. Jahrhundert verbreiteten sich neue religiöse Strömungen. Am stärksten war die Variante des Chassidismus aus Belz und Olesko vertreten[7]. 1921 wurde eine kleine jüdische Schule gegründet, in der auf Hebräisch unterrichtet wurde. Vor dem Ersten Weltkrieg lebten zwei jüdische Ärzte und drei jüdische Anwälte in Busk. Die jüdische Gemeinschaft der Stadt hatte auch ein Waisenhaus eingerichtet. In den 1920er und 1930er Jahren war diese kleine Stadt repräsentativ für die Vielfalt des jüdischen Lebens in Polen. Alle bekannten jüdischen religiösen oder politischen Strömungen waren dort vertreten.

Busk blieb die Zunahme des Antisemitismus im Polen der 1930er Jahre nicht erspart. Es kam zu Boykotten der jüdischen Geschäfte, Läden wurden bei antisemitischen Ausschreitungen zerstört. Trotzdem gehörte eine systematische antijüdische Gewalt der Vergangenheit an. Die letzten Morde an Juden hatten im 17. Jahrhundert stattgefunden, als die Truppen von Bogdan Chmielnicki 1649 in Busk ungefähr hundert Menschen töteten. Der Zweite Weltkrieg brachte dann das jähe Ende des jüdischen Lebens in Busk. Als Yahad-In Unum 2004 mit seiner Untersuchung begann, lebten schon seit 61 Jahren keine Juden mehr in der Stadt.

Deutsche Besatzung und antijüdische „Aktionen"

Als die Wehrmacht am 1. Juli 1941 Busk eroberte, wohnten etwa 1900 Juden in der Stadt. Sie blieb einige Wochen unter Militärverwaltung, bis sie im August 1941 in die Kreishaupt-

---

[6] Vgl. Pinkas Hakehillot, Encyclopaedia of Jewish Communities, Poland, Vol. 2, Eastern Galicia, hrsg. von Yad Vashem, Jerusalem 1980, S. 82.
[7] Belz ist heute eine kleine ukrainische Stadt, die an der polnischen Grenze liegt. Eine jüdische Gemeinschaft ist dort seit dem 14. Jahrhundert bekannt. Der erste chassidische Rabbiner und Gründer einer Dynastie hieß Shalom aus Belz.

mannschaft Kamionka Strumilowa im Distrikt Galizien des Generalgouvernements integriert wurde[8]. Schon Mitte Juli 1941 wurden im Wald von Jabluniv durch Mitglieder der Einsatzgruppe C, die zu dieser Zeit in Lemberg stationiert war, neben zwei Ukrainern 28 sogenannte „jüdische Intellektuelle" aus Busk erschossen[9]. Ab Oktober 1941 wurden die „antijüdischen Aktionen" von der Sipo-Außenstelle Sokal, die dem Befehlshaber der Sicherheitspolizei und des SD (BdS) in Lemberg untergeordnet war, befohlen und mit Hilfe der in Busk stationierten deutschen Gendarmerie und ukrainischen Polizei durchgeführt[10].

Im Juli 1941 wurde ein Judenrat in Busk eingerichtet. Die Juden wurden registriert und teilweise von der Organisation Todt und der Wehrmacht als Zwangsarbeiter eingesetzt. Am 21. September 1942 wurden unter der Führung der Sipo aus Sokal 600 Juden festgenommen und nach Kamionka Strumilowa gebracht, wo sie zusammen mit ungefähr 2000 Juden aus Kamionka, Radziechow und Uslowoe (Batewo) erschossen wurden[11]. Ende Oktober 1942 wurden Juden aus den umgebenden Dörfern nach Busk gebracht. Insgesamt lebten zu dieser Zeit in Busk und der unmittelbaren Umgebung noch ungefähr 2000 Juden. Anfang Dezember 1942 wurde offiziell ein „Zweistraßenghetto" in Busk eingerichtet. Schon im Januar 1943 wurden alle kranken Juden aus dem Ghetto ermordet[12].

Am 21. Mai 1943 wurde die noch in Busk lebende jüdische Bevölkerung zum Opfer der „Endlösung". Ungefähr 1200 Menschen wurden im jüdischen Friedhof ermordet und 300 in das Janowska Lager in Lemberg gebracht[13]. Am 7. Juni 1943 konnte Kreishauptmann Nehring verkünden, dass die Stadt Busk „judenfrei" sei. Von der jüdischen Präsenz in Busk zeugen heute nur noch der Friedhof, in welchen Georges Clemenceau seinen jüdischen Freund begleitet hatte, und die alte Synagoge, die vor kurzen restauriert wurde, heute aber von einer evangelischen Gemeinschaft benutzt wird.

Die erste Zeitzeugin: zielbewusst zum Erschießungsort

Beim ersten Besuch in Busk Ende April 2004, ganz am Anfang des Projekts, wusste die Forschungsgruppe nur, was wir gerade geschildert haben: alle Informationen, die aus der Literatur und den Nachkriegsprozessen zu entnehmen sind. Und sie verfuhr, wie sie es immer noch macht, wenn sie einen noch nicht untersuchten Ort besucht. Zunächst suchte sie nach einem Mittelsmann, der den Kontakt zu Zeitzeugen herstellen konnte. Der Bürgermeister führte Patrick Desbois und sein Team zu einer Angestellten des Katasteramtes, die sie dann zu einer ersten Zeitzeugin begleitete, zu Anna, 1929 geboren, die in der Schewtschenko-Stra-

---

[8] Der erste Kreishauptmann war Wilhelm Rebay von Ehrenwiesen. Ab dem Sommer 1942 war sein Nachfolger Joachim Nehring. Wegen Mangels an Beweisen wurde Ehrenwiesen nie vor Gericht gestellt. Nehring musste sich vor der Justiz der Bundesrepublik verantworten, wurde aber 1981 von einem Gericht in Stade freigesprochen.
[9] Alexander Kruglov, The Losses Suffered by Ukrainian Jews in 1941-1944, Kharkov 2005, S. 119. Wir bedanken uns bei Martin Dean und Alexander Kruglov, dass sie uns Einblick in ihren Text über Busk für die noch nicht veröffentlichte *Encyclopedia of Ghettos* gegeben haben.
[10] Die Sipo-Außenstelle Sokal wurde bis Mai 1942 vom SS-Sturmbannführer Hans Block und dann bis Oktober 1943 vom SS-Obersturmführer Heyduck geleitet. Block starb im August 1944. Heyduck wurde am 13. Juli 1949 durch ein Münchner Gericht zu lebenslanger Haft verurteilt. Die ukrainische Polizei wurde vom Lehrer Roman Czuczman geleitet.
[11] Kruglov, Losses, S. 122.
[12] Ebenda, S. 123 und Anm. 63.
[13] Hecht, Life, S. 115-118.

Be wohnte. Mit der Angestellten und Anna entdeckte die Forschungsgruppe zum ersten Mal die Reste des jüdischen Friedhofes: einige zerstreute Grabsteine auf einer Wiese[14].

Mit den glaubwürdigen Zeitzeugen wird immer dieselbe Erfahrung gemacht: Sie laufen zielbewusst bis an den Ort der Geschehnisse. Anna war mit einigen Freunden in einer Scheune hinter dem jüdischen Friedhof versteckt, als dort 1943 Juden erschossen wurden[15]. Sie konnte, was nicht allen Zeitzeugen möglich ist, das Datum angeben, weil sie sicher war, damals vierzehn Jahre alt gewesen zu sein. Die Forschungsgruppe hatte dieses Mal Glück, denn sie bekam von dieser Zeitzeugin Informationen über die letzte „Aktion" in Busk. Und wie alle echten Zeitzeugen, die im Rahmen des Projekts befragt wurden, brachte Anna Informationen, die in keiner anderen Quelle – mit Ausnahme der Überlebenenerzählungen – zu finden waren.

Sie erinnerte sich noch genau daran, dass sich unter den Opfern ein Junge in ihrem Alter befand, der wusste, dass sie sich versteckt hatte und alles beobachtete. Er winkte ihr zu, kurz bevor er erschossen wurde, und schrie: „Das Leben ist aus! Lebewohl!" Immer wieder können durch die Interviews einige der letzten Worte der Opfer gesammelt werden. Dass die Zeitzeugen sie noch in Erinnerung haben, ist deshalb wichtig, weil die Erzählungen oft um sie strukturiert werden: Für Anna war die Erinnerung an diesen einprägsamen Schrei der Verzweiflung ein Impuls, sich ganz konkret an die Szenen, die sie erlebt hatte, zu erinnern. Sie ging den Ort der Erschießungen ab und zeigte uns: „Hier war es, hierher wurden sie gebracht. Sie mussten ganz schnell bis hier laufen, sonst wurden sie geschlagen – auch die älteren. Einige konnten kaum gehen." Allmählich fielen ihr Einzelheiten ein: „Sie waren auf einem Wagen bis zum Eingang des Friedhofs gebracht worden. Einige waren schon tot."

Im Laufe ihrer Untersuchung verstand die Gruppe besser, was Anna mit den Menschen auf dem Wagen, die schon tot waren, meinte: Der Pferdewagen gehörte Einwohnern, die den Auftrag bekommen hatten, nicht nur die älteren Menschen von dem Sammlungsort bis zu dem Erschießungsort zu transportieren, sondern auch die Leichen der schon bei der Hausdurchsuchung am Anfang der „Aktion" ermordeten Juden bis zum Massengrab zu bringen. In Iltsi in der Karpato-Ukraine trafen wir im August 2005 einen Zeitzeugen namens Fedor[16], der 1942 vierzehn Jahre alt war und von den Tätern den Auftrag bekam, mit zwei anderen Jugendlichen die Leichen der ersten Opfer einer antijüdischen Mordaktion, aber auch die in einem Keller eingesperrten und ausgehungerten Juden aus einem Nachbardorf auf den Wagen seines Vaters zu laden und zum Massengrab am Stadtrand zu fahren. Fedor konnte sich noch genau daran erinnern, wie der SS-Offizier, der an diesem Tag mit der Mordarbeit beauftragt war, eine Pause machte, wenn der Pferdewagen angekommen war, und die Gelegenheit nutzte, um Schnaps zu trinken und Wurst zu essen. Über die Zeitzeugen erfahren wir unzählige Details, die zu einer „Alltagsgeschichte des Massenmords" beitragen können.

---

[14] Später zeigte ein Kind der Forschungsgruppe auf einer anderen Wiese, wie mit jüdischen Grabsteinen ein Weg für Kühe geebnet worden war; seitdem sind auf Initiative von Yahad die Steine in den Friedhof zurückgebracht worden.
[15] Die Interviews mit den Zeitzeugen werden demnächst im Rahmen einer Zusammenarbeit zwischen Yahad-In Unum und der Universität Paris-Sorbonne für die akademische Forschung zugänglich gemacht. Informationen hierzu unter www.yahadinunum.org. Ausschnitte aus den Interviews mit Anna finden sich in Desbois, Porteur, S. 240–243.
[16] Patrick Desbois/Edouard Husson (Hrsg.), Les fusillades massives de juifs en Ukraine 1941–1944. La Shoah par balle. Mémorial de la Shoah/CDJC, 2007, S. 56 und begleitende CD-ROM mit dem Interview von Fedor.

Zurück zu Busk: Anna führte die Gruppe bis zum Bachufer: „Hier mussten die Juden sich ganz ausziehen und ihre Kleider auf den Boden legen. Die Frauen warfen ihren Schmuck ins Wasser. Als die Deutschen das bemerkten, wurden sie wütend, und die Juden mussten sich etwas abseits vom Bach ausziehen." Dann kletterte Anna auf eine Schräge und erklärte: „Da wo ich stehe, genau unter meinen Füßen, wurden sie einzeln von hinten erschossen."

Die Zeugenaussagen ermöglichen eine „Alltagsgeschichte" des Judenmords

Die Erzählung Annas erschien glaubwürdig, aber sie musste durch andere Zeugenaussagen bestätigt werden. Ein Jahr später, im Mai 2005, waren Patrick Desbois und sein Team wieder in Busk, um einen der Freunde von Anna, die sich damals mit ihr in der Scheune versteckt hielten, zu befragen. Anton Davidovich[17] erzählte, dass er mit Anna (und drei anderen Kindern) gemeinsam nicht nur einmal, sondern mehrmals von der Scheune aus Erschießungen beobachtete. Er konnte den genauen Ort von sieben Massengräbern zeigen, an die er sich erinnerte. Er konnte sich auch erinnern, dass während der „Aktion" im Mai 1943 ukrainische Polizisten unter der Führung von deutschen Polizisten[18] geschossen hatten. Er bestätigte die Erzählung Annas: Ältere Juden, die nicht gehen konnten, wurden schon im Ghetto erschossen – und es waren nicht wenige. Ukrainische Bauern – u. a. sein Cousin – mussten die Leichen auf ihren Pferdewagen bis zum Erschießungsort transportieren.

Bei ihren Untersuchungen konnte die Forschungsgruppe immer wieder feststellen, dass die Judenerschießungen nie das einfache Gegenüber von Tätern und Opfern bedeuteten. Tausende Kilometer vom Reich entfernt, mit wenig Ausrüstung und viel Freiraum in den praktischen Entscheidungen, waren die nationalsozialistischen Täter auf die Zusammenarbeit mit der lokalen Bevölkerung angewiesen: Es mussten Leichen aus den aufgelösten Ghettos transportiert, Gräber ausgehoben und zugeschaufelt, Kleider und andere Hinterlassenschaften der Opfer sortiert werden – um nur die wichtigsten anfallenden Tätigkeiten zu nennen. Diese Realität wird in den anderen Quellen kaum berücksichtigt.

Anton erzählte weiter: Eine Nachbarin von ihm, eine Polin, habe eine Jüdin versteckt, um sie für sich als Haushilfe zu bewahren. Als eines Tages deutsche Polizisten, die auf der Suche nach versteckten Juden waren, an ihrem Haus vorbeigegangen seien, habe die Frau „ihre Jüdin" denunziert. Anton erinnerte sich noch an eine andere Episode, die keine andere Quelle liefern würde: Die „deutschen Polizisten"[19] behielten 30 jüdische Frauen für sich, mit denen sie Beziehungen hatten. „Als die Rote Armee vorrückte, sind Polizisten aus Sokal gekommen – weil die Polizisten von Busk die Frauen, die meistens schwanger waren, nicht selbst erschießen wollten – und haben sie in einem Wald, 5 Kilometer entfernt, erschossen." Die von Anton Davidovich berichtete Episode ist dem Forschungsteam ein Jahr später in Tschutschmany, einem kleinen Ort sechs Kilometer von Busk entfernt, von einer Zeitzeugin bestätigt worden.

---

[17] Vgl. Desbois, Porteur, S. 245f. Die Schreibweise der ukrainischen Eigennamen ist hier und im Folgenden aus dieser französischen Publikation übernommen worden.
[18] Die Zeitzeugen können selten sagen, ob es sich um Sipo, Ordnungspolizei oder andere Einheiten handelte.
[19] Nach den Aussagen Antons waren es Polizisten aus Busk, also von der „deutschen Gendarmerie", die dort stationiert war. Die Frage ist allerdings, ob sich außer den Mitgliedern der Sicherheitspolizei auch andere Polizisten einen solchen Verstoß gegen die deutschen Rassengesetze leisten konnten.

Der Massenmord fand oft mitten in den Wohnorten statt

Eine dritte Zeitzeugin aus Busk war Evgenia, die Tochter eines Geigers[20]. Ihre Geschichte zeugt von einer verschwundenen Welt. Ihr Vater beherrschte sowohl jüdische Musikstücke wie deutsche Tänze oder traditionelle polnische Lieder. Sie selbst erzählte noch 2005 mit Begeisterung, wie sie vor dem Krieg jeden Samstag, zum Shabbat, die Rolle des *Schabbes-Goj*[21] bei der jüdischen Familie Havner gespielt habe. Evgenias Vater wurde dann von dem *Desjatnik*[22] der Straße, in der ihre Familie wohnte, rekrutiert, um die Gräber auszuheben und dann zuzuschaufeln. Durch Evgenia und viele andere Zeitzeugen verstanden wir allmählich, dass bei größeren Erschießungen die Gräber nie von den künftigen Opfern, sondern, oft mehrere Tage vorher, von nichtjüdischen Einheimischen ausgehoben wurden.

Evgenia und ihre Mutter wussten nicht, was aus dem Vater werden würde, nachdem er so in Anspruch genommen worden war. Sie folgten den rekrutierten Zivilisten in einem gewissen Abstand. Die Mutter konnte sich aber nirgendwo verstecken, und nur Evgenia blieb, um die Vorbereitung und Vollstreckung der Exekutionen zu beobachten. Evgenia ist eine glaubwürdige Zeitzeugin: Sie erfindet keine Details über die Mordszene, sondern gibt eine Information, die aus keiner anderen Quelle als der Erzählung einer Zeitzeugin stammen könnte. Die Erschießung konnte sie kaum sehen, da viele Menschen anwesend waren und den Blick verstellten. Auch andere Zeitzeugen bestätigten immer wieder, dass an den Mordstätten Menschenmengen standen, neben den Opfern und den Tätern die requirierten „kleinen Helfer" und oft auch unbeteiligte Zuschauer. Der Holocaust war in der ehemaligen Sowjetunion kein Geheimnis. Viele Erschießungen ereigneten sich mitten in den Dörfern und Städten – je mehr, desto größer die Angst vor Partisanen in den Wäldern wurde. Es gab unzählige Zeugen, von denen die Forschungsgruppe von Yahad-In Unum die letzten Überlebenden befragen kann.

Der nächste bedeutende Zeitzeuge, der von dem Forschungsteam interviewt wurde, hieß Stepan Davidovski[23]. An seinem Beispiel erfährt man, dass ein Zeitzeuge sehr präzise Darstellungen bieten kann. Als Sohn eines griechisch-katholischen Diakons war er in einem gebildeten Milieu aufgewachsen. Stepan hatte sehr genaue Erinnerungen an den Alltag der Juden und wusste noch, wie mehrere der Holocaustopfer hießen: Pavel Koval, der Flaschenpackungen herstellte; Niukhim, der Bauer; Havner, der einen Laden hatte; Chmul, der Milch verkaufte usw. Er ließ durch seinen Bericht eine verschwundene jüdische Welt lebendig werden. An seiner Erzählung wie der vieler anderer Zeitzeugen wurde klar, wie die verschiedenen religiösen und nationalen Gruppen miteinander verflochten waren. Das galt – trotz der antisemitischen Vorbehalte – auch für die Beziehungen zwischen Juden und Nichtjuden. Stepan Davidovski brachte erstmals ein Gefühl zum Ausdruck, das die Gruppe

---

[20] Wiedergabe des Interviews in: Desbois, Porteur, S. 276–287.
[21] Dieses jiddische Wort bezeichnet eine nichtjüdische Person, die einer jüdischen Familie bei der Vorbereitung des Shabbats (z. B. beim Kochen oder beim Kerzenanzünden) hilft.
[22] Der *Desjatnik* war in der Stadt- oder Dorfverwaltung im Auftrag des Bürgermeisters für zehn Häuser verantwortlich. In Kleinstädten oder auf dem Land erwähnen die Zeitzeugen ständig diese Funktion, die bisher von der historischen Forschung wenig berücksichtigt wurde. Dieses Amt gab es im Zarenreich seit dem 17. Jahrhundert; es war eine Pflichtaufgabe, die nicht bezahlt wurde. Der *Desjatnik* war nicht nur dem Bürgermeister, sondern auch den regionalen Behörden unterstellt. Die Sowjetunion und offensichtlich auch die deutschen Besatzungsbehörden änderten daran nichts. Die Nutzung der sowjetischen Verwaltungsstruktur für den Holocaust ist ein Desiderat der Forschung.
[23] Transkription des Interviews in: Desbois, Porteur, S. 265–275.

im Laufe der Untersuchung noch des Öfteren bei den Zeitzeugen finden konnte: das Gefühl des Verlusts einer ganzen Welt, geprägt von Vielfalt und (oft schwierigem) Zusammenleben zwischen Gemeinschaften, die selten einträchtig und doch niemals getrennt lebten.

Stepan Davidovski erinnerte sich an die Einrichtung des Judenrats und der jüdischen Polizei, an die Bildung des Ghettos und die Einführung des gelben Sterns. Er konnte noch sehr genau beschreiben, wie täglich die Arbeitskommandos, von deutschen Soldaten und der jüdischen Polizei begleitet, das Ghetto verließen, um im Straßenbau zu arbeiten. Auch nach Errichtung des Ghettos arbeitete Stepan in der Limonadenfabrik, die sich dort befand. Er konnte sich im Gegensatz zu den jüdischen Bewohnern frei bewegen. Durch die Zeugenaussage Stepans lernt der Historiker die Stadtverwaltung, die Beziehungen zwischen dem Judenrat und der Gendarmerie sowie viele andere Aspekte der Besatzungszeit kennen. Stepan konnte noch genau angeben, dass während des Krieges insgesamt dreihundert Deutsche in Busk lebten.

Vermutlich hatte das Forschungsteam in Busk viel Glück mit den Zeitzeugen. Nie sonst begegnete Patrick Desbois einem Zeitzeugen, der sich an so viele Einzelheiten erinnerte wie Stepan Davidovski und der dem Historiker eine so große Hilfe war, die gesammelten Erzählungen besser einzuordnen. Die Qualität der Zeugenaussagen in Busk machte der Gruppe noch etwas Anderes bewusst: die unterschätzte Qualität der von der Sowjetunion am Ende des Krieges gesammelten Informationen.

Die unterschätzten sowjetischen Quellen

Parallel zu ihren Untersuchungen in Ostgalizien begann Yahad-In Unum damit, das Material der sowjetischen Kommissionen von 1944/45 zu den Orten auszuwerten, die ihre Forschungsgruppe besuchte. In Busk hatte die sowjetische Staatsanwaltschaft im Jahr 1944 kurz nach der Befreiung des Ortes ukrainische Zeitzeugen befragt[24]. Sie wohnten in der Schewtschenko-Straße am jüdischen Friedhof, in welcher auch die meisten der von Patrick Desbois befragten Zeitzeugen lebten. Ohne es zu ahnen, klopfte das französische Team an denselben Türen wie der sowjetische Staatsanwalt sechs Jahrzehnte zuvor. Außer der Tatsache, dass man die Straßennummern inzwischen gewechselt hatte, stimmten die Aussagen aus den Jahren 2004 bis 2006 mit den damaligen Erzählungen überein. Zum Beispiel wurde 1944 der Friedhofswächter Ivan befragt – sein Haus stand am Friedhof und existiert heute nicht mehr. Seine Erinnerung ist derjenigen von Anton Davidovich sehr ähnlich: „Die ukrainische Polizei und vier bis fünf Deutsche haben über eine Woche lang in einem Laster Juden zu einem schon vorbereiteten Grab gebracht. Die nackten Juden mussten vor dem Grab sitzen und wurden mit Schnellfeuerwaffen erschossen. Alles geschah tagsüber, und die Einwohner wurden davon Zeugen. Viele Juden wurden ermordet. Wie viele kann ich nicht sagen. Alle Juden liegen in mindestens zehn Gräbern in der Nähe des jüdischen Friedhofs. Ich kann alle Gräber identifizieren."[25]

Chaivna Beresia Praskovia, eine Frau, die Hausangestellte bei den Deutschen war und abends ihre Gespräche über die Erschießungen hörte, hatte sehr präzise Erinnerungen[26].

---

[24] Vgl. GARF, 7021, Opis 67, Delo 82. Vgl. auch US Holocaust Memorial Museum, Washington, RG-22.002M, Reel 13.
[25] GARF, 7021, Opis 67, Delo 82, S. 57.
[26] Ebenda, S. 55.

Sie kannte noch die Namen vieler deutscher und ukrainischer Polizisten: „Ich weiß, wer die Juden ermordete, denn sie [d. h. die Deutschen] erzählten ganz stolz davon, wenn sie nach Hause kamen, und sagten immer, wie viele Juden sie persönlich ermordet hatten." Chaivna Praskovia ist auch eine zuverlässige Quelle für die Chronologie der Erschießungen.

Nach den sowjetischen Quellen wohnte in der Schewtschenko-Straße 25 Stanislav Podgalitch, der *Desjatnik* für diese Straße[27]. Die meisten der von Yahad befragten Zeitzeugen erinnerten sich daran, dass er es war, der die Juden aufgefordert habe, sich zu versammeln. Der *Desjatnik* habe dabei im Auftrag des Bürgermeisters gehandelt. In seiner Aussage bezeichnete Podgalitch dagegen den Chef der deutschen Gendarmerie in Busk als den eigentlichen Auftraggeber: „Während der deutschen Besatzungszeit arbeitete ich als Desjatnik in Busk in der Schewtschenko-Straße. Im Mai 1943 – ich kann mich an das genaue Datum nicht mehr erinnern – kamen zu mir deutsche Gendarmen auf Befehl des Leutnants Ludwig Lehner, der Befehlshaber nicht nur für die Gendarmerie, sondern auch für die anderen stationierten Deutschen in Busk war. Sie forderten mich unter Androhung der Todesstrafe dazu auf, Einwohner des Ortes in die Nähe des jüdischen Friedhofes zu schicken, damit sie an der Vorbereitung der Gräber mitarbeiteten. Unter dieser Androhung folgte ich den Befehlen, und als die Gräber bereitet waren, führten ein deutscher Gendarm namens Maier, andere deutsche Gendarmen und andere ukrainische Polizisten die Juden aus dem Ghetto bis zu den Gräbern, wo sie sich ganz ausziehen mussten. Sie mussten ihre eigenen Kleider auf einen Haufen legen, und zehn auf einmal (oder etwas mehr) mussten vor dem Grab knien, bevor sie durch Schnellfeuerwaffen erschossen wurden. Die Erschießungen dauerten über eine Woche. Über tausend Juden wurden unter den Augen der Einwohner ermordet, ohne dass man sich den Gräbern nähern konnte. Die Stadteinwohner und ich als Desjatnik mussten dann die Leichen begraben. Insgesamt gibt es ungefähr zehn Massengräber im jüdischen Friedhof, in denen die Leichen der Juden begraben liegen."

Die Bestätigung durch die Archäologie

Nur durch den Vergleich zwischen den verschiedenen Quellen kommt man allmählich zu einem vollständigen Bild der Geschehnisse in Busk. Bevor die Forschungsgruppe vor Ort mit ihren Untersuchungen beginnt, bemüht sie sich, die Informationen aus den Berichten der Überlebenden[28], aus den nationalsozialistischen Quellen, aus den westdeutschen Nachkriegsquellen und (immer mehr im Laufe der Untersuchung) aus den sowjetischen Quellen zu erschließen. Erst am Ende des Vergleichs des Archivmaterials mit den Interviews unserer Zeitzeugen verstanden wir, was Anton meinte, als er sagte, die Erschießungen der „letzten Aktion" gegen die Juden habe mehrere Tage gedauert, weil sich viele der Opfer versteckt hätten. Die Konfrontation der Erinnerungen mit dem Archivmaterial genügte aber noch nicht, um die ganze Wahrheit über den Holocaust in Busk zu ermessen.

Nachdem das Forschungsteam drei oder vier Zeitzeugen gefunden hat, die sich über den Ort der Erschießungen einig sind, sucht gewöhnlich der Ballistik-Experte des Teams mit

---

[27] Ebenda, S. 58.
[28] Die Interviewsammlung von Yahad wird allmählich bekannter, und wir erhalten immer mehr Berichte aus der ganzen Welt, die von Überlebenden oder ihren Verwandten stammen. Sie werden in den nächsten Jahren der Forschung zugänglich gemacht werden.

einem Metalldetektor nach leeren Patronenhülsen. Häufig stößt er auch auf andere Metallobjekte wie Eheringe, die ein wichtiger Beweis für die Echtheit der Zeugenaussagen sind. Im Laufe der Untersuchung sind auch viele Objekte aus jüdischen Werkstätten, etwa Gläser und Tassen, gefunden worden[29]. In Busk hatte die Forschungsgruppe aber eine solche Fülle an Informationen gesammelt, dass man sich dazu entschloss, noch einen Schritt weiter zu gehen und archäologische Ausgrabungen zu machen.

Als Jacques Fredj, der Direktor des französischen Memorial de la Shoah/Centre de Documentation juive Contemporaine, Patrick Desbois fragte, welcher Ort geeignet für archäologische Ausgrabungen sei, durch die die Bedeutung der Forschung von Yahad verdeutlicht werden könnte, einigte sich die Gruppe auf Busk. Die Einwohner hatten nämlich dafür gesorgt, dass die Massengräber nie Ziel von Plünderern wurden. Aus allen Häusern im Dorf hat man eine Aussicht auf den Friedhof. Daher traute sich nach dem Krieg kein Goldsucher nach Busk, während Yahad-In Unum an anderen Orten auf geplünderte Gräber gestoßen ist.

Nachdem Yahad über den Ort der archäologischen Untersuchung entschieden hatte, musste ein orthodoxer Rabbi gefunden werden, der vom jüdischen religiösen Standpunkt die Gesetzmäßigkeit der Untersuchung zu prüfen hatte. Im Juni 1990 hatten die Beauftragten eines australischen Gerichts, das sich mit dem Fall des ehemaligen Dorfförsters Ivan Polyukhovich befasste, eine archäologische Untersuchung im Dorf Serniki in der Nähe von Riwne (Rowno) durchgeführt[30]. Damals musste man nicht auf religiöse Vorschriften achten, weil die Sowjetunion offiziell ein atheistischer Staat war. Die neu erworbene Freiheit macht archäologische Ausgrabungen in diesem Bereich schwieriger. Das Forschungsteam Yahads, das die Ausgrabungen beim Archäologischen Institut von L'viv in Auftrag gab, konnte aber schnell feststellen, dass die Achtung auf jüdische religiöse Vorschriften nicht nur Nachteile hat: Die Archäologen der Universität L'viv waren gezwungen, höchst sorgfältig zu arbeiten, da sie unter der Aufsicht des Sohnes des Gründers der Organisation Zaka, Meshi Zahav, arbeiteten. Die menschlichen Reste dürfen nicht angerührt werden, da sie nach dem jüdischen Glauben auf die Auferstehung der Toten warten. Die Achtung auf eine solche Vorschrift hatte nicht nur eine besonders vorsichtige archäologische Arbeit zur Folge, sondern auch, dass der Überblick über die unberührten menschlichen Überreste erstaunliche Informationen über die Erschießungen lieferte.

Das Team war in Busk aufgrund der Zeugenaussagen davon ausgegangen, sieben bis zehn Gräber zu finden. Sobald der Archäologe aber das Gelände betreten hatte, das von den Zeitzeugen einstimmig als Ort des Massakers „der letzten Juden in Busk" bezeichnet worden war, konnte er siebzehn Gräber identifizieren. Diese Zahl wurde in den drei Wochen der archäologischen Ausgrabungen im August 2007 bestätigt[31].

Die Befunde nach der Öffnung der Gräber bestätigten und ergänzten die Zeugenaussagen. Überall in den von Yahad untersuchten Orten erzählen die Zeitzeugen, dass nicht alle Opfer sofort gestorben seien. Viele seien nur verletzt worden. Eine der häufigsten Äußerungen der Zeitzeugen in der ganzen Ukraine ist: „Drei Tage nach der Erschießung bewegte sich der Boden noch." Durch die Analyse der Massengräber können wir die tragische Wahrheit dieser Aussage besser erfassen: Viele Körper sind mitten im vergeblichen

---

[29] Desbois/Husson (Hrsg.), Fusillades.
[30] Siehe z. B. den Bericht unter www.sydneyjewishmuseum.com: Unearthing the Holocaust, S. 4 ff.
[31] Der vom archäologischen Institut L'viv verfasste Ausgrabungsbericht befindet sich im Archiv von Yahad-In Unum.

Versuch, sich aus den tiefen Gräben zu befreien, vom Tod erfasst worden. Ein Arzt erkannte sofort auf unseren Aufnahmen[32], dass mehrere Opfer erstickt sind. Und der Forscher bleibt sprachlos vor dem leicht zu identifizierenden Bild jener Mütter, die kurz vor ihrem qualvollen Ende versuchten, ihre kleinen Kinder oder Säuglinge gegen die auf sie geschaufelte Erde in den Gräbern zu schützen.

Die graue Zone, in welcher die nichtjüdischen Zeugen sich befinden

Die Interviews verdeutlichen, in welcher grauen Zone sich viele unserer Zeitzeugen bewegten: Dieselben Menschen, die oft mit vollem Mitleid das Schicksal der Opfer beschreiben, haben zur Tatzeit eventuell den Tod der Opfer durch das Zuschütten der Gräber beschleunigt oder durch irgendeinen anderen kleinen Auftrag zum Funktionieren der Mordmaschine einen Beitrag geleistet. Die nichtjüdischen ukrainischen Zeitzeugen sind nicht einfach einzuordnen: Einige waren „kleine Helfer", andere passive Zuschauer, wieder andere haben Juden gerettet. Zwischen den Tätern und den Opfern lässt die Untersuchung Yahads eine komplexe Gruppe erscheinen, die sich in der beschriebenen Grauzone bewegte. Für sie trifft der Begriff „bystander" nicht zu.

Der Fund der Überreste von kleinen Kindern und Säuglingen in den Massengräbern ist ein weiterer Beweis für den Genozid. Die archäologischen Ausgrabungen haben wesentlich zu dem Zusammenwirken der Beweise beigetragen, das durch das „Oral History"-Projekt von Yahad möglich wird. Weder die NS-Quellen noch die sowjetischen Berichte noch die Nachkriegsprozesse noch die Erzählungen der Überlebenden noch die von Patrick Desbois und seinem Team gesammelten Interviews können vereinzelt als zwingender Beweis der Geschehnisse benutzt werden. Erst alle diese Quellen zusammen, ergänzt durch die Sammlung von Objekten und (im Fall von Busk) durch archäologische Ausgrabungen, lassen die Realität des Genozids im Osten Europas im klaren Licht erscheinen: Es geht um die Rekonstruktion eines Massenmordes, der systematisch, aber nicht so „industriell" wie in den Vernichtungszentren Polens, mitten im totalen Krieg und unter den Augen von Tausenden von Zeugen durchgeführt wurde.

---

[32] Am 3. Oktober 2007 fand an der Sorbonne eine Tagung statt, die sich mit den archäologischen Ergebnissen der Untersuchung von Yahad-In Unum befasste. Ihre Ergebnisse werden im Herbst 2008 auf der Internetseite des Forschungsseminars „Histoire de la Shoah en Europe orientale" (www.paris-sorbonne.fr) veröffentlicht.

Wassili Grossman
Ukraine ohne Juden

Aus dem Russischen übertragen und eingeleitet von Jürgen Zarusky

Einleitung[1]

Seit Anfang August 1941 war der Schriftsteller Wassili Grossman als Kriegskorrespondent für die sowjetische Militärzeitung „Krasnaja Swesda"[2] („Roter Stern") im Einsatz und blieb es mit wenigen Unterbrechungen bis zum Ende des Krieges, das er mit der triumphierenden Roten Armee im eroberten Berlin erlebte[3]. Aus unmittelbarer Anschauung berichtete Grossman über die Serie der Niederlagen der Roten Armee in den ersten Monaten des deutsch-sowjetischen Krieges und den scheinbar unaufhaltsamen Vormarsch der Wehrmacht; er schrieb über den ersten schweren Rückschlag der Deutschen im Winter vor Moskau; er war bei den Truppen an der Südfront und erlebte fast die ganze Schlacht von Stalingrad; er berichtete über die Schlacht von Kursk im Sommer 1943, und er war dabei, als die sowjetischen Truppen bis Ende Oktober 1943 die deutschen Besatzer aus der Ukraine östlich des Dnjepr, der „linksufrigen Ukraine" vertrieben. Im Spätsommer und Herbst 1943, noch vor der Einnahme Kiews am 7. November, machte Grossman in dieser Region die Beobachtungen, die er in seiner Reportage „Ukraine ohne Juden" verarbeitet hat.

Fast zwei Jahre hatten sich diese Gebiete unter deutscher Herrschaft befunden, zum kleineren Teil waren sie dem Reichskommissariat Ukraine unter Erich Koch zugeschlagen gewesen, zum größeren hatten sie unter Militärverwaltung gestanden[4].

Hier wie dort war die Bevölkerung einem grausamen und extrem gewalttätigen Besatzungsregime ausgesetzt. Ihre Behandlung als „Untermenschen", das Massensterben der Kriegsgefangenen, Hunger und Ausbeutung, Massendeportationen zur Zwangsarbeit nach Deutschland, Morde an politischen Opponenten, Psychiatriepatienten, Roma, Juden hinterließen eine „Ernte der Verzweiflung"[5], mit der Grossman unmittelbar konfrontiert wurde, als er mit der vorrückenden Roten Armee in die Ukraine kam: „Alte Männer laufen unseren Truppen entgegen, wenn sie russische Laute vernehmen. Sie weinen stumm vor sich hin und bringen kein Wort heraus. Weise alte Bäuerinnen sagen mit stillem Staunen: ‚Wir dachten, wir würden lachen und singen, wenn wir unsere Armee wiedersehen, aber es ist so viel Trauer in unseren Herzen, dass unsere Tränen fließen'."[6] Diese aus der Erfahrung

---

[1] Ich danke Herrn Fedor Gouber, Baden-Baden, und der Erbengemeinschaft Grossman für die Genehmigung zur Publikation der deutschen Version von „Ukraine ohne Juden" sowie Frau Verena Brunel für hilfreiche Hinweise bei der Übersetzung.
[2] Im Interesse der besseren Lesbarkeit von Grossmans Text wird hier statt der wissenschaftlichen Transliteration die Transkription verwendet, die auf Sonderzeichen verzichtet. Zitierte Titel in den Fußnoten werden aus Gründen der Exaktheit hingegen in der Transliteration wiedergegeben.
[3] Vgl. die Auswahl von Grossmans Kriegsaufzeichnungen: Antony Beevor, Ein Schriftsteller im Krieg. Wassili Grossman und die Rote Armee 1941-1945. Unter Mitarbeit von Lubov Vinogradova, München 2007.
[4] Vgl. die Karte bei Karel C. Berkhoff, Harvest of Despair. Life and Death in Ukraine under Nazi Rule, Cambridge u. a. 2004, S. XVI, und Dieter Pohl, Die Herrschaft der Wehrmacht. Deutsche Militärbesatzung und einheimische Bevölkerung in der Sowjetunion 1941-1944, München 2008, S. 97ff.
[5] So der treffende Titel von Berkhoffs Studie.
[6] Beevor, Schriftsteller, S. 308.

der deutschen Besatzung erwachsene bedrückende Stimmung kennzeichnet Grossmans Bericht von einer Erkundung, die schrittweise etwas noch Bedrückenderes zutage förderte: das absolute Schweigen, die tödliche Stille überall da, wo einst jüdisches Leben die Ukraine geprägt hatte.

Was Grossman 1943 als erschütternde Abwesenheit begegnete, hat die zeithistorische Forschung eingehender erst in den letzten Jahren analysiert: Von den 1,4 Millionen Juden, die in der Ukraine 1941 unter deutsche Herrschaft gerieten, haben nur verschwindend wenige überlebt[7]. Die ermordeten Juden der Ukraine machen nahezu ein Viertel der Gesamtzahl der Opfer des Holocaust aus, der sich dort vor allem in den östlichen Gebieten, um die es hier geht, in rasendem Tempo vollzog. „Östlich von Kiew", so der Befund von Dieter Pohl, „waren die meisten jüdischen Gemeinden mit Ausnahme weniger Arbeiter schon unter der Militärverwaltung restlos ausgerottet worden."[8] Im Spätsommer 1942 wurden zum letzten Mal ukrainische Gebiete von der deutschen Militär- in die Zivilverwaltung überführt. Über ein Jahr, bevor Grossman mit der Roten Armee in die Ostukraine kam, hatten also SS, Polizei, Wehrmacht und einheimische Kollaborateure dort bereits ihr mörderisches Werk vollendet.

Grossmans Spurensuche war für ihn zugleich eine Rückkehr in einstmals vertraute Gefilde. Er war am 12. Dezember 1905 in der südwestlich von Kiew gelegenen ukrainischen Stadt Berditschew geboren worden, deren Bevölkerung damals zum Großteil aus Juden bestand. Noch 1926 stellten sie mit mehr als 30 000 weit über die Hälfte der Einwohnerschaft. Mehr als 90 Prozent der Berditschewer Juden gaben zu diesem Zeitpunkt Jiddisch als Muttersprache an[9]. Grossmans Eltern gehörten zur jüdischen Intelligenz. Der Vater war Chemiker – ein Beruf, den Grossman vor seiner literarischen Karriere ebenfalls ausübte –, die Mutter Französischlehrerin. In den Jahren 1930 bis 1932 hatte Grossman in der Bergbauindustrie des ostukrainischen Donbass gearbeitet. Auch sein erster bedeutender literarischer Erfolg, der ihm prompt die Aufmerksamkeit und Unterstützung Maxim Gorkis eintrug, hatte einen heimatlichen Bezugspunkt: Es handelt sich um die Erzählung „In der Stadt Berditschew", die 1967 von Alexander Askoldow kongenial verfilmt wurde[10]. Darin schilderte Grossman, wie eine schwangere Kämpferin der Roten Armee zur Zeit des sowjetisch-polnischen Krieges

---

[7] Siehe vor allem Dieter Pohl, Schauplatz Ukraine: Der Massenmord an den Juden im Militärverwaltungsgebiet und im Reichskommissariat 1941-1943, in: Norbert Frei/Sybille Steinbacher/Bernd C. Wagner (Hrsg.), Ausbeutung, Vernichtung, Öffentlichkeit. Neue Studien zur nationalsozialistischen Lagerpolitik, München 2000, S. 135–173; ferner Il'ja Al'tman, Žertvy nenavisti. Cholokost v SSSR 1941-1945 gg., Moskau 2002, S. 289-298; zur Beteiligung der Wehrmacht am Holocaust in der UdSSR siehe Johannes Hürter, Hitlers Heerführer. Die deutschen Oberbefehlshaber im Krieg gegen die Sowjetunion 1941/42, München 2006, S. 509-599, zur Heeresgruppe Süd, S. 567-595, und Pohl, Herrschaft der Wehrmacht, S. 243-271. Um die Sammlung und Publikation von Zeugnissen Überlebender des Holocaust in der Ukraine hat sich besonders Boris Zabarko verdient gemacht: Boris Zabarko (Hrsg.), „Nur wir haben überlebt". Holocaust in der Ukraine. Zeugnisse und Dokumente, Berlin 2004; ders. (redaktor-sostavitel'), Žizn' i smert' v ėpochu Cholokosta, 3 Bde., Kiev 2007-2008.
[8] Pohl, Schauplatz Ukraine, S. 153.
[9] Vgl. http://www.berdichev.org/historyreport.html; http://www.shtetlinks.jewishgen.org/berdichev/Berdichevhistory.html [25.3.2008].
[10] Deutsche Ausgabe: Wassilij Grossman, Die Kommissarin. Aus dem Russischen von Thies Ziemcke, mit Fotos aus dem Film von Aleksandr Askoldov, Berlin 1989. Die sowjetische Zensur hielt den Film 20 Jahre unter Verschluss; erst im Zuge der Perestrojka konnte er 1987 öffentlich vorgeführt werden und wurde, nachdem er auf der Berlinale im gleichen Jahre Begeisterung ausgelöst hatte, zu einem Welterfolg und inzwischen zu einem Filmklassiker. Vgl. Maja Turovskaja, Ne fil'm, a „železnaja maska". Otkrytoe pi'smo o zakrytom 40 let nazad „Komissare" Aleksandra Askoldova, in: Novaja gazeta Nr. 5 (1323f.), 29.1.2008.

1920 bis zur Niederkunft bei einer jüdischen Familie einquartiert wird und nicht nur mit ihr unbekannten Seiten der eigenen Weiblichkeit, sondern auch mit der Welt der jüdischen Kleinhandwerker konfrontiert wird, wie sie zu dieser Zeit noch Tausende von Städten, Schtetln und Dörfern Osteuropas prägte. Grossman war allerdings kein jüdischer Schriftsteller, etwa in der Nachfolge eines Scholem Alejchem. Er war assimiliert und säkular eingestellt; er schrieb russisch und orientierte sich an der Tradition des russischen Realismus, insbesondere an Tolstoj und Tschechow.

Grossmans Eltern hatten sich früh getrennt. Bei Kriegsbeginn lebte er, ebenso wie sein Vater, in Moskau, seine Mutter aber weiterhin in Berditschew. Dass es ihm nicht gelungen war, sie rechtzeitig zu sich nach Moskau zu holen, blieb für Grossman lebenslang eine seelische Last. Berditschew wurde bereits am 7. Juli 1941 von deutschen Truppen besetzt. Am 15. September 1941 wurde der Großteil der jüdischen Bevölkerung der Stadt in einem vom Höheren SS- und Polizeiführer Russland Süd, Friedrich Jeckeln, organisierten Massaker ermordet. Im Sommer des folgenden Jahres wurden auch noch die letzten Überlebenden erschossen. Grossman selbst hat diese Vorgänge später für das „Schwarzbuch" über den Genozid an den sowjetischen Juden rekonstruiert[11]. Zu dem Zeitpunkt, als er die Reportage „Ukraine ohne Juden" schrieb, stand Berditschew noch unter deutscher Besatzung. So konnte er sich noch nicht die letzte Gewissheit darüber verschaffen, ob die ihn seit langem begleitende Ahnung, dass er seine Mutter nicht mehr wiedersehen werde, der Wirklichkeit entsprach[12]. In einer ähnlichen seelischen Verfassung waren wohl viele der Leser von Grossmans Reportage, deren russische Manuskriptfassung ins Jiddische übersetzt und in zwei Folgen am 25. November und 2. Dezember 1943 in der Zeitung „Ejnikajt" („Einheit") des Jüdischen Antifaschistischen Komitees (JAFK) der Sowjetunion veröffentlicht wurde[13]. Grossman sprach sie direkt an, aber es gibt Hinweise, dass die Publikation in der „Ejnikajt" vor allem deshalb erfolgte, weil er die Reportage aus politischen Gründen nicht in einem der russischsprachigen Organe unterbringen konnte, für die er sonst schrieb[14]. Und auch hier erschien offenbar nicht der vollständige Text; eine angekündigte Fortsetzung unterblieb aus unbekannten Gründen[15]. Die Publikation brachte Grossman jedenfalls in engeren Kontakt mit dem JAFK.

---

[11] Wassili Grossman, Die Ermordung der Juden in Berditschew, in: Wassili Grossman/Ilja Ehrenburg/Arno Lustiger (Herausgeber der deutschen Ausgabe) (Hrsg.), Das Schwarzbuch. Der Genozid an den sowjetischen Juden, Reinbek bei Hamburg 1994, S. 59–72; vgl. auch Pohl, Schauplatz Ukraine, S. 146 und S. 160.
[12] Vgl. die Briefzeugnisse Grossmans bei Beevor, Schriftsteller, S. 281 und S. 316, und den postum an die Mutter gerichteten Brief vom 15. September 1950, abgedruckt in Wassili Grossman, Leben und Schicksal. Roman. Aus dem Russischen von Madeleine von Ballestrem, Arkadi Dorfman, Elisabeth Markstein und Annelore Nitschke, Berlin 2007, S. 1051f.
[13] Grossmans Biographen John und Carol Garrard zufolge ist sein russisches Manuskript aller Wahrscheinlichkeit nach verloren gegangen. Garrard/Garrard, The Bones of Berdichev. The Life and Fate of Vasily Grossman, New York 1996, S. 391. Bei Beevor findet sich jedoch ein kurzer Textauszug, der sich teilweise mit der publizierten Form von Grossmans Reportage deckt und auf einem im Grossman-Bestand des Russischen Staatlichen Literaturarchivs lagernden Manuskript beruht; vgl. Beevor, Schriftsteller, S. 312–314. Die hier vorgelegte deutsche Übersetzung basiert auf der russischen Übersetzung der jiddischen Publikation von Rachil' Baumvol' („Ukraina bez evreev"), in der von Shimon Markish herausgegebenen Anthologie Vasilij Grossman, Na evrejskie temy. Izbrannoe v dvuch tomach, Bd. II, Tel Aviv 1985, S. 333–340.
[14] So Simon Markish, Le Cas „Grossman", Paris 1983, S. 68, und Semen Lipkin, Stalingrad Vasilija Grossmana. Ann Arbor, Michigan 1986, S. 26.
[15] Grossman, Ukraina, S. 340.

Die Ursprünge dieses offiziell erst am 23. April 1942 gegründeten Komitees reichen in die ersten Wochen des deutsch-sowjetischen Krieges zurück. Es sollte zunächst vor allem die Solidarität der Juden in der angelsächsischen Welt mit der kämpfenden Sowjetunion fördern und stand unter Kontrolle der Propagandaabteilung des Zentralkomitees der Kommunistischen Partei. Zunehmend wuchsen ihm aber weitere gesellschaftliche Aufgaben zu[16]. Dazu gehörte die Herausgabe einer Zeitung in jiddischer Sprache, auf deren Notwendigkeit Vertreter des späteren JAFK schon 1941 mit dem Argument hingewiesen hatten, dass es für die zahlreichen jüdischen Flüchtlinge und Evakuierten aus den westlichen Gebieten der Sowjetunion, die nur Jiddisch verstanden, keine Zeitung gab. Die jüdische Presse der besetzten Gebiete existierte nicht mehr und die zentrale sowjetische jiddische Zeitung „Der Emes" war im Januar 1939 eingestellt worden[17]. Neben den kulturell-politischen Bedürfnissen der „breiten jüdischen Massen" im Lande betonten Solomon Michoels, der künftige Präsident des JAFK, und seine Mitstreiter die große propagandistische Wirkung, die eine in Moskau produzierte jiddische Zeitung auch im Ausland ausüben könne[18]. Die Argumente verfehlten ihre Wirkung auf die sowjetische Propagandaverwaltung nicht, zugleich war diese aber bemüht, das Zeitungsprojekt in relativ engen Grenzen zu halten: Am 27. April 1942 wurde ein Blatt mit zehntausend Stück Auflage bei dreimal monatlichem Erscheinen im halben Format der „Prawda" genehmigt[19]. Trotz dieser Einschränkungen wurde die ab 7. Juni 1942 erscheinende Zeitung schnell zur „Schaltstelle für den Kontakt zwischen den Juden im Hinterland und an der Front"[20].

In dem Blatt fanden sich auch regelmäßig Nachrichten über die nationalsozialistischen Judenverfolgungen. Grossmans Reportage stach dabei aber deutlich heraus[21]. Neben seinen journalistischen und schriftstellerischen Qualitäten zeichnet diesen Text die präzise Herausarbeitung der singulären totalen Massenvernichtung der Juden im Kontext einer generell extrem gewalttätigen Besatzungsherrschaft aus. Grossman führt als besonders schreckliches Beispiel für diese das Massaker im Dorf Kosary vom 11. März 1943 an. Bei dieser von Polizeieinheiten zusammen mit ukrainischen Kollaborateuren durchgeführten Mordaktion an nichtjüdischen Bewohnern der Ukraine – einer der, wenn nicht der größten überhaupt – wurde das ganze Dorf ausgelöscht. Zirka 4000 Einwohner wurden getötet, nur wenige überlebten[22]. Grossman schildert das zerstörte Kosary und erläutert, dass der Massenmord, wie ihn die Okkupanten und ihre ukrainischen Kollaborateure hier verübt hatten, das Regelschicksal war, das die Deutschen den ukrainischen Juden zugedacht hatten.

---

[16] Zur Geschichte des JAFK vgl. Šimon Redlich (Hrsg.), Evrejskij antifašistskij komitet v SSSR 1941-1948. Dokumentirovannaja istorija, Moskau 1996; Arno Lustiger, Rotbuch: Stalin und die Juden. Die tragische Geschichte des Jüdischen Antifaschistischen Komitees und der sowjetischen Juden, Berlin 1998.
[17] Vgl. „Ėmes", in: ėlektronnja evrejskaja ėnciklopedija; http://www.eleven.co.il/article/15087 [27.3.2008].
[18] Obraščenie gruppy sovetskich evrejskich pisatelej [ijul' 1941 g.], Redlich, Evrejskij antifašistskij komitet, S. 50, und Vtoričnoe obraščenie gruppy evrejskich pisatelej v Sovinformbjuro, ebenda, S. 50f. Aleksandr Višnevskij, Tragedija gazety „Ėjnikajt", http://alvishnev8391.narod.ru/einikait.htm [10.8.2007].
[19] Rešenie Sekretariata CK VKP(b), ebenda, S. 54. Erst 1945 wurde die Erscheinungsfrequenz deutlich erhöht; vgl. Višnevskij, Tragedija.
[20] Arno Lustiger, Die Geschichte des Jüdischen Antifaschistischen Komitees der Sowjetunion, in: Das Schwarzbuch, S. 1093-1098, hier S. 1095.
[21] Višnevskij, Tragedija.
[22] Igor' Guščenko, Kozary, in: Zerkalo nedely, Nr. 23 (602) 17.-23. Juni 2006, http://www.zn.ua/3000/3150/53654/; http://www.pravoslavye.org.ua/index.php?action=fullinfo&r_type=news&id=19761.

Mit seiner differenzierten Betrachtung der nationalsozialistischen Besatzungs- und Vernichtungspolitik stand er in klarem Gegensatz zu den offiziellen sowjetischen Interpretationsmustern. Zwar hatte Außenminister Molotow bereits in seiner umfangreichen Zirkularnote über deutsche Verbrechen im besetzten Gebiet vom 6. Januar 1942 unter anderem die Massenerschießungen von Juden in Lemberg, Odessa, Kamenez-Podolskij, Dnjepropetrowsk, Mariupol und Kertsch angeklagt[23], aber schon in der folgenden Note vom 27. April 1942 war nur noch von friedlichen sowjetischen Bürgern die Rede und die zielgerichteten Morde an Juden wurden nicht mehr erwähnt[24]. Und obwohl die Sowjetunion zu den Unterzeichnern der Interalliierten Erklärung zur Vernichtung der Juden vom 17. Dezember 1942 gehörte, werden darin bemerkenswerterweise nur die Deportationen von Juden aus deutsch besetzten Ländern nach Osteuropa und die Liquidierungen der Ghettos im besetzten Polen erwähnt, nicht aber die Massenmorde an den sowjetischen Juden[25]. Die sowjetische Zurückhaltung, wenn es darum ging, den Holocaust beim Namen zu nennen, ist nicht allein darauf zurückzuführen, dass der Besatzungsterror gegen die sowjetische Bevölkerung generell extreme und – denkt man an das Massensterben der Kriegsgefangenen und die Hungerblockade gegen die Bevölkerung Leningrads – teilweise geradezu genozidale Ausmaße annahm, und auch nicht nur darauf, dass die Sowjetregierung darauf bedacht war, der nationalsozialistischen Propaganda vom jüdischen Bolschewismus keine Anhaltspunkte zu geben[26]. Vielmehr setzte bereits ab 1942, vor allem aber nach den großen Siegen des Jahres 1943 die antisemitisch-nationalistische Metamorphose des Stalinregimes ein, die den letzten Jahren der Herrschaft des sowjetischen Diktators dann ihr bezeichnendes Gepräge verlieh. So war schon in der zweiten Jahreshälfte 1942 eine antisemitische Personalpolitik im Kulturbereich eingeleitet worden[27], und nach dem Sieg von Kursk war ein Aufblühen des russischen Nationalismus zu beobachten[28].

Damit ging eine Umdeutung der nationalsozialistischen Besatzungspolitik einher, wie sie etwa in dem Kriegsverbrecherprozess, der vom 15. bis 18. Dezember 1943 in Charkow stattfand und als Schauprozess angelegt war[29], deutlich zum Ausdruck kam. Die 12 000 bis 15 000 Charkower Juden, die zunächst im Barackenlager der dortigen Traktorenfabrik interniert und bald darauf erschossen und zu einem kleinen Teil in Gaswagen erstickt worden wa-

[23] Njurnbergskij process. Sbornik materialov Njurnbergskogo processa nad glavnymi nemeckimi voennymi prestupnikami v dvuch tomach podgotovlen pod redakciej K. P. Goršenina (glavnyj redaktor), R. A. Rudenko i I. T. Nikičenko, Tom pervyj, Moskau 1954, S. 504–517. Online verfügbar unter http://nurnbergprozes.narod.ru/.
[24] Gennadij Kostyrčenko, Tajnaja politika Stalina. Vlast' i antisemitizm, Moskau 2001, S. 226. Kostyrčenko datiert die Note auf den 28. April 1942, vermutlich das Publikationsdatum. Il'ja Al'tman, Die Widerspiegelung der nationalsozialistischen Politik der Judenvernichtung in der sowjetischen Literatur und Publizistik (1940–1980), in: Frank Grüner/Urs Heftrich/Heinz Dietrich Löwe (Hrsg.), „Zerstörer des Schweigens". Formen künstlerischer Erinnerung an die nationalsozialistische Rassen- und Vernichtungspolitik in Osteuropa, Köln 2006, S. 17–32, hier S. 19.
[25] Dokumente zur Deutschlandpolitik, Reihe I, Band 3, Zweiter Halbband (1. 7.–31. 12. 1942), Frankfurt a. M. 1988, S. 1162f.
[26] Zum letztgenannten Aspekt Kostyrčenko, Tajnaja politika, S. 226f.
[27] Gennadij Kostyrčenko, V plenu u krasnogo faraona. Političeskie presledovanija evreev v SSSR v poslednee stalinskoe desjatiletie. Dokumental'noe issledovanie, Moskau 1994, S. 9ff.
[28] Alexander Werth, Russland im Krieg, Gütersloh 1965, S. 496–499.
[29] Andreas Hilger/Nikita Petrov/Günther Wagenlehner, Der „Ukaz 43": Entstehung und Problematik des Dekrets des Präsidiums des Obersten Sowjets vom 19. April 1943, in: Andreas Hilger/Ute Schmidt/Günther Wagenlehner (Hrsg.), Sowjetische Militärtribunale, Band 1: Die Verurteilung deutscher Kriegsgefangener 1941–1953, Köln u. a. 2001, S. 177–209, hier S. 178f.

ren³⁰, wurden im Urteil des Prozesses zu nicht näher qualifizierten „Zivilisten"³¹ – obwohl im Protokoll der Außerordentlichen Kommission für die Stadt Charkow zur Untersuchung der dortigen Verbrechen vom 5. September 1943 der Vorgang noch eindeutig als eine gegen die Juden der Stadt gerichtete Vernichtungsaktion geschildert worden war³². Der Angeklagte Reinhard Retzlaw, Angehöriger der Geheimen Feldpolizei, sagte vor dem Militärtribunal der 4. Ukrainischen Front aus, in seiner Ausbildung darüber instruiert worden zu sein, „dass das Sowjetvolk als minderwertige Rasse ausgerottet werden müsse"³³, und in einem Leitartikel der „Prawda" vom 16. Dezember 1943 zu dem Prozess hieß es: „Das deutsche Kommando hatte in seinen Militärschulen und Instituten besondere Lehrgänge eingeführt über die Notwendigkeit, die überwiegende Mehrheit der Sowjetbevölkerung auszurotten – besonders das russische und das ukrainische Volk."³⁴

Die Ermordung der Juden wurde in der sowjetischen Propaganda keineswegs abgestritten, aber sie wurde als Bestandteil eines gegen die gesamte sowjetische Bevölkerung gerichteten Programms dargestellt³⁵. Es handelte sich nicht um eine Leugnung, wohl aber um eine „Einebnung" des Holocaust und eine Verschleierung seiner antisemitischen Spezifik. Die Deutungsspielräume, die während und unmittelbar nach dem Krieg noch existierten, und die es ermöglichten, dass Grossman 1944 in der Zeitschrift „Snamja" („Das Banner") einen eindringlichen Bericht über das Vernichtungslager Treblinka publizieren konnte, in dem dessen Funktion im Holocaust klar herausgearbeitet wurde³⁶, wurden im Zuge der immer massiveren antisemitischen Metamorphose des sowjetischen Regimes in den letzten Lebensjahren Stalins³⁷ beseitigt. Ende 1947 wurde die Publikation des „Schwarzbuchs" über den Genozid an den sowjetischen Juden, an dem Grossman ab 1944 maßgeblich mitgearbeitet hatte, untersagt. Der Chef der Propaganda-Abteilung des ZK der sowjetischen KP, Alexandrow, stieß sich daran, dass das Buch nicht der These von der gleichmäßigen Verfolgung aller sowjetischen Nationalitäten durch die deutschen Besatzer entsprach³⁸. Im Januar 1948 wurde Solomon Michoels auf Geheiß Stalins in einem fingierten Autounfall ermordet. Ende November 1948 wurden das JAFK und die Zeitung „Ejnikajt" auf Beschluss des Politbüros aufgelöst, die meisten Führungsmitglieder des Komitees wurden bald darauf festgenommen, 1952 standen 14 von ihnen vor Gericht, 13 wurden zum Tode, eine An-

---

³⁰ Pohl, Schauplatz Ukraine, S. 148.
³¹ Verbrechen und Strafe. Der Charkower Prozess über die von den deutsch-faschistischen Eindringlingen in der Stadt Charkow und Umgebung während der zeitweisen Okkupation verübten Greueltaten, o. O., o. J. [ca. 1945], S. 71. Im Urteil wird die Zahl von 20 000 Ermordeten angeführt.
³² Das Protokoll ist auszugsweise wiedergegeben in: Hamburger Institut für Sozialforschung (Hrsg.), Verbrechen der Wehrmacht. Dimensionen des Vernichtungskrieges 1941-1944, Ausstellungskatalog, Hamburg 2002, S. 183. Hier wird die Zahl von 15 000 Ermordeten angegeben.
³³ Ebenda, S. 32.
³⁴ Ebenda, S. 2.
³⁵ Heinz-Dietrich Löwe, The Holocaust and the Soviet Press, in: Grüner u. a. (Hrsg.), Zerstörer des Schweigens, S. 33-56, hier S. 39; Lev Besymenski, Was das Sowjetvolk vom Holocaust wusste, in: Leonid Luks (Hrsg.), Der Spätstalinismus und die „jüdische Frage". Zur antisemitischen Wendung des Kommunismus, Köln 1998, S. 69-87.
³⁶ Der Bericht erschien im Verlag für fremdsprachige Literatur später auch in einer deutschen Ausgabe: Wassilij Grossmann, Die Hölle von Treblinka, Moskau 1946.
³⁷ Vgl. dazu Leonid Luks, Zum Stalinschen Antisemitismus – Brüche und Widersprüche, in: Jahrbuch für historische Kommunismusforschung 1997, S. 9-50.
³⁸ Zur Geschichte des Schwarzbuches siehe Redlich, Evrejskij antifašistskij komitet, S. 246-269, sowie Ilja Altman, Das Schicksal des „Schwarzbuches", in: Grossman/Ehrenburg/Lustiger, Schwarzbuch, S. 1063-1084, zu Grossmans Rolle bei seiner Erstellung siehe Garrard/Garrard, Bones, S. 195-228.

geklagte wurde zu einer fünfjährigen Verbannungsstrafe verurteilt[39]. Die antisemitische Propaganda und insbesondere die Kampagne gegen die angeblichen jüdischen „Mörderärzte" im Kreml Anfang 1953 verhießen nichts Gutes für das Schicksal der sowjetischen Juden. Der Tod Stalins am 5. März 1953 setzte jedoch dieser bedrohlichen Entwicklung ein Ende.

Grossman hatte in dieser Zeit den ersten Band seiner großen Stalingrad-Dilogie unter dem Titel „Für die gerechte Sache" abgeschlossen[40]. Dem Erscheinen in der Zeitschrift „Nowij mir" im zweiten Halbjahr 1952 war ein langes Ringen mit Auflagen und Zensureingriffen vorausgegangen. Die Ermordung der Juden konnte er in diesem Werk nur in Randbemerkungen und in geradezu subversiver Verschlüsselung ansprechen[41]. Der zweite Band der Dilogie, der heute weltbekannte Roman „Leben und Schicksal", konnte in der Sowjetunion erst in der Perestrojka-Ära erscheinen, lange nach dem Tod des Autors, der am 15. September 1964 in Moskau einem Magenkrebsleiden erlag. Die Beschlagnahme des Manuskripts von „Leben und Schicksal" durch den KGB im Februar 1961 und der vergebliche Kampf um „Freiheit für mein Buch"[42] hatten zur Zerrüttung der Gesundheit Grossmans erheblich beigetragen. Erst 1980 erschien der Roman auf Russisch in einem Exilverlag in Lausanne. Die Grundlage dafür war ein aus der Sowjetunion hinausgeschmuggeltes, mikroverfilmtes Manuskript[43]. In diesem epischen Werk hatte Grossman auf sowjetische Tabus keinerlei Rücksicht mehr genommen. Der „Große Vaterländische Krieg" erscheint hier als ein paradoxer Kampf um die Freiheit, der zugleich die blutige Diktatur Stalins festigte. Der Gulag wird ebenso geschildert wie die nationalsozialistischen Konzentrationslager, und der Holocaust in erschütternder Weise vergegenwärtigt und zugleich analytisch in den Kontext des Krieges eingeordnet. Und nicht zuletzt beschreibt Grossman hier das Aufkeimen der antisemitischen Tendenzen des siegreichen stalinistischen Regimes, auf die die jahrzehntelange Unterdrückung der Wahrheit über den Holocaust in der Sowjetunion zurückzuführen ist, einer Wahrheit, die Grossman schon 1943 in seiner Reportage für die „Ejnikajt" klar ausgesprochen hatte.

Wassili Grossman: Ukraine ohne Juden

Wenn unter Kanonendonner und beim Geräusch explodierender Granaten unsere Truppen in die Dörfer der linksufrigen Ukraine einmarschieren, steigen die Hausgänse, mit ihren großen weißen Flügeln schlagend, in die Luft auf. Sie kreisen über den Hütten, über den mit grünen Wasserlinsen bedeckten Bächen, über den Blumen- und Gemüsegärten.

Es ist etwas Unheimliches in diesem schweren Flug des Geflügels, in seinem scharfen, aufgeregten und bitteren Schrei – als ob er die Rotarmisten auffordern würde, hinzuschauen

---

[39] V. P. Naumov (Hrsg.), Nepravednyj sud. Poslednyj stalinskij rasstrel, Moskau 1994, S. 375–382; Kostyrčenko, V plenu, S. 26–152.
[40] In deutscher Übersetzung 1958 in der DDR unter dem Titel „Wende an der Wolga" erschienen.
[41] Vgl. Jürgen Zarusky, Shoah und Konzentrationslager, in: Vasilij Grossmans Roman „Leben und Schicksal", in: Dachauer Hefte 22 (2006): Realität – Metapher – Symbol. Auseinandersetzung mit dem Konzentrationslager, S. 175–198, hier S. 180–186.
[42] So Grossmans Formulierung in einem Schreiben an Chruschtschow, abgedruckt in Grossman, Leben und Schicksal (Ausgabe 2007), S. 1054–1058.
[43] Vgl. dazu Wladimir Woinowitsch, Leben und Schicksal des Wassili Grossman und seines Romans, ebenda, S. 1059–1068.

auf die kummervollen, schrecklichen Bilder des Lebens. Es scheint, als ob sich die Vögel über die Ankunft unserer Truppen freuen würden, und zugleich weinen und stöhnen sie, sie schreien angesichts des schrecklichen Kummers, der unermesslichen Verluste, der Tränen und des Blutes, von denen die ukrainische Erde grau und salzig geworden ist.

Seit ich als Sonderkorrespondent der „Krasnaja Swesda" arbeite, war ich in sehr vielen ukrainischen Städten und Dörfern. Ich war in Starobelsk, Swatowo, Kupjansk und Walujki, in Woroschilowgrad, Krasnodon, Neschin, Gluchow und Krolewez, in Tschernigow, Koselez, Astrog, Jagotin, Borispol, Baturin ... Ich war in Hunderten von Dörfern, Weilern, Siedlungen und Fischerstädtchen an der Desna und am Dnjepr, in Gehöften, die von der Steppe umgeben sind, in heruntergekommenen Hütten von Pechsiedern, die alleine leben in der ewigen Finsternis der Kiefernwälder, in märchenhaften Dörfern, wo man die Strohdächer nur mit Mühe unter dem satten Grün der Obstgärten entdecken kann.

Wollte man all die Geschichten und all die Bilder zusammenfassen, die wir in den Tagen und Monaten, die wir in der Ukraine verbrachten, gehört und gesehen haben, ergäbe das ein schreckliches Buch über unvorstellbare Gräueltaten – über Sklavenarbeit, über enorme Zwangsabgaben, über Kinder, die nach Deutschland verschleppt wurden, über niedergebrannte Häuser, über geplünderte Kornkästen, über Galgen auf Plätzen und an Straßen, über die Gräben, in denen man Menschen schon beim leisesten Verdacht einer Verbindung mit den Partisanen erschoss, über Beleidigungen, Hohn, Schimpfworte, über Bestechlichkeit, Sauferei und Willkür, über die rohe Sittenverderbnis der Verbrecher, die für die Dauer von zwei Jahren über das Schicksal, das Leben, die Ehre und das Eigentum des viele Millionen zählenden ukrainischen Volkes entschieden. In keiner ukrainischen Stadt, in keinem Dorf, gibt es ein Haus, wo nicht Worte der Entrüstung über die Deutschen zu hören wären, wo während dieser zwei Jahre keine Tränen vergossen worden wären, wo der deutsche Faschismus nicht verflucht würde, kein Haus ohne Witwen und Waisen. Diese Tränen und Flüche ergießen sich als Zuflüsse in den großen Strom des Kummers und des Zorns des Volkes – Tag und Nacht wälzt sich sein schreckliches und leidvolles Tosen unter dem vom Rauch der Brände schwarz gefärbten ukrainischen Himmel dahin.

Aber es gibt in der Ukraine Dörfer, in denen man keine Klagen hört und keine ausgeweinten Augen sieht, wo Stille und Ruhe herrschen. In so ein Dorf kam ich zweimal. Das erste Mal am 20. September, das zweite Mal am 17. Oktober 1943. Dieses Dorf liegt an der alten Straße nach Kiew zwischen Neschin und Koselez. Beim ersten Mal war ich dort während des Tages, beim zweiten Mal an einem traurigen Herbstabend. Und beide Male herrschte in Kosary Stille, eine tödliche Stille. Siebenhundertfünfzig Häuser hatten die Deutschen hier am Vorabend von Ostern niedergebrannt. Siebenhundertfünfzig Familien starben im Feuer. Nicht ein Kind, nicht eine alte Frau, niemand ist lebend aus dieser Feuersbrunst herausgekommen. So rechneten die Faschisten mit einem Dorf ab, das Partisanen hereingelassen hatte. Hohes, staubiges Steppengras ist auf der Brandstätte gewachsen. Die Brunnen sind voller Sand, die Gemüsegärten alle von Unkraut überwuchert, und nur hier und da leuchtet eine Blume auf. Es gibt niemanden in Kosary, der sich beklagen oder eine Träne verlieren könnte; still liegen die toten Körper, die in den Höfen inmitten des Steppengrases begraben sind. Diese Stille ist schrecklicher als Tränen und Flüche, furchtbarer als Stöhnen und Schmerzensschreie.

Und ich dachte mir, dass genau so, wie Kosary schweigt, auch die Juden der Ukraine schweigen. Es gibt keine Juden in der Ukraine. Überall – in Poltawa, Charkow, Krementschug, Borispol, Jagotin – in allen Städten und Hunderten von Schtetln, in Tausenden von Dörfern begegnet man keinen schwarzen verweinten Mädchenaugen, hört man nicht die gramvolle Stimme einer alten Frau, sieht man nicht das dunkle Gesichtchen eines hungrigen Kindes. Schweigen. Stille.

Ein Volk wurde meuchlerisch ermordet. Ermordet wurden alte Handwerker, erfahrene Meister ihres Faches – Schneider, Mützenmacher, Schuster, Kupferschmiede, Juweliere, Anstreicher, Kürschner, Buchbinder; ermordet wurden Arbeiter – Gepäckträger, Mechaniker, Elektriker, Tischler, Maurer, Schlosser; ermordet wurden Fuhrleute, Traktoristen, Kraftfahrer, Holzarbeiter; ermordet die Kutscher, Müller, Bäcker, Köche; ermordet die Ärzte – Therapeuten, Zahntechniker, Chirurgen, Gynäkologen; ermordet die Gelehrten – Bakteriologen und Biochemiker, Direktoren von Universitätskliniken, Lehrer der Geschichte, Algebra und Trigonometrie; ermordet wurden Privatdozenten, Lehrstuhlassistenten, Doktoren und Habilitierte aller möglichen Wissenschaften; ermordet wurden Ingenieure – Metallurgen, Brückenbauer, Architekten, Lokomotivenkonstrukteure; ermordet wurden Buchhalter, Rechnungsführer, Handelsangestellte, Beschaffungsagenten, Sekretäre, Nachtwächter; ermordet wurden Lehrerinnen und Näherinnen; ermordet wurden Großmütter, die Strümpfe stricken und köstliches Gebäck herstellen konnten, die wussten, wie man eine Bouillon oder Strudel mit Nüssen und Äpfeln zubereitet, und ermordet wurden Großmütter, die keineswegs gewandt in allen Dingen waren – sie vermochten nicht mehr, als ihre Kinder zu lieben und die Kinder ihrer Kinder; ermordet wurden Frauen, die ihre Männer treu liebten, und ermordet wurden leichtsinnige Frauenzimmer; ermordet wurden hübsche Mädchen, gelehrte Studentinnen und fröhliche Schülerinnen; ermordet wurden die Hässlichen und die Dummen; ermordet wurden die Buckligen, ermordet wurden Sängerinnen, ermordet wurden Blinde, ermordet wurden Taubstumme, ermordet wurden Geiger und Pianisten, ermordet wurden Zweijährige und Dreijährige, ermordet wurden achtzigjährige Greise mit vom grauen Star getrübten Augen, mit kalten, durchsichtigen Fingern und leisen Stimmen wie raschelndes Papier, und ermordet wurden schreiende Säuglinge, die bis zu ihrer letzten Minute gierig an der Mutterbrust saugten. Alle wurden ermordet – viele Hunderttausende, Millionen von Juden in der Ukraine. Es geht hier nicht um den Tod im Krieg, mit der Waffe in der Hand, nicht um den Tod von Menschen, die irgendwo ein Haus, eine Familie, ein Feld, Lieder, Bücher, Traditionen, eine Geschichte zurücklassen. Es geht um die Ermordung eines Volkes, die Ermordung des Hauses, der Familie, der Bücher, des Glaubens. Es geht um die Ermordung eines Lebensbaumes, um das Absterben der Wurzeln, nicht nur der Zweige und Blätter. Es geht um die Ermordung der Seele und des Körpers eines Volkes, die Ermordung eines großartigen Schatzes von Fertigkeiten, der von Tausenden klugen, talentierten Meistern ihres Faches und Geistesarbeitern in vielen Generationen angehäuft wurde. Es geht um die Ermordung der Moral und der Traditionen eines Volkes, seiner fröhlichen Überlieferungen, die von den Großvätern auf die Enkel übergingen. Es geht um die Ermordung der Erinnerungen und traurigen Lieder, der Volkspoesie über das heitere und bittere Leben. Es geht um die Zerstörung der häuslichen Nester und der Friedhöfe. Es geht um die Vernichtung eines Volkes, das Jahrhunderte mit dem ukrainischen Volk nachbarschaftlich zusammengelebt, mit ihm zusammen gearbeitet und Freud und Leid auf ein und derselben Erde mit ihm geteilt hat.

In allen Büchern unserer großen Schriftsteller, die das Leben der Ukraine zeichnen, in den Werken Gogols, Tschechows, Korolenkos und Gorkis, in denen von traurigen und schrecklichen Zeiten die Rede ist, oder von stillen und friedlichen, in Gogols „Taras Bulba", in der „Steppe" Tschechows, in den wunderbaren und reinen Erzählungen Korolenkos – überall werden die Juden erwähnt. Und anders kann es auch nicht sein! Alle, die wir in der Ukraine geboren und aufgewachsen sind, sind mit den Bildern vom Leben des jüdischen

Volkes in seinen Städten und Dörfern groß geworden. Erinnert euch an die Sabbat-Tage, an die Alten mit den Gebetbüchern in der Hand, an die stillen Frühlingsabende; erinnert euch an diese alten Leute, wie sie im Kreis stehen und Gespräche voller Weisheit führen; erinnert euch an die bedächtigen Schuster aus den Schtetln, wie sie in ihren Häuschen auf niedrigen Bänkchen sitzen; erinnert euch an die naiven, spaßigen Schilder über den Türen der Schlosser- und Schusterwerkstätten; erinnert euch an die mit Mehlstaub bedeckten Rollkutscher mit ihren sackleinenen Schürzen, die alten Großmütter in ihren langen Röcken, die mit Bauchläden Karamellbonbons und Äpfel feilboten, die schwarzäugigen, gelockten Kinderchen, die herumliefen und im Sand buddelten – zwischen ihren Köpfen die hellen Köpfchen ihrer ukrainischen Freunde, wie Blumen, die von der freigebigen Hand des Lebens über die reiche und gesegnete ukrainische Erde verstreut wurden. Hier haben unsere Großväter gelebt, hier haben uns unsere Mütter zur Welt gebracht, hier wurden die Mütter unserer Söhne geboren. Hier wurde so viel jüdischer Schweiß, wurden so viele jüdische Tränen vergossen, dass wohl niemandem der Gedanke kommt, den Juden als Gast auf fremder Erde zu betrachten.

Und nun habe ich diese Erde durchfahren und durchwandert vom nördlichen Donez zum Dnepr, von Woroschilowgrad im Donbass bis Tschernigow an der Desna. Ich bin zum Dnepr hinuntergestiegen und habe auf Kiew geschaut. In der ganzen Zeit habe ich nur einen Juden getroffen. Das war Leutnant Schlomo Kiperschtejn, der im September 1941 in der Nähe von Jagotin mit seiner Einheit in einen Kessel geriet. Seine heutige Ehefrau, die Bäuerin Wasilina Sokur, erklärte, er sei Moldawier. Mehr als einmal hat man sie zur Gestapo geschleppt. Zweimal wurde sie verprügelt: Die Deutschen argwöhnten, ihr Mann sei ein Jude. Doch sie bestand auf ihrer Version – ihr Mann heiße Stepan, sein Familienname sei Nowak. Ich habe mit ihm gesprochen, bin einen ganzen Abend mit ihm zusammengesessen und habe seinen Erzählungen zugehört, und wir alle – Kiperschtejn, seine Frau und die Bauern aus der Nachbarschaft – haben uns darüber gewundert, dass dieser Kiperschtejn am Leben ist, dass er nicht ermordet wurde. Weitere Juden habe ich in der Ukraine nicht getroffen. Bekannte haben mir erzählt, sie hätten in Charkow und Kursk Juden gesehen. Der Schriftsteller Ehrenburg hat mir mitgeteilt, dass er ein junges jüdisches Mädchen, eine Partisanin, in einem der Bezirke der nördlichen Ukraine getroffen habe. Und das ist alles.

Wo sind die Hunderttausende von Juden, die Greise und Kinder? Wo sind eine Million Menschen hingeraten, die drei Jahre zuvor friedlich mit den Ukrainern zusammengelebt haben, auf dieser Erde gelebt und gearbeitet haben?

Es hat keinen Sinn und es ist auch unmöglich, all die Juden mit Namen zu nennen, die von den Faschisten vernichtet worden sind. Denn alle Ermordeten sind in gleichem Maße schuldlos. Sie alle kann man in eine traurige Liste aufnehmen. Sowohl die Weltberühmten, als auch die Jüdinnen aus den abgelegenen Schtetln, die nur mit Mühe ihr jiddisches Gebetbuch lesen konnten. Warum sollte man die einen erwähnen und die anderen nicht? Aber es ist doch unmöglich, Hunderttausende namentlich aufzuzählen! Es hat keinen Sinn und es ist auch niemand in der Lage, all die Orte zu nennen, wo im Herbst 1941 und im Sommer 1942 die Massenmorde an den Juden stattfanden. In jeder großen und jeder kleinen Stadt, in jedem Schtetl – überall fanden Massaker statt. Wenn in einem Schtetl hundert Juden lebten, dann wurden hundert ermordet, alle einhundert und keiner weniger; wenn in einer großen Stadt 55 000 Juden lebten, so ermordete man 55 000 und keinen weniger. Wir unterstreichen, dass sich die Ausrottung nach genauen, skrupulös zusammengestellten Listen vollzog, dass in diesen Listen weder die hundertjährigen Greise noch die Säuglinge ausgelassen wurden. In diese Todeslisten wurden alle Juden eingetragen, die die Deutschen in der Ukraine antrafen – jeder einzelne.

Die Ermordung der jüdischen Bevölkerung ging nach einem bestimmten Muster vor sich, entsprechend einer genauen Anweisung, in der angegeben war, wie man einen Alten tötet, der sich gerade noch auf den Beinen halten kann und wie man die Seele aus einem Kindchen herausprügelt, das noch keinen einzigen eigenen Schritt gemacht hat.

In Hunderten von Städten wurde zur ein und derselben Zeit befohlen, die Juden in Ghettos zu treiben. Dann wurden sie angewiesen, sich zu versammeln, je 15 Kilogramm Gepäck mitzunehmen, und man führte sie aus der Stadt hinaus. Dort wurden sie mit Maschinengewehren erschossen. Zufällige Zeugen dieser Massenmorde sind noch heute, nach zwei Jahren, angesichts dieses Albtraums völlig fassungslos. Blut tropft ihnen aus den Augen, wenn sie sich an diese Bilder des Schreckens und des Wahnsinns erinnern.

Es ist unmöglich, all jene Obersten, Generäle, Majore, Hauptleute und Leutnants der deutschen Wehrmacht aufzuzählen, all die Gestapoleute, die die Ermordung der jüdischen Bevölkerung organisierten. Es ist unmöglich, all jene Soldaten, Gefreiten, Obergefreiten, Unteroffiziere, Gendarmen und Polizisten aufzuzählen, die diesen Mord ausführten.

In den besetzten Gebieten strafen und morden die Deutschen schon für das kleinste Vergehen – für die Aufbewahrung eines Dolches oder eines zu nichts mehr zu gebrauchenden Revolvers, mit dem die Kinder spielen, für ein vorlautes Wort, das dem Mund entschlüpft, für den Versuch, das eigene, von den Faschisten angezündete Haus zu löschen, für die Weigerung, nach Deutschland zur Zwangsarbeit zu fahren, für einen Schluck Wasser, den man einem Partisanen gegeben hat – für all das verlieren Tausende von Geiseln ihr Leben; erschossen wird jeder Passant, der sich nicht vor einem deutschen Offizier verbeugt.

Aber die Juden vernichteten die Deutschen allein deshalb, weil sie Juden waren. Für die Deutschen gibt es keine Juden, die das Recht hätten, auf Erden zu existieren. Jude zu sein ist das allergrößte Verbrechen, und dafür wird man umgebracht. Also haben die Deutschen alle Juden in der Ukraine ermordet. Und so haben sie die Juden in vielen anderen Ländern Europas ermordet.

Vor allem wurden die Greise und Greisinnen, die Kranken und die Kinder vernichtet. Das kam daher, weil sich die arbeitsfähigen Männer und Frauen sowie die Jugend der Evakuierung hatten anschließen können; sie zogen sich zusammen mit der Roten Armee zurück, sie kämpfen an den Fronten oder arbeiten in der Verteidigung. In der Ukraine blieben nur jene zurück, die physisch nicht in der Lage waren, wegzuziehen. Ihnen – den Alten, Kranken und Kindern – haben die Deutschen ein Blutbad bereitet und alle ohne Ausnahme ausgerottet.

Seit Bestehen der Menschheit hat es kein solch unerhörtes Massaker, keine solche organisierte Massenausrottung vollkommen unschuldiger, schutzloser Menschen gegeben. Das ist das größte Verbrechen, das die Geschichte kennt – und die Geschichte kennt doch nicht wenige Übeltaten. Weder Herodes, noch Nero, noch Caligula, noch die tatarischen Chane – niemand hat so viel Blut auf der Erde vergossen, niemand hat solche Verbrechen begangen. Denn hier geht es wirklich um die Ausrottung eines ganzen Volkes, um die Vernichtung von Millionen Kindern, Frauen und Alten.

Das menschliche Gehirn hat eine unglückselige oder vielleicht auch eine glückliche Eigenschaft: Wenn wir in der Zeitung über den Untergang von Millionen gelesen oder davon aus dem Radio erfahren haben, können wir das Geschehen nicht erfassen, nicht bewusst begreifen. Wir sind nicht in der Lage, uns die Tragödie, die sich ereignet hat, vorzustellen, sie vor unserem geistigen Auge abrollen zu lassen und ihre Tiefe zu ermessen. Ein Mensch, der zufällig einen Blick in eine Leichenhalle geworfen oder gesehen hat, wie ein Lastwagen eine achtjährige Schülerin überfahren hat, ist einige Tage nicht ganz er selbst, kann nicht schlafen und hat keinen Appetit. Aber es gibt keinen Menschen mit einem so vibrierenden Herzen, einem solch einfühlsamen Verstand, mit solch einer Vorstellungskraft, mit einem so gewaltigen Gefühl für Humanität und Gerechtigkeit, dass er imstande wäre, den Albtraum dessen, was geschehen ist, zu ermessen, wenn er davon in einem Buch oder in der Zeitung gelesen hat. Diese Beschränktheit ist auch eine glückliche Eigenschaft des menschlichen Bewusstseins, sie schützt die Menschen vor moralischer Qual und davor, den Verstand zu verlieren. Zugleich ist diese Beschränktheit auch eine unglückliche Eigenschaft unseres Bewusstseins: Sie macht uns leichtsinnig, erlaubt es uns (wenn auch nur für einen Augenblick), die größte Untat der Welt zu vergessen.

Aber mir scheint, dass es in dieser grausamen und schrecklichen Zeit, in der unsere Generation dazu verurteilt ist, auf der Erde zu leben, nicht erlaubt ist, sich mit dem Verbrechen abzufinden, dass es nicht angeht, gleichgültig und sich selbst und anderen gegenüber moralisch anspruchslos zu sein.

Abkürzungen

AAN	Archiwum Akt Nowych (Archiv Neuer Akten, Warschau)
AJ	Bestand des Archives Nationales in Paris
AJB	L'Association des Juifs en Belgique
AL	Arbeitslager
Anh.	Anhang
Anl.	Anlage
Anm.	Anmerkung
APW	Archiwum Pánstwowe m. st. Warszawy (Staatsarchiv Warschau)
ASA	Allgemeines Statistisches Archiv (Zeitschrift)
Auftr.	Auftrag
AVB	Archives de la Ville de Bruxelles
BAB	Bundesarchiv Berlin
BAL	Bundesarchiv Ludwigsburg
BALAA	Bundesarchiv – Lastenausgleichsarchiv, Bayreuth
BA-MA	Bundesarchiv-Militärarchiv, Freiburg i. Br.
BayHStA	Bayerisches Hauptstaatsarchiv
BDC	Berlin Document Center (jetzt Bundesarchiv Berlin)
BdS	Befehlshaber/Beauftragter des Chefs der Sicherheitspolizei und des SD
BfZg	Bibliothek für Zeitgeschichte, Stuttgart
BSSR	Belorusskaja Sovetskaja Socialističeskaja Respublika (Weißrussische Sozialistische Sowjetrepublik)
BStU	Die Bundesbeauftragte für die Unterlagen der Staatssicherheit der ehemaligen Deutschen Demokratischen Republik, Berlin
BTG	Brüsseler Treuhandgesellschaft
CEGES	Centre d'Études et de Documentation Guerre et Sociétés Contemporaines, Brüssel
CK	Central'nyj komitet (Zentralkomitee)
CZA	Zionistisches Zentralarchiv
d.	delo (Akte)
DAF	Deutsche Arbeitsfront
DDR	Deutsche Demokratische Republik
DSK	Devisenschutzkommando
DTA	Deutsches Tagebucharchiv, Emmendingen
f.	fond
GARF	Gosudarstvennyj Archiv Rossijskoj Federacii (Staatsarchiv der Russischen Föderation)

Gen.	Genosse
Gestapo	Geheime Staatspolizei
gez.	gezeichnet
GFP	Geheime Feldpolizei
gg.	gody (Jahre)
GRMA	German Records Microfilmed at Alexandria
HLKO	Haager Landkriegsordnung
HSSPF	Höherer SS- und Polizeiführer
HStAD	Hauptstaatsarchiv Düsseldorf
IfZA	Institut für Zeitgeschichte, Archiv
IMT	International Military Tribunal (Internationaler Militärgerichtshof)
IPN	Instytut Pamięci Narodowej (Institut des nationalen Gedenkens, Warschau)
JAFK	Jüdisches Antifaschistisches Komitee
KGB	Komitet gosudarstvennoj bezopasnosti (Komitee für Staatssicherheit)
KomZET	Komitet po zemel'nomu ustrojstvu trudjaščichsja evreev (Komitee zur Landansiedlung der werktätigen Juden)
KP	Kommunistische Partei
KPdSU	Kommunistische Partei der Sowjetunion
KÚ	Keleti Újság (Zeitschrift)
KZ	Konzentrationslager
LCVA	Lietuvos centrinis valstybės archyvas (Zentrales Staatsarchiv Litauens)
LG	Landgericht
l.	list (Blatt)
ll.	listy (Blätter)
MB	Militärbefehlshaber
ML	Magyar Lapok (Tageszeitung)
MOL	Magyar Orszagos Levéltar (Ungarisches Staatsarchiv, Budapest)
MV	Militärverwaltung
NARA	National Archives and Records Administration
NIOD	Nederlands Instituut voor Oorlogsdocumentatie (Niederländisches Institut für Kriegsdokumentation)
NKVD	Narodnyj komissariat vnutrennych del (Volkskommissariat für Innere Angelegenheiten)
NS	Nationalsozialismus
NSB	Nationaal Socialistisch Beweging
NSDAP	Nationalsozialistische Deutsche Arbeiterpartei
NTS	Nationaler Arbeitsbund
o. Bl.	ohne Blatt

o. D.	ohne Datum
o. J.	ohne Jahr
o. O.	ohne Ort
OFK	Oberfeldkommandantur
OKH	Oberkommando des Heeres
OKW	Oberkommando der Wehrmacht
op.	opis (Bestandsliste)
OSS	Office of Strategic Services
Ost.Dok.	Ostdokumentation
OZET	Obščestvo zemleustrojstva evrejskich trudjaščichsja (Gesellschaft für die Landansiedlung der Juden)
PA AA	Politisches Archiv des Auswärtigen Amts
pers.	persönlich
PRO	Public Record Office
Rbl.	Rubel
Ref.	Referat
RFM	Reichsfinanzministerium
RGASPI	Rossijskij gosudarstvennyj archiv social'no-političeskoj istorii (Russisches Staatsarchiv für Sozialpolitische Geschichte)
RGVA	Rossijskij gosudarstvennyj voennyj archiv (Russisches staatliches Militärarchiv)
RKP(b)	Rossijskaja kommunističeskaja partija (bol'ševikov) (Russische Kommunistische Partei der Bolschewiken)
RM	Reichsmark
RSFSR	Rossiskaja Sovetskaja Federativnaja Socialističeskaja Respublika (Russische Föderative Sowjetrepublik)
RSHA	Reichssicherheitshauptamt
RVK	Rat der Volkskommissare
SA	Sturmabteilung
SD	Sicherheitsdienst
Sipo	Sicherheitspolizei
Slg.	Sammlung
SMERŠ	Smert' špionam („Tod den Spionen", sowjetischer militärischer Abwehrdienst)
SS	Schutzstaffel
SSR	Sozialistische Sowjetrepublik
StAM	Staatsarchiv Münster
SVG	Service des Victimes de la Guerre, Brüssel
UdSSR	Union der Sozialistischen Sowjetrepubliken
USA	United States of America
VE	Victory in Europe

Verw.	Verwaltung
VfZ	Vierteljahrshefte für Zeitgeschichte
VKP(b)	Vsesojuznaja kommunističeskaja partija (bol'ševikov) (Kommunistische Allunionspartei der Bolschewisten)
VOBl.	Verordnungsblatt
Wi	Wirtschaftsabteilung
WRB	War Refugee Board
z. b. V.	zur besonderen Verwendung
ZK	Zentralkomitee

Autoren dieses Bandes

Shlomo Aronson, Dr., Professor em. für Politische Wissenschaften an der Hebrew University Jerusalem, seit 2004 Direktor des James Shasha Institute for International Seminars an der Hebrew University Jerusalem; veröffentlichte u. a.: Reinhard Heydrich und die Frühgeschichte von Gestapo und SD, Stuttgart 1972; Hitler, the Allies, and the Jews: The Multiple Trap, Cambridge 2004.

Patrick Desbois, katholischer Geistlicher und Leiter des Amts für die Beziehungen mit der jüdischen Religion bei der katholischen Bischofskonferenz in Frankreich; 2004 gründete er mit dem französischen Kardinal Jean-Marie Lustiger die Gruppe „Yahad-In Unum", die u. a. das in diesem Band dargestellte „Oral History"-Projekt führt; veröffentlichte u. a.: Porteur de mémoires. Un prêtre révèle la Shoah par balles, Paris 2007.

Franz Sz. Horváth, Dr., Historiker; Postdoktorandenstipendiat der Studienstiftung des deutschen Volkes (Bonn) und des Leo Baeck Institute (London); veröffentlichte u. a.: Die Einstellung der ungarischen Minderheit Rumäniens zum Faschismus und Nationalsozialismus (1922–1940), in: Mariana Hausleitner/Harald Roth (Hrsg.), Der Einfluss von Faschismus und Nationalsozialismus auf Minderheiten in Ostmittel- und Südosteuropa, München 2006, S. 85–133; Zwischen Ablehnung und Anpassung. Die politischen Strategien der ungarischen Minderheitselite in Rumänien 1931–1940, München 2007.

Johannes Hürter, Dr., wissenschaftlicher Mitarbeiter am Institut für Zeitgeschichte München – Berlin und Privatdozent für Neueste Geschichte an der Universität Mainz; veröffentlichte u. a.: Wilhelm Groener. Reichswehrminister am Ende der Weimarer Republik (1928–1932), München 1993; Paul von Hintze. Marineoffizier, Diplomat, Staatssekretär. Dokumente einer Karriere zwischen Militär und Politik, 1903–1918, München 1998; Hitlers Heerführer. Die deutschen Oberbefehlshaber im Krieg gegen die Sowjetunion 1941/42, München ²2007.

Edouard Husson, Dr. habil., Dozent für Zeitgeschichte an der Universität Paris-Sorbonne (Paris IV) und am Pariser Institut d'Etudes Politiques; veröffentlichte u. a.: Comprendre Hitler et la Shoah. Les historiens de la République Fédérale d'Allemagne et l'identité allemande depuis 1949, Paris 2000; Une autre Allemagne, Paris 2005; Nous pouvons vivre sans les juifs. Novembre 1941. Quand et comment ils décidèrent de la solution finale, Paris 2005; Heydrich et la solution finale, Paris 2008.

Christoph Kreutzmüller, Dr., wissenschaftlicher Mitarbeiter am Lehrstuhl für Zeitgeschichte an der Humboldt-Universität zu Berlin; veröffentlichte u. a.: Händler und Handlungsgehilfen. Der Finanzplatz Amsterdam und die deutschen Großbanken (1918–1945), Stuttgart 2005; Zum Umgang der Kaiser-Wilhelm-Gesellschaft mit Geld und Gut. Immobilientransfers und jüdische Stiftungen 1933–1945, Berlin 2005.

Stephan Lehnstaedt, Dr. des., wissenschaftlicher Mitarbeiter am Institut für Zeitgeschichte München – Berlin; veröffentlichte u. a.: Das Reichsministerium des Innern unter Heinrich Himmler 1943–1945, in: Vierteljahrshefte für Zeitgeschichte 54 (2006), S. 639–672; „Ostnieten" oder Vernichtungsexperten? Die Auswahl deutscher Staatsdiener für den Einsatz im Generalgouvernement Polen 1939–1944, in: Zeitschrift für Geschichtswissenschaft 55 (2007), S. 701–721.

Insa Meinen, Dr., Historikerin; veröffentlichte u. a.: Wehrmacht und Prostitution im besetzten Frankreich, Bremen 2002; Les autorités allemandes d'occupation et l'AJB, in: Les curateurs du ghetto. L'Association des Juifs en Belgique sous l'occupation nazie, hrsg. von Jean-Philippe Schreiber und Rudi Van Doorslaer, Brüssel 2004 [niederländische Ausgabe Tielt 2004], S. 57–90; zusammen mit Ahlrich Meyer: Le XXIe convoi: études biographiques (Première partie), in: Les Cahiers de la Mémoire Contemporaine 7 (2006–2007), S. 57–109.

Pavel Polian, Prof. Dr., Historiker, Geograph und Philologe; veröffentlichte u. a.: Žertvy dvuch diktatur. Ostarbajtery i voennoplennye v Tret'em Rejche i ich repatriacija [Opfer zweier Diktaturen. Ostarbeiter und Kriegsgefangene im Dritten Reich und ihre Repatriierung], Moskau 1996, zweite, erheblich erweiterte Auflage Moskau 2002; Deportiert nach Hause. Sowjetische Kriegsgefangene im „Dritten Reich" und ihre Repatriierung, München 2001; Against their will. The History and Geography of Forced Migrations in the USSR, Budapest 2004 [zuerst russisch: Moskau 2001].

Joachim Tauber, Dr., wissenschaftlicher Mitarbeiter am Nordost-Institut/Institut für Kultur und Geschichte der Deutschen in Nordosteuropa e. V. (IKGN); veröffentlichte u. a.: als Hrsg. zusammen mit Vincas Bartusevičius und Wolfram Wette: Holocaust in Litauen. Krieg, Judenmorde und Kollaboration im Jahre 1941, Wien/Köln/Weimar 2003; „Kollaboration" in Nordosteuropa. Erscheinungsformen und Deutungen im 20. Jahrhundert, Wiesbaden 2006.

Jürgen Zarusky, Dr., wissenschaftlicher Mitarbeiter am Institut für Zeitgeschichte München – Berlin; veröffentlichte u. a.: Die deutschen Sozialdemokraten und das sowjetische Modell 1917–1933, München 1992; Widerstand als „Hochverrat" 1933–1945, Mikrofiche-Edition, München 1994–1998 (Bearbeiter zusammen mit Hartmut Mehringer); als Hrsg.: Stalin und die Deutschen. Neue Beiträge der Forschung, München 2006; als Hrsg. zusammen mit Stefanie Hajak: München und der Nationalsozialismus. Menschen. Orte. Strukturen, Berlin 2008.

Personenregister

Kursiv gesetzte Zahlen verweisen auf Namen in den Anmerkungen.

Albrecht, Dezső   132
Alejchem, Scholem   191
Alexandrow, Georgij F.   194
Améry, Jean   47
Angelis, Maximilian de   153
Antonescu, Ion   166
Arendt, Hannah   21
Asche, Kurt   48, 53, 77
Askoldow, Alexander   190

Baky, László   140
Balck, Hermann   167f., 175
Bálint, József   135, 145f.
Bárdossys, László   136f.
Bargen, Werner von   53
Becher, Kurt   158, 160–162, 167, 171, 174
Behling, Kurt   48
Bein, C. H.   88
Bender   74
Bene, Otto   29, 35, 37
Berckholz, Fritz   63–65
Berger, Gottlob   47
Berija, Lavrentij Pavlovič   16
Bertrand   67, 69, 77f.
Berwin, Erich   64
Best, Werner   23
Bethlen, Graf Béla   135, 145
Bethlen, István   129
Blase   69
Blazer, Elisabeth   66
Block, Hans   180
Böhmcker, Hans   26, 31, 36
Bonczos, Miklós   135f., 145
Bormann, Martin   93
Bragin, Abram   11
Brand, Joel   154, 157–160
Braun   78
Brückner, Heinz   14
Brunner, Alois   2f.
Bucharin, Nikolaj Ivanovič   11
Buragas, Petras   106–110
Bürckel, Josef   4

Calmeyer, Hans Georg   31f., 34
Canaris, Constantin   46, 47
Carol II., König von Rumänien   127
Čekmenev, Evgenij Michajlovič   1–3, 18
Chmielnicki, Bogdan   179
Čičerin, Georgij Vassil'evič   11

Ciuberkis, J.   106
Clemenceau, Georges   178–180
Coelst, Maurice   52, 57
Craushaar, Harry von   53, 65
Czuczman, Roman   180

Da Costa Senior, Abraham Albert   64
Dannecker, Theodor   52, 139
Davidovski, Stepan   183f.
Debrecen, Malinovskij   168
Dessewffy, Sándor   136f.
Deutsch, Hans   176
Dietrich, Sepp   170
Domke, Karl   60–62
Domokos, Pál Péter   130, 149
Dradwinski, Franz   63
Drath, Martin   64f., 73
Dreyfus, Alfred   179

Ehlers, Ernst   47f.
Ehrenburg, Ilja   198
Ehrenwiesen, Wilhelm Rebay von   180
Ehrlinger, Erich   4
Eichmann, Adolf   2–7, 9f., 19, 40–42, 52, 64, 77, 139f., 144f., 151, 154–161, 163–167, 171
Eiermann, Gottard   88
Endre, László   140, 155

Falkenhausen, Alexander von   45, 46, 48, 51f., 61, 65, 68, 76
Fischer, Ludwig   85, 91
Flad, Wolfgang   61
Frank, Hans   8f., 84, 98
Frederiks, Karel J.   24f., 28–31, 35
Fredj, Jacques   186
Fretter-Pico, Maximilian   168
Fried, Anatol   109
Friedmann, Salo   72
Fritz, Hans   67f.
Fritz, Monika (Monique)   67, 68
Frydman, Szlama   78
Fuchs, Bruno   72
Fuchs, Rosa   72

Gens, Jakob   111
Gersdorf, Wolf von   174
Geschke, Hans-Ulrich   155f.
Gille, Herbert   167, 169, 175
Globocnik, Odilo   7

Goga, Octavian 127
Goltz, Colmar von der 175
Gorin, I. 16
Göring, Hermann 4, 24, 58–62
Göthling 66, 67
Grossman, Wassili 189–192, 194f.
Grosz, Bandi 154f., 157–159
Groza, Petru 149
Guderian, Heinz 167

Hagen, Wilhelm 88, 96
Harbou, Bodo von 45
Harsters, Wilhelm 36
Hasselbacher, Karl 47
Haßler, Friedrich 96
Hatvany, Baron Ferenc von 176
Hellvoigt, Karl 65f., 71, 77
Herrmann *156*
Herwig 69
Herzberg, Abel 42
Heydecker, Joe 89
Heydrich, Reinhard 2, 4f., 25, 42, 46f., 59–61, 145
Heyduck, Oswald *180*
Heym, Günter 48
Himmler, Heinrich 7, 47, 53, 61, 155, 157f., 161f., 167, 170f., 175
Hingst, Hans *105*
Hitler, Adolf 3, 5–7, 9, 15, 18f., 24, 35, 49, 139, 162f., 170f., 175
Hoffmann, Albert 93
Hofmaier, H. 14
Hofmann, Otto 38, *39*
Hofrichter 61
Horthy, Miklós 119, 139, 151, 153, 159, 163f., 166
Hosenfeld, Wilm 86, 88, 90, 96, 98
Höss, Rudolf 167
Huber, Franz Josef 2f.
Huber, Kurt 100
Hünerbein 73

Jaeschke, Hans 69, *71*, 72
Jakabffy, Elemér 121
Jansen, Wilhelm 92
Jeckeln, Friedrich 191
Johannsen 72
Jonas, Franz 88, *90*
Jurcsek, Béla 145
Jüttner, Hans 167

Kalendra, Kostas 105f.
Kalinin, Michail Ivanovič 11f.
Kalischtschuk, Michael 85
Kállay, Miklós 134, 153
Kaltenbrunner, Ernst 155
Kamenev, Lev Borisovič 11

Károlyi, Graf Mihály 118
Kasztner, Rezsö 143, 154, *157*, 159–161, 167, *169*, 170, 174
Kessler *64*
Kiperschtejn, Schlomo 198
Knepel, Helene 72
Knepel, Leo 71f.
Knoll, Saul 72
Koch, Erich 189
Komoly, Ottó 154, 156
Konev, Ivan S. 153
Korzowski, von 93
Kostyrčenko, Gennadij 1
Koval, Pavel 183
Krallert, Winfried 146
Krausz, Karl 133
Kruk, Herman 114
Krumey, Hermann 145
Kühne 62
Kviring, Ėmmanuil Ionovič 11

Lagaminas 111
Larin, Ju., d. i. Lur'e, Michail Zalmanovič 11
Lasker, Emanuel 13
Laufer, Fritz 158
Lehner, Ludwig 185
Lentz, Jakobus Lambertus 22f., 25, 28, 32f., 37, 39, 42, 44
Léopold III., König von Belgien 49
Less, Avner *40f.*
Ley, Robert 27, 36, *37*
Lieschke, Wolfgang 88, *89, 98*
Ligeti, Ernö 120
Litvinov, Maksim Maksinovič 13
Loesch, Karl C. von 136
Lustiger, Jean-Marie 177
Lutz, Carl 165, 172–175
Lysenko 2

Magier, Margarethe 67
Magier, Szlama 67f.
Maistas 111
Makkai, Sándor 137
Malinovskij, Rodion Jakovlevič 153, 163f., 167, 170
Márton, Áron 142
Marton, Ernst 167
Masur, Norbert 171
Mayer, Friedel 100
McClelland, Roswell 161
Methorst, H. W. 22f.
Michoels, Solomon 192, 194
Mikó, Imre 130
Möckel, Karl 63, *69*
Molotov, Vjačeslav Michailovič 1f., 12, 19
Müller, Heinrich 5f., 59
Murer, Franz 105, *106*, 107–110

Personenregister

Mussolini, Benito 9

Nahlmann, Otto 88
Nehring 180
Neumann, Rudolf 89

Orend, Gustav *133*
Osiander, F. W. *38*

Paál, Árpád 123, *124*, 131f., 134, 136
Palevitsch, J. 111
Petrovskij, Grigorij Ivanovič 11
Pfeffer-Wildenbruch, Karl *157*, 168-170, 172-176
Philipson, Anna-Betsy 75
Pichier 74
Pirow, Oswald *9*
Podgalitch, Stanislav 185
Polyukhovich, Ivan 186
Ponomarenko, Pantelejmon Kondrat'evič 16
Posner, Chaim *161*
Praskovia, Chaivna Beresia 184f.
Prohászka, Ottokár 119

Rabl, Kurt 27, *28*, 38
Radermacher, Franz 9
Rahier, Gerhard 62, 63
Rajakowitsch, Erich 38
Raskol'nikov, Fedor Fedorovič 19
Rauter, Hanns Albin 24f., 33, *34*, 35, *36*, 37-39, 42
Ravasz, László 130
Ravch, Itzchak *40*
Reeder, Eggert 45-49, 52-54, 65, 74
Reimers, Karl *48*
Reinhardt, Fritz *60*
Reinhold *63*
Rembalski, Zelman 67
Remphohener, Kurt von 13
Retzlaw, Reinhard 194
Ribbentrop, Joachim von 9, 155, 164, 173
Roelin, Johannes *39*
Rohrweder, Max *88*
Rokossovskij, Konstantin Konstantinovič 168
Roosevelt, Franklin Delano 159
Rosenberg, Alfred 5
Rosenberg, James N. 12
Rothmund, Heinrich *172*
Rozenblat, Evgenija S. 15f.
Rüdin, Ernst *22f.*

Samson, Rosa 68f.
Samson, Rudolf 68f.
Schäfer, Kurt 93
Schellenberg, Walter 155, 157, 170
Schillings 77
Schlüter *28*

Schmidhuber, Gerhard 165, 173
Schmitt, Philip *47*, 53
Schneider 110
Schröder, Eugen *85*
Schur, Grigorij 103
Schwerin von Krosigk, Graf Lutz 60
Seyß-Inquart, Arthur 23, 24, 26, 28f., 32, 35f., 38, 40, 42
Šikauga, Vilius *110*
Sinicyn, Ja. N. *14*
Skrypnik, Nikolaj Alekseevič 11
Slawny, Wolf Henoch 77f.
Slottke, Gertrud *34*
Smidovič, Petr Germogenovič 11
Smirnov, Aleksandr Petrovič 11
Sokur, Wasilina 198
Staffeldt, Herbert 60-63, 71
Stahlecker, Franz Walter 2-4, 6, 9
Stalin, Josif Vissarionovič 3, 10f., 15, 18f., *104*, 152, 163, 168f., 194f.
Steinhardt, Laurence 157
Straub, Franz *56*
Streiter 75
Stroop, Jürgen 81, 91, 95
Stüler, Carl 27f., *29*
Sulyok, István 124
Surdokas, Juozas 110
Szabados, Mihály 135, 145
Szabó, Dezső 119
Szekfű, Gyula 119
Szenes, Hannah 169
Szombathelyi, Ferenc 153
Sztójay, Döme 139, *140*, 146

Tamir, Shmuel *169*
Teleki, Béla 133, 145
Teleki, Pál 129f., 135
Thomas, Max *47*
Titelbaum, Yoel 160
Tolbuchin, Fjodor 164, 168f.
Tolstoj, Lev Nikolaevič 191
Topor, Helene 69
Topor, Moszek 69
Topor, Sura 69
Troickij, S. N. *14*
Trotzki, Leo 11
Tschechow, Anton Pawlowitsch 191
Twardowski, Fritz von *13*

Urbantzke *156*

Vabuolis, Julius 112f.
Vassilevskij, Aleksandr 168
Veesenmayer, Edmund 139, 146, 155, 164, 173
Venczel, József 135
Vita, Sándor *142*

Voltaire 179
Vrba, Rudolf 160

Wächter, Otto *14*
Wajnstock, Bernhard 77
Wallenberg, Raoul 165, 173, 175f.
Warth, Raimund *90, 93*
Wassermann, Alice von 65
Wassermann, August von 65
Wassermann, Ferdinand 72
Wassermann, Robert von 65
Weber, Anna *88*
Weinberger, Moshe 143
Weiss-Horin 158
Weissmandel, Michael 156
Werth, Henrik 136
Wetzler, Alfred 160
Weyl, Juda 66

Weyl, Mirjam 66
Wimmer, Friedrich 28, 32-34, *36*, 37, 41
Winkelmann, Otto 154-156
Wisliceny, Dieter 139, *155*, 156
Witelsohn, Chana 69
Witelsohn, Mojzek 69
Wolkenstein, Gerhard 63
Wulff, Horst 114

Zahav, Meshi 186
Zahn, Friedrich 23
Žakevičius, Stasys 104
Žegarov, V. S. *14*
Zils, Heinrich *89*
Zörner, Ernst 7
Zsolt, Béla *139*
Žukov, Georgij 167f.

www.ingramcontent.com/pod-product-compliance
Lightning Source LLC
Chambersburg PA
CBHW052020290426
44112CB00014B/2310